# 研究生英语教育实践研究

史玮璇　黄耀华　王培玉◎著

吉林出版集团股份有限公司
全国百佳图书出版单位

图书在版编目（CIP）数据

研究生英语教育实践研究/史玮璇,黄耀华,王培玉著. -- 长春：吉林出版集团股份有限公司,2023.5
ISBN 978-7-5731-3467-7

Ⅰ.①研… Ⅱ.①史…②黄…③王… Ⅲ.①英语-教学研究-研究生教育 Ⅳ.①H319.3

中国国家版本馆 CIP 数据核字(2023)第 099242 号

## 研究生英语教育实践研究
YANJIUSHENG YINGYU JIAOYU SHIJIAN YANJIU

| 著　　者 | 史玮璇　黄耀华　王培玉 |
| 责任编辑 | 姚利福 |
| 装帧设计 | 万典文化 |
| 开　　本 | 787 mm× 1092 mm　1/16 |
| 印　　张 | 16 |
| 字　　数 | 388 千字 |
| 印　　数 | 1—1000 |
| 版　　次 | 2023 年 4 月第 1 版 |
| 印　　次 | 2024 年 4 月第 1 次印刷 |
| 出　　版 | 吉林出版集团股份有限公司 |
| 电　　话 | 0431-86129663 |
| 发　　行 | 吉林音像出版社有限责任公司 |
|  | （吉林省长春市南关区福祉大路 5788 号） |
| 印　　刷 | 吉林省昌信数字印刷有限公司 |
| 标准书号 | ISBN 978-7-5731-3467-7 |
| 定　　价 | 88.00 元 |

如发现印装质量问题,影响阅读,请与出版社联系调换。

# PREFACE 前　言

　　在今天，教育回归"人本化"已成为教育改革努力的方向，非英语专业的硕士生的英语学习与研究能力如何发展必须引起足够的重视。在实际调研中我们发现，虽然教育事业实现了快速发展，推动了高校教学水平的进步，但在研究生英语应用能力培养方面的实践教学仍旧暴露出了较大缺陷和漏洞，这些缺陷和漏洞的滞留和潜藏，严重阻碍和干扰了研究生英语应用能力的培养，不利于达成教学最终目的，也不利于相关教师圆满、顺利地完成教学任务和使命，这些在实际教学中存在的缺陷和漏洞可归纳总结为以下几点：

　　1. 教师思想观念上的不重视，实际教学中的严重忽略。高校研究生会接触多样的学科和知识，英语只是其中的一个科目，在学生的学习、生活中占据的分量相对较小，易导致英语专业教师思想观念上的不重视，尤其是在非英语专业的研究生教学中，体现得更为明显。另外，传统教学模式的根深蒂固，导致当下教学仍旧受此影响，致使英语专业教师在实际教学中"重成绩、轻能力培养"，也会造成英语应用能力被严重忽略。一般来说，研究生阶段的英语教学要与本科阶段的英语教学有着较大的差异，但是实际情况却并非如此，除了在英语课程名称之前添加了"高级"二字，其他并无太大异样，也是导致研究生英语应用能力培养现状不尽如人意的关键原因。不管怎么说，现阶段研究生英语应用能力培养被严重轻视是不争的事实，这种现状普遍存在，还需重点关注和对待。

　　2. 缺乏英语应用环境和尝试、锻炼机会。据实际调研显示，研究生在英语学习中，往往不能接触较好的英语学习环境并得到充分的锻炼和尝试，这会减慢研究生英语应用能力培养速度。这种现象也是在高校教学中普遍存在的，给英语基础差的学生造成了不小的学习压力、学习难度，听教师教学犹如听天书，学生进步自然缓慢，英语能力培养更是无从谈起。除此之外，一些地方性院校，科研经费有限，研究生出国参与国际学术交流的机会并不多见，也会造成研究生尝试、锻炼的机会减少。要知道，英语应用能力的培养不是一蹴而就、简单形成的，需要在日常生活中多互动、多交流，这是最佳的培养与提升英语应用能力的路径，这方面的历练少了，自然无法达到培养英语应用能力的目标。

　　当前的研究生英语课程设置不能很好地满足学习者和社会对英语的需求。研究生和用人单位对英语的需求既有共性又有特性。从宏观层面看，两者都强调语言的实际运用，研究生强调将英语应用于本专业的学习和研究，而用人单位重视与单位业务相关的语言活动。在语言技能方面，研究生有强烈的提高口语能力的需求，而用人单位对阅读能力和口语能力的需求都很明显。因此，在课程设置中要重点关注二者的共性需求，同时平衡特性需求。研究生英语课程应强调英语的操作性和实用性，巩固阅读能力，强化口语能力；教材内容真实多样，融入可操作的练习环节；丰富课堂活动，开展真实情景下的任务活动；采用形成性和终结性相结合的评价方式、侧重对语言实际运用能力的考查；开设学术英语和专业英语选修课；建设自主学习平台，开发专业语料库。

笔者基于此，编写了本书，本书以人才培养为出发点，重点论述了研究生英语教学培养模式，研究生英语现行英语教育体制：教学大纲与培养目标、课程设置、教学方法与技术、教材的类型与问题，探讨了师资队伍建设，并对研究生英语教学改革进行描述和评论，最后以国际化人才培养为全书收尾，切合了"以人为本、科教兴国"的教育理念。

在本书的撰写过程中，作者参考和借鉴了大量国内外相关专著、论文等理论研究成果，在此，向其作者致以诚挚的谢意。

由于学术观点、资料代表性以及作者学科的局限性，书中难免存在不足之处，敬请广大读者、学术研究者批评与指正。

# CONTENTS 目 录

第一章　研究生英语教学人才培养模式基础理论与分析 ………………… 1

　第一节　研究生英语教育人才培养模式基础理论 ………………………… 1

　第二节　研究生英语教育概述及基本理论 ………………………………… 21

　第三节　国内外研究生英语人才培养模式差异成因分析 ………………… 34

　第四节　完善我国研究生英语人才培养模式对策与建议 ………………… 37

第二章　研究生英语教学互动有效教学模式研究 ……………………… 41

　第一节　研究生公共英语互动有效教学模式基本概念 …………………… 41

　第二节　互动有效教学模式的相关研究 …………………………………… 43

　第三节　研究生公共英语多维互动教学模式改革理念 …………………… 44

　第四节　研究生公共英语多维互动教学模式理据 ………………………… 46

　第五节　研究生英语教学互动之翻转课堂 ………………………………… 55

第三章　研究生英语教学有效教学中时间管理研究 …………………… 59

　第一节　时间管理的效率取向 ……………………………………………… 59

　第二节　时间管理的价值取向 ……………………………………………… 70

　第三节　英语教学时间管理理论研究 ……………………………………… 76

　第四节　研究结果 …………………………………………………………… 87

第四章　研究生英语有效教学中信息化教学研究 ……………………… 103

　第一节　研究生英语有效教学中信息化教学的研究模式 ………………… 103

第二节 网络"英语教学空间"应用模式研究 …………………… 107

第三节 应用模式的效果验证研究 ………………………………… 109

第四节 网络"英语教学空间"应用模式的在教学中的反拨作用 …… 111

## 第五章 研究生英语教学有效教学中听说混合教学研究 …………… 118

第一节 研究背景 …………………………………………………… 118

第二节 研究理据 …………………………………………………… 121

第三节 移动学习与移动语言学习研究 …………………………… 126

第四节 移动技术支持的有效混合式听说教学研究 ……………… 133

第五节 英语混合式听说教学模式的形成性评价研究 …………… 137

第六节 混合式听说教学模式中的学习策略研究 ………………… 139

## 第六章 研究生英语教学隐形课程有效性研究 ……………………… 143

第一节 研究目的、意义及方法 …………………………………… 143

第二节 课程及隐性课程的相关研究 ……………………………… 145

第三节 教师层面的隐性课程 ……………………………………… 151

第四节 研究结果与讨论 …………………………………………… 160

## 第七章 多维视角下研究生英语教学实践 …………………………… 163

第一节 文化自信培养在研究生英语教学中的探索与实践 ……… 163

第二节 学术交流环境下研究生英语教学策略研究 ……………… 165

第三节 基于态度驱动模式的研究生英语混合式教学探究与实践 … 167

第四节 "互联网+教育"研究生英语教学研究 …………………… 171

第五节 研究生英语跨文化能力培养研究 ………………………… 185

第六节 非英语专业研究生英语教学中导入"中国文化教学"研究 … 194

## 第八章　非英语专业研究生英语改革之关键 ………………………… 206

第一节　非英语专业研究生英语改革的必要性 ………………… 206

第二节　非英语专业研究生英语改革的趋势 …………………… 209

第三节　试论新形势下的研究生英语教学改革策略 …………… 210

第四节　通识教育视域下的研究生英语教学改革 ……………… 219

第五节　思维能力培养与研究生英语教学模式改革 …………… 222

## 第九章　国际化背景下以学术为导向研究生英语教学人才培养模式的构建 … 225

第一节　构建原则 ………………………………………………… 225

第二节　构建要素分析 …………………………………………… 229

## 参考文献 ……………………………………………………………… 247

# 第一章 研究生英语教学人才培养模式基础理论与分析

## 第一节 研究生英语教育人才培养模式基础理论

### 一、一般教育理论

#### (一) 建构主义学习理论

**1. 建构主义内涵**

建构主义的思想来源于认知加工学说,以及维果斯基、皮亚杰和布鲁纳等人的思想。例如,皮亚杰(Jean Piaget)和布鲁纳(Jerome Seymour Bruner)等的认知观点——解释如何使客观的知识结构通过个体与之交互作用而内化为认知结构,维果斯基(Lev Vygotsky)的"文化—历史"发展理论的广为流传,都是建构主义思想发展的重要基础,为此了解上述理论是深刻理解建构主义必不可少的环节①。建构主义的目的就是要寻求适合于高级学习的教学途径,其中适合于高级学习的教学途径之一就是随机通达教学(Random Access Instruction)。"随机通达教学"认为,对同一内容的学习要在不同时间多次进行,每次的情境都是经过改组的,而且目的不同,分别着眼于问题的不同侧面。这种反复绝非为巩固知识技能而进行的简单重复,因为在各次学习的情境中会有互不重合的地方,这将使学习者对概念知识获得新的理解。这种教学避免抽象地谈概念的一般运用,而是把概念具体到一定的实例中,并与具体情境联系起来,每个概念的教学都要涵盖充分的实例(变式),分别用于说明不同方面的含义,而且各实例都可能同时涉及到其它概念。在这种学习中,学习者可以形成对概念的多角度理解,并与具体情境联系起来,形成背景性经验。这种教学有利于学习者针对具体情境建构用于指引问题解决的图式。可以看出,这种思想与布鲁纳关于训练多样性的思想是一致的,是这种思想的深入发展。

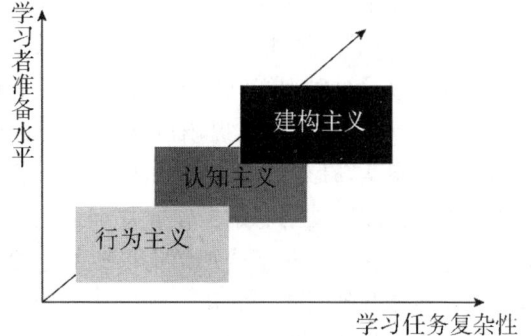

图1-1 建构主义学习理论

维果斯基(Lev Vygotsky)所提出的"文化—历史"发展理论认为:人的高级心理机能亦即随意的心理过程,并不是人自身所固有的,而是在与周围人的交往过程中产生与发

---

① 黄秀兰著.《维果茨基心理学思想精要》,17页,广州:广东教育出版社,2014.03.

展起来的，受人类的文化历史所制约。其实现的具体机制是通过物质工具，如刀斧、计算机等，以及精神工具，如各种符号、词和语言等实现的。高级心理机能不同于低级心理机能的特点：①它们是随意的、主动的，是由主体按照预定的目的而自觉产生的；②它们的反映水平是概括的、抽象的，也就是各种机能由于有思维的参与而高级化；③它们实现过程的结构是间接的，是以符号或词为中介；④它们的起源是社会文化历史发展的产物，是受社会规律制约的；⑤从个体发展来看它们是在人际的交往过程中产生和不断发展起来的。

为此，维果斯基（Lev Vygotsky）特别强调在人的发展过程中社会文化历史的作用，尤其是强调活动和社会交往在人的高级心理机能发展中的突出作用。他认为，高级的心理机能来源于外部动作的内化，这种内化不仅通过教学，也通过日常生活、游戏和劳动等来实现。另一方面，内在的智力动作也外化为实际动作，使主观见之于客观，内化和外化的桥梁便是人的活动。另外，维果斯基在说明教学与发展的关系时，提出了"最近发展区"的理论。他认为教学必须要考虑儿童已达到的水平并要走在儿童发展的前面，为此，要确定儿童的发展水平。儿童发展的两种水平：一是现有的发展水平，二是在有指导的情况下借助成人的帮助可以达到的解决问题的水平，或是借助于他人的启发帮助可以达到的较高水平。它们之间的差距，即儿童现有水平与经过他人帮助可以达到的较高水平之间的差距，就是"最近发展区"。这一思想对正确理解教育与发展之间的关系，具有重要意义。

奈瑟（Neisser）认为："认知是指转换、简约、加工、贮存、提取和使用感觉输入的所有过程。"认知信息加工理论一个最重要的术语是"建构（construction），即认知过程是建构性质的。它包括两个过程：首先是基本过程（primary process），它是在受到外部事件或内部经验刺激时马上发生的。这个阶段只是粗略地转换信息，以便根据贮存信息形成想法，这一阶段基本上是自动发生的。其次是二级过程（secondary process），它涉及有意识的控制，是比较精致地转换和建构观念和印象。相比之下，这一过程受贮存信息、个体的意图和期望的影响程度较大些。认知信息加工学说认为，思维有一种执行控制的机制，就像计算机程序中有一种执行程序一样；认知建构过程中的二级过程的认知运演是习得的，尽管它们部分地受遗传的影响，其中记忆的内容，以及转换和重建内容的策略，也是习得的；同时可以通过对视知觉的类推，来描述和解释记忆和遗忘的过程。

皮亚杰（Piaget, J.）提出的认知发展的阶段性理论，具有非常广泛和深远的影响。他认为，儿童认知形成的过程是先出现一些凭直觉产生的概念（并非最简单的概念），这些原始概念构成思维的基础，在此基础上经过综合加工形成新概念，建构新结构，这种过程不断进行，这就是儿童认知结构形成的主要方法①。皮亚杰认为，随着儿童年龄的增长，其认知发展涉及到图式、同化、顺应和平衡四个方面，其中图式是动作的结构或组织，它们在相同或类似的环境中，会由于重复而引起迁移或概括。所谓同化，就是个体将环境因素纳入已有的图式之中，以加强和丰富主体的动作；所谓顺应，就是个体改变自己的动作以适应客观变化。个体就是不断地通过同化与顺应两种方式，来达到自身与客观环境的平衡的。图式最初来自先天的遗传，以后在适应环境的过程中不断变化、丰富和发展，形成

---

① 简皮特森．《皮亚杰导论》，29页，南京：南京师范大学出版社，2019.08.

了本质不同的认知图式（或结构）。图式的四个具体阶段，每一种新的图式的出现，都标志着儿童认知发展进入到了一个新的阶段，为此，他提出具体地表现为以下几个阶段：第一，感知运动阶段（0岁~2岁）。此时语言还未形成，主要通过感知觉来与外界取得平衡，处理主、客观的关系；第二，前运算阶段（2岁~7岁）。语言的出现与发展，使儿童能用表象、言语，以及符号来表征内心世界和外在世界，但其思维还是直觉性的、非逻辑性的，且具有明显的自我中心特征；第三，具体运算阶段（7岁~11岁）。思维具有明显的符号性和逻辑性，能进行简单的逻辑推演，但在很大程度上局限于具体的事物，以及过去的经验，缺乏抽象性；第四，形式运算阶段（11岁~15岁）。能够把思维的形式与内容相分离，能够设定和检验假设，监控和内省自己的思维活动，思维已经进入到了抽象的逻辑思维阶段。皮亚杰认为，任何人的认知发展都要经历上述四个连续的阶段，且这种连续发展的先后次序是不变的。这种发展模式具有全球性的意义，在任何文化社会中都一样。每一个阶段都是形成下一个阶段的必要条件和基础，虽然在两个相继发展的认知阶段之间存在着质的差异，但这种差异是思维发展量变到质变的必然结果。

布鲁纳（J. S. Bruner）认为，教育的主要目的是为学生提供一个现实世界的模式，学生可以借此解决生活中的一切问题[①]。这个模式涉及储存信息的内部系统，而信息是通过人与周围环境的相互作用获得的。学习任何一门学科时，总是由一系列的片断所组成，而每一片断（或一个事件）总是涉及到获得、转换和评价三个过程。布鲁纳由此认为，学生不是被动的知识接受者，而是积极的信息加工者。布鲁纳强调知识结构的重要性，认为知识结构就是某一学科领域的基本观念，它不仅包括掌握一般原理，而且还包括学习的态度和方法，懂得基本原理可使得学科更容易理解；有利于记忆，适于迁移；能够缩小知识间的初、高级水平层次的间隙。布鲁纳认为，任何学科的基础都可以用某种形式教给任何年龄的任何人[②]。

为实现上述目标，他特别强调教育过程中直觉思维的价值——直觉思维的训练是创造性思维培养的基础。所谓直觉思维是与分析思维（日常教学中注重培养的以一次前进一步，以仔细的规定好的演绎推理或归纳推理为其特征，步骤明显，常常能由思维者向别人作适当的报道的思维方式）不同，直觉思维以熟悉所牵涉到的知识领域及其结构为根据，使思维者可能实行跃进、越级和采取捷径，但是以后需要用比较分析的方法（不论演绎法或归纳法）重新检验所作的结论。同时，他强调学习是一个主动的过程，应该作出更多的努力使学生对学习产生兴趣，主动地参加到学习中去，并且从个人方面体验到有能力来对待他的外部世界。为激发学生的学习动机，布鲁纳提倡采取发现学习的教学方式。他认为对于学习，了解一般的原理原则固然重要，但尤其重要的是发展一种态度，即探索新情境的态度，作出假设，推测关系，应用自己的能力，以解决新问题或发现新事物的态度。所谓发现，当然不只限于发现人类尚未知晓的事物的行动，而且还包括用自己头脑亲自获得知识的一切形式。

**2. 当代建构主义学习理论的发展**

（1）知识观。知识不是对现实的纯粹客观的反映，任何一种传载知识的符号系统也不

---

[①] 孔繁成著.《布鲁纳的教学原则》，13页，太原：山西人民出版社，2019.01.
[②] 孔繁成著.《布鲁纳的教学原则》，37页，太原：山西人民出版社，2019.01.

是绝对真实的表征。它只不过是人们对客观世界的一种解释、假设或假说，它不是问题的最终答案，它必将随着人们认识程度的深入而不断地变革、升华和改写，出现新的解释和假设。知识并不能绝对准确无误地概括世界的法则，提供对任何活动或问题解决都适用的方法。在具体的问题解决中，知识是不可能一用就准，一用就灵的，而是需要针对具体问题的情境对原有知识进行再加工和再创造。知识不可能以实体的形式存在于个体之外，尽管通过语言赋予了知识一定的外在形式，并且获得了较为普通的认同，但这并不意味着学习者对这种知识有同样的理解。真正的理解只能由学习者自身基于自己的经验背景而建构起来，取决于特定情境下的学习活动过程。否则，就不叫理解，而是叫死记硬背或生吞活剥，是被动的复制式的学习。

显然，这种知识观是对传统课程和教学理论的巨大挑战。照建构主义看来，课本知识，只是一种关于某种现象的较为可靠的解释或假设，并不是解释现实世界的"绝对参照"。某一社会发展阶段的科学知识固然包含真理，但是并不意味着终极答案，随着社会的发展，肯定还会有更真实的解释。更为重要的是，任何知识在为个体接收之前，对个体来说是没有什么意义的，也无权威性可言。所以，教学不能把知识作为预先决定了的东西教给学生，不要以我们对知识的理解方式来作为让学生接收的理由，用社会性的权威去压服学生。学生对知识的接收，只能由他自己来建构完成，以他们自己的经验为背景，来分析知识的合理性。在学习过程中，学生不仅理解新知识，而且对新知识进行分析、检验和批判。

（2）学习观。当代建构主义者主张，世界是客观存在的，但是对于世界的理解和赋予意义却是由每个人自己决定的。我们是以自己的经验为基础来建构现实，或者至少说是在解释现实，每个人的经验世界是用我们自己的头脑创建的，由于我们的经验以及对经验的信念不同，于是我们对外部世界的理解便也迥异。所以，学习不是由教师把知识简单地传递给学生，而是由学生自己建构知识的过程。学生不是简单被动地接收信息，而是主动地建构知识的意义，这种建构是无法由他人来代替的。学习过程同时包含两方面的建构：一方面是对新信息的意义的建构，一方面又包含对原有经验的改造和重组。这与皮亚杰关于通过同化与顺应而实现的双向建构的过程是一致的。只是建构主义者更重视后一种建构，强调学习者在学习过程中并不是发展起供日后提取出来以指导活动的图式或命题网络，相反，他们形成的对概念的理解是丰富的、有着经验背景的，从而在面临新的情境时，能够灵活地建构起用于指导活动的图式。

任何学科的学习和理解都不像在白纸上画画，学习总要涉及到学习者原有的认知结构，学习者总是以其自身的经验，包括正规学习前的非正规学习和科学概念学习前的日常概念，来理解和建构新的知识和信息。即学习不是被动接收信息刺激，而是主动地建构意义，是根据自己的经验背景，对外部信息进行主动的选择、加工和处理，从而获得自己的意义。外部信息本身没有什么意义，意义是学习者通过新旧知识经验间的反复的、双向的相互作用过程而建构成的，因此，学习不是像行为主义所描述的"刺激—反应"那样，学习意义的获得，是每个学习者以自己原有的知识经验为基础，对新信息重新认识和编码，建构自己的理解。在这一过程中，学习者原有的知识经验因为新知识经验的进入而发生调整和改变。所以，建构主义者关注如何以原有的经验、心理结构和信念为基础来建构知识。

（3）教学观。建构主义者强调学习的主动性、社会性和情境性，对学习和教学提出了许多新的见解，主要有：由于事物的意义并非完全独立于我们而存在，而是源于我们的建构，每个人都以自己的方式理解事物的某些方面，教学要增进学生之间的合作，使学生看到那些与他不同的观点的基础。因此，合作学习（cooperative learning）受到建构主义者的广泛重视。这些思想是与维果斯基对于社会交往在儿童心理发展中的作用的重视的思想相一致的。学习者以自己的方式建构对于事物的理解，从而不同的人看到的是事物的不同的方面，不存在唯一的标准的理解，通过学习者的合作使理解更加丰富和全面。

教学不能无视学习者已有的知识经验，简单强硬地从外部对学习者实施知识的"填灌"，而是应当把学习者原有的知识经验作为新知识的生长点，引导学习者从原有的知识经验中，生长新的知识经验。这一思想与维果斯基的"最近发展区"的思想相一致。教学不是知识的传递，而是知识的处理和转换。教师不单是知识的呈现者，不是知识权威的象征，而应该重视学生自己对各种现象的理解，倾听他们时下的看法，思考他们这些想法的由来，并以此为据，引导学生丰富或调整自己的解释。教学应在教师指导下以学习者为中心，当然强调学习者的主体作用，也不能忽视教师的主导作用。教师的作用从传统的传递知识的权威转变为学生学习的辅导者，成为学生学习的高级伙伴或合作者。教师是意义建构的帮助者、促进者，而不是知识的提供者和灌输者；学生是学习信息加工的主体，是意义建构的主动者，而不是知识的被动接收者和被灌输的对象。简言之，教师是教学的引导者，监控学习和探索的责任也应由以教师为主转向以学生为主，最终要使学生达到独立学习的程度。

（4）构架。情境性教学与整体性的构架，提倡情境性教学。建构主义认为，学习者的知识是在一定的情境下，借助他人的帮助，如人与人之间的协作、交流、利用必要的信息等等，通过意义的建构而获得的。理想的学习环境应当包括情境、协作、交流和意义建构四个部分。学习环境中的情境必须有利于学习者对所学内容的意义建构。在教学设计中，创设有利于学习者建构意义的情境是最重要的环节或方面，协作应该贯穿于整个学习活动过程中。教师与学生之间、学生与学生之间的协作，交流是协作过程中最基本的方式或环节。其实，协作学习的过程就是交流的过程，在这个过程中，每个学习者的想法都为整个学习群体所共享，交流对于推进每个学习者的学习进程，是至关重要的手段；意义的建构是教学活动的最终目标，一切都要围绕这个最终目标来进行。

同时，教学应使学习在与现实情境相类似的情境中发生，以解决学生在现实生活中遇到的问题为目标，为此学习内容要选择真实性任务（authentic task），不能对其做过于简单化的处理，使其远离现实的问题情境。由于具体问题往往都同时与多个概念理论相关，所以，他们主张弱化学科界限，强调学科间的交叉。这种教学过程与现实的问题解决过程相类似，所需要的工具往往隐含于情境当中，教师并不是将提前已准备好的内容教给学生，而是在课堂上展示出与现实中专家解决问题相类似的探索过程（甚至有人主张教师不要备课），提供解决问题的原型，并指导学生探索。主张一方面要提供建构理解所需的基础，另一方面又要留给学生广阔的建构空间，让他们针对具体情境采用适当的策略。在教学进程的设计上，建构主义者提出如果教学简单得脱离情境，就不应从简单到复杂，而要呈现整体性的任务，让学生尝试解决问题，在此过程中学生要自己发现完成整体任务所需实现完成的子任务，并掌握完成各级任务所需的知识技能。教学活动中，不必非要组成严格的直线型层级，因为知识是由围绕着关键概念的网络结构所组成，它包括事实、概念、概括化以及有关的价值、意向、过程知识、条件知识等，学生可以从知识结构网络的任何部分进入或开始。即教师既可以从要求学生解决一个实际问题开始教学，也可以从给一个规则入手。在教学中，首先选择与儿童生活经验有关的问题（这种问题并不是被过于简单化），同时提供用于更好地理解和解决问题的工具，而后让学生单个地或在小组中进行探索，发现解决问题所需的基本知识技能，在掌握这些知识技能的基础上，最终使问题得以解决。

### 3. 理论简评

（1）积极性。建构主义者在吸收维果斯基、皮亚杰、布鲁纳等思想的基础上提出的许多富有创见的教学思想，如强调学习过程中学习者的主动性、建构性；对于学习做了初级与高级学习的区分，批评传统教学中把初级学习的教学策略不合理地推及到高级学习中；提出合作学习、情境性教学等，对深化当前的教育教学改革具有深远的意义。

（2）局限性。传统教学重视知识的确定性和普遍性，注重分析和抽象，这在学习的初级阶段是必要且有其合理性的，全盘否定它，同样会犯以偏概全，以特殊代替一般的错误，会引起教学上的混乱。提倡情境性教学，力主具体和真实，但由此而反对抽象和概括，认为进行抽象的训练是片面甚至无用的。

我们应该以辩证唯物主义为指导，全面衡量学习中的具体与抽象、初级与高级等之间的关系。正确处理学生学习与人类学习之间的关系，不要忽视学生学习的特殊性。学生的学习主要是掌握间接经验的过程，由此它与人类认识客观世界的过程有所不同。人类认识是从实践活动开始的，而学生的学习过程则未必如此，学生既可以从实践，从学习具体经验开始，又可以从学习间接经验、现有的经验、理论、结论开始，同时补充以感性经验。从教育的功能上看，间接经验的学习形式仍是主要的，学生的学习不可能事事从直接经验开始，这就要求教师在教学过程中注意把学校学习与实际生活以及学生的原有经验紧密相联。

## （二）缄默知识理论

### 1. 理论提出及其内涵

20世纪50年代末英国物理化学家和思想家波兰尼（M. Polanyi）首次提出人的知识分为两种类型，即显性知识（Explicit Knowledge）和缄默知识（Tacit Knowledge）。波兰尼在《人的研究》一书中明确地提出，通常所说的知识是用书面文字或地图、数学公式来表述的，这只是知识的一种形式，即显性知识；还有一种知识是不能系统地表述的，例如，我们有关自己行为的某种知识，即缄默知识。波兰尼由此提出了他最著名的认识论命题："我们所认识的多于我们所告诉的。"

显性知识的主要特征是：①能通过语言、文字或符号表达。②能通过教材、大众媒体进行传递。③能同时被不同的人所分享，具有一种"公共性"和"文体际性"。④能通过逻辑进行批判性反思。通常学校教育中的书本知识就是显性知识，与显性知识相反，缄默知识的主要特征是：①不能通过语言、文字或符号进行逻辑表达，它往往是只可意会不可言传。②不能以正规的形式加以传递，是一种连知识的拥有者和使用者也不能清晰表达的知识。③缄默知识是通过身体的感官和理性的知觉而获得的，不同于通过明确的推理而获得的外显知识，因而不能加以批判性的反思。④具有情景性、个体性和文化性。

波兰尼认为，任何知识都包含有缄默知识的因素，缄默知识是显性知识的基础。缄默知识支配着人的整个认识活动，为人们的认识活动提供最终的解释性框架乃至信念。在缄默知识参与下对目标问题的认识结果就产生了显性知识。一切显性知识都有缄默的根源，默会能力是人类获得和持有知识的终极机能（Ultimate Faculty）。爱因斯坦说过："如果你想知道科学家是如何研究的，不要听他们所说的，要看他们所做的。"通过正式的教学手段，可以很好地掌握已经确立的科学知识，而科学方法，或者说"知道如何"的知识（Knowing-How），只有通过第一手的实践经验，通过"师傅带徒弟"的方式才能掌握。

根据被意识和表达的程度，可以将缄默知识划分为3个层次：①能意识且能够通过语言表达的知识；②能意识但不能通过语言表达的知识；③无意识的知识。这说明缄默知识和显性知识并不是截然不同的，它们之间存在一个中间地带，显性知识可以转变为缄默知识，缄默知识也可以转变为显性知识，使缄默知识"显性化"，可以让缄默知识更好地发挥作用。"缄默知识"（Tacit Knowledge）是当代认识论或知识理论的一大发现。对"缄默知识"的研究分析在成为当代知识理论中一个十分活跃的研究领域的同时，也使当代知识理论更加贴近现实生活，从而成为每一位现实的人自我认知和科学探索的有力工具。

**2. 缄默知识与实践教学**

书本知识主要是显性知识，缄默知识的获取主要不是靠读书和听课，而是去亲身参加有关实践，在实践中加以获得。缄默知识的最大特点是它不能脱离认识主体，因此又可以称之为"个体知识"。学生对知识获得的参与长期以来处于被动地位，但是实际上，只有学生本人，尤其是他的个体知识，才是发展自己认识能力的向导和主人。实践教学是在一定的理论指导下，通过引导学习者的实践活动，从而传承实践知识、形成技能、发展实践能力、提高综合素质的教学活动。实践知识"仅存在于实践中，并且获得它的唯一方法是通过学徒制来掌握。这并不是因为师傅能教给他，而是因为这种知识唯有通过持续不断的与长期以来实践它的人相接触才能获得。实践教学具有一对一的学徒制特点，而实践知识也主要是缄默知识。实践教学不仅有实验、实习、课程设计、社会调查、生产劳动等多种表现形式，而且有验证性、综合设计性、研究创新性等多种实践教学类型。在实践教学中存在着大量的缄默知识，既存在教师的缄默知识，又存在学生的缄默知识；既存在与具体实践内容相关的缄默知识，又存在与教授和学习行为相关的缄默知识；既存在与人文知识和社会知识相关的缄默知识，又存在与自然知识相关的缄默知识；等等。通过丰富多样的实践教学，学生以内在体验的方式与教学过程，实现个体与客体的相互作用，不断积累个人经验，不仅可以验证知识、重演知识产生的过程、领悟知识的内在意蕴，还可以重新构建新的知识，掌握探究事物的方法，获取大量的缄默知识，从表象转向操作，从所知转向能知，使观察问题和解决问题的能力明显提高。实践教学中存在着大量的缄默知识，但往往被我们忽略或者说没有给予充分的重视，对其在教学活动中产生的影响更缺乏充分的认识和研究。忽视实践教学活动中大量缄默知识的存在和作用，结果是各种各样的缄默知识在实践教学过程中自发地产生影响。实践教学中的难点在一定程度上是由于学生所持的缄默知识与实践教学内容不一致，甚至冲突所产生的干扰，而那些对实践教学活动有益的缄默知识没有得到有效地利用。有一类程序性缄默知识，对人们的实际行为起着具体的指导作用，这就是人们常说的"跟着感觉走"，所以对缄默知识的无视或无知，会直接影响到实践教学的效果。

实践教学的内涵是缄默教育，它可以让学生获得课堂上学不到或无法理解的缄默知识，为此，教师必须反思自己的缄默知识与自己教学行为之间的内在联系，努力认识和理解诸多缄默知识对学生学习行为可能产生的复杂影响，关注学生已经掌握的缄默知识和缄默认识模式，因材施教，创设丰富的情景，培养学生的直觉，把教学过程变成一种师生双方以及同学之间真诚、自由的对话过程。教师应帮助学生反思他们在实践活动中的缄默知识，特别是那些缄默的认识模式，从而不断提高他们元认识的水平，提高他们对自己学习行为进行自我分析和自我管理的能力。

**3. 实践教学和课堂教学**

在以往的教学体系中实践教学是依附于课堂教学的，实践教学和课堂教学的关系一般可理解为通过实践的途径使学生对课堂上所学的知识有更为深刻的理解并加以应用。实践教学的目的只是为了应用和检验所学的显性知识。这种价值定位在很大程度上影响了实践教学的进行，没有充分意识到实践教学的目的和意义。缄默知识理论的发展为实践教学提供了认识论基础，促使我们重新评价实践教学的价值、重新审视实践教学和课堂教学的关系。

显性知识是课堂教学的主要内容，它是人类文化史的缩影，具有较为严密的逻辑关系和概念体系。在课堂教学中对显性知识的学习，有助于个体认知结构的优化和精炼、提高学生认识的起点，使其在较短时间内接近或达到人类知识的当代水平。然而，从缄默知识理论观点来看，科学知识的产生都不完全是一种宏观和理性的过程，其中还包括了大量个体缄默知识的参与。科学的理想和信念、科学的经验和技巧、科学的态度和精神等等是在主要传递、理解和掌握显性知识的课堂教学中学不到的。教育要想培养学生的创新意识、素质和能力，就必须在注重提高课堂教学质量的同时，重视具有学徒制形式的实践教学，重视丰富多彩的科学实践、社会实践和艺术实践，使学生掌握大量缄默认识信念、概念、框架、方法和技巧。

重视缄默教育，实现课堂教学与实践教学亦即显性与缄默教育的互补与衔接。陶行知先生做过一个精辟的比喻：接知如接枝。他说："我们必须有从自己的经验里发生来的知识做根，然后别人的相类的经验才能接得上去。倘若自己对于其事毫无经验，我们绝不能了解或运用别人与此事之经验。"课堂教学不仅仅是一个传递和复制公共知识的过程，更是一个调动学生已有知识和生活经验，尤其是实践教学中获得的缄默知识，使学生理解所学知识并使已有的个人知识不断提升的过程。在课堂教学中创设一个学生和知识相遇的情景，在这一情景中帮助学生把知识作为探究的起点，利用自己已有的实践经验与知识对话，使学生在与知识的"相遇"中创造更多的"期遇"，发展学生对于知识的鉴赏力、建构力和批判力，真正将学生从知识的权威中解放出来。同时，实践教学的设计也必须考虑缄默知识的因素，而不能仅仅从显性知识亦即课堂知识的应用和检验来考虑。

在缄默知识理论指导下，课程评价机制急需创新。传统的教学评价过于强调甄别与选拔功能，纸笔测验几乎成了评价学生学业的唯一形式，主要围绕着显性知识展开，只重视对课堂教学效果的评价而忽视了对实践教学效果的评价。从缄默知识的角度看，无论是教学活动之前的安置性评价，还是教学活动中的形成性评价，都要深入学生的缄默知识与潜意识。对此，在评价标准中应突出个性化，因为真正衡量学生认识能力和水平的不是他们对僵死的教材知识的无批判记忆、再现和简单运用，而是他们从缄默知识出发对静态书本知识的动态理解、阐释、批判、综合和创新。在评价方法上，应采取多种评价技术，例如，可通过自我陈述的调查表来分析学生能用意识且能通过言语表达的缄默知识，通过试卷、作业、实践操作和其他能表现学生学习成果的作品来分析学生能意识但不能用言语表达的缄默知识，通过投射测验技术来分析学生无意识的缄默知识。要让课堂教学评价和实践教学评价并重，评价中突出个性，让每个学生不仅能够给出正确答案，而且还能围绕问题发挥自己的见解，从而使他们得到多方面的满足。

### （三）多元智能理论

**1. 多元智能理论产生及内涵**

（1）多元智能理论产生于20世纪初，法国心理学家比奈（Alfred Binet）创造了智力测验，用来测量人的智力的高低。1916年，德国心理学家施太伦（W. Stern）提出了"智商"的概念：智商即智力商数，它是用数值来表示智力水平的重要概念。1935年，亚历山大（W. P. Alexander）第一次提出"非智力因素"这个概念。所谓"非智力因素"是指记忆力、注意力、观察力、想象力、思维力等智力因素之外一切心理因素，主要包括动机、兴趣、情感、意志、性格等，这些非智力因素都是直接影响和制约智力因素发展的意向性因素。但是，这一理论提出后，并未受到人们的关注。1967年，美国在哈佛多元智能理论大学教育研究生院创立《零点项目》，由美国著名哲学家戈尔曼（Daniel Goleman）主持。《零点项目》主要任务是研究在学校中加强艺术教育，开发人脑的形象思维问题。在从这以后的二十年间，美国对该项目的投入达上亿美元，参与研究的科学家、教育家超过百人，他们先后在100多所学校做实验，有的人从幼儿园开始连续进行20多年的跟踪对比研究，出版了几十本专著，发表了上千篇论文。多元智能理论就是这个项目在20世纪80年代的一个重要成果。哈佛大学霍华德·加德纳（Howard Gardner）教授在参与此项研究中首先重新考察了大量的、迄今没有相对联系的资料，即关于神童的研究、关于脑损伤病人的研究、关于有特殊技能而心智不全者的研究、关于正常儿童的研究、关于正常成人的研究、关于不同领域的专家以及各种不同文化中个体的研究。通过对这些研究的分析整理，他提出了自己对智力的独特理论观点。基于多年来对人类潜能的大量实验研究，加德纳在1983年出版的《智力的结构》一书中，首次提出并着重论述了他的多元智能理论的基本结构，并认为支撑多元理论的是个体身上相对独立存在着的、与特定的认知领域或知识范畴相联系的八种智力，这些为多元智能理论奠定了理论基础。

（2）多元智能理论内涵。多元智能理论是由美国哈佛大学教育研究院的心理发展学家霍华德·加德纳（Howard Gardner）在1983年提出。加德纳从研究脑部受创伤的病人发觉到他们在学习能力上的差异，从而提出本理论。传统上，学校一直只强调学生在逻辑—数学和语文（主要是读和写）两方面的发展，但这并不是人类智能的全部。不同的人会有不同的智能组合，例如：建筑师及雕塑家的空间感（空间智能）比较强、运动员和芭蕾舞演员的体力（肢体运作智能）较强、公关的人际智能较强、作家的内省智能较强等。霍华德·加德纳是世界著名教育心理学家,最为人知的成就是"多元智能理论",被誉为"多元智能理论"之父。现任美国哈佛大学教育研究生院心理学、教育学教授,波士顿大学医学院精神病学教授。任哈佛大学"零点项目"研究所主持人,专著超过20本,发表论文数百篇。《纽约时报》称他为美多元智能理论,当今最有影响力的发展心理学家和教育学家。哈佛商学院教授称"加德纳是本时代最明亮的巨星之一,他突出表现人类成功的不同智慧,美国特质教学联盟主席称"推动美国教育改革的首席学者,加德纳当之无愧"。根据加德纳的理论,学校在发展学生各方面智能的同时,必须留意每一个学生只会在某一两方面的智能特别突出;而当学生未能在其他方面追上进度时,不要让学生因此而受到责罚。

传统智力理论认为语言能力和数理逻辑能力是智力的核心,智力是以这两者整合方式而存在的一种能力。针对这种仅徘徊在操作层面,而未揭示智力全貌和本质的传统的有关智力的狭隘定义,研究者们从20世纪70年代开始,就从心理学的不同领域对智力的概念进行了重新的检验,其中最有影响的当属耶鲁大学的心理学家罗伯特·斯腾伯格(Robert Stenberg)所提出的三元智力理论(分析性智力、创造性智力、实践性智力)。而20世纪80年代哈佛大学认知心理学家加德纳所提出的多元智能理论,定义智能是人在特定情景中解决问题并有所创造的能力。他认为我们每个人都拥有八种主要智能:语言智能、逻辑—数理智能、空间智能、运动智能、音乐智能、人际交往智能、内省智能、自然观察智能。他提出了"智能本位评价"的理念,扩展了学生学习评估的基础;他主张"情景化"评估,改正了以前教育评估的功能和方法。加德纳的多元智能理论是对传统的"一元智能"观的强有力挑战,给人以耳目一新之感。尤其是当前在新课程改革中,大部分教师对学生评价颇感困惑之时,他的理论无疑会给我们诸多启示。

### 2. 多元智能理论构成

加德纳认为过去对智力的定义过于狭窄,未能正确反映一个人的真实能力。他认为,人的智力应该是一个量度他的解题能力(ability to solve problems)的指标。根据这个定义,他在《心智的架构》(frames of mind, gardner, 1983)这本书里提出,人类的智能至少可以分成七个范畴(后来增加至九个)[①]:

(1) 语言智能。这种智能主要是指有效地运用口头语言及文字的能力,即指听说读写能力,表现为个人能够顺利而高效地利用语言描述事件、表达思想并与人交流的能力。这种智能在作家、演说家、记者、编辑、节目主持人、播音员、律师等职业上有更加突出的表现。

(2) 逻辑数学智能。从事与数字有关工作的人特别需要这种有效运用数字和推理的智能。他们学习时靠推理来进行思考,喜欢提出问题并执行实验以寻求答案,寻找事物的规律及逻辑顺序,对科学的新发展有兴趣。即使他人的言谈及行为也成了他们寻找逻辑缺陷的好地方,对可被测量、归类、分析的事物比较容易接受。

(3) 空间智能。空间智能强调人对色彩、线条、形状、形式、空间及它们之间关系的敏感性很高,感受、辨别、记忆、改变物体的空间关系并借此表达思想和情感的能力比较

---

① 沈致隆著;霍华德·加德纳著.《多元智能理论之父加德纳》,57-58页,太原:山西人民出版社,2016.06.

强，表现为对线条、形状、结构、色彩和空间关系的敏感以及通过平面图形和立体造型将他们表现出来的能力。能准确地感觉视觉空间，并把所知觉到的表现出来。这类人在学习时是用意象及图像来思考的。空间智能可以划分为形象的空间智能和抽象的空间智能两种能力，形象的空间智能为画家的特长。抽象的空间智能为几何学家特长，建筑学家形象和抽象的空间智能都擅长。

（4）肢体运作智能。善于运用整个身体来表达想法和感觉，以及运用双手灵巧地生产或改造事物的能力。这类人很难长时间坐着不动，喜欢动手建造东西，喜欢户外活动，与人谈话时常用手势或其他肢体语言。他们学习时是透过身体感觉来思考，这种智能主要是指人调节身体运动及用巧妙的双手改变物体的技能，表现为能够较好地控制自己的身体，对事件能够做出恰当的身体反应以及善于利用身体语言来表达自己的思想。运动员、舞蹈家、外科医生、手艺人都有这种智能优势。

（5）音乐智能。这种智能主要是指人敏感地感知音调、旋律、节奏和音色等能力，表现为个人对音乐节奏、音调、音色和旋律的敏感以及通过作曲、演奏和歌唱等表达音乐的能力，这种智能在作曲家、指挥家、歌唱家、乐师、乐器制作者、音乐评论家等人员那里都有出色的表现。

（6）人际智能。人际关系智能，是指能够有效地理解别人及其关系、及与人交往能力，包括四大要素。①组织能力，包括群体动员与协调能力。②协商能力，指仲裁与排解纷争能力。③分析能力，指能够敏锐察知他人的情感动向与想法，易与他人建立密切关系的能力。④人际联系，指对他人表现出关心，善体人意，适于团体合作的能力。

（7）内省智能。这种智能主要是指认识到自己的能力，正确把握自己的长处和短处，把握自己的情绪、意向、动机、欲望，对自己的生活有规划，能自尊、自律，会吸收他人的长处；会从各种回馈管道中了解自己的优劣，常静思以规划自己的人生目标，爱独处，以深入自我的方式来思考；喜欢独立工作，有自我选择的空间。这种智能优秀的政治家、哲学家、心理学家、教师等人员那里都有出色的表现。多元智能理论内省智能可以划分两个长层次：事件层次和价值层次，事件层次的内省指向对于事件成败的总结，价值层次的内省将事件的成败和价值观联系起来自审。

（8）自然探索智能。能认识植物、动物和其他自然环境（如云和石头）的能力。自然智能强的人，在打猎、耕作、生物科学上的表现较为突出。自然探索智能应当进一步归结为探索智能，包括对于社会的探索和对于自然的探索两个方面。

（9）存在智能。人们表现出的对生命、死亡和终极现实提出问题，并思考这些问题的倾向性。

其他类型智能人的智能还可以从其它角度进行分类：①记忆力：对于事物的记忆力，包括短期和长期的记忆力，形象和抽象的记忆力等；②形象力：在记忆的基础上形成形象的能力。也可以说是感性认识能力；③抽象力：在形象的基础上形成抽象概念的能力。也可以说是理性认识能力；④信仰力：在形象和抽象的思维的基础上形成对于人生和世界总的观念的能力；⑤创造力：形成新的形象、理论、信仰的能力。

过去的多元智能发展主要集中在幼儿园，因为教育专家认为，培养学生的多元智能发展应该由小做起，并慢慢推广至其他层面。然而，广义来说，多元智能理论的框架不单能在小学及幼儿园的层面推广，在中学、大学、甚至研究院或在职培训也是合适。近年不少国际MBA的课程都加入了创意思维的课程，以加强学生在新时代的适应力和创意方面的开发，这正是加德纳所提出的多元智能的其中一个范畴。而对于中、小学生来讲，由于多元智能理论有助老师从学生的智能分布去更了解学生，我们可以将理论用于两方面：一是可以利用多元智能理论来发掘资优学生，并进而为他们提供合适的发展机会，使他们茁壮成长；二是可以利用多元智能理论来扶助有问题的学生，并采取对他们更合适的方法去学习。香港现时有几家中学，容许部份语文能力较低的学生利用录像来交功课。

### 3. 对教改的意义

对教改的意义主要体现在以下几个方面：

（1）多元智能理论有助于形成正确的智力观。真正有效的教育必须认识到智力的广泛性和多样性，并使培养和发展学生的各方面的能力占有同等重要的地位。

（2）多元智能理论有助于转变我们的教学观。我国传统的教学基本上以"教师讲，学生听"为主要形式，辅之以枯燥乏味的"题海战术"，而忽视了不同学科或能力之间在认知活动和方式上的差异。多元智能理论认为，每个人都不同程度地拥有相对独立的八种智力，而且每种智力有其独特的认知发展过程和符号系统，因此，教学方法和手段就应该灵活多样根据教学对象和教学内容，因材施教。

（3）多元智能理论有助于形成正确的评价观。多元智能理论对传统的标准化智力测验和学生成绩考查提出了严厉的批评。传统的智力测验过分强调语言和数理逻辑方面的能力，只采用纸笔测试的方式，过分强调死记硬背知识，缺乏对学生理解能力、动手能力、应用能力和创造能力的客观考核，是片面的、局限的。多元智能理论认为，人的智力不是单一的能力，而是有多种能力构成，因此，学校的评价指标、评价方式也应多元化，并使学校教育从纸笔测试中解放出来，注重对不同人的不同智能的培养。

（4）多元智能理论有助于转变我们的学生观。根据多元智能理论，每个人都有其独特的治理结构和学习方法，所以，对每个学生都采取同样的教材和教法不合理的。多元智能理论为教师们提供了一个积极乐观的学生观，即每个学生都有闪光点和可取之处，教师应从多方面去了解学生的特长，并相应地采取适合其特点的有效方法，使其特长得到充分的发挥。

（5）多元智能理论有助于形成正确的发展观。按照加德纳的观点，学校教育的宗旨应该是开发多种智能并帮助学生发现适合其智能特点的职业和业余爱好，应该让学生在接受学校教育的同时，发现自己至少一个方面的长处，去热切地追求自身内在的兴趣。

（6）与教学的整合编辑。①多元智能理论在英语教学中的切入把多元智能理念融入英语课程中，研制多元智能课程模式与教学计划，是多元智能理论在英语教学实践中最佳的切入点。例如：设计多元教学科目表，把某个智能作为科目的单位，设计与该智能相关的活动。在"人际交往科目表"中，可以设计"组织或参与一次英语晚会、与同学进行英语会话、与同伴交换检查或批改英语作文"等活动，实施时允许学生选择自己喜欢的科目表，采用自己擅长的学习方法，鼓励学生用各种方法展示自己的才能和所学知识，安排多元课程规划表，把智能目标落实到英语课程或单元教学中，使培养各种能力与课堂教学有机结合起来。教师应当明确什么是学生应当掌握的最有价值的知识，训练哪些方面的智能，探索恰当的教学方法。教师设计的教案应包括课程或单元名称、课程或单元目标、教学预期成果、教学资源或辅助材料、学习活动、教学步骤和评价方式。多元智能理念指导下的外语教学有四个教学阶段：能力的感知——通过触、嗅、尝和看等多种感官经验激活各种智能，感性认识周围世界事物的多种特征；能力的沟通——通过接触他人、事物或特定的情景体验情感，调节并强化认识活动；能力的传授——在教学中传授学习方法与策略，把智力开发与教学重点相联系，帮助学生了解自己的智力程度，发展潜能；能力的综合运用——通过评估促进学生综合地运用多种智能，使每个学生都能自信地学习，并有所作为。②多元智能理论与英语教学的整合。训练认知策略，发展语言智能。语言智能是指有效地听、说、读、写的能力，即能运用听说读写进行交流、讨论、解释、说明、创造知识、建构意义以及对语言本身进行反思的能力。语言技能的发展对学生取得任何学科学习成绩的成功都有显著的影响。教学中教师应训练学生有效倾听，在听的过程中判断内容，抓住中心主题，在听后针对重点进行概括；训练学生使用尽可能少的文字做笔记、记重点，积极勾画心理图式；培养学生资源策略，鼓励学生涉猎教材以外的资源（如词典、英文报刊、图书馆资源、互联网信息等），使他们在不同阶段达到相应的资源能力。通过训练学生的认知能力促进他们发展语言智能①。

指导阅读训练，促进逻辑数理智能逻辑数理能力涵盖数学、科学和逻辑三个领域，它主要指数学和思维方面的能力，包括推理和运算的能力。外语属于文科，似乎与逻辑数理没有联系。其实不然，外语学科同样拥有某些数学概念，如排列、组合、编码、对称等，掌握这些概念可以促进外语习得。阅读是语言输入的主要途径，阅读训练中，采用不同的提问策略、提出开放性问题、让学生预测和改变逻辑结果等能够增强他们的逻辑思维能力，使逻辑数理智能在思考和学习中发挥更大的作用。例如，指导学生根据语篇线索（如注释性线索、同义词/近义词线索、反义词线索和语境线索等）猜测不熟悉的语言现象，理清句子基本结构，整合文本的意义；根据语篇中已知的信息推理故事情节的发展；根据字面意思、语篇的逻辑关系以及细节的暗示，推敲作者的态度，深层理解文章的寓意；根据所读内容用文字按逻辑顺序表述主题。这些阅读练习具有挑战性，能够锻炼学生的数理逻辑能力。

## 二、研究生英语教育人才培养模式的内涵

### （一）人才培养模式的概念

"人才培养模式"是指在一定的现代教育理论、教育思想指导下，按照特定的培养目标和人才规格，以相对稳定的教学内容和课程体系，管理制度和评估方式，实施人才教育的过程的总和。对于"人才培养模式"这个概念我国很多学者都对其下过定义。1998年在教育部召开的第一次全国普通高校教学工作会议上，时任教育部副部长的周远清同志曾对这一概念做出过阐述，他认为所谓的人才培养模式，实际上就是人才的培养目标和培养规格以及实现这些培养目标的方法或手段，它具体可以包括四层涵义：一是培养目标和规格；二是为实现一定的培养目标和规格的整个教育过程；三是为实现这一过程的一整套管

---

① 吴志宏，郅庭瑾等著.《多元智能 理论、方法与实践》，27页，上海：上海教育出版社，2003.03.

理和评估制度;四是与之相匹配的科学的教学方式、方法和手段。

人才培养模式是高等教育领域的基本问题,有人才培养,就有人才培养的模式,但我国高校、学界及教育行政部门提出并讨论人才培养模式,则是近二十多年、特别是近几年的事。高校提出"人才培养模式"这一概念最早见于文育林1983年的文章《改革人才培养模式,按学科设置专业》中,其内容是关于如何改革高等工程教育的人才培养模式。之后,也有一些高校和实践工作者继续讨论医学及经济学等各类人才的培养模式及其改革,但都未明晰何为"人才培养模式",对其内涵的把握较为模糊。由于高等教育实践的需要,理论工作者也逐步开始关注这一问题,并试图界定其内涵。刘明浚于1993年在《大学教育环境论要》中首次对这一概念做出明确界定,提出人才培养模式是指"在一定办学条件下,为实现一定的教育目标而选择或构思的教育教学样式"。教育行政部门首次对"人才培养模式"的内涵做出直接表述,是在1998年教育部下发的文件《关于深化教学改革,培养适应21世纪需要的高质量人才的意见》中,指出"人才培养模式是学校为学生构建的知识、能力、素质结构,以及实现这种结构的方式,它从根本上规定了人才特征并集中地体现了教育思想和教育观念"。20世纪90年代以来,随着人们对人才培养模式关注度的增强,相关的研究迅速增多,形成了以下几种较为典型的界定:人才培养模式是人才的培养目标、培养规格和基本培养方式;是学校为学生构建的知识、能力和素质结构,以及实现这种结构的方式(钟秉林);是指在一定的教育思想和教育理论指导下,为实现培养目标(含培养规格)而采取的培养过程的某种标准构造样式和运行方式(龚怡祖);是教育思想、教育观念、课程体系、教学方式、教学手段、教学资源、教学管理体制、教学环境等方面按一定规律有机结合的一种整体教学活动,是根据一定的教育理论、教育思想形成的教育本质的反映,等等。这些观点有一些相同的含义,即基本上都是指在教育思想、教育理论指导下的一种关于人才培养的方式。但也存在着分歧:在培养模式的指向上,存在强调培养目标还是强调素质结构的差异;在培养模式的属性上,有些学者认为应该是一种静态的"方式",而有的则认为是一种动态的"过程",更多的学者认为是静态与动态的结合;在人才培养模式的外延上,少数学者认为包括整个教育管理活动,一些学者则把人才培养模式限定在"教学活动"中,此外,更多的则持中间立场。

研究生教育承载着培养专业人才的重要使命,是推动我国社会健康有序发展的强大动力。随着时代的发展,现代化的生产和生活方式对劳动者的知识、技能和观念不断提出新的要求,学习已经成为个人在现代社会中应变和发展的重要的手段之一,尤其是进入21世纪以来,经济社会对高级专业人才的需求在不断地增长,为了适应社会经济发展需要、满足人民群众发展需要,2009年教育部党组专门研究专业学位研究生教育问题,提出必须根据社会需求的新变化,及时调整硕士研究生的培养目标,转变硕士研究生培养模式,切实加强高层次应用型人才培养,促进高层次人才培养与经济社会发展需求相协调。同年3月,教育部党组决定增招硕士研究生,全部用于招收应届本科毕业生攻读硕士专业学位,同时决定,自2010年始,国务院学位委员会审批通过的硕士专业学位类别,全部可以纳入全国硕士研究生统一招生安排。

研究生人才培养模式既不能限定在教学过程中,又不能泛化到高校的整个管理层面;它是结构与过程的统一,是静态的样式与动态机制的统一。这是因为,人才培养模式不仅仅关涉"教学"过程,更关涉"教育"过程,它涉及到了教育的全过程,远远超出教学的范畴,但人才培养的过程又不是毫无边际的,在现代大学中,有许多与人才培养无直接关系的管理活动,如后勤管理、大学科技园管理等。人才培养模式是教育各要素如课程、教学、评价等的结合,但这个结合又不是一个呆板的组织样式,而是一个动态的、强调运行过程的结构,是在一定的教育思想指导下,为实现理想的培养目标而形成的标准样式及运行方式,它是理论与实践的接壤处。人才培养模式要反映一定的教育思想、教育理念,是理想人才的培养之道,是理论的具体化;同时又具有可操作性,是人才培养的标准样式,但它又不是具体的技术技巧或实践经验的简单总结,它是一个诸多要素组成的复合体,又是一个诸多环节相互交织的动态组织,这其中涉及到培养目标、专业设置、课程体系、教育评价等多个要素及制定目标、培养过程实施、评价、改进培养等多个环节。人才培养模式是有层次的,最高层次是主导整个高等教育系统的模式,如素质教育模式、通才教育模式、专才教育模式;第二级的人才培养模式是各高校所倡导、践行的培养模式;第三层次则是某专业独特的培养模式。我们主要探讨第二层次即高校层面的人才培养模式。随着教育体制改革的深入以及社会教育需求的多样化发展,自20世纪80年代以来,人才培养模式问题逐渐成为中国高等教育的重要议题,但时至今日,人才培养模式的改革与创新依然是高等教育发展的薄弱环节,我们有必要认真研究人才培养模式的内涵、困惑及其改革创新的出路,为高等教育的发展及人才培养提供应有的服务。

笔者认为研究生作为未来国家人才的重要对象,其学科的设置和学生的培养关系重大,意义非凡。研究生英语教育具有以下特征:一是硕士英语教育需将理论性知识与实践性知识相结合,他们在具备良好的专业学科基础知识的同时,还应具备较强的实践能力,能够在新时代下以先进理论为指导,将所学的专业理论知识和方法运用到真实的实践工作中,理论结合实践,学以致用,在发挥自身优势和人格魅力的同时,进行创造性及独特性的实践工作。二是研究生英语教育的课程结构设置应合理。研究生英语的课程设置应体现理论与实践相结合的原则,理论课程应与今后工作实践有机结合。三是研究生英语学习所接受的课堂教学方式应多样化,教学方式不应再是单一的课堂教授,而应理论与实践相结合,如采用课堂参与、自主探究式学习、案例教学、小组合作学习以及模拟教学等方式。

## (二) 人才培养模式的构成

高等院校研究生人才培养模式包涵培养目标、培养内容、培养手段、培养制度和培养评价等五个方面,这也是高等院校研究生人才培养模式的构成要素。其中,培养目标就是要解决培养什么样的人的问题,是培养模式首先要解决的问题,对研究生教育而言,就是要培养学生具有较强的创造力和较强的社会责任感。现在我国高等院校普遍采用了"学历证书"的方式,实践证明,如何创设更好的条件来培养研究生自主性,保证学生毕业后有更好更长远的发展机会还在探索和尝试中。高等院校研究生培养手段就是要解决如何培养人的问题,对研究生英语教学无外乎两种方式——课程学习和实践教学,针对不同的专业,就需要学校具体考虑课程学习和实践教学时间比例的分配。培养制度是保证人才培养所制定的一系列法律和法规,如学生行为规范、学校日常规章制度等。需要指出的是,由于高等院校更加强调研究生理论学习能力,因此,如何协调课堂教学或专业学习与实践环节的学分比例,高等院校需要根据不同专业需要做出相应调整。培养评价是保证培养的学生能够满足社会需要所进行的评价工作，一般可从两个方面入手：基本理论和专业知识的考察；动手能力考察。基本知识和理论考察可通过口试、笔试等方式完成，而口语能力则需通过口语交流实践来检验学生学习的成果。另外，培养评价也是对高等院校培养质量进行反馈的较好环节，通过建立合理的评价制度能够更好的促进研究生英语教育的发展。

根据中国经济社会发展的现状及趋势，在高等英语教育必须在培养全面发展的人的教育理念指导下，在"素质本位"人才培养模式的框架内，为此，我们试图对新时期经济社会发展对高等英语教育人才应具备的素质结构要求作些细微的阐释。因不同的专业对人才素质结构的要求会有所侧重，在此，我们主要阐述高等英语教育人才应具备素质中最普遍、基本的素质结构。笔者认为研究生人才培养模式的构成包括以下几个方面：

1. 知识结构

知识结构是人类知识内化到个体头脑中所形成的类别、数量、质量及相互联系，而合理的知识结构是综合素质形成的第一个过程，是良好综合素质的基础，应该满足现代社会对技术型人才的需要，体现出高等英语教育教育的特点。这个结构主要包括：

（1）科学文化知识。科学文化知识包括人文社科知识、自然科学知识、方论知识，虽然其中有些与专业有关，有些与专业无直接关系，但它们是形成合理的知识结构及良好的科学文化素养必不可少的组成部分。人文社科知是形成学生良好的政治思想素质和人文素质的知识基础，可以陶冶性情、提高文化品位，也是促进学生全面发展所应具备的精神资源；自然科学知识则是高等教育学生学习和领会专业知识、掌握专业技能的基础；方法论知识则助于培养高等英语教育学生跨学科地移植概念和方法的能力及创造性地解决题的能力。

（2）专业技术知识。专业技术知识则着重于把科学知识运用到各种人类活动中解决实际问题，其用性、定向性强，它向上连接着科学，向下连接着生产，是高等英语教育教育学应重点掌握的一类知识。专业技术知识又可分为两类：一类是专业基础知识，是指专业技术中偏重于理论基础的部分，它具有较高的稳定性和滋生力；另一类专业知识，是指为适应某类职业岗位群的职业能力的要求而必须具备的专门知识，具有很强的应用性和针对性，但其应变性差，陈旧率高，更新周期短。构建合理的知识结构，应拓宽专业基础知识并力求使其掌握得扎实、精深。专业知识应精选内容，主要领会蕴涵在其中的具有普遍性的思想和方法。这样才能以稳应变，从根本上保证高等院校研究生有足够的能力应对不同的环境在知识结构的构建过程中，为应对经济社会快速发展的需要，要求学生应具备基础化、综合化的知识结构，因为，知识的基础化是本源性知识，抓住了事物的共性，就可以举一反三，学生才能在工作和学习中不断扩展自己的知识面，优化和更新自己的知识；知识的综合化则要求学生必须注重科学文化知识与专业技术知识间的渗透、融合和相互迁移。

2. 能力结构

能力是指顺利完成某项任务的心理特征，是个体从事一定社会实践活动的本领，它是在合理的知识结构基础上形成的，是多种因素的综合。与知识相比，能力不仅存储在头脑中，更重要的是体现在活动中，它抽象、无形，一旦形成后不易失去。合理的能力结构是从事职业、适应社会、寻求发展的基本而关键的条件，能力主要由专业能力、方法能力和社会能力构成。

（1）专业能力。专业能力是指在专业领域内从事生产、经营、服务等职业活动所需要的能力，它是知识和技能的综合。专业能力在整个能力结构中处于核心地位，是高等英语教育教育学生胜任工作、赖以生存的本领。

（2）方法能力。方法能力是一种发展能力，它是指从事职业活动所需要的工作方法和学习方法，包括科学的思维模式和基本技能。科学的思维模式不仅是从学习方法论的知识中直接得到的，更是从其他知识的学习和实践中感悟到的，它可以形成解决问题的思路。基本技能是一个受过一定教育的人为适应现代社会生活必须具备的技能，它是发展所必须的，是方法能力的基础。在知识总量迅猛增长、信息如潮的年代，掌握获取知识的正确方法和合理的阅读技能等是至关重要的。

（3）社会能力。社会能力是指从事职业活动以及生活在社会中所需要的行为能力，包括人际交往、公共关系及社会责任等，它既是基本的生存能力，又是基本的发展能力。社会能力是开放社会中人的必备能力。社会能力的培养不仅仅是从书本上学习一些社会知识，更重要的是在日常生活中锻炼提高。在现代社会，我们更强调高等英语教育培养人才的合作能力、竞争能力和抗挫折能力，因为未来社会是一个充满合作、竞争的社会，也是充满挑战与挫折、成功与失败的快节奏的社会，要想在这样一个社会中处于不败之地，合作能力、竞争能力和抗挫折能力是不可或缺的。

研究生英语教育学生在构建能力结构的过程中，要注重获取知识能力、运用知识能力和创造能力的培养。注重获取知识能力的培养有助于学生获取知识与促进知识的更新，为学生的不断发展和终身学习打下基础；培养运用知识的能力的关键是让学生参与到社会实践中，从实践中深化对知识的理解，实现知识向能力的转化；创新能力的培养则是与我们所要构建的创新型社会一脉相承的，是培养学生创新精神不可或缺的。

**3. 素质结构**

这里的"素质"是指在先天生理的基础上，受教育、环境的影响，通过个体自身的认识和实践，养成的比较稳定的身心发展的基本品质。素质与知识和能力相比，层次更高，一般来讲，知识是能力的基础和前提条件；能力是知识的抽象和内化；素质则是知识与能力的升华和高层次上的再现，素质比知识和能力涵盖的范围更广，它是多种品质的内在结合，因此，很难将其割裂。为便于描述，我们在这里将其分成科学文化素质、专业素质、思想品德素质、身心素质。

（1）科学文化素质。科学文化素质与知识结构中的科学文化知识相比，主要差别是素质是内化了的并且能够再现，它超越了知识形态，而成为思考问题的思维模式、解决问题的能力和方法。科学文化素质在人的素质结构中占有基础性的地位，是形成良好的社会适应能力所必需的，高等英语教育应注重培养学生的科学文化素质。

（2）专业素质。专业素质是专业知识和专业能力的综合与升华，包括对新技术的接受和理解能力、职业的适应能力、质量意识、安全意识、时间观念、经济观念、提出合理化建议的能力等。专业素质是人才素质结构的核心素质。

（3）思想品德素质。在思想品德素质方面，高等院校研究生应养成正确的劳动态度和良好的劳动习惯，要有集体主义、团结协作精神及高尚的职业道德。正确的劳动态度和良好的劳动习惯，既是完成学业的要求，又是未来职业生活的要求；在现代社会，人们在追求自由和个性发展的同时，非但没有抛弃集体主义和团队精神，反而越来越认识到其重要性。因为集体主义和团结协作精神不仅仅是塑造完整、完善人格的要求，更是现代社会对人才素质的现实需要，特别是在对独生子女的教育中更需要强调集体主义和团结协作精神；职业道德是指在特定的职业范围内的特殊道德要求，是一般道德原则在职业活动中的具体表现，更深刻地反映着社会的道德水平和道德风貌，高等英语教育是一种专业定向教育，培养学生对其将要从事的职业的正确认识，并在此基础上形成职业道德、职业情感和职业行为习惯。

（4）身心素质。良好的身心素质是高等英语教育教育学生完成学业及胜任将来所从事职业的基本保障，没有健康的体魄，许多技能特别是对体力要求较高的技能就难以完成；没有良好的心理素质，在实践中运用知识和发挥技能时，能力也会大打折扣。良好的心理素质同时也是塑造一个全面发展的人的一项必备素质。

身体素质是指人体的结构和机能状态素质。高等英语教育教育学生除应达到国家体育锻炼标准、培养健康的体魄外，还应根据不同职业对从业者体质的特殊要求，养成在学习、劳动和生活中所需要的特殊身体素质和活动能力。

心理素质是指认识、情感、意志和个性诸方面素质的综合。随着改革开放的不断深入，社会不断发生变迁，生活节奏加快，竞争日益激烈，许多由心理素质引发的社会问题更加凸显。因此，在高等英语教育教育人才心理素质的构建中，应帮助其养成良好的情绪、健全的意志、和谐的人际关系、正确的自我观念、适度的行为反应、完整统一的人格和积极的社会适应力。此外，不同的职业对心理素质的要求也各有不同，在构建过程中应充分体现以人为本的原则。

此外，笔者认为教育国际化背景下，我国高等院校研究生人才除了应具备上述普遍的、基础性的素质结构外，经济社会发展还要求高等英语教育教育所培养的人才应具备与其定位和功能相适应的一些独特素质，主要体现在以下两个方面：一是职业技能素质。职业技能素质是高等英语教育技术教育培养的人才所应具备的最基本素质。它包括：掌握基本的职业技能操作方法和操作规范，并达到上岗所要求的熟练程度（一般以取得职业资格证书为准）；树立基本的职业意识，形成与职业或岗位相对应的较完备、合理的专业知识结构等。其衡量尺度一般遵从国家制定的相关职业标准。具备这一层次的素质，可保证高等院校所培养的研究生人才，在既定的工作岗位上胜任工作，也使毕业生在社会为其提供相应岗位时能顺利就业。二是职场应变素质。职场应变素质是指人才灵活、适时应对职场要求变化的能力，它包括：及时把握特定职业在职场中的发展趋势和最新动态的能力；自主学习新的新知识能力；掌握最先进的相关职业理念和操作方法的能力；扩大知识面，形成更全面的具有延伸性知识结构的能力。具备这一层次的素质，可使人才成功就业，在必要时能顺利转岗或再就业，甚至赢得更新更好的职位，实现在职场上的进退自如。

（三）人才培养模式的特征

一般情况下，人才培养模式具有以下六个方面特征：

**1. 具有明确的指向性和目的性**

高等院校人才培养模式是其教育理念的集中体现，在培养什么样的人和如何培养人的问题上有明确的指向，这就是具有鲜明的时代特征和满足人的发展需求的价值取向。人才培养模式就是在践行如何培养人的理念和实现培养什么样的人的目标的过程中形成的，其所具有的指向性和目的性是其形成、发展和改革的引领。高等院校需要市场需求等紧密联系，研究生人才要得到社会的认可和欢迎，必须坚持以市场需求为主，市场需要什么样的人才，就培养什么样的人才。要改变跟风办专业，要科学预测，未雨绸缪，适时地超前开办有发展潜力研究生专业，使高等院校研究生人才培养适应社会的需要，赢得竞争的先机。

### 2. 具有典型的系统性和整体性

人才培养模式是由涉及人才培养的各要素组成的，各要素之间是和谐一致的整体和协调发展的系统。以教育理念为统领，各组成要素之间相互呼应，形成合理的结构，共同发挥着实现人才培养目标的功能。比如符合素质和能力培养的方案、构成学生合理知识结构的教学内容、与教学内容一致的教学方式、适应于学生需求的组织体系等，各要素相辅相成，构成良性发展的人才培养系统。

### 3. 具有高度的可操作性和实践性能力

人才培养模式将教育理念贯穿于人才培养的全过程，每一个环节都是具体的人才培养实践活动。从培养方案的制定、教学内容与方式的统一、教学组织和调节，到人才培养质量评价等都与人才培养目标密切相关。能力本位即指培养的重心放在能力上，它不同于以前的本位，它更注重知识到能力的转化与融合。目前，教育界存在三种能力观，其一是任务能力观，即将任务的叠加当作能力；其二是整体能力观，认为个体的一般素质决定工作的能力；其三是整合能力，这种观念谋求克服前两种能力的缺陷，需要将前两种能力观进行有机融合，它认为应将一般素质与个体所属的职业岗位或工作情境融合。可以说，能力本位更注重综合素质，更注重适应社会需要。从现实的情况看，笔者认为，第三种观念较为适宜。研究生英语培养人才应具有生存能力、应变能力、技术应用能力、创新创业能力，这些能力是一个有机的整体，缺一不可。

### 4. 具有良好的推广性和范型性

人才培养模式表现为人才培养目标的典型性、人才培养方式的代表性和人才培养过程的规范性，所以，人才培养模式具有示范和推广意义，尤其先进的教育思想和办学理念更具有普遍的引领价值。

### 5. 具有相对的成熟性和稳定性

由于人才培养模式是在较长期的人才培养活动中形成的，因而表现出结构状态的稳定和运行机制的成熟，相对稳定和成熟是实现人才培养目标的需要，也是人才培养规律的必然要求。

### 6. 具有较强的前瞻性和发展性

由于人才培养理念的先进性和人才培养目标的时代特征，人才培养模式又是发展变化的，随着社会和时代的发展，人才的培养规格、培养方案和手段等也要发生相应的变化，以适应社会和时代对人才的需要，当然这也是人才培养规律所要求的。可以采用校企双元参与模式，学研产训紧密结合是研究生人才培养模式的又一特点。研究生培养的人才要"出口"通畅，必须实现校企互动，充分利用学校、企业、社会培训部门、科学研究机构的教育资源，使社会有关部门广泛参与，把以课堂传授间接知识为主的教育环境与直接获取实际能力、经验为主的生产现场环境有机结合于学生的培养过程中，使学生在与社会的广泛交流中获取知识，这样，学生才可能真实地了解社会对人才的需求，增强社会适应的主动性；才有可能使学校在专业设置、课程建设上更贴进社会的发展需要，促进学校办学特色的形成；才有可能树立起真正的职业教育观，形成办学类型多样和办学形式灵活的大职教格局，培养人才的社会认可度才可能提高，研究生教育才可能赢得更大的发展空间，才有可能与普通高等教育协同发展。

高等院校研究生教育承载着培养专业人才的重要使命，是推动我国社会健康有序发展的强大动力。随着时代的发展，现代化的生产和生活方式对劳动者的知识、技能和观念不断提出新的要求，学习已经成为个人在现代社会中应变和发展的重要的手段之一，尤其是进入21世纪以来，经济社会对复合型人才的需求在不断地增长，为了适应社会经济发展需要、满足人民群众发展需要，2009年教育部党组专门研究专业学位研究生教育问题，提出必须根据社会需求的新变化，及时调整硕士研究生的培养目标，转变硕士研究生培养模式，切实加强高层次应用型人才培养，促进高层次人才培养与经济社会发展需求相协调。同年3月，教育部党组决定增招硕士研究生，全部用于招收应届本科毕业生攻读硕士专业学位，同时决定，自2010年始，国务院学位委员会审批通过的硕士专业学位类别，全部可以纳入全国硕士研究生统一招生安排。

研究生作为人才队伍的重要来源，其学科的设置和学生的培养关系重大，意义非凡。随着研究生教育结构的调整和改革，2009年国务院学位委员会办公室制定《硕士专业学位研究生指导性培养方案》（以下简称《培养方案》），《培养方案》指出硕士专业学位研究生培养目标是培养掌握现代理论知识、具有较强的实践和研究能力个体；招生对象为具有国民教育序列大学本科学历（或本科同等学力）人员；学习方式采用学习方式，学习年限一般为两年；课程设置要体现理论与实践相结合的原则，分为学位基础课程、专业必修课程、专业选修课程和实践教学四个模块，第四模块中实践教学时间原则上不少于一年；教学方式要重视理论与实践相结合，采用课堂参与、小组研讨、案例教学、合作学习、模拟教学等方式。

从《培养方案》中，可以看出高等院校研究生硕士培养具有以下特征：一是研究生英语教育需将理论性知识与实践性知识相结合，在具备良好的专业学科基础知识的同时，还应具备较强的实践能力，能够在新时代下以先进理论知识为指导，将所学的专业理论知识和方法运用到真实的教育教学中，理论结合实践，学以致用，在发挥自身优势和人格魅力的同时，进行创造性工作。二是研究生在校学习年限短。英语教育硕士的学习方式虽然采用的学习方式，但是学习年限通常为两年，与学术型研究生相比，学习年限过短。三是高等院校研究生的课程结构设置应合理。高等院校研究生的课程设置应体现理论与实践相结合的原则，理论类的课程应与教育教学实践类的课程有机结合。四是高等院校研究生所接受的课堂教学方式应多样化。教学方式不应再是单一的课堂教授，而应理论与实践相结合，如采用课堂参与、自主探究式学习、案例教学、小组合作学习以及模拟教学等方式。

## 第二节 研究生英语教育概述及基本理论

### 一、研究生英语教育概述

#### （一）国外研究概述

现代意义的研究生教育首先在德国产生，然后被引入美国、英国等其他国家，并融入了引入国的特色，形成各具特色的研究生培养模式。对研究生教育及其培养模式的研究，国外学者主要从以下三个方面展开：

1. 从历史角度进行相关研究

米切尔·G·安德森（Mitchell G. Ash）：German Universities Past and Future，系统研究德国大学自 1810 年—1989 年以来的研究生培养演变历程，并对当前德国大学的改革、政策、经费资助等问题进行探讨；欧内斯特（Ernest Rudd）：The Highest Education A Study of Graduate in Britain，系统阐述英国研究生教育。

2. 从比较角度进行相关研究

Mitchell G. Ash：German Universities Past and Future，系统研究德国大学自 1810 年—1989 年以来的研究生培养演变历程，并对当前德国大学的改革、政策、经费资助等问题进行探讨；Ernest Rudd：The Highest Education A Study of Graduate in Britain，系统阐述英国研究生教育的发展历程，以及研究生教育培养过程中存在的问题，并对英国授课式研究生教育进行简要论述；理查德·杰弗里斯（Richard J. Storr）：The Beginning of the Future a Historical Approach to Graduate Education in the Arts and Sciences 和 Everett Walters：Graduate Education Today，这两部著作对美国研究生教育的发展脉络、学位教育的产生背景等做了详细介绍。总之，历史研究有助于我们了解各国研究生教育不同发展阶段培养模式的概况及各国研究生教育的发展背景。

3. 从个案、实证、系统角度进行相关研究

个案和实证研究是西方国家所采用的主要研究方法，部分有关研究生教育的著作也是从这一研究方法入手的。Ernest Rudd：A New Look at Postgraduate Failure，埃德加·沙因（Edgar H. Scheln）：Professional Education 和索罗门·侯普曼（Solomon Hoberman）and 西德尼·迈力可（Sidney Mailick）：Professional Education in the United States 这三部著作通过个案、实证研究方法，对不同学科研究生教育历史、现状、问题进行分析，展示了西方各国研究生教育的特征和相关研究成果。

综上所述，国外相关研究从历史角度、比较角度、个案、实证及系统角度出发，不仅从宏观上探索国外具有代表性国家的研究生培养现状，而且考察了研究生培养过程中目标设计、课程建设、论文指导等微观层面的具体研究，在对研究生教育进行了全貌和整体研究的基础上，促进了相关国家研究生教育的发展。

#### （二）国内研究概述

1. 关于研究生人才培养研究

我国现代意义上的研究生教育是从 1935 年 4 月中国政府颁布"学位授予法"开始，

但真正有较大发展是 1978 年恢复研究生招生制度以后，1980 年全国人民代表大会常务委员会通过《中华人民共和国学位条例》、1981 年国务院批准《中华人民共和国学位条例暂行实施办法》，正式建立了自己的学位制度。在这一时期，我国的研究生教育规模不断扩大，接受研究生教育的人数年均增长率在世界上已处于领先位置，研究生年招生人数由 1978 年恢复研究生教育时的 1 万人增加到 2016 年的 51.72 万人，社会公众攻读硕士、博士学位的热情高涨。课程与教学论专业起步相对较晚，1997 年 6 月 6 日国务院学位委员会、国家教育委员会颁布了新修订的《授予博士、硕士学位和培养研究生的学科专业目录》，根据新调整的专业目录，原来的学科教学论专业与教学论专业，统一调整为"课程与教学论专业"。

《中华人民共和国学位条例》和《授予博士、硕士学位和培养研究生的学科、专业目录》是我国研究生培养的纲领性文件。《中华人民共和国学位条例》对取得硕士学位提出两个要求："一是在本门学科上掌握坚实的基础理论和系统的专门知识；二是具有从事科学研究工作或独立担负专门技术工作的能力。"《授予博士、硕士学位和培养研究生的学科、专业目录》从培养目标、研究方向、学习年限、课程设置、学位论文、培养方式和方法等具体方面规定了硕士研究生培养的具体内容。除这两个纲领性文件之外相关的文件还有《中国学位与研究生教育发展战略报告》。该报告从我国社会经济发展的角度提出硕士人才的培养目标，报告指出："硕士研究生要从目前以攻读学术型为多数、辅以少数攻读应用型、复合型学位的状况，逐步调整到多种类并举、应用型、复合型学位为多数的新格局。特别要重视专业学位研究生教育的发展。"

刘鸿在《我国研究生培养现状的调查报告》一文中，采用实证的方法，通过调查得出我国现行研究生培养模式存在"本科化"倾向的严重缺陷。谢和平在《如何解决研究生培养问题》这篇文章中，针对我国目前研究生在校人数超过 100 万人，研究生教育"营养不良、急功近利"，质量问题十分突出的问题，提出了研究生的培养模式应该是"卓越创新的教育理念，多样的培养方式，一流的条件保障，规范的过程管理"。曹秀平的《我国入世后高等学校人才培养模式研究》是从我国目前的人才资源状况入手，指出了目前高校人才培养模式存在的问题。

郭之在《21 世纪中国高等教育培养模式的现代化转性》中提出了 21 世纪新的人才观，要求研究生培养从"重理论，轻实践"的固有培养理念中转变出来，当今社会需要的人才是学术能力与应用能力都具备的复合型人才；吕宏在《中美研究生教育的比较研究》中通过对两国研究生培养过程中学制、课程、评估等方面的比较，得出"我国研究生教育不能闭门造车"，没有调查就没有发言权，研究生教育只有了解学生需求，深入社会实际，才能取得突破和进展，以此同时，还应该加强国际交流，不断革新；盛连喜的《研究生培养模式改革的探讨》从培养目标、课程设置、学生管理等方面进行比较，希望我国研究生培养工作从中获得启示和借鉴。

芦丽君在《产学研合作教育人才培养模式的探索》中主要从态度、经费、结构这三个方面阐释了产学研人才培养模式存在的问题及其产生的原因，高等教育之所以培养人才存在质量隐忧的原因归为"五轻五重"，即重理工轻人文、重专业轻基础、重书本轻实践、重共性轻个性、重功利轻素质（杨叔子，2009）。文辅相在《21 世纪的高等教育目标：高科技水平与高文化素养》中，把我国高等教育人才培养模式与质量观存在的问题的原因归为"四过"，即过弱的文化陶冶、过窄的专业教育、过重的功利导向、过重的共性制约。石坊的《基于创造学理论的研究生知识结构完善问题的探讨》中描绘了现行培养模式下研究生知识结构缺陷的原因是培养模式种种言传知识，忽视创造境界的提升、强调概念思维，忽视意向思维的发挥、重视知识传授，忽视创造技法的获得。

综上所述，从相关条例可以得出，我国硕士研究生的培养整体上需达到以下两个培养目标：一是研究生教育要与国家的学位要求吻合，以培养高学位人才为主要目标；二是研究生教育要适应社会、经济、科技和教育的需要，促进社会生产力、科学、文化等方面的提高。从文献可以得出我国研究生培养存在重专业轻基础、重书本轻实践、重共性轻个性、重功利轻素质等问题，需要通过培养单位对其培养方案和目标因地制宜地进行改革，使其培养的研究生符合我国对高等人才培养的要求。

**2. 英语教育重要性研究**

国际形势的变化、国内社会的变迁引发对外语教育的重视，要求优化外语教育，而外语教育水平的提升势必又会推动社会的发展和变化。王克非（2011）在对全球近13个国家和地区的外语教育状况进行调查研究后发现，在世界范围内，外语教育与社会政治经济的发展存在密切关系，一个地区外语教育水平越高，社会政治经济的发展越具有国际性、开放性和融合性的特点，开放性的国家与国际化的城市需要外语教育的助推，新的形势赋予外语教育新的使命，不仅要培养掌握多种语言的人才，更要培养了解多国文化具有国际意识的人才，参与国际竞争，提高国家软实力。外语教育实际上是整体性的教育，单纯的语言教育很难适应国际竞争，而培养具有语言应用能力、独立思维模式和国际意识的人才才是外语教育走向世界的关键。我国的外语教育也在适应社会变化发展的过程逐步走向成熟，从教育理念、教学方法、教材编写、师资队伍建设到科学研究都有了新的探索和发现。呼应国际国内的发展、社会的进步与教育的变革，外语教育也对自身的发展提出了新的要求，从培养理念到外语教育的实践都实现着跨时代的发展，外语学习也由原来的语言学习变革为语言、技能、态度与文化的综合性学习。外语教育的人才培养规格逐步提高，具有跨文化交际意识与能力的人才培养已是现如今外语教育工作的重点。

**3. 课程与教学论专业的相关研究**

（1）课程与教学论专业研究生培养。由西南大学教育学部教授杜尚荣、吴文等编写的《课程与教学论专业研究生培养30年：经验、挑战、问题与展望》一文，详细地介绍了我国课程与教学论专业硕士生培养中四种具有代表性的培养模式，主要有：北京师范大学提出"4+2"模式，即本科4年加保送研究生2年的培养模式，该模式采取集中管理，单设班主任，能够很好地安课程和实践。南京师范大学教科院提出的"集散集"模式，即学院将基础理论课程和论文集中学习，各门学科（物理、化学、英语等）在各个学院进行，该模式不仅加强了理论研究和实践关怀，更促进了学术发展和教学论学科建设。西南大学教育学部提出的"四定位"，即培养目标定位、研究生素质发展定位、课程教学实施定位和教学论学科研究走向定位，将学校的培养职能做了准确的定位，为该专业研究生的培养指明了方向。北京教育学院李方教师提出"实践导向"，即以实践为学习目的，要求学生在实践中学习、导师去实践现场授课。

综上，我国课程与教学论专业研究生培养虽然经历了 30 年的改革和发展，形成了比较丰富的经验和培养模式，但随着研究生教育的发展，已有的培养方式已经暴露出其人才培养的缺陷，需要进行相应的改革，达到我过高等人才培养的目的。

（2）外语课程与教学论。章兼中在《复合型高学历人才培养模式理论探讨和实践探索》一文中系统介绍了外语教育的概念及发展趋势，指出外语教育学是一门应用型的边缘教育科学，它具有跨学科的性质，是教育科学的一个分支。外语教育学是外语教学法的改造、发展和提高，是把教育学科和外语学科相结合的应用型科学。外语教育学从外语教育实践中研究外语教育现象和探讨提高外语教育质量的规律，反过来它又应用于从实践升华出来的规律指导外语教学在实践中进一步提高外语教育质量。

吴一安《复合型高学历人才培养模式理论与实践研究——对评估机制的思考》一文指出我国外语教育的薄弱环节是师资质量的整体不高，文中说到"我国有数十万外语教师，至今尚未真正形成自己的研究队伍，许多人对第二语言教学是不是一个研究领域还不清楚，不少教师在科研中带有盲目性，第二语言教学研究和国际范围内的相关研究尚不接轨，"未来英语教师的标准为：不仅具有扎实的外语语言知识及相关教育教学理论，更要掌握外语教育研究方法，并能够进行教师行动研究，研究生作为高层次人才的培养平台为这一标准的实现提供了可能。

辛斌在《"课程与教学论"专业研究生培养模式改革实践探索》一文中提出"语言教学是语言研究的动力，又是语言理论发挥作用的场所"，说明了语言教学中语言作为教学载体的重要性，英语课程与教学论源于教学理论的发展，并将服务于教师的专业发展，从而促进外语语言教学的进一步发展。鲁子问《我国现代外语教学的现状和关于外语教学评价的几点想法》一文指出，教学论是研究教学活动的基本原理、一般规律、主要方法的教育学分支学科，而对教学活动的研究属于教学论的核心范畴。教学论以教学活动为研究对象，其目的是发现教学活动的基本特征和规律，提高教学质量与效益，促进学生全面发展，这就对当今英语教师提出更高的要求，只有教师水平提高了，学生水平才能真正提高；而英语课程与教学论也毫不例外地以促进学生发展为目的，英语课程与教学论的设置恰恰是为了满足未来教师及在职教师发展的需求而设立的一门专业性学科。

在教学实践过程中也要求教师进行教师行动，通过预见问题、确定问题和解决问题来完善教学过程，摒弃以前那种完全零散的经验性的研究。张军广在《"外语教学论"课程教学探析》一文中，着重强调实践在外语教学论中的重要作用，提到外语教学论是一门实践性很强的学科，要求理论指导实践，从实践中反思理论，然而当前的教育见习、教育实习往往流于形式，教学效果也事倍功半，因此，教育见习和教育实习活动应该得到足够的重视。

（3）课程设置的相关研究。学者们采用历史探究法回顾了研究生英语课程体系的发展历程，指出目前课程设置中存在的主要问题如下：内容重复、语言基础训练比重过多、课程设置与学习者要求矛盾、课程设置脱离学生实际、课程设置单一落后等，提出了研究生英语课程设置要遵循以下原则：既要覆盖教学大纲的有关要求，又要考虑到学习者的实际水平以及对外语的要求；提出研究生英语课程的设置应注重多元化，可以开设多种选修课。

我国在课程与教学论专业课程设置方面的相关研究较少，具有代表性的有陈高时的《我国高等教育学专业课程设置研究》和柳翠的《教育学硕士课程研究》，这两篇文章详细的介绍了我国教育学硕士研究生课程设置的总体情况和高等教育学专业课程的设置情况。林云在《对于中美教育学硕士研究生课程设置的比较研究》一文中从培养目标和课程这两个方面对中美教育学硕士研究生课程设置进行了比较研究。罗立胜等认为硕士生英语课程设置的问题主要表现在以下四个方面：一是课程设置中的重复性问题；二是课程设置中的语言基础训练比重的问题；三是课程设置与学习者的外语要求的矛盾；四是课程设置与研究生英语发展的矛盾。

由于研究生扩招导致整体质量下降，我国学者们对课程设置的关注度逐年增高，他们对完善课程设置提出了如下建议：伊伟和彭林对课程设置提出了以下几点：一是加强基础，拓宽知识面，即坚持"宽口径，厚基础"的原则，扩大研究生的培养口径；二是规范课程体系，设定相对统一的标准；三是顺应对硕士生进行多学科综合培养的国际趋势；四是应加强专业、学科乃至消极课程之间的联系和交流，建立开放性的硕士生课程体系；五是应对同类专业的硕士生课程提出大致统一的要求，按统一的标准对硕士生进行考核。王天凤提出学位课程的设置应反映本学科共性的基础理论，选修课程应反映本学科最新发展动态，并适当体现不同研究方向的特点和需求。王燕玉认为硕士生学位课程要实现规范化，至少要注意以下四个方面：一是课程层次要合理，基础课适应性要强，专业基础课知识面要宽，专业课要系统化；二是课程内容要明确，要按"宽""新""实"的原则，给研究生以较宽的基础理论，较新的知识结构，较扎实的能力培养，以开拓他们的创新精神；三是任课教师要稳定。罗立胜等认为在课程设置上要注意以下几点：首先课程设置一方面应覆盖教学大纲的有关要求，另一方面也应具有一定的灵活性，应给予学习者一定的选择余地；三是课程设置应有利于语言学习者运用能力的培养以及整体外语素质的提高；四是课程设置应体现新的教学思想以及新的教学理论。

周同甫等推崇"两段式选修课程"体系，他认为两段式选修课程可分为"早期选修课程"和"晚期选修课程"，具体分为：第一阶段开设三门限定选修课，第二阶段为强化实习选修课。早期选修课比较好地解决了文化素质教育的载体问题，后期选修课重在强化学生专业素质，这样有效地化解了拓宽学生知识领域与有限学时的矛盾，基本知识、基本技能与不断进展的新知和前沿的矛盾。苗桂松等提倡的"外围选修课"认为公共选修课的设置是由学科专业决定的，应组织编写规范的课程简介，课程简介包括课程名称、主讲教师、学时学分、选课对象、开课目的、教学内容提要、考核方式、推荐书目及网站、任课教师教学科研简历等，或印制成册、或挂在网上供学生选课参考，这样可以使学生选到自己喜欢的课程，使知识课程、实践课程、高端课程清晰进对课程设置的相关研究。

伊伟和彭林认为我国硕士生课程设置存在如下五个问题：一是专业基础课按二级学科（专业）的口径设置，致使硕士生知识面偏窄；二是课程设置缺少规范化，存在因人设课、按研究方向制定培养方案等现象；三是用人单位认为硕士生知识结构不尽合理，专业综合素质不高；四是由于长期受前苏联高等教育模式的影响，我国硕士生的课程体系存在较大的封闭性；五是聘用制导致的导师科研压力增大以致削弱了对学生培养的精力投入。王燕玉认为硕士生学位课程存在的问题主要有：一是把学位课程与课题研究等同起来，在课程设置方面普遍存在着因人设课、按研究方向制定培养方案的现象；二是入选课者的视野，减少盲目性；同时，导师要发挥学科指导作用。

综上所述，由上述文献可以看出，我国硕士研究生课程设置的问题主要集中在课程设置结构不合理、与社会需求不符等。社会对研究生人才的的需求与传统的、固有的研究生培养模式之间产生了尖锐的矛盾，导致"研究生创新能力培养不够，人才培养缺乏个性，个人能力严重不足，研究生培养不能满足社会对高层次人才的需求"等问题，显而易见，我国研究生教育培养质量问题已成为制约我国研究生教育发展的瓶颈。而这些问题的核心在于，研究生教育没有立足于研究生教育的本质来建构研究生培养的理想模式；在研究生培养过程中，忽视了与我国经济、社会发展以及高等教育规模急剧扩大的发展现状相适应的有效模式。对研究生培养进行革新，关键是必须弄清楚研究生教育的本质和社会对人才的需求类型，在此基础上才能对研究生教育的优化有所帮助。

（4）研究生英语教学现状及对策研究。曹久平、张蕴哲、张树玲、洪云、赵塑等人采用思辨的方法阐述目前研究生英语教学存在以下问题：一是老师多采用"教师讲，学生听"的教学模式，使学生处于被动地位高等院校课堂效率不高；二是学生学习目标的功利化严重高等院校这导致学生学习被动高等院校教学效果不理想；三是评价体系不合理高等院校学生的学习成绩主要由考试决定高等院校导致学生课堂参与度不高；四是教学组织形式大都是以专业划分来进行大班教学，学生的英语水平参差不齐，这种模式使课堂效率低下。对此高等院校学者们提出以下措施：拓展课程内容高等院校使教学内容多样化；端正学生的学习动机高等院校提升学生的学习兴趣；采用新方法考查学生英语综合能力；对不同层次的学生实行分级教学。

（5）教学评价方式研究。学者们通过对非英语专业硕士研究生英语考核方式的分析和评价，指出考核方式存在以下问题：目标有偏差；题型设计不合理。为此，提出以下建议：一是不要搞地区性统考；二是调整试卷中主客观题目的比例；三是可以用相当水平的专门资格证书形式的考试，取代传统的硕士研究生英语入学考试，并在复试时强化对专业英语能力的测试。

蔡基刚提出《由通用英语向学术英语教学范式转移研究》一文提到，与衡量学生英语水平进步的通用英语测试不同，学术英语测试是以满足专业学习和工作的需求为驱动的，比较专门学术英语测试，通用学术英语更为流行，它从语言能力、学术技能和学术素养三个维度构成评估和测试的内容，既注重学生基本语言技能的学习，又培养了学生跨学科、用英语进行学习和工作的学术技能的掌握。通用学术英语评估系统是基于需求分析的，可以建立以项目研究为核心的形成性评估和以综合考察为核心的终结性评估①。芮艳芳和王秀红在分析爱尔兰都柏林理工学院学术英语课程的教学目的、内容、特色以及考核方法的基础上，针对我国现行英语测试中的不足提出建议：英语教学和考核更应注重阅读、分析、论证，注重主观题目以及个人观点，通过教学和考核培养学生思辨能力，在考核中合理设计客观题与主观题的比例以及主观题的题型，保证测试的信度与效度，确保考试的可靠性。孔繁霞以斯塔弗尔比姆（Stuffiebeam, D. L.）的 CIPP 评价模式为依托探讨工科专

---

① 蔡基刚．《由通用英语向学术英语教学范式转移研究》，47页，上海：上海交通大学出版社，2019.09．

业学术英语课程的开发并对 EAP 课程的可开发性过程进行了评价。

（6）英语有效教学策略研究。段丽、肖贻杰提出的英语有效教学策略包括：一是准备教学，即分析学生的原有认知水平，了解学生的需求；灵活处理课程资源；确定合适正确的教学目标，科学地进行教学设计。二是实施教学，包括讲解知识点、问答、设立问题情境、展现内容、合理安排教学顺序、培养情感、指导学习、有效的课堂管理。三是评价教学，构建全面的评价机制；重视质性评价；注重评价过程。四是重视教师的专业成长、教学反省、教学实践、主动发展。崔涌提出的大学英语有效教学策略包括：一是讲授，即使用简洁精炼的语言进行系统的讲授；给学生提供有用的指导。二是激励，讲授趣味性强、价值高的内容；设置疑问情境；给学生提供及时反馈；让学生体验到成就感。三是课堂管理，有效监控课堂；科学组织课堂；布置任务；传授学习策略；让学生进行合作学习。

### 4. 学术英语相关研究

（1）学术英语发展历程及内涵。最初，学术英语只是为了一些在英语国家接受高等教育的留学生而开设的项目。然而，随着经济全球化和国际教育交流的发展，学术英语成为了先进的研究与调查的主要传播媒介，成为越来越多的研究者和学习者们获得学术专业知识的途径，学术英语受到越来越多的学者与研究者的关注。不同的学者对学术英语发展的阶段其有着不同的划分，有学者认为可以划分为语域分析，修辞和语篇分析，学习技能和策略分析，需求分析，体裁分析五个阶段的，另外也有两阶段的划分。

学术英语自从 19 世纪 70 年代的出现到现在已经有 40 多年的发展历史，在这一领域的研究集中在：语域分析，修辞和语篇分析，学习技能和策略分析，需求分析，体裁分析等。学术用途英语在其理论研究趋势、语言分析方法和教学资源发展方面经历了五个阶段（Dudley-Evans & St. John, 2002）：第一阶段：语域分析，开始于 20 世纪 60 到 70 年代，教学注重分析科技英语写作教学中语法和词汇应用规律的技巧。第二阶段：修辞和话语分析，开始于 20 世纪 70 年代，该阶段的学术用途英语教学重心在于修辞和话语分析，即注重语言运用的研究。第三阶段：学习技能和策略分析，在 20 世纪 70 年代末至 80 年代开始与语言知识有机接合起来，使学习者掌握专业知识的同时提高了英语语言的运用能力。第四阶段：学习需求分析，该阶段出现于 20 世纪末，学术用途英语的学习被认为是动态过程，通过直接观察、问卷调查、咨询访谈、审查日志的手段分析学习者的语言学习过程，根据需要适时调整教学内容。第五阶段：体裁分析，在近 10 年得到发展，其教学内容侧重于与学习者期望融入的社会环境相关的体裁教学。

学术用途英语的形成与发展分为两个阶段：第一阶段始于 20 世纪 50 到 60 年代，1964 年 Halliday, Mc Intosh 与 Strevens 出版的语言科学与语言教学一书对语言学与学术用途英语的发展具有重要意义，Halliday 等在本书中提出语域分析这一概念。第二阶段开始于 20 世纪 70 年代，在该阶段学术用途英语研究的内容包括对口语话语的研究和对句子层面之上的研究，如对衔接与连贯的研究，另外，该阶段还出现了新的学术用途英语研究方法：体裁分析法（鞠玉梅，2006）。

由此可见，学术英语的发展经历了从注重语言形式、注重语言运用到注重语言学习过程这样几个阶段，其中对学术英语的学习过程进行需求分析，可以来很好地了解学习者对于学术英语的需求，根据需求进行调整教学内容等。本书中的学术英语是指非英语专业硕士研究生进行理论学习和学术研究所需要的英语语言和相关的语言技能。

（2）学术英语的教学特征与原则。学术英语（EAP）具有四个绝对特征和两个可变特征。绝对特征包括：第一，EAP的课程必须为满足学习者的特殊要求而设计；第二，在内容上与特定的学科、职业和活动相关；第三，侧重使语言在句法、词汇、话语和语义等方面的使用都适合于特定的专业活动场所；第四，与通用英语形成对比。可变特征包括：第一，EAP可能被限制于某种学习技能的学习，如阅读技能；第二，EAP有可能不按照现有的教学法进行教学（Strevens，1988；袁巧琦，2007）。

根据学术英语教学特征，可以概括出教学中遵循的原则：EAP的教学必须遵循以下三个原则：真实性、需要分析和以学生为中心。第一，真实性是指EAP教材的内容要来自与专业相关的真实语料，练习设计和课内外教学活动都应体现专用英语的社会文化背景。第二，需要分析则包含两方面的东西，一是有关"目标需要"的分析，即分析学习者将来必然遇到的交际情景，包括社会文化环境、工作环境以及特定环境可能给学习者在未来工作中带来的特定心理状态等；二是分析学习者的"学习需要"，包括学习者缺乏哪些方面的技能和知识等。第三，以学生为中心是指在教学中关注学生的语言学习即能使学生理解和产出规范语言的学习策略和教学方法。这就对教师提出了承担多角色的要求，教师不只是教师，还必须是教材的设计者、合作伙伴、研究者和评估者。

综上所述，学术英语的特征方面中的绝对特征强调"三个特定""一个对比"，即特定要求，特定活动，特定场合以及与通用英语进行对比。可以看出，学术英语不是为了满足广泛的需求，而是特定的需求，因此就要对特定的对象进行针对性的分析。其另外两个可变特征体现了其具有灵活性。另外，根据学术英语教学特征，可以概括出教学中遵循的原则，其中需求分析和以学生为中心也正是本研究所遵循的原则。

（3）学术英语课程取向的相关研究。学术英语成为近年来国内大学英语教学的热门方向之一，以学术英语为导向的大学英语改革已经成为一种新趋势。张玲（2007）基于国内外理论研究的已有成果，就中国大学生合理的学术英语教学模式进行了试验性的研究，认为一个满意的学术英语课程系统应该与学生不同阶段的学习需求相适应，应该以通用学术英语课程作为基础课程，专业学术英语作为中级课程，语篇分析作为高级课程。

梁砾文（2010）就可行的研究生课程这一问题提出了自己的观点，他认为学术英语课程体系要包含链接课程，核心课程以及社会和文化课程。蔡基刚（2014）根据实际情况提出，我国大学英语教学处于转型期，应把重点放在通用学术英语上，用通用学术英语替代现行的大学英语课程。文秋芳（2014）认为专用英语能否替代通用英语是目前大学英语教学中争论的热点问题之一，并提出了以下三点：第一，替代派是将通用英语等同于基础英语，这是其主要误区；第二，通用英语与专用英语相互补充，提出了互补教学理念以及建议。孙立春（2015）认为，理工院校研究生英语从通用英语向学术英语转型这一过程存在必要性和可行性，可以很好地解决我国大学英语教学费时低效的状况①。

综上所述，有关学术英语课程取向是目前大学英语教学中争论的热点问题之一，主要有以下几类观点：首先，通用学术英语课程作为基础课程，专业学术英语作为中级课程，

---

① 孙立春. 谈从通用英语向学术英语转型的必要性［J］. 现代交际，2015，（第11期）.

语篇分析作为高级课程这样一种由低到高的梯级课程取向，这样的设置遵循循序渐进的原则，有利于学生在具有扎实的学术英语基础的条件下，向下一个阶段过渡。其次，分为链接课程，核心课程以及社会和文化课程，按照课程的功能进行划分。另外，用通用学术英语替代现行的大学英语课程。最后，通用英语与专用英语可以相互补充。对于学术英语课程取向的问题，本文也将对非英语专业硕士研究生学术英语课程的取向问题进行探索和研究。

（4）学术英语需求分析的相关研究。过去的三十几年中，学术英语已经迅速发展为英语语言教学和研究中的热门话题话题，国内关于学术英语的研究和教学实践在大学中也可以看到，但是当学术英语最初在大学出现的时候是以科技英语的形式出现的。随着全球化的发展和国际学术交流的加深，英语对于中国的学者和研究者的意义越来与重大，在先前的研究和调查过程中，例如文献的检索，信息的收集，研究的展示与交流等都离不开英语这一交流沟通的工具。

束定芳和陈素燕就宁波诺丁汉大学学术英语教学模式的实施进行了个案研究，发现了学术英语教学模式成功实施的必要因素包括：①学校定位要清楚，英语教学定位要明确；②到位的需求分析；③课程设计要合理；④学习材料丰富，教材选用科学；⑤课堂教学有效；⑥教师专业和敬业，具有良好的"自主"意识[1]。蔡基刚就学术英语课程需求分析和教学方法以复旦大学等四所大学的本科生进行了实证研究。调查表明：在高等教育国际化背景下，全英语课程和国际化课程的普及已成为趋势；同时，目前的大学生学术英语的能力是非常欠缺的[2]。

综上所述，学术英语已经成为中国英语教学研究中一项新的研究领域，首先，在理论与实践上的研究已经取得了一些成果；其次，很多教学实践也取得了一些效果。但是，与学习者和社会的实际需求相比，还需要做更多的研究，由于缺乏对学生需求分析的研究，学术英语课程的教学目标，教材选取和课堂活动就不能很好的满足学习者的需求。同时，随着国际交流的加深，研究生论文、研究成果等都以英语形式发表，学术讲座和论坛也是来自全国各地的学者和专家，要以英语进行交流沟通，但中国研究生学术英语现状，尤其是非英语专业的研究生在学术英语能力方面是否存在欠缺，还很值得探讨和研究，因此，对非英语专业硕士研究生的学术英语需求进行分析有其必要性，这对于我国研究生学术英语课程建设和研究也具有特别重要的意义和价值。

（5）学术英语课程的相关研究。有关学术英语课程的相关研究笔者将从国外学术英语课程的相关研究和国内英语课程的相关研究两方面进行讨论，其中国内学术英语课程相关研究包括学术英语课程定位，课程设置，以及需求分析三方面。

国外学术英语课程的相关研究。国外学术英语课程的研究对于我国学术英语课程的研究和发展具有很大的启示和借鉴意义。有关于对国外学术英语课程的研究，在研究对象方面，主要以英国的个别大学，以及中英合作的大学为例，以个案研究为研究方法，从学术英语课程的课程设置，教学方法，教学内容，师资建设等进行研究，以期为我国的学术英

---

[1] 束定芳，陈素燕编著.《大学英语教学成功之路 宁波诺丁汉大学专业导向英语教学模式的调查》，35-36页，上海：上海外语教育出版社，2010.01.

[2] 张道振.从蔡基刚的"标准"看英语专业的"良心"？[J].当代外语研究，2018，（第6期）.

语教学提出相关建议和启示。例如以伍伦贡大学为例，从教学目的、内容、方法、课堂设计以及评估体系对其 EAP 课程进行了介绍，探讨了 EAP 课程的主要特点和以及对我国开发和建设 EAP 课程的启示。以英国两个大学为例，介绍了其高校学术英语课程的特点，从课程设置，教学内容，教学方法，现代技术的应用和合作教学五个方面进行探讨，从中得到启示，提出研究生英语课程应从基础英语课程向学术英语课程转变。以中英合作大学西交利物浦大学为例，介绍学校的学术英语教学特色，探究听说读写技能训练，并阐释了考试评估和教学效果，最后对我国大学学术英语教学提出了相关建议。

另外，从学术英语的教学发展或者以具体的课程为研究对象进行研究。柳君丽和范秀云（2011）从课程设置，教学模式和老师教学能力提升这三个方面探讨了英国学术英语教学的发展，以及对我国开设此门课程的启示。徐净、陈庚和郑勤华（2014）以英国《学术英语》课程的学习过程为研究对象，从学生的视角对课程设计、学习资源、支持服务等进行研究，发现基于活动的课程设计、基于资源的自学、无缝连接的支持服务是有效学习的主要因素。

国内学术英语课程的相关研究。笔者对于国内学术英语课程的相关研究从学术英语课程的定位，学术英语课程的设置，学术英语课程的需求分析以及学术英语需求差异性这四方面进行介绍。

学术英语课程定位方面，龙芸（2011）首先介绍学术英语课程的教学理念、形式和内容，为其成为通用英语与专业英语之间的衔接课程提供理论依据，然后，分析了学术英语课程开设的时机、可能性和模式，并通过教学实验进行深入研究[①]。周燕（2014）认为学术英语课程并不需要在全国范围各高校普及，而应根据不同高校学生的需求在部分参与国际化教育战略的研究型高校和国际学位项目中建设，并发展成为核心基础课[②]。刘平和汪杨文（2016）以课程生态需求分析模式为基础，讨论了学术英语在大学英语课程体系中的定位，发现学术英语课程的开设是符合教育生态需求的有效选择，学术英语也可以取代目前的通用英语成为大学英语的核心课程。

学术英语课程设置方面，马武林（2011）对大学英语后续课程方向之一学术英语的课程设置内容进行了探讨[③]。廖兰莹（2013）认为以学术英语为导向的大学英语改革时机已经成熟，同时讨论了在地方综合性大学进行学术英语课程的方案。夏纪梅（2014）就学术英语课程在我国高校的设置、开发、建构以及推广意义进行论证，从高等教育本科教学质量工程建设的视角，强调大学英语课程体系增加学术英语适应了我国高校外语教学改革的发展和实施，以及高等教育的发展与人才培养的需求。冯晓霞和张林冬（2014）介绍了其所在学校的大学英语课程体系及其他部分院校的课程体系，提出学术英语选修和必修课的开设应该分步进行，从而建立由通用英语、学术英语、拓展英语组成的课程体系。李卿（2015）从怎样定义目前转型期的学术英语教学出发，以上海部分高校的改革经验为例介

---

[①] 龙芸. 学术英语课程在大学英语应用提高阶段的定位研究：网络环境下的 EAP 课程实践 [J]. 外语界，2011，（第 5 期）.

[②] 周燕.《学术英语》课程的定位思考：研究型大学国际化之路 [J]. 廊坊师范学院学报（社会科学版），2014，（第 3 期）.

[③] 马武林. 大学英语后续课程内容设置探究（一）：学术英语 [J]. 外语研究，2011，（第 5 期）.

绍课程设计，希望对目前我国学术英语课程设置带来启示。齐曦（2015）提出在英语口头和书面学术交流两个方向的课程中进行分层教学的课程设置构想，并详细描述了其所在高校项目驱动和合作互动的教学模式，以及注重过程的评估模式。

学术英语课程需求分析方面，孔繁霞（2012）以行动研究的方法构建了软系统方法SSM应用于EAP课程设计的模式，希望能够为当前我国学术英语课程所面临的问题找到解决方案，从而建立适合我国学术英语课程设计的模式①。蔡基刚（2012）通过对四所大学的需求分析，发现在高等教育国际化背景下，学生对学术英语的需求是非常迫切的，因而，从学术英语课程的目的、课堂模式和教学效果等方面进行个案分析，试图提出一个适合我国高校可以从新生就开始学习的学术英语教学模式和方法。赵雯和王勃然（2013）采用了定量与定性的研究方法，首先对需求分析进行介绍，然后介绍了国内外需求分析研究的现状，最后介绍了一项实证研究，此研究是基于需求分析的大学英语课程建设②。莫玉秀（2014）对广西师范大学300名不同专业的学生进行了一次需求分析的调查，结果表明大多数学生都有学术英语技能需求，但是对课程性质有不同期望，因此，提出生源相似的非重点院校学术英语课程构想③。钱铭（2014）调查了普通本科院校大学生对通用英语课程和学术英语课程的需要、愿望和欠缺的情况，通过问卷调查法，结果表明普通本科院校大学生实际课程选择与学生需求观念并不一致，会受需要以及长期和短期目标的影响④。此研究对大学英语老师与课程设计人员有一定的启示。

学术英语课程需求差异性方面，钟家宝和钟兰凤以经验学习理论为基础，调查表明不同学习风格的学习者在学术英语语言技能方面的需求存在显著差异性，因此，主张学术英语课程规划、教材开发和教学设计也应该考虑不同学习风格的学习者学术英语需求的差异性，要关注不同个体的差异性⑤。

综上所述，学术英语课程定位方面，主要观点有学术英语是通用英语与专业英语之间的衔接课程、核心基础课，可以取代目前的通用英语成为大学英语的核心课程等，笔者认为学术英语课程是学生在大学英语应用提高阶段，是通用英语能力向专业英语能力过渡的桥梁。学术英语课程设置方面，以学术英语为导向的大学英语改革时机已经成熟，主要观点有分步开设学术英语选修和必修课，分层教学的课程设置构想主要是以项目驱动和合作互动的教学模式，注重过程评估模式的课程设置。学术英语课程需求分析方面，主要是通过个案研究、调查问卷法等进行研究，主要从课程目的、课程模式、学生对于课程的期望等进行研究。学术英语课程需求差异性方面，不同学习风格的学习者在学术英语语言技能方面的需求存在显著差异性，本研究也将对非英语专业硕士研究生学术英语需求在个体因素上是否存在差异性这一问题进行进一步的研究和探索。对于学术英语课程的相关研究，研究的内容和方法比较单一，然而本研究将首先对非英语专业硕士研究生的英语课程现状

---

① 孔繁霞. 基于需求分析：软系统方法应用于学术英语课程设计研究 [J]. 外语研究，2012，（第6期）.
② 赵雯，王勃然. 面向国际化的英语课程建设：需求分析研究 [J]. 外语教育研究，2013，（第1期）.
③ 莫玉秀. 非重点院校学术英语课程需求分析及课程构想——以广西师范大学为例 [J]. 大学英语（学术版），2014，（第2期）.
④ 钱铭. 大学英语课程的通识教育功能——《1828年耶鲁报告》的启示 [J]. 教育与教学研究，2014，（第9期）.
⑤ 钟兰凤，钟家宝.《英文科技学术话语研究》，44-45页，镇江：江苏大学出版社，2014.12.

进行调查，包括满意度以及课程取向得调查，其次将基于需求分析理论，对非英语专业硕士研究生的目标需求和学习需求进行分析调查，目标需求包括必学知识、想学知识、欠缺知识、学习需求包括对教材、师资建设、班级规模等进行较为全面的需求分析调查。

## 二、研究生英语教育模式

### 1. 经验性教学

张正东提出：中国国内的英语教育应该做到语言定位与目标分层，英语教学内容回归英语以及英语教学途径多元化的发展方向①。他认为，"从宏观的教学观点来看，众多教学途径可概括为：经验性教学途径（experience approach）与理性或认知性教学途径（rationality approach 或 cognitive approach）两大类"。前者重接触、使用英语的实践经验，须得以多人合作方式，沉浸于英语及其文化之中，侧重以信息交流为中心的沟通活动，并追求交流速度，通过直觉的模仿和记忆，在操练和使用中学会英语，进行以英语为媒介的交流活动，这类实践能力为先或认知为先的教学途径可以通过自然法、直接法、交际法、任务型教学模式等得以体现；后者强调先理解，后实践；先知识，后技能，以英语语法结构为起点，通过分析与理解的认知性学习，力争所学语言的规范与正确。这类认知为先的教学途径可以通过语法结构法，3P教学模式等得以体现。"从理论上看，经验性教学途径对学习过程性知识有利，理性教学途径对学习陈述性知识有利；但过程性知识通过概括可以转化为陈述性知识，陈述性知识通过自动化练习可以转化为过程性知识。"所以，这两种教学途径可以说是殊途同归，因果交错，互相交叉，在本质上并无优劣之分。这就是外语学习途径的交叉性，同时也为国内外语教学的多样化提供了理论依据。

而在具体的外语教学实践中，经验性教学方法和理性教学方法往往会被结合起来应用，只不过针对不同的教学对象和不同的教学条件其教学方法的侧重点有所不同而已，例如：针对不同专业研究生英语教育，可以首先通过主要是理性的教学途径学习并掌握基本的陈述性知识，然后在必要的时候通过系统、科学的操练（如：口译培训）将理性知识转化为感性知识，掌握应用技能以在实践中使用英语。而在国内目前的语言环境下，研究生学习英语基本上还是通过课堂或书本获得理性知识，再到语言的运用过程中去吸取感性知识。

### 2. 自我导向学习理论与实践

20世纪60年代，著名成人学习研究专家艾伦·塔夫（Allen Tough）在分析研究了66个加拿大人的自我计划学习项目后，首次提出了自我导向学习（Self-directed Learning）理论。该理论的提出被认为是研究生教育英语领域研究工作的重要突破之一。如何来界定自我导向学习？首先，不同的学者有不同的提法，如：自我导向研究（Self-Directed Study）、自我计划学习（Self-Planned Learning）、自主学习（Autonomous Leaning）以及自学（Autodidactism）等等。事实上，自我导向学习与自学是两个不同的概念。尽管它们之间的相似之处都是主动去获取知识，但自学指的是学习者完全独立地通过教材、辅导资料或其他辅助手段进行学习，其特点是在没有外来支持服务和帮助下独立完成其学习的过程；

---

① 杜培俸，杨振常．张正东的学术贡献［J］．基础教育外语教学研究，2009，（第10期）．

而自我导向学习则是在完整支持服务体系下主动学习的一种学习形式，它并不等于绝对独立的自学。

自我导向学习有两个明显的特征：第一是"强调自主性"。在整个学习过程中，学习者可自己选定学习目标、制定学习计划、自我支配和控制学习行动、调节学习进度，依赖于自己的实践活动评价学习效果。可以说，整个学习过程是学习者在实践中不断发挥主观能动性去进行独立探索、自我学习和自我完善的过程。因此，自我导向学习特别适合具有高度自主性的学习者。第二是"具有灵活性"。自我导向学习可以不受时空限制，学习时间可随时调整，学习场所可自主挑选，因此，特别适合各行各业的在职人员。自我导向学习能顾及到学习者的个别差异，满足学习者的不同需要。因此，自我导向学习者可以根据自己的特点、需要和知识经验去灵活选择适合自己的学习内容和学习方式，通过这种自主、灵活的学习方式，获得自己最佳的学习和发展模式。外语是一门实践性很强的课程，需要学习者（习得者）通过不断的学习和实践去巩固知识和提高技能。自我导向学习的特征能同时符合成人在职学员的学习环境和成人外语教学的实践需求。

将自我导向学习理论应用于研究生外语教学中，可以使教学朝着更加人性化、个性化的方向发展，体现出对学习的自由拓宽以及对成人学员个体的充分尊重。（Grow）提出的阶段性自我导向学习模式（The Staged Self-Directed Learning Model，简称SSDL模式）通过四个阶段（分别为：依赖阶段，趣味阶段，参与阶段和自我导向阶段）的过渡与发展，使学员在阶段性的学习过程中逐步养成自我导向的学习能力。"SSDL模式假设学习者阶段性地增进自我发展，教师可以增进或阻碍这种发展，良好的教学能配合学习者所处的自我导向学习倾向阶段，有助于提高学习者的自我导向学习倾向。"（商文2008 针对成人外语学员来说，教师的作用可以从一个权威的指导者（第一阶段）逐步过渡到鼓动者（第二阶段）和促进者（第三阶段）乃至咨询者（第四阶段）。在增进成人外语学员的自我导向能力的过程中，应该强调培养其获取信息和自我规划的能力。

高等院校研究生已具备相当成熟的母语基础和逻辑思维能力，在他们学习英语初级阶段时，是自我导向学习的依赖阶段。在这个阶段，英语教师可以是比较绝对的权威者、教导者和引导者，教学内容应该以词汇学习和语法讲解为重点，以帮助研究生熟悉外语的基本认知知识。在教学方法上，可以以立即反馈的知识讲解、反复进行的操练、注释性的信息传送等教学方式为主，可以运用诸如课文段落记忆、背诵、复述、句型操练等教学手段，同时，通过翻译与对比，充分发挥母语的积极迁移和潜在作用。在熟悉并掌握了外语的基本知识并经过初步的认知实践后，他们可以过渡到中级层次的自我导向学习，进入趣味阶段和参与阶段。该层次的研究生已有比较充分的学习动力和较高的自信心，既有语言的基本知识，又有一定的语言技能，因此，能通过比较系统的学习准备并能在良好指导下，在某一特定的应用领域展开语言实践与运用。中级层次的教学目标主要可集中在对外语的听说理解和阅读理解方面，在听力方面，要求能基本听懂外语授课、日常外语谈话和一般性题材讲座；口语方面，要求学员能在学习过程中用外语进行交流，并能就某一主题展开评论或简单的讨论。外语阅读方面，要求学员通过适当借助词典、能比较流利地阅读并且准确理解一般性的外语文章或与本人职业/专业相关题材的外语文章。教师的角色则转变为动机的激发者和指导者，使用启发性的讲述、引导式的讨论、目标设定、学习策略等，引导学员从语言教学的接受者逐步过渡到语言学习和使用的参与者。例如，在口语教学中，可以运用角色扮演、情景式对话等教学手段。

到了高层次的自我导向阶段，研究生除了学习动力和自信外，已经养成了良好的语言习得和使用习惯，同时，已经掌握了相当水准的外语基本知识和一些基本技能。通过积极主动的学习准备和正确良好的学习指导，他们能够就更高层次的外语技能展开自我导向的学习或习得。"高级阶段的教学可采用功能法和自觉实践法，建立在功能语言学、结构语言学和新行为主义心理学基础上，旨在培养学员在语篇上的（书面和口头）的交际能力。"（商文，2008）教学内容可涉及听说读写译各项语言技能，尤其可以以外语写作和翻译（笔译和口译）为教重点，展开任务型、功能型和自我评价型的外语教学。"高层次的自我导向学习者无论在有或者没有教师指导的情况下，既愿意也有能力去计划、执行和评估自己的学习。此阶段，他们的自我导向性较强，成为自我导向学习的学习主体，"在高层次阶段，也可以要求他们去完成实习、论文、菜单式的任务等教学或社会实践活动，以达到高水平、高层次和高质量地运用外语技能的目标。在他们进入自我导向学习的中级和高级阶段后，教师应该是促进者和鼓励者，更是咨询者。教师的目的是配合学习者的自我学习，帮助学习者在学习时变得更自我导向。

## 第三节　国内外研究生英语人才培养模式差异成因分析

### 一、社会历史因素

中国现代意义上的外语专业教育发初于晚清。1862年创办的京师同文馆揭开了中国近代教育的序幕，也是中国近代外语专业教育的先声。自京师同文馆创办至新中国成立近一个世纪以来，外语学堂或大学外文系为近现代中国的诸多领域培养了大批成就卓著的杰出高学历人才。一般来说，人才培养模式是办学理念的具体表现，什么样的办学理念决定了什么样的人才培养模式。大学应该培养通才抑或专才，这个问题在近代中国高等教育界一直存在争论，在这场论战中通识教育理念最终占据主导地位。近代高等教育是晚清西学东渐背景下的产物，专业性是其重要特性，近代大学外语专业在发展过程中既受到西方高等教育理念的影响，又带有中国传统教育思想的痕迹，由此形成了独具特色的中国近代大学外语通识教育理念。这种外语教育理念强调专业教育与通识教育相结合，以培养人文素养深厚的外语通才为培养目标。

受社会急功近利风气的不良影响，当前我国高等教育领域出现片面强调专业教育的倾向。殊不知，专业教育与通识教育二者并不是矛盾、对立的关系，它们都是高等教育的重要特性，是互为补充的关系。随着近年来通识教育再次成为高等教育研究和实践中的热点问题之一，我国教育理论界和各高校对于高等教育必须实施通识教育已经达成共识，但是，大学在具体办学过程中应该如何实施通识教育，可以从中国近代大学外语专业人才培养历史中获得经验和启示。

发达国家对外语教育发展规划是在重新认识外语及外语教育对个人、社会、国家的意义和价值的基础上提出来的。具体地讲，该发展规划体现了以下基本理念：一是只有学习外语才能有效地参与到国际经济活动之中。在经济日益全球化的当今社会，对于英国国民来说，能用英语以外的其他语言进行交流是公民必备的技能之一，世界上很多国家以英语为官方语言，而且其他非英语国家也都把英语列为主要外语语种，只有掌握了外语，才能在国际交往中真正克服语言障碍，积极推进外语教育将有利于促进经济贸易活动。二是外语教育有利于促进文化和语言多样性。英国是一个多元文化的国家，非英国本族人口所占比例越来越大，以非英语为母语的人口也占相当的比例。另外，到英国学习、工作、旅游的外国人也呈逐渐增加的趋势。三是学习外语有利于促进个人的发展语言既是人们在学习、生活、工作中的重要交流工具，也是重要的思维工具。学习母语以外的语言，不仅能够拓宽交流渠道，而且有利于心智的发展，特别是思维能力、认知能力的发展。五是学习外语有助于促进相互理解。21世纪是一个知识的社会。外语能力和跨文化理解能力已经不再是可有可无的技能，而是国民必备的素养。学习外语有利于国民更加全面地理解其他国家的民族、文化和传统，并加深对本民族和本国文化与传统的理解。也就是说，学习外语有助于英国国内各民族之间以及英国各民族与其他国家之间的相互理解。

## 二、教育体制因素

### （一）教育理念因素

人才培养模式是教育思想的具体化。只有在一定的教育思想指导下，人才培养模式才有意义，甚至可以说才有人才培养模式可言，否则，就只能是一些教育要素毫无章法的拼凑。在高等学校中，教育思想表现为"大学的理念"，"大学理念对人才培养模式的制约、束缚主要表现在三个方面：

**1. 计划经济时代所形成的办学理念的惯性束缚**

改革开放前相当长的一段时期内，我国逐渐形成了一个与计划经济相适应的政府直接管理、封闭与集中统一的高等教育体制，在这样的体制中，高校没有自主性可言，按照政府的规定办学，难以形成自身的理念。当前，我国高校已经有了相当大的自主权，制度已有变化，但思想却依然表现出极大的惯性和惰性，一些高校只是重视硬件建设而忽视软件建设，重视规模扩大而忽略理念提升，没有探索和形成自己的办学理念，以至于跟风似的人云亦云。

**2. 适应社会发展的新兴办学理念缺位**

现代社会，科技革命更加迅猛，全球化更加明显，信息流动更加迅速……身处这样的社会中，高校需进行相应的变革，需要调整人才培养模式，以突出人才的国际视野、信息素养、学习能力及全面素质，但是，不少高校却没有及时变革自我，特别是在理念层面。目前高等教育领域还没有形成学术自由、国际化、通识教育等理念，而多样化、以人为本、终身学习等理念则基本上停留在学界，还没有被高校很好地付诸实施。

**3. 缺乏对高校教学整体改革的理性思考**

长期以来，高校缺乏战略思考，缺乏对人才培养模式的顶层设计，大学到底培养什么样的人才，怎样去培养这样的人才，没有很好地、系统地进行思考，高校似乎在忙忙碌碌办学，但真正如何办学，如何育人，育人的体系如何建立健全，如何真正引导教师的长远发展并以教师的创新带动学生的创新，如何真正满足师生的旨趣，这些问题都没有去进行认真的规划设计。现在形成了一个怪圈，受评价、资源因素的影响太大，反倒把真正的育人根本任务置于不起眼的位置。由于理念的制约和困惑，各高校的人才培养模式或者呈现出趋同化，没有与自身的条件、定位相结合；或者纷纷把各种"好的"词汇都拉进来，进而组合成所谓的人才培养模式，显得毫无主导思想，甚至各思想之间还是相互冲突的。这样的人才培养模式只能是一些被悬置的装饰，而不可能被很好地付诸实施。

### （二）体制因素

人才培养模式创新的一个重要制约是制度，这主要表现在两个方面：

#### 1. 学校内部权力的失衡与错位

随着办学自主权的扩大，高校已经有了较大的权力。可是，高校内部却存在行政权力与学术权力的不平衡。目前多数高校依然按照行政管理的思维和模式管理大学，按照行政组织的结构设计大学的内部构造。学校多数事务也都由"行政部门"进行管理，各教学单位基本上都是在遵循行政部门的安排和要求运行。行政权力还通过隐蔽的方式，带着面纱以虚化学术权力。我国一些大学像西方大学一样，也成立了校级学术委员会，以决定学校的学术事务，可是，其组成人员多数是由学校、院系以及职能部门的负责人，很少有"布衣教授"参与，他们更多地是从行政的角度考虑问题，而忽视了学术考量，虚置了学术权力。人才培养模式的改革是一项重要的学术事务，需要教师的积极参与，但是，学术权力的缺失，阻碍了教师主动性、积极性的发挥，没有教师的积极参与，人才培养模式改革创新只能流于形式。

#### 2. 高校评估制度不完善

对教学和科研的评价失衡，对科研的评价具体、实在，而对教学的评价则空洞、不具体。目前，我国对于高校的评估以政府主导的行政性评估为主，行政性评估中影响最大的莫过于学科评估及本科教学工作水平评估，但基本上与教学模式的改进无多大相关；对于"真正的教学"的评价指标则不具体，对改善大学内部教学的影响有限。另外，教学评价还存在单一化、数量化的倾向，忽视了教学特色、个性化教育教学模式的评估。学术权力的不足弱化了教师改革人才培养模式的动力和能力；高校评估制度的单一化，使得高校容易采取趋同的人才培养模式，评估的数量化则导致各校普遍重视科研，而忽视难以测量的教学，更容易忽视无创新人才培养模式的改革与创新。

## 三、师资因素

目前，我国高校师资建设较弱，受思想观念和评价体系的影响与制约，教师真正投入教学，潜心教学改革，真正研究教育教学这门"大学问"的不多。教师没有从事人才培养模式改革的外动力和内驱力。从外部来讲，学校对教师的考核重显性成果。科研硬指标，教学软指标。科研成果容易测量，产出也立竿见影，而教学的好坏则难以评价，况且育人的周期本身就长，人才要真正到社会上发挥作用也不是短期内能见效的，而且还会受到很多动态因素的影响。这导致教师觉得教学改革的推动似乎应该是高校领导的事，是教务处、人事处的事，自己没有能力推动教学改革，投入与回报也不成比例，得不偿失。从内驱力来讲，教师似乎对教学没有足够的热情，教学成为了例行公事，而不是自己神圣的职责，做不做改革，是不是真正为了学生的全面发展，好像激励与约束的机制都失效、失灵了。所以，教师能上课堂、能讲课就满足了，至于认真研究学生，研究教学问题，从学生内心深处的需求出发，注重他们的兴趣、爱好、特长、个性发展则似乎是一种奢望。再次表现为课程资源不足。课程是人才培养的核心要素，是人才成长的载体，人才培养模式的改革要以优质、丰富的课程资源为基本条件，可是我国高校的课程却存在严重的不足。

### 四、教育投资因素

虽然近年来国家一直在大力推动人才培养模式的改革，也有不少的高校提出了诸多新的培养模式，可是，它们往往陷入表面化、口号化，或者仅仅是培养模式要素的局部改变，而不是整体变革。这与人们对于培养模式理解的偏差有关，与制度的束缚有关，同时也与教育资源的匮乏相关：首先表现为教育经费不足。教学改革需要相应的经费保障，但高等教育大众化以后，教育经费严重不足。自1998年起，我国高等教育大规模扩招，高校规模迅速膨胀，而高校所能获取的资源却没有得到相应的改善，以至于高校普遍负债运行。即使获得了一些贷款，也主要用来购置校园、修建"大楼"、增添设备，而用于人才培养模式改革上的经费则很少。

## 第四节　完善我国研究生英语人才培养模式对策与建议

人类进入21世纪，在这样一个充满竞争的社会，对于全面发展的人才是越来越渴求，人才的综合素质将对国家的国力、国际竞争力起着相当重要的作用，而英语教育又是人才培养的重要组成部分之一。英语教育的发展与社会的盛衰密不可分，它还涉及到不同民族之间的文化交流和融合。目前，有关我国英语的具体改革方向和措施引发了教学界的广泛关注，面对新形势、新要求，外语教育改革势在必行，但是改革之路怎么走，需要从外国高校的教学改革的实践中予以借鉴。英语教育的改革需要理论论证，更需要大胆创新。他山之石，可以攻玉，我们可以从日本研究生英语的改革动向或实施现状中获取一些有益的启示。有鉴于此，我认为，在改革的道路上，我们应该：

### 一、增强创新意识，改革传统教学法

创新是新时期英语教学中不可缺少的一部分，也是教育改革的重心。只有教得有方，才能学得有法。教法与学法是互相渗透、互相影响、互相促进的双向关系，课堂上的互动可以营造一种轻松愉悦的学习气氛，把知识和技能有机地结合起来，把个人体验和学习心得结合起来，这样不仅能使学生的语言能力和整体素质得到提高，也使其逐渐形成了乐于学习的心态。著名教育家陶行知说过："处处是创造之地，时时是创造之时，人人是创造之人。"教师在授人以"渔"的同时，要是同时具有创新的意识，在教学活动中，就能使学生既得"渔"也得"愉"。在研究生英语的教学方法中，语法翻译法已经不再一枝独秀，我们应该结合对现代化教学设备的使用，注重学生的听说能力。在这方面，日本作为发达国家，现代化教学设施的普及比我国要早，采用音频语学法、自然法等教学方法具有一定的先天优势。所以，我国各个高校应该继续增加教学投入，从日本引进最先进的教学设备，为学生的英语学习创造环境和氛围，从实用角度使学生多听、多说、多参与教学

活动。

转变教学方法，凸显能力培养。日本的研究生教育多采用小班授课模式，一个班只有几名到十几名学生。由于小班授课，课堂上每位学生都有发言、参与讨论、质疑教师观点的机会。先进的教育理念、优良的教育环境（教学设施、图书馆等）、优质的师资队伍为高质量的教育教学奠定了基础，同时也为课堂内外学生们的学习提供了保障。每门课程的《课程说明书》为学生们的学习提供了详细的安排和指导；图书馆24小时对学生开放，馆内的藏书不仅量大而且新书上架快，特别是英国各大学间的馆际借阅（inter-library loan）极大地方便了学习者的学习和研究。

教师更是把学生的参与作为课堂讲解、问题探究、批判性思维培养的主要途径，其最终目的是培养受教育者运用所学知识去分析、解决实际问题的能力。由此可见，我国英语硕士的培养必须改革旧的以传授知识、讲解理论为主的学术气味浓厚的课程实施方法，强化案例教学，通过引导和指导学生自学、课堂讨论、教授释疑的教学方法，增强教学的开放性，发挥学生学习的自主性和独立性，加强课堂教学的双边互动；同时借助英语教育硕士已有的经验激发其对教育理论的学习兴趣，提高其综合运用知识的能力和对教学的创新能力，使其掌握教育科学的研究方法，培养其教学科研意识和能力。

我国实施全国研究生统一入学考试或本专业招生全国联考，划定统一的录取标准，招生管理统一规范。每所大学可以在教育部英语教育硕士培养的总体目标框架下制订个性化的培养目标，目标制订时需考虑以下两方面因素：一是自身的办学优势，如原有的优势教育资源，包括教师、课程和教学条件；二是要考虑受教育者专业发展的不同阶段的不同需求，在既定的目标下确立相应的入学标准和相应的课程设置。"只有因地因人制宜，充分考虑各种多样性与差异性，我国英语教育硕士教育才能更快更健康地发展。"我国目前少数院校开始招收应届毕业生就是一个很好的尝试，但是课程设置和教学要求等必须体现出与其他在职攻读英语教育硕士的受教育者的不同。

## 二、因地制宜选取教材，适时摆脱课本束缚

中国地大物博，人口众多，各个地区经济结构多样化，文化发展不平衡，自然环境千差万别。大学英语教材的选取要从这个实际出发，根据各地区学生所具备学习能力和发展水平的需要，因地制宜，逐渐提升教材难度水平，力争较快地提高各个地区的大学英语教育水平。

同时提出，根据日本研究生英语教材的选择方式，我国研究生英语教师应该具有对任课教材选取和使用的自主性，并鼓励教师对于指定教材内容的选择性教学，摒弃无益于教学工作的教学内容，真正做到"取其精华，去其糟粕"，这样就避免了教学资源的浪费和因为要追赶教学进度而造成的教学质量下滑。在我国的研究生英语教育改革的道路上，知识的主要来源就是教材，从"传统""经典"的作品到"实用性"的语言材料，如何让学生在获得学科知识的同时又提高了语言应用能力，成为今后研究生英语教材选取所要达到的目标。

## 三、注意英语水平多层次，课程设置多元化

我国绝大多数高等院校前第一学年的研究生英语课都是大学英语基础课程，即使有发

展学生应用能力的口语、写作、翻译等课程，也仅限于中高级口语、跨文化交际、英汉翻译、报刊英语阅读等基本英语技能课程，而实用性的课程，如托福、雅思、托业、GRE、口译证书等考试性相关课程却很少开设，这就在很大程度上，忽略了学生的多层次英语水平和多元化的外语需要。因此，我认为各个学校要依据学生生源的具体情况，结合教学资源情况，对处在不同水平、来自不同专业的学生因材施教。鉴于日本高校在研究生英语课程设置上具有非常强的针对性，我国各个高校也可以尝试多元化英语课程设置，进行多元化英语教学。以此弥补基础英语教育后英语课程资源不足的缺陷，满足学生对就业英语资格的需要。

各个高等院校应结合社会人才需求状况和社会变化发展对人才的发展需求，及时对学科专业结构、人才培养层次结构以及人才培养模式进行适当的调整。高校研究生英语课程的设置不仅是语言知识的导入，更重要的是针对学生创造性思维的培养和语用能力的习得，以达到使学生最终成为独立的学习者的目的。培养具有国际竞争力的人才是我国高等教育人才培养的的核心目标。和过去相比，我们所处的时代已经发生了翻天覆地的变化，在一个信息与技术高速发展的时代，人才的竞争力是国家发展最重要的软实力，我国政治、经济、文化等方面在世界范围内的交往与合作，对多样化综合型人才的要求也越来越高了。研究生作为国家培养的高级人才，不仅要具备扎实的学科专业知识与技能，更要有能够参与国际事务的较高的外语水平。社会发展对高校人才素养的要求主要反映在高校的课程开设方面，根据国家发展战略和人才培养质量标准要求，提高研究生的专业英语水平、提高其用英语从事科研工作的能力，提高其外语应用能力成为我国研究生英语教学的重要任务。在高校，除了外语专业人才的培养，非英语专业学生的英语教育学术性和专业性不够，很多研究生无法使用英语检索国外最新研究成果、阅读外文文献资料、在国内外重要学术期刊上发表外文学术论文或参与国际间的学术研讨会议，这些能力培养的缺失与社会急需大批参与国际事务人才的需求是相冲突的，为了满足社会对人才培养的需求，我国高校研究生英语课程需要做出相应的调整，从培养研究生一般性英语能力向培养其学术英语进而向专业英语能力方向转变。

## 四、建立新的英语教学评价体系，加入国际性考试

为了让"一纸试卷定乾坤"成为往事，对学生进行全面的评定和考核，我国应该建立新的英语教学评价体系，从只看重结果到对于过程投放精力，转移重视度。新的评价体系既重视对运用英语能力的评价；也重视对学生综合素质和发展能力的评价；既重视终结性评价，也重视形成性评价。评价的执行者既是教师，也可以是学生本人和其他同学；这是一种先进的、科学的、全新的评价体系。英语四、六级考试是精英教育模式的产物，评价标准较为单一，近几年更成为众矢之的。进入高等教育大众化阶段后，随着人才培养目标、规格和质量标准的多样化，同时，加入托福、托业、雅思等国际性考试，作为研究生英语教学评定标准，从而使我国的研究生英语教学与世界接轨，各高校建立新的英语教学评价体系，对学生是否达到大学英语教学的要求做出全面、科学的评价，确立适应大众化的高等教育发展，可以满足社会对人才的需要和个性发展多样选择的需求。

## 五、多途径、多渠道提高大学英语教师的教学科研水平

研究生英语教师作为知识的传授者,其素质的高低与教学质量的优劣是研究生英语教学成败的关键。联合国教科文组织对外语教学质量提出:教学质量 =(学生+教材+环境+教法)×教师素质,由此可见,教师的整体水平对于教学质量的影响不可估量。

随着我国入世,高等教育对人培养的标准发生了深刻的变化,对于大学英语教师的教学科研水平也提出了新要求,为此,我们首先应该创造宽松的工作环境。其次,鼓励教师出国进修或深造,并为其提供便利条件,使教师的学历层次在现有的基础上有一个较大的提高,在知识结构上有更加完善的发展。再次,将科研与教学相结合,科研是有目的的科研,紧密结合大学英语教学的实际,教学成为科研的先导和研究对象,科研为提高教学质量服务。最后,增加科研投入,加强校际、省际在研究生英语教学与科研结合方面的学术交流,为教师之间的深入交流搭建一个高水平的平台。今后社会将更加迫切需要具备英语综合能力的人才,培养语言能力、创造力和提高学生的英语综合素质就成了英语教学的主要目标,作为新时期下的英语教师,应当在教学中不断地发现问题、解决问题,大胆实践,勇于探索和创新,使英语教学紧跟时代脚步,为国家培养出更多高素质的英语人才。总之,借鉴日本研究生英语教育中有益于我国大学英语教育发展的部分,进一步完善我国研究生英语教育体系,为提高我国的国际竞争力,推动教育国际化起到了积极的作用。

## 六、优化课程设置,满足受教育者的个性化需求

针对不同的学习群体提供富有个性特色的课程模块。日本的许多大学会尽其所能地为学生提供大量的选修课程,相当一部分大学免费向学生提供一些第二外语和EAP课程供他们自愿选择,这从一个侧面支持了受教育者的发展需求。二外作为选修课程,对受教育者没有硬性要求。EAP课程极大地提升了从事语言教学教师的语言技能,丰富了他们的文化知识。另外,在他们的课程计划中很难找到与本科阶段所学课程相重复的课程,这无疑给受教育者的学习带来兴趣和挑战,相比之下,我国研究英语课程尚需进一步优化,避免那些重复的课程内容,削减那些纯说教的枯燥内容,突出核心课程的地位和作用,精选一批选修课程以最大限度地满足受教育者的个性化需求。

我国《非英语专业研究生英语(第一外语)教学大纲》规定研究生要能够使用英语这门工具进行本专业的学习、研究与国际交流。作为各学科专业高端人才的硕士研究生,频繁使用检索大量外文文献来获取和掌握本专业的最新信息,撰写学术论文、发表学术成果,或者和专业人士进行英文口头或书面交流。但是,每个不同学科英语在词汇、句法、修辞和语篇等方面都具有其独特的语言特征,传统通用英语课程的语言知识无法涵盖所有学科的共核成分,研究生陷入无法用英语进行专业交流的窘境。另外,国内研究生的学术英语训练缺乏,发表的很多学术论文不够专业规范。高校对于禁止学术行为不端的教育不够,流于形式,甚至根本没有在研究生中开展过相关教育,所以出现一些学术文章抄袭剽窃的行为也有其客观原因,所以专门、系统的学术英语学习就非常有必要。

# 第二章 研究生英语教学互动有效教学模式研究

## 第一节 研究生公共英语互动有效教学模式基本概念

### 一、教学模式的概念

"教学模式"一词在中国英语教学文献中一直是一个比较模糊宽泛的概念。比如,有的论文中用 approach 表示模式,有的用 model。也有学者认为宏观上的教学模式相当于英文中的 approach,但有的论文却用英文 model 表达宏观教学模式,而有的则用 model 表达微观教学模式。基于这一事实,有学者担心这一概念的滥用会成为一种误导。目前,国内外语界专家开始对英语教学模式概念的界定展开讨论(王才仁,1996;张正东,1999;隋铭才,2001;肖礼全,2005;张俊英等,2006;萧好章、王莉梅,2007;韩琴,2008)。那么,到底何为教学模式?汉语中"模式"一词的英文对应词是"model",而不同版本的英一汉词典对其有不同的解释。如《柯林斯 COBUILD 英语词典》(2000:1066)对"model"的定义为:一个系统或程序的模式,是一种理论描述,这种描述可以帮助你理解该系统或程序如何运转,或可能如何运转。

但是,教学模式(Model of Teaching)作为教学论的一个术语,与日常生活或其他学科中有关"模式"的概念在内涵上有所不同。目前,中国外语教学理论界对教学模式也有各种不同的定义,比如,根据张正东的观点,教学模式是有理论支持的教学活动的操作框架。它可能根据一定的教学理论建成,也可由概括实践经验来形成。隋铭才对英语教学模式的解释是"对语言教学理论和英语教学过程各主要因素本质及其相互关系等的形象性表述"(隋铭才,2001)。萧好章、王莉梅综合中英定义,将教学模式理解为"教学理念指导下,在某种教学环境中形成的教与学各要素有机结合并形成稳定的关系及在教学过程中被验证的样板形式"(萧好章、王莉梅,2007)。韩琴则认为教学模式是在一定的教学思想或教学理论的指导下建立起来的较为稳定的教学结构和活动程序(韩琴,2008)。笔者认为,教学模式实际上是教学理论和实践的中介,是在一定的教学理论指导下,为实现特定的教学目标,用来制定教学政策、设计课程、选择教材、提示教师活动的基本范型。或者说,教学模式是在一定的理论指导下,对教学过程组织方式所做出的简要表述。这种表述可以是通过语言对系统的教学理论、方法和观点的描述,或是对带有规律性的、有相对固定的方法、步骤、活动的教学实践的描述,也可以是通过图形、表格、线条等对教学相关要素及其关系进行的框架式的、概念式的描述。相比较而言,前者比较抽象,后者则要具体得多。但是,无论是哪一种描述,都应该既具有理论性,又具有实践性,还要有对教学过程中各个因素如教学环境、教学主体、教学内容、教学方法以及教学评估手段等的描述。

## 二、教学模式的分类

目前，国内外外语界学者比较认同安东尼（Anthony）按"approach""method"和"technique"的层次对外语教学模式进行的分类：即把外语教学模式分为宏观教学模式、中观教学模式和微观教学模式三个层次。宏观模式是对于"语言本身是怎样构造的、语言知识如何在记忆中呈现、如何学习语言等普遍原则和理论的描述，是一种"公理性、自明的"模式研究，也就是王才仁所讲的宏观模式是基于语言教学模式或英语教学过程层次的模式研究。中观模式则是学校根据本校特点，为了对语言材料的有序传授而制定的总体规划，是基于英语教学理念、教学过程、教学手段、评价方法以及政策保障等的研究，对学校层面的教学过程的操作性的描述。微观教学模式主要是对于教室里发生的具体教学技巧、策略等的描述，是一种"moment to moment"的操作技巧。在中英文的互译上，只要符合"对构成教学的诸要素所设计的比较稳定的简化组合方式及其活动的程序"的描述，就都可以用model来表示。

## 三、教学模式的构成

教学模式由一定的要素构成。根据教学模式的分类不同，其构成因素也可以有所区别。一般来说，宏观教学模式应该包括教学理论、教学思想、教学目标、教学评价体系等要素，而中观模式除上述要素还应该包括教学理念、操作程序、辅助手段等要素。微观模式中除了以上要素，还应该有对教学内容、师生活动、教学策略等更为细致的描述。教学理念即指导教学活动的教学理论或思想。教学模式既是教学理论的具体化，又是教学经验的一种系统概括（武英杰，2006）。现行的多样化的教学模式是教师不同的教学理念的具体体现和教学经验的系统概括。教学目标是教学模式结构的核心因素，是人们设计教学模式时处理模式的结构、安排操作程序、选择策略方法的依据。教学目标对其他因素起具体制约作用，也是教学评价的标准和尺度。不同的教学目标下所采用的教学方法和手段必然不同。教学模式以一定的目标为指向性，即预计教学活动对学习者产生的影响，并尽力完成这一教学目标。教学内容是完成教学目标的主要手段之一。虽然相同的教学模式可以使用不同的教材，相同的教材也可以使用不同的教学模式，但不同的教学模式往往对教学内容的编排有不同要求。操作程序即完成教学目标的步骤和过程。各种教学模式都有其独特的操作程序来确定教学活动中师生先干什么，后干什么，各步骤应完成的任务和时间等。操作程序的实质在于处理教师、学生与教学内容的关系及其在时间顺序上的实施。在教学活动中，教师和学生都要分别或共同从事一定的活动，双方在教学过程中占据一定地位，承担一定任务，相互之间发生一定关系和作用。师生活动的方式、任务、地位、关系、相互作用的不同组合，是构成一定教学模式不可或缺的因素。政策保障辅助手段指教务或学校等教育行政部门为保障模式的实施所制订和出台的各项保障措施和政策，包括教师在教学过程中的实施原则、奖惩制度和操作要求等。

## 第二节 互动有效教学模式的相关研究

互动有效教学就是使教育系统中的多种因素产生互动。一般说来，教育系统至少由教学环境、教学主体、教学过程、教学结果四个板块组成。在互动有效教学中，各个板块在教学系统中既相对独立，又互相关联，发挥着各自的功能，并构成互动有效教学模式的基本要素。

教学环境是指教学的综合环境，如社会以及学校的有关教育政策、社会及校园文化环境、社会对教育的期待和需求、教学设施和条件等[①]。教学环境对教学主体、教学过程和教学结果有直接的影响作用。优良、和谐的教学环境使教学主体在一种愉悦的氛围中工作和学习，对他们有激励作用，又通过这种激励作用对教学过程和结果带来正面的推动作用。同时，教学环境也在一定程度上受到对应的反馈影响。教学主体由教师和学生两大要素构成。教师作用的发挥，就其自身而言，取决于教师自身的知识水准、认知水平、职业道德、教学方法、教学策略和人格魅力。学生作为教学主体之一，对教学过程和结果起着决定性作用。而这种作用的发挥又取决于学生自身的一些要素，包括学生的情感因素（如个性、学习动机、兴趣、自信心、焦虑和努力程度等）和非智力因素（包括其接受教育的程度和种类、学习方法和策略、学生个性特征和学习经历等）以及其他相关因素。教学主体的两大要素相互作用和影响，对教学过程和结果起着至关重要的作用。

教学过程是依据学科的课程计划和教学大纲，在一定的教学模式下，为实现既定的教学目标，通过师生教与学的共同活动，使学生掌握系统的文化科学知识和基本专业技能，发展学生身体和心理素质以及社会文化素质的过程。教学过程既包含了教学内容、教学目标、教学手段、教学方法和策略等要素，也包含了教学主体在教学环境下的各种认知活动。教学过程是否有效受教学系统中综合环境和教学主体的影响，并对教学结果产生直接的影响。显性的教学过程发生在校舍或者教学基地，在教学主体的直接或者间接参与下，通过一系列的教学活动和手段（如课堂教学、基地实习或者第二课堂学习等）完成。隐性的教学过程则发生在教学综合环境下，学生在教师的间接指导下，通过自主学习或者耳濡目染完成。教学过程因受诸多要素的影响，具有复杂性和多方面统一性。学生从进入学校，在教学流程系统下通过师生、社会等的共同行动或活动知识、能力、思想品德及其他非认知因素的发展和变化，认为教学结果分为可评估近期和不可评估远期教学结果。肖礼全认为，近期结果的积累也可能发展为远期结果。近期结果指通过对学生进行考试，可以测量的短期学习收获；远期结果指无法通过考试等量化手段进行评估的长期学习收获。这种收获只有在较长的时间跨度里才可能显现。

教学结果对教学过程、教学主体、社会环境等都有明显的反馈作用。"多维互动教学"就是在开放的教育系统中，通过深化和优化教学互动方式，使和教学有关的各种要素和资源如教师、学生、教学方法、教学手段、教学设施、教学政策、文化氛围等与教学过程中产生的各种形式、各种性质、各种程度的相互作用和影响。教学活动存在于一定的时间和

---

[①] 朱婧，焦玉彦，唐菁蔚著.《大学英语多元互动教学模式研究》，33页，长春：吉林大学出版社，2019.02.

空间中。它在空间上，表现为根据某些教学因素，如一定教学理论、教学目标等，处理、安排另一些教学要素如教师、学生、教学手段等的地位、作用与相互关系；在时间上，教学活动表现为教学主体与教学环境两者相互作用所产生的具体实施过程。教学系统中的诸要素之间的互动也有一定的空间性和时间性。多维互动教学目的在于充分利用各种跟教学有关的教学要素，挖掘它们之间的关系及其内在相互作用，使教学各要素成为一个有机整体，促使教学系统各种资源和因素的和谐相处和发展，实现其价值的最大化①。其最终目的是全面提高教学的质量和效益。"显性互动"，就是容易看到或觉察到的通过语言或行为产生的表层互动。平时我们所看到的课堂上师生之间、学生之间通过提问、回答、小组讨论和游戏等产生的互动等都属于显性互动。

而"隐性互动"则是比较隐蔽的，外人很难看到的通过心理活动产生的深层互动。从教学要素上看，"隐性互动"主要包括：教学主体与教学环境之间的互动、教学方法之间的互动、国家或学校所制定的与教学相关的政策法规、社会对教育的期待等与教学主体行为之间的互动、教学设施和条件与教学过程之间的互动、教学过程与教学结果之间的互动、教学评价体系与教学过程以及教学结果之间的互动等。从互动的内容上看，教学主体之间所发生的认知上的互动、情感互动和文化互动等都属于"隐性活动"。在"多维互动教学"中，显性互动与隐性互动相互之间存在着有机关联。隐性互动通过显性互动表现出来，它是显性互动形式上的进一步拓展和内涵上的进一步深化。同时，隐性互动的实现促成真正有效的显性互动，正如人的动机激发人的行为一样，隐性互动是显性互动的内在驱动力，它们共同构成互动教学的完整内涵。

## 第三节　研究生公共英语多维互动教学模式改革理念

本研究中所探讨的研究生公共英语多维互动教学模式，是我们在对教学实际进行认真分析，并对有关教育学和二语习得理论进行深入研究之后，基于教学模式的整体性、优效性、多样性和开放性等原则总结出的一套基于中观层次的研究生公共英语教学模式。研究生公共英语多维互动教学模式的构建旨在成功解决我国现存的研究生公共英语教学效果不理想的问题，全方位提高学生的英语综合应用能力和创新能力，培养适应我国对外开放和经济高速发展需要的高素质人才。在我国，研究生公共英语教学改革浪潮依然强劲，很多学者为采取什么样的教学方法仍然争论不休，不少教师由于对教学模式特别是"互动"教学模式研究不够深入，以致存在随意选用、盲目混用教学模式的现象。在此背景下，构建研究生公共英语多维互动教学模式具有一定的现实意义。

研究生公共英语多维互动教学模式是为适应当前全国研究生公共英语教学改革的需要，全方位提高大学生英语综合应用能力，为社会培养21世纪复合型人才，以科学的教学理论为依据，从英语教学实践出发所创立的一套较为完整的研究生公共英语教学新模式。其教学目标是增强学生自主学习能力和合作学习精神，提高其综合文化素养，以适应我国经济发展和国际交流的需要，这也是本教学模式的一个根本目标。研究生公共英语多

---

① 朱婧，焦玉彦，唐菁蔚著.《大学英语多元互动教学模式研究》，44页，长春：吉林大学出版社，2019.02.

维互动模式的教学目标和教育部所提倡的研究生公共英语教学改革目标完全一致。研究生公共英语多维互动教学模式是一种建立在多种教育学理论之上，采用外语教学中的折中主义教学法，以科学的二语习得理论为指导思想，结合我国学生的学习条件和特点所设计的一种全新的研究生公共英语教学模式。其根本思想是以学生为中心，以教师为主导，发挥师生双方在教学过程中的积极性，尊重学生的发展个性和语言学习规律，强调学生的合作学习精神的培养，促进学生的创造性和个性化发展。其教学理念是，通过课堂上实践活动检查的形式督促学生在课外实践（课下）预习课文，增加学生语言知识的输入机会，培养学生自主学习的能力；通过鼓励每一位学生课堂上下讲英语，大大增加学生运用语言的机会，克服学生不敢"开口"说的恐惧感，促进学生英语学习过程中正情感因素的培养；通过实施学生形成性评估与终结性评估相结合的学能评价体系，加强教学过程控制，激发学生课外实践学习的积极性和动机；通过为学生创造第二语言习得环境，促进学生语言学习的真实性，增加学生语言的产出机会，从而使学生获得超出时空限制的可持续性发展的语言能力。

研究生公共英语多维互动教学模式在实施过程中遵循行动研究的操作方法，通过在教学实际中发现、确定问题，在教育学和二语习得理论的指导下做出行动研究效果假设性分析，在此基础上制定出研究计划和实施措施，付诸行动研究过程。研究生公共英语多维互动教学模式各项行动计划的制定和互动措施的实施的出发点均为日常教学中出现的亟待解决的问题，是以问题为出发点，而不是以理论研究为出发点。在研究过程中，教师全面参与，在行动研究后，通过对教学实践进行反思、分析和研究来修正、改变研究计划和措施，并对教学中出现的问题从教育制度、社会制度方面来探究，以期达到对现状不断改革直至实现教学目标的目的。在教学过程中，研究生公共英语多维互动英语教学模式还借助于现代信息技术，特别是网络技术的支持，利用多媒体和网络课件以及语言实验室等现代化教学手段和校园英语文化建设使学生随时随地都能进行英语学习，打破了英语学习的时空限制。另外，教师还应组织丰富多彩的英语活动，如英语演讲赛、英语辩论赛和英语翻译比赛等，为营造英语练习氛围，促进研究生公共英语多维互动英语教学模式的开展发挥积极的作用。

在研究生公共英语多维互动教学模式中，各种教学要素不是孤立的，它与其他教学要素紧密相关。在模式的实施过程中，通过对教学活动中教师、学生、课程等要素的地位和作用做出考察和规定，对教学活动中起重要作用的其他因素，如教学物质条件、教学组织形式、教学时间和空间等加以说明或制约，使教学模式中的教学目标和手段更加明确，保障措施和辅助手段整体有序，从而保证了模式的系统性和整体性。研究生公共英语多维互动教学模式在技术上体现了可实现性和易于操作性。研究生公共英语多维互动教学模式的构建不仅有较为深刻的理论依据，而且结合了中国学生外语学习中所体现的认知和情感特征以及中国外语教学条件，对各个相关资源和要素进行了考察。其中所实施的多种互动措施如学生学能形成性评价与终结性评价相结合的评价体系以及网络自主学习和考试制度等，都有易于操作的特点。

研究生公共英语多维互动教学模式中，其互动内容是具体而有意义的，利于知识构建的，目的是使学习主体和教学本身有实在的效益，而不仅仅是表面上热闹而已。首先，研究生公共英语多维互动教学模式总体上科学地将学习语言的自然规律与我国外语教学特点融为一体，使二者在教学活动之间实现了合适的平衡和有机的结合，在教学中本着力求实效的原则，既训练了学生系统的语言知识，又使得这个过程有较强的实用性。其次，本教学模式驱使教学活动的多方要素产生积极的互动，从而大大增强了教学各环节的有效性。因此，研究生公共英语多维互动教学模式中学生的学习比单纯的自我学习更为有效，思维的训练更加深刻，能力的提高更为综合，学习的结果更为广泛。

研究生公共英语多维互动教学模式的实践过程是学习者、教师、教学任务与教学环境政策等多因素的动态协调过程，使教学过程中各个要素在时间和空间上实现了互动交融。从互动主体上来讲，教学主体（师生）之间、教学环境（教学资源—教学网络）与教学主体之间、教学场地（课堂内外）、教学结果与教学过程之间都产生了积极的互动。从互动形式上看，本模式中既有显性互动，也有隐性互动。在教学方法上，由于本教学模式所采用的是折中主义的教学法，因此多种教学方法在教学过程中相互作用，并与教学过程和教学效果产生相互影响。由此可见，研究生公共英语多维互动教学模式是认知与情感、形式与意义的统一。互动的交融性是该模式的核心特征。

## 第四节 研究生公共英语多维互动教学模式理据

### 一、流程再造（Process Reengineering）理论

20世纪90年代，美国麻省理工学院迈克·哈默（Michael Hammer）教授和CSC管理顾问公司的董事长詹姆斯·钱皮（James Champy）提出了管理流程再造（BPR，即Business Process Reengineering）的概念，目的是"对企业的业务流程进行根本性的再思考和彻底性的再设计，从而使企业在成本、质量、服务和速度等方面获得进一步的改善"。BPR理论融会了流程管理、组织和人的管理及信息技术对组织的影响等多方面的思想与成果，其基本思想是：彻底改变传统的工作方式，也就是彻底改变传统的自工业革命以来、按照分工原则把一项完整的工作分成不同部分、由各自相对独立的部门依次进行工作的工作方式。其最终目的是通过根本性和彻底性的业务流程变革，使企业在成本、质量、服务和速度等方面获得显著改善。流程再造理论以系统论和整体观为指南，重新确立组织运行的流程理念，其实质是要从根本上打破、摆脱现行系统从观念到运行机制的束缚，用创造性思维对组织运行进行彻底性变革，重建理念，创造性地提出、筛选和整合现有理论资源和支持性条件因素，促使新的系统以及运营机制再生。因此，再造体现的不仅仅是一种改良增减或调整，而是一种革命性的变革。这里所谓的革命性是指一个或一系列连续有规律的行动。这些行动以确定方式发生或执行，导致特定结果实现。实现流程再造的关键是要从流程的构成要素着手，通过对流程构成因素的根本性思考和分析，确定关键因素，寻找突破点，进而创意性地重新组合构成因素。对企业原有业务流程进行改革，包括对相应的资源结构的调整和人力资源结构调整，彻底消除其中阻碍和限制企业部门之间的效率的因素，从而获得全新设计的流程。其核心思想是要打破企业按职能设置部门的管理方式，而代之以面向顾客满意度的业务流程，以业务流程为中心，重新设计企业管理过程，从整体上确

认企业的作业流程，追求全局最优，而不是个别最优。流程再造打破了传统上那种过于强调分工精细和专业化条块分割，而忽视整个流程优化和整体利益的分层机制与运营模式，从根本上考虑和彻底地设计企业的流程，使其在成本、质量、服务和速度等关键指标上取得显著的提高。

以流程再造理论为观照，教学是一个系统。作为一个系统，它具有开放性，不断与外界环境之间进行信息和能量交换，并由系统各要素之间的有序性加工和有效性转化构成不间断的活动过程，直至完成产品（学生）的输出。从流程理论视角而言，这种在时间和空间上表现为一种动态，具有从信息输入到加工再到输出整个过程的流程性，其实质是一种流程，即教学流程（严明，2004，2005）。笔者也就"流程"的定义，查阅了柯林斯（COBUILD）最新释义：Aflow is the sequence of actions in a particular process oractivity.（柯林斯，2009：432）。根据牛津词典（1978），最简单的流程可以由一系列单独任务完成，并有一个输入和一个输出，输入经流程后变成输出。可见，对流程的理解应该至少包括以下三个要素：（1）它是一个行为或活动过程；（2）该行为或活动过程应完成一定的任务；（3）该行为或者活动过程中有输入和输出两个因子。随着输入因子通过一定的行为或活动过程转变为输出因子，该流程也就实现完成。对照该定义，教育是一个包括了人才培养（从输入到输出）和教育过程（行动和活动）的系统工程。学生从进入学校，在教学流程系统下通过师生、社会等要素的共同行为或活动，实现知识、能力、思想品德及其他非认知因素的发展和变化，走向社会，也就完成了由输入到输出的变化过程。而且，在这个系统工程中，还包含了人才培养规划流程、教学管理运行流程、教学质量评价流程、教学后勤服务流程以及课堂教学流程等子流程。可见，在教学中实现流程再造就是发现传统的或现行的教学系统中所存在的缺陷和弊端，依据科学的教学理念，从实际出发，抛弃教学中的陈规陋习，删除无效教学环节，调整低效教学过程，创造发明全新、高效的教学模式和方法，对教学流程进行重新构建。教学流程再造的最终目的在于制定出非常规矩、大家都要执行的教学原则，实现教学方式的根本转变，使再造后的教学流程更加适应未来的生存发展环境，进而增强其整体竞争力。流程再造的过程性、发展性和变动性等特点在教学过程中也有所体现。"流程性"体现了整个教学过程的变动不居性，而不是拘泥于保守和封闭性；"动态"既体现了教学的发展性与开放性，也彰显了在以创新和竞争为核心的信息时代不墨守成规。所以，在高校新一轮的竞争之中，对高校教学管理和业务流程进行优化，保证其管理行为，为教育活动"增加价值"就显得十分有必要。"再造"不是体现了专注于传统教学过程细枝末节的修补，而是体现了与时代发展、社会进步及历史变迁的适应性和前瞻性教学过程的整体变革。

流程再造理论在本研究中的应用，主要体现在：教学流程再造的核心就是对构成其流程的因素及支持它的系统进行根本性再设计和系统化改造，以进一步优化教学系统组织间关联和教学资源配置、提高教学能力，促使学生的学习方式发生变革，通过调整教学运行机制和教学资源配置，科学设计教学级别，并对教学系统实行动态、弹性管理。因此，研究生公共英语教学流程再造，从实质上讲，就是对研究生公共英语教学理念、教学内容、教学环境、师生关系及网络学习等教学流程系统构成各要素进行根本性再设计和系统化改造。研究生公共英语教学流程再造要求扭转在传统观念的影响下，教师过于偏重知识传授、学生偏重于接受学习、机械模仿，重视单一传授语言知识的缺陷和教学上急功近利的心态。其目的是通过实现研究生公共英语教学流程规范化、最优化和高效化，提高教学质量，适应现代社会的需要。流程再造理论在多维互动教学模式中的应用体现在以下两个方面：

（1）中观层次教学模式流程再造。从中观层次来讲，研究生公共英语多维互动教学模式打破了原有的"教—学—考试—评估"的单一性教学流程，通过一系列互动措施的实施，如改革教学质量评价体系、再造课堂教学流程、完善学生评价制度、实施教师志愿者活动以及网络自主听说制度等，使课堂教学、教学环境、教学政策以及网络课程支持建设等教学运行机制和教学资源进行调整、配置，强调了教学流程中时间和空间的过程性、发展性和动态性，实现了研究生公共英语教学流程的规范化、最优化和高效化。

（2）微观层次教学模式流程再造。在微观教学的层次上，研究生公共英语多维互动教学模式改变了传统的"单词—课文—练习"的课堂教学模式，通过课堂内外、师生、生生以及学生与教材之间形成的良好互动，来实现学生由传统的被动学习向自主学习转化，从而提高课堂教学的有效性。

## 二、合作学习（Cooperative Learning）理论

20世纪70年代初，美国学者（大卫·库恩茨）David Koonts率先在教育领域倡导并实施合作学习。在70年代中期到80年代中期，合作学习理论研究得到了较大的发展。其间，很多学者都对什么叫合作学习进行了定义。如，美国教授斯莱文（Slavin. R. E）认为：合作学习是指使学生在小组中从事学习活动，并依据他们整个小组的成绩获取奖励或认可的课堂教学技术（Slavin. R. E. 2004）；美国明尼苏达大学合作学习中心的约翰逊兄弟（Johnson. D. W & Johnson. R. T）提出："合作学习就是在教学上运用小组活动，使学生共同活动，最大限度地促进他们自己以及他人的学习"（Johnson. D. W & Johnson. R. T, 1989, 1991）。努南（Hunan）给合作学习下的定义是"学生在小组或团队中为了完成共同的任务，有明确的责任分工的互助性学习"（Hunan, 1992），而瑞士日内瓦大学Pierre Dillenbourg教授则认为"合作型学习"是一种两人或者多人共同学习某个学习对象的模式（P. Dillenbourg, 1999, 2000）。我国众多学者从20世纪90年代起把合作学习理论引入中国，通过大量的理论和实践研究，创立了适合中国教育特色的合作学习教学理论和策略，其基本内涵归纳为：

（1）合作学习是以小组为主体进行的一种教学活动；
（2）合作学习是一种同伴之间的合作互助活动；
（3）合作学习是一种目标导向活动；
（4）合作学习以各小组在达成目标的过程中的总体成绩为奖励依据；
（5）合作学习是由教师分配学习任务和控制教学进程的。

目前，合作学习已经成为一种重要的教学理论和学习策略。它对于改善课堂教学气氛、大面积提高学生的学业成绩、促进学生良好的非认知品质的发展等方面都起着积极的作用。随着社会的发展和人们知识水平的不断提高，特别是在建构主义理论和网络技术的影响下，合作学习越来越受到人们的重视。

合作学习理论侧重以群体为主、以学习者为中心来组织教学活动，强调让学生在完成任务的过程中通过对合作学习中交际互动状态的自我操纵，达到意义共建和完成学习任务的目的。但是，将一个强调竞争高于一切的课堂转移到一个以学生之间的合作为主流的课堂上来，必将是一个十分复杂、十分漫长的过程。而要达到这一目标，教师在组织合作学习教学中应该处理好以下关系：①合作学习中的师生关系；②合作学习中学习者之间的关系；③教学内容、目标与学习方式之间的关系；④合作学习中的各种评价关系。合作学习中，教师的主要作用是组建与调整合作学习小组、研究开发课程、指导学生利用课程资源、调控合作学习过程和进展、指导和参与合作学习的评价以及发展学生的合作学习技能。

教师要在研究学习内容的基础上，认真研究和关注合作学习的方式，切忌只热衷于"合作"这一外在的活动形式，而忽略学习内容。真正意义上的合作学习不仅关注教学过程，同时也关注教学结果和教学效率。合作学习是指相对于"个体学习"和"竞争学习"的学习组织形式，强调学习者的自我指导、个人发展、个性和内在的动机及合作意识。合作学习过程中，小组的成功依赖于小组成员之间的相互帮助。这种依赖不但确保每名成员都掌握全部信息，而且使人与人之间的相互联系更密切，从而对个体产生正面影响。合作学习过程中，学生不仅是语言形式的接受者，更是学习的主体。小组成员为了解决问题，完成任务，必须相互解释，说明某一问题，争辩维护自己的观点，这种环境对认知发展更为有利。合作学习理论的学习观是充分发挥学习者个体在学习过程中的中心作用，使学习者在与他人合作的同时得到自我个性的发展。合作学习过程中要做到：

（1）合作学习中，教师与学生、学生与学生之间要建立互信。教师在信任学生的同时要努力获得学生对自己的信任，这是师生合作的基础。班级或小组的生生之间的合作也是如此。每一个学生必须相信其他同学是同样有能力的，是同样努力的。

（2）合作学习中，每个成员应该被分配并尽力完成一定的学习任务。通过分工合作，成员可以获得单个人学习所达不到的全面发展。教学分工主要是为学生之间的合作提供基础、条件和动力机制。同时，教学分工也不是固定的、僵化的，而是流动的、变化的，并且最终合为一体。

（3）合作学习中成员之间要有竞争意识。在合作学习中，人们为了完成复杂的任务就必须合作，同时，为了追求更完美的结果就必须进行竞争。合作学习理论不是忽视竞争性，而是将之纳入了合作学习的过程之中，使其发挥应有的作用。

## 三、行为主义理论的产生及其主要思想

行为主义学习理论最初来源于俄罗斯科学家伊万·巴甫洛夫（Ivan Pavlov）的"条件反射"概念（参见：张文霞，2005）。"条件反射"主要指在特定的条件下，通过重复性的反射作用使动物的某种习惯得到强化，并逐步地固定下来。受该概念的启发，语言学家开始对儿童如何学习和掌握语言产生了强烈的兴趣，并试图解释语言学习的内在规律和儿童学习语言的整个过程。1920年，美国心理学家约翰·布鲁德斯·华生（John Broadus Watson）和雷诺（Raynor）发表文章，根据他们对一个名叫Albert的婴儿所做的实验，得出结论：儿童学习语言的过程是对周围条件做出反应，并逐渐形成说话的习惯的过程，是

一个不间断的"刺激—反应"的过程。因此，心理学家应以行为而不是意识作为研究对象，而有机体（包括动物和人类）行为的共同图式是刺激与反应（Stimulus-Reaction）。S-R 公式是解释行为的基本原则，因此，心理学的任务就是查明 S-R 之间的规律性联系，从而根据刺激推知反应或根据反应推知刺激，以达到预测和控制行为的目标。之后，以斯金纳（B. F. Skinner）为代表的行为主义学派的后继者提出了"操作制约"理论（Operant Conditioning），克服了 S-R 学说过于简化与偏颇的弊端，对行为心理学内涵进行了独特的补充，形成新行为主义（Modem Behaviorism），成为操作学习理论的创始人，也是行为矫正的开创者。斯金纳的经典条件反射实验主要研究人的反应行为和操作行为，这一理论被称之为"Skinner 操作反应箱"。斯金纳认为，行为实验分析关注的是环境事件（刺激）与有机体行为（反应）之间的联系，因此要重点考察实验操作是如何引起行为变化的。因为人类的大部分学习活动和行为活动都可以用操作性条件作用来加以解释。斯金纳将对行为的研究从可观察的外部行为深入到不可观察却可推知的内部行为。他认为人类多数行为可以由行为前事件（antecedent/preceding events）和行为后事件（consequent/following events）控制，形成操作条件反射（Respondent Conditioning），前后事件形成操作的环境。行为前事件促使行为的发生，行为后事件强化行为或弱化行为（B. F. Skinner. 1938：45）。

## 四、行为主义教学观（Behavioral Teaching）理论

1957 年，斯金纳《言语行为》（Verbal Behavior）一书问世，集中反映了其行为主义的语言学习观。在斯金纳看来，"语言也是一种行为，语言行为与老鼠在条件反射下拨动实验棒的行为如出一辙"（B. F. Skinner, 1957）。也就是说，由动物行为分析所得到的操作性条件作用原理，同样适应于人类的言语行为。刺激—反应—强化这一模式能说明婴儿如何学习语言。语言不是一种思维现象，而是一种行为，这种行为跟人类其他行为一样，是通过习惯的养成而学会的。因此，外部条件在第一语言习得过程中有很大作用。斯金纳的"操作制约"理论体现在语言学领域形成了行为主义学习理论，即语言学习过程可以看作是一个不间断的"操作"过程，即：发出动作得到一个结果或一个目的，称之为操作，如果结果是满意的，就会重复操作，称之为"强化"或者"正向强化"（Positive Reinforcement）。语言学习正是这样一个不间断的操作过程，语言行为是逐步形成的。到 20 世纪中期，行为主义学习理论的观点在教学实践中被广泛接受，人们也开始设计出以句型操练（Pattern Drill Training）为主体的教学模式，以便帮助学习者更快地掌握目的语，并进行语言交流。总结起来，行为主义教学观主要包括以下三个含义：

（1）语言学习是一组刺激—反应—强化的过程。行为主义认为，成人和儿童一样，其语言习得是在他人言语行为的刺激下，做出适当的言语反应，反应得到强化并由此形成语言习惯口因此，在外语教学中，"我们必须要求学生像儿童学习母语一样实践"（Stern, 1970）。这种实践过程主要由模仿、强化和重复构成，直至习得的形成（王初明，1990）。模仿是指学习者在语言学习过程中模仿教师的语音、语调及语言的使用规则等。因此，在外语学习的过程中，模仿通常被看作是学习者做出适宜性反应的基础，也是形成语言习惯的第一步。在语言学习的初期，模仿在学习过程中占有重要的位置，指在得到教师的赞许和奖励的情况下，学习者所学的语言将得到"强化"和"巩固"。布朗（Alfred Radcliffe-

Brown）认为，当学习者在语言学习过程中得到表扬和鼓励时，其学习的行为和频率就得到保持和强化；而惩罚或表扬的缺失会导致学习行为的弱化甚至消失。语言学习需要不断地重复所学的知识，即进行语言实践。如果学习者能够记住或重复所学的内容，语言学习会得到进一步的促进（H. D. Brown，2000）。经过"模仿""强化"和"重复"三个阶段后，学习者逐步形成了语言习惯，即掌握了所学内容并能够在适当的场合使用这些语言形式。

（2）语言学习是一个循序渐进的过程。行为主义强调外语学习必须由易到难，循序渐进。新语言的学习必须建立在已学语言点的基础上，这样，就能使学生巩固以前所学知识，更好地掌握新学的知识。斯坦因（Stem）认为，学习外语需要从语音入手，之后是词汇和句子。斯金纳指出，学好任何一门课程的整个过程必须分成很多很小的步骤，教材呈现的每个互相联系的步骤越小，强化的频率就越高，而出错的可能性也就越少。加涅（Robert Mills Gagne）把个体的种种学习活动从简单到复杂分为八个层次。其观点为教学内容的编排提供了依据：为了促进知识的获得和技能的形成，必须将复杂的教学任务分解，并按照由简单到复杂、部分到整体、由简化情境到复杂情境的顺序加以排列。在词汇、基本语法及句型结构的导入过程中，都要遵从由易到难的原则。因此，在行为主义影响下，组织教学内容和制定学习计划成为教学设计的重要环节。

（3）语言学习要以听说优先。从教学法的角度来看，行为主义的理论体现在听说法（Audiolingual Approach）中。"二战"期间，为了培训能够流利讲出外语的翻译人员，美国一些大学成立了一些语言培训项目（Army Specialized Program），对盟军空勤人员进行英语训练。其采用的实践、句型强化训练为主的"军情法"（Army Method），通过不断地重复，使一些正确的句型得到反馈。在这一教学法中，老师扮演的是训练员（trainer）的角色，提供语言训练素材即刺激物，供学生做出反应，并对学生的反应及时给予表扬，使学生能够及时强化或巩固所学内容。同时，教师要控制学习内容的难易程度，保证学习由易到难的进行。

行为主义学习理论中所强调的以句型操练为主体的教学模式，旨在帮助学习者在"刺激—反应"的效果中更快地掌握目的语，并进行语言交流。尽管批评者指出此种教学存在诸如句型操练有失真实性，语言教室里进行的句型训练不具交际性等缺陷，视听法及其蕴含的行为主义语言观在外语教学界产生的影响经久不衰，反复操练也一直被看作是语言学习的一个重要的、有效的手段。因为在外语教学中，尤其是在语言学习的初级阶段，学习者通过对句型和词语的反复实践而获得语言技能的方法一直得到广泛的应用。概括来讲，行为主义理论在研究生公共英语多维互动教学模式中有以下体现：采取大量的刺激—反应—强化的操练形式，促进学生对英语词块的习得。研究生公共英语多维互动教学模式中采取了大量的刺激—反应—强化操练形式，主要包括：要求学生课下反复练习课文中出现的常用短语和句型，并以一分钟为单位造句和翻译的形式进行课堂实践检查。

这一教学方法不但能够帮助学习者打下比较好的语言基础，而且培养了他们的实践表达能力。此外，应用集体操练、大声朗读、反复练习等做法，打破了死气沉沉的课堂气氛，使学生在热烈的课堂气氛中掌握一定量的常用句型，明显增强了学生自信心。课堂教学以教师为主导，学生为主体，教学过程中以鼓励为主。在研究生公共英语多维互动教学模式中，要求老师每次下课前把学生课下需要做的实践练习任务明确布置给学生，并提供已经选择好的素材用于课堂语言训练，其实老师在这里担当了很好的"提供刺激物"的角色。同时，本模式要求教师对这些言语操作的强化因素进行精心设计，并遵从循序渐进的原则在训练内容上加以控制。

## 五、交际教学法（Communicative Approach）

20世纪50年代末，乔姆斯基（Avram Noam Chomsky）出于对行为主义和结构主义教学理论的批判，首次发表文章 A review of verbal behavior，提出了"语言能力"的概念（Chomsky, 1959）。乔姆斯基认为，语言能力是某种远比语言本身抽象的知识状态，是一套原则系统、一种知识体系。语言不可能通过模仿和重复习得，而要靠学习者内部对句子的创造性接受能力形成。虽然乔姆斯基的语言教学观主要研究的仍然是语言的结构，但他所提出的"语言能力"的概念却引起了人们对学习者能力的关注。后来，海姆斯（Hymes）对语言能力进行了进一步概括，认为语言能力是一种处世的能力，即使用语言的能力。语法知识的使用不是关键问题，语法知识只不过是交际能力的一部分。交际能力是指一个人对潜在的语言知识和能力的运用。要获得交际能力就必须获得下列有关语言运用的知识和技能：语言形式的可能性、语言运用手段的可行性、语言的得体性、语言行为的实践性及其后效性。海姆斯对外语学习和第二语言习得理论的最大贡献也许是他所强调的语言的社会文化特性，即社会因素的多元化因素对语言使用的影响或干扰。

20世纪80年代初，卡纳尔（Canale）和斯温（Swain）提出了一个"既具有语言学基础又符合教学实际的交际能力理论模式"，充实和丰富了海姆斯的交际能力。他们认为交际能力包括语法能力、社会语言能力、语篇能力和策略能力四个方面。前两个方面与海姆斯的理论有交合的部分，后两个方面则大大拓展了交际能力的概念。语篇能力指把语言形式和语言意思结合起来，组成统一的篇章的能力。策略能力指提高交际效果所使用的技能，或者在实际的交际中由于交际能力不够强，用于弥补交际失败的一些技能。策略能力常常是非语言能力。

20世纪90年代，巴克曼（Bachman）提出了一个更为复杂的交际能力模式。Bachman认为，交际能力包括语言能力、策略能力以及心理—生理语言机制。其中该体系中的语言能力与以前研究者所使用的交际能力很相近，包括组织能力（语法与语篇能力）和语用能力（语言表达的能力以及掌握语言使用规则的能力）。策略能力包括评价、计划和执行三个部分（Bachman, 1990：85）。Bachman的语言交际能力已远远超越了语言本身，是一种综合的能力。早期的交际法教学材料通常将活动放在首位，把对语法的关注放在次要位置。而目前流行的"complete package"教材，尤其是英国的EFL课程，又重新关注句法分析。与英国相比，北美地区更强调 experiential language learning。总的说来，现在的交际语言教学教材趋向于三个P的教学法，即 presentation, practice and production 以及基于任务型和合作性原则之上的语言习得。可见，到目前为止，交际教学法作为一种比较流行的教学方法，还在不断地得到发展和补充。

交际教学法把培养交际能力作为目标，注重语言的实际运用。其核心是：教学过程就是交际过程。因此，它在如何创造真实的情境，设置交际任务、交际活动方面，为二语或外语教学提供了具体指导。在教学模式上，交际教学法克服了传统教学中教师填鸭式的教学方法，把教师讲、学生听，教师板书、学生记笔记的单向交流模式，变成了由师生互动的双向活动或师生之间、学生之间以及学生与教学内容之间的多向互动活动。在交际过程中，师生角色也趋于复杂化。在教学的起始阶段，教师作为教学的主体和信源，向学生输出信息，学生只作为信宿，接收信息；随着教学活动的进展，学生已经掌握了一定语言知识，并能够运用所学知识进一步阐述、发表自己的看法，提出独到的见解，形成不同的观点，质疑既成的理论，挑战权威。此时学生就不仅仅是信息的接收方，而转变成了信源，成为教学的主体、教学的中心。而教师的角色也由原来的知识"传递者"演变为教学活动的组织者、设计者、参与者，同时又是学生的指导者、学习的促动者。在教学反馈效率方面，因为交际教学法以听、说带动读、写，强调学生的主体作用，重视学生的参与，鼓励学生积极思考，勇于开口发表见解，增强了反馈。从教学目标上看，交际教学法强调语言的用途，学生的参与和积极反应指出学习任何第二语言规则的目的都是能够运用这种语言在某种场合下得体地表达意义。因此培养学生在特定的社会环境中使用外语进行交际能力是交际法教学的目的。交际法的特点是：教学中加强师生互动，充分发挥学生的学习主体作用，加强教学反馈，突出学生听说能力的培养。课堂教学往往强调课堂会话，主题也不局限于课本。在会话过程中，为了让学生开口，老师一般不会立即纠正学生的实践错误。交际教学法的基本教学原则可归纳为三点：

（1）语言是交际工具，是用来表达意义的语言系统。它强调的是语言表达的意义和语言运用，而不是语言的形式。教学中要求通过各种活动来实现有意义的交际，以促进语言的学习，并获得交际能力。

（2）语言运用的流畅性先于语言运用的准确性，即认为学生的语言错误是不可避免的，学生应在运用语言的过程中逐步纠正自己的错误。

（3）组织教学应以学生为中心，即老师在教学中主要是起组织者、引导者和参与者的作用；课堂上的主角是学生，让学生不断地运用语言，提高语言的交际能力。

根据交际教学法，学习者的语言交际能力不仅包括懂得其语法规则，还必须包括实际使用语言的能力。培养学生在特定的社会环境中使用外语进行交际是交际法教学的目的。交际教学法认为，教师在教学过程中不应该是单一的灌输者的角色，而是学生学习的督促者和检查者。交际教学法倡导"以学生为中心"，通过师生互动达到对学生交际能力的培养。交际教学法认为，要真正提高学生的实践能力，就必须增加实践的互动交流，尤其是学生与学生之间有意的互动交流。只有这样，才能保证学生语言运用能力的提高。交际教学法在研究生公共英语多维互动教学模式中有以下体现：

（1）建立多元互动的交际化课堂教学。在实施研究生公共英语多维互动教学模式初期，我们就对课堂教学流程进行了重新构建，彻底打破了传统的教师一言堂的教学形式，建立了多元互动的交际化课堂教学。学生通过课堂小组活动（小组讨论、辩论、演讲、角色表演等）达到良好的生生互动。教师在对课文讲解过程中，又通过精讲多练、问题讨论等环节，不仅产生了良好的师生互动，而且充分发挥了教师课堂上小组活动的组织者和监督者作用。同时，教师通过采用能展开实践互动交际的各种活动，如设计学生感兴趣的又具有可思性的自由交谈话题或者能够引发学生不同想法的辩论题，帮助学生营造交际情境，让学生进行角色表演等，都有助于培养学生的互动交际意识，并逐步掌握互动交际的语言能力和技巧。

（2）建立语言知识的课内课外互动教学。建立研究生公共英语多维互动教学模式初期，我们清楚地认识到，新模式的实施是否能够取得成功在很大程度上取决于能否建立英语课外实践与课堂教学的良性互动。

因为课堂实践训练的有效进行有赖于英语课外实践中的充分练习，而课堂实践的表演和评价又推动着英语课外实践活动的开展。为此，新的教学模式要求：①英语课外实践在活动的内容上必须与课堂要学习的内容以及练的内容保持一致；②课堂既是实践的场所，又是评价学生课外学习活动的场所。而课外实践的学习也是对课堂语言进行输出的场所。通过教师课堂上对学生课外学习情况评分的方法，真正达到课堂学习内外互动①。

## 六、研究生公共英语学习目标层次理论（Hierarchy Theory of Aims in English Study）

美国著名心理学家马斯洛（Maslow）在《人的动机理论》一书中提出了人的需求层次理论。美国语言学家霍华德·加德纳（Howard Gardner）和麦金太尔（MacIntyre）把动机分为融入型动机（integrative motivation）和工具型动机（instrumental motivation）。所谓融入型动机是指学习者对目的语社团文化想有所了解或存有特殊兴趣，希望与之交往，或期望参与或融入该社团的社会生活。而工具型动机是指学习者学外语的目的在于获得经济实惠或其他好处。融入型动机高的学习者学习主动性和自觉性更高，能注重听说读写能力的全面发展，且能长期努力保持学习的劲头。如果以工具为目标，外语学习则呈被动状态，这种目标往往是暂时的。学习者一旦实现或达到这种目标，学习劲头就会消失。参照马斯洛需求层次理论，依据认知学的动机学说，笔者提出研究生公共英语学习目标层次理论。

笔者所提出的研究生公共英语学习目标层次理论将研究生公共英语学习目标和需求可以分为4个层次：①最低目标：安全（考试）目标层次；②一般目标：社交目标层次；③较高目标：尊重目标层次；④最高目标：自我实现目标层次。研究生公共英语学习中的安全目标与其学习中的工具型动机相对应，属于英语学习的最低层次，也是很多研究生公共英语学习的最低目标。

研究生公共英语作为一门主要课程，对学生的考试和毕业有直接关系。如果考试通不过，学生就会面临不能毕业的危险，一些同学反映学习英语的唯一动力就是能够安全通过学业考试和四级考试，安全毕业就业。也就是说，"能够通过英语考试"成为一些研究生学习公共英语的基本目标。对这部分学生而言，一旦实现这一目标或者目标破裂，就完全失去学习的兴趣和动力。事实上，还存在相当一部分学生，他们的英语学习目标还只是停留在最低层次，而这已经成为阻碍研究生公共英语教学有效性的主要因素之一。

当学生英语学习的安全目标实现后，自然会向高一个层次的目标发展，这就是一般目标或者社交层次。社交是人们为得到别人的重视、信任、接纳、友爱等，和周围的人发生的交际行为。这类需求影响人们的精神生活和归属感。比如，一个没有社交的人往往会缺

---

① 毛艳姣.《英语分级教学的有效性研究》，51页，长春：吉林文史出版社，2018.11.

乏归属感，精神也会产生压抑感。现代大学生对社交的要求已经远远超过 20 世纪。这种社交需求在学生的英语学习中也有一定体现。比如当英语学习最低目标实现后，学生因为有了解英语语言文化的愿望，便会产生和地道的 native speaker 交往的期待。这时，学生实际上是把英语作为社交的工具。这一阶段，其学习动机虽然还停留在工具型层次上，但和第一层次已经有所不同。主要表现为，处于最低层次的学生的学习动机主要来自外界的压力，而拥有一般层次学习目标者，已经显示出一种学习的愿望。

若学生的英语学习目标从社交层次进一步上升，就来到了尊重层次。这种目标的设定一般是出于对来自自己和他人的尊重以及获得成就感和自豪感的需求。同时这类学生也十分希望得到别人的承认和赏识。对具有较高目标的学生而言，通过各类英语考试已经不是他们的唯一目标，参加各类英语活动与人交往的愿望也基本实现。他们所希望的是在其学习和社交的过程中因为出色表现而得到家长的认同、教师的表扬和同伴的羡慕。这个阶段，学习者的动机开始从工具型动机转变为融入型动机。如果学生的这类目标长期难以实现，其学习动机也会随之消失。这时，学生的学习动机仍然停留在外部动机，即"工具型动机"上。如果学生这种目标能够保持持久，其学习动机也会随之转变为内在动机，不断激励学生努力学习。

追求自我实现的需求是学生实现尊重目标后的一个自然发展，也是学生英语学习的最高境界。学生通过最低学习目标——一般学习目标——较高学习目标的实现，已经能够在所参与的各类英语社团通过流利、雅致的实践展示自己风采，获得别人的尊重。这时，他们的需求便演变为通过充分发挥自己的学习潜力，并将自己的个人能力发挥到最大化，实现自己在英语学习上的理想和抱负，体现自己的价值，并从中得到最大的满足。学生一旦在学习中树立了最高目标，就会对英语产生浓厚的兴趣，把英语学习作为一件轻松愉快的事情去做，并自觉自愿地投入学习中。在学生追求最高学习目标时，其自主学习能力往往也得到最大体现。这时学生的学习动机完全转变为持久性的融入型动机。研究生公共英语学习目标各层次之间有一定的区分度，但是，相近层次的需求在同一个学生身上也会交融在一起。而且，学生对自己的英语学习目标层次有时候可能是清晰的、有意识的，有时也可能是混浊的、无意识的。但是，无论这种需求处于什么状态，都对其学习的积极性产生重要影响。

## 第五节　研究生英语教学互动之翻转课堂

### 一、翻转课堂

翻转课堂起源于美国的林地高中，两位化学老师为了给缺课的学生补课而将教学录成视频，这一创新之举后发展成一种全新的教学模式。后因可汗学院的推广而风靡全球，近年来成为全球教育界关注的焦点。其特征是将传统的教学流程翻转过来，课前学生通过教学视频进行自主学习，掌握知识，课堂上主要进行答疑、讨论，协作完成任务等教学活动，如"颠倒了"的课堂。学界普遍认为该模式符合人类认知规律，能有效促进知识的内化，以及学习者的自主，探究，创新。目前在国内翻转课堂已然成为最热门的教育改革话题，其在国内的理论研究和实践正处于深化阶段。

## 二、研究生英语实施翻转课堂的必要性和可行性

国家一直强调要在研究生的课程教学中培养创新能力，戴炜栋明确提出研究生的英语教学应当引导学生从批判的视角看语言内涵，在语言的运用中培养思辨能力，和语言技能。然而，据笔者调查，目前研究生的英语教学存在着诸多问题，影响了研究生英语教学目标的实现。主要表现为：

（1）大多数研究生还停留在本科阶段的英语学习习惯，不能自己制订学习计划，自我监督，过于依赖教师的课堂讲解和督促。

（2）英语水平参差不齐，教学很难顾及学生的个别差异。

（3）英语技能发展不平衡，听、说、写、译较阅读能力差。

（4）教学不能满足学生的学习需求，对研究生的专业涉及不够，学术性不强，无法激起学习兴趣。

（5）教学低效，课时不少，但学生普遍反映效果不好。

（6）教学评价偏重终结性评价，对英语教学起不到很好的反拨作用，也无法全面反映英语教学各方面。

（7）最突出的问题是：研究生英语教学的内容和方法严重滞后，教学方法沿袭传统的方式，未能充分发挥研究生的特点和优势，开展研究型学习，培养英语学习的自主性和探究问题。

研究生群体与本科生相比，首先，整体上研究生学习的自主性更强，具备一定的专业知识储备和自学能力；其次，学习方式和策略上更倾向探究型，再次，学习环境较为自主自由，有相对宽松的课外学习时间，可以自主安排学习研究。如在研究生英语教学中采用翻转课堂模式，有良好的适应性，可望产生较好的教学效果。

## 三、基于翻转课堂的研究生英语教学模式

依据英语知识内化，技能形成和输入输出假说，针对研究生英语教学中存在的突出问题，借鉴国内外翻转课堂的典型成功案例，以及中医院校学生的实际情况，笔者设计了翻转式研究生英语教学模式。主要包括教学流程，教学资源库，师生角色，教学评价四个方面。

### 1. 教学流程的翻转

课前翻转成了知识的传授阶段，学生基于资料自主学习。教师搜集大量与主题相关资源，包括视频、音频、文本等形式，将内容重点做成微课视频，设计自主学习测试题，建成学习资料袋，提前一周，发到QQ群共享文件中，或公共邮箱中。学生自由安排学习时间进行个性化的自主学习，可反复观看教学视频，选择性地查看参考教师提供的资料，完成自主学习测试题，记录疑难问题点。过程中可以就测试题通过QQ群、微信等方式和同学讨论，向老师请教。并将自测题答题卡发至公共邮箱。教师在课堂授课一天前查看学生自测题的完成情况，做好评价，整体分析学生知识掌握的情况，确定课堂活动的主要内容，并设计课堂活动和任务。

课中，组织多样活动促进知识的内化。教师首先反馈自学的情况，就学生测试题反映出来的普遍问题针对性的讲解，并设置答疑时间。然后，教师组织课堂活动，可以就文章的内容提问，对研究生的提问难度可适当加大些，提一些需要深入思考或延展性的问题，

学生稍做准备就可以组织语言口头表达，这对锻炼学生对篇章的理解和用英语进行思维和表达大有帮助。之后进行小组合作探究的活动，可组织辩论赛，角色扮演，研讨会，学术会议海报制作，学术论文翻译工作等活动。这个环节是学生知识内化，技能形成的关键，活动的设计一定要兼具趣味性，问题性，和任务型。遵循英语知识内化，技能形成的规律设计成由易到难，循序渐进的顺序。

课后，教师根据前面两个环节的学习情况，设计课后拓展练习和任务，发至公共邮箱，规定最晚提交作业的时间。课后巩固和拓展任务应与前面两个环节的内容紧密相关，难度上略微加深一点，一般是任务型的，锻炼学生英语运用能力，任务最好是综合型的，能考查学生综合能力。数量不宜太多，以免造成学生课外负担过重，时间不够而产生应付态度。学生通常需要重温微课，师生、生生线上交流，合作完成。教师评阅学生课后任务，将典型的、优秀的作品拍照传至群共享。

### 2. 教学资源库

以每个单元的主题为中心，广泛收集各种类型的学习资料，整合线上线下资源。如相关的英语新闻，学术报告，学术论文，英文电影，英文歌曲，历史故事，文学作品以及讲解语言知识点的文档和PPT，测试题等。形式可以是文本、音频、视频等，或教师根据自己的积淀，针对性地设计录制微课，有的可以以链接的形式，有的以文件的形式存档，将所有资源汇总，建立单元学习资料袋。学生也可以将自己个人获得的学习资源发至群共享，教师添加完善。

### 3. 师生角色重构

传统模式下教师主要是知识传授者。翻转课堂中，教师需改变固有的教学理念，重新定位，从传统的知识讲授者转变为设计者，组织者，指导者和促进者甚至是学习同伴。

课前教师主要是资源的提供者和教学的设计者和支持者的角色，课堂上以与学生互动、检查学生项目进展状况、测试、辅导答疑、评价为主，完成从"主演"到"导演"的角色转变。课后教师选择合适的资源供学生在课后进行自主学习，并配合适当作业让学生巩固所学知识，考查其学习效果。收集各种教学反馈信息后，对各种信息进行汇总、分类和分析的基础上不断修订教学计划。

学生不再是知识的被动接受者，而是知识的主动建构者，学习活动的主体。

课前自主学习教师上传网络的课件视频，完成自主学习任务单，在线上与老师同学共同探讨。课堂上，自主提问，组建小组共同探讨，协作完成任务，汇报学习成果，探究问题。学生完全成了学习的主体，教师只是协助、组织。

### 4. 评价方式

翻转课堂模式中，课前、中、后全程都纳入评价中，除了考试成绩，其他非智力方面比如学习态度，课堂参与，合作学习等均作为评价的内容，评价的主体不再是教师一方，学生，教学管理者均纳入评价体系，形成全面、多主体、多元的考查过程和结果。

（1）形成性和终结性相结合。平时做好学生各方面表现的记录，作为形成性评价的依据，如学生课外线上自主学习的时间与内容，课前自测题完成情况以及回答课堂上教师的提问、合作完成探究任务的参与度以及讨论、辩论，发言等，学期中公布一次，以促进学生学习自省。终结性评估以期末闭卷考试方式进行，形成性评价和终结性评价各占50%，计入总评。

（2）定性和定量相结合。翻转课堂模式应该采用定性和定量的方式对学生的学习态度、学习过程和学习成果进行综合评价。统计学生的网上学习记录，自测题，提问，汇报及课后拓展任务的完成情况的量化分数，观察课堂探究活动的参与度，总结学生自评，互评，记录访谈中的问题等都作为评价的依据。

（3）自评和互评相结合。采用多元评价主体，学生对自己的英语学习态度积极性，学习方法，和学习收获等方面进行自评，学生之间也互相评价，教师对学生也进行评价，学生对教师的教学也要进行评价，从不同评价主体的角度来考察翻转课堂的实施情况，教学相长，总结经验和不足，不断完善翻转课堂教学模式。

# 第三章　研究生英语教学有效教学中时间管理研究

## 第一节　时间管理的效率取向

### 一、研究的背景

从客观上看，由于我国教育资源仍然短缺，研究生公共英语教学目前还存在班级人数多、课时数有限、教材质量参差不齐、计算机和网络条件下的学生自主学习效能低、教师人才发展不足等普遍存在的现象。资源总体上的短缺造成了资源内部各要素间的相互挤压，其中时间资源受到挤压的现象特别明显，进而造成了时间资源被低效甚至无效浪费。一些学校已经注意到这一问题，他们改善和创造条件加强对教学时间的合理利用、有效拓展和精心管理，提高时间的利用率，如：采取了小班级制、精选课堂内容、提高课堂效率、增加课外英语活动机会等措施，特别是充分利用计算机网络自主学习平台把部分课堂教学内容分解和延伸到课外自主学习平台中，拓展了学生的学术学习时间，打破了课内课外界限，有效扩大了教学时间领域，创新了教学时间管理的实践。但是，总体来看，大多数高校仍然依赖有限的教学时间和大课形式实施英语教学，教学时间管理的改善仍有很长的路要走[①]。

从主观上看，不少教师重视显性时间和绝对时间，能做到不迟到、不早退、不耽误课，课堂上的时间也抓得紧，但对隐性时间并不重视和了解。实际上，教师课堂教学效率越高，所需教学时间也就越少。如果教师能正确管理和有效利用教学时间，在单位时间内促使学习者高质量完成学习任务，就可为自己和学生赢得"富余"的时间。这些富余出来的隐性或相对时间，可以使教师实施更多的教学任务，这又反过来进一步促进教学效率的提高和教学有效性的提高。然而，课堂教学中实施基于英语学习规律的预设、编组、引导、调控、创生等时间管理活动却并非易事，因为英语教学是一个复杂的系统工程，涉及知识、能力、技巧、素养等多方面的内容，每一方面又呈现多维结构。如英语知识就涉及语言知识、文化知识、国别知识和百科知识等。在有限的教学时间里要覆盖和完成如此多的教学内容和任务，没有精心的时间管理，即使课堂教学绝对时间有保证，也并不能提高课堂的效率。如何通过优化教学时间管理来提高研究生公共英语课堂教学效率是值得我们深入持久研究的问题。

---

① 章文燕，崔兴伟，章林京主编；刘志焕副主编.《管理沟通 有效沟通与时间管理》，17页，上海：上海交通大学出版社，2017.07.

尽管教学时间管理已是一个人们熟悉的话题，这方面的研究也硕果累累，但是在中国研究生公共英语以及整个英语教学领域，目前还较少有人对其进行专门而深入的研究。通过对1983—2018年近三十年来的七种外语类核心刊物的检索发现，研究英语教学时间管理的论文较少并归于"有效教学"主题之下。因此，这里就出现了一个让人困惑的悖论：一方面，英语教学因其内容的复杂性、进步的缓慢性和过程的耗时性特别需要加强对教学时间管理的研究，以期达到提高教学效率、增进教学效果、改善教学质量的目的；另一方面，英语教学研究主要集中在对各种微观教学方法的探讨和实验的范围内，鲜有对课堂管理，特别是教学时间管理方面的深入研究。造成这一现象的原因是很多英语教师和研究者认为时间管理是小事，是常识性问题，无须专门关注和研究，只要教学方法得当，时间管理自然就在其中。

然而，时间显然是教学中一个独立的变量，而且是一个重要的变量。英语教师的工作和其他所有职业一样，也要承受时间的压力，英语教师的教学行动受到时间的制约，必须在有限的课时内进行教学活动，及时达成教学目标。所以任何一位教师都必须关心教学时间，通过规划、分解、利用、调控和评价教学时间，实施有效教学。一般来说，各高校研究生公共英语的深时大致相同，但如何通过教师的规划和运用，给学生带来有效学习时间或学术学习时间却大不相同，由此引起的学生学习成就大相径庭。实际上，学生在课堂上愿意投入的学习时间越长，教师能赢得的隐形或相对教学时间就越多，能实施的教学任务量就越多，教学效率就越高。可见，英语教学时间管理对教师的有效教学和学生的有效学习影响巨大。

另外，在研究生公共英语教学时间问题上，大家更多的是考虑显性时间或"硬时间"，即教学课时的保证，而对"软时间"，即单位时间的有效使用则考虑得较少。老师们可能认为只要我把时间都用在了教学上或与教学相关的事情上，时间就算得到了应用。然而，教学时间和教学成果并不是成天然的正比关系，教学时间要产生效益还要有正确的时间观和时间管理的觉悟。很多教师可能并不认为时间管理是一个需要专门认真对待的问题，也不认为对时间的认真规划与合理使用会带来极大的教学效益。他们喜欢独占或简单分配教学时间，留给学生互动的时间少，更不用说学生的积极学习时间了。

事实上，尽管研究生公共英语教学中教师对课程时间的预先分配基本在学校教务处规定的培养方案、系或教研室制定的学期教学进度计划、教师集体备课确定的单元教学框架和自己每堂课的教案中，但教师仍有一定权限和余地依据课程要求和学校培养方案，尤其是根据课程内容的难点重点、学生的最近发展去安排时间，并调整各项教学任务的时间分配比例，甚至根据学生的特殊需求，可做有针对性的个性化教学时间调整，尽可能促使学生积极参与和投入积极学习时间，从而提高课堂教学效率，实现研究生公共英语课堂教学目标。

实际上，时间管理不但作为一种教学策略和手段与教学方法密切相关，而且还是一种价值观、人生观和精神素养。方法的使用取决于观念，有什么样的时间观，就有什么样的方法选择。时间管理是比一般教学方法更本质的东西。要提高英语教学效率，完成课程要求规定的目标，就必须加强教学时间管理的研究。总之，如何科学合理地管理教学时间、提高教学效率，是研究生公共英语教学中一个亟待解决的问题。

## （一）国外关于教学时间管理的相关研究情况

对教学时间的关注一直渗透在从早期到现在的大多数教育学家们的研究中。国外学者夸美纽斯（Comenius）被认为是现代教育学的奠基人，他所倡导的班级制根本改变了世界教育的面貌，奠定了现代教育的基本样式。班级制的最大优势之一是把教师和学生原来分散的教和学连接起来，教师在单位时间里可以同时对较多的学生开展教学，最大限度地利用了教和学的时间，极大地提高了教学的效率，满足了人们对有限教学时间利用的需要。

而斯宾塞（Spencer）认为，教学的秘诀是要知道怎样聪明地花费时间。他要求在教育中给学生"讲的应该尽量少些，引导他们去发现的尽量多些"，课堂要给学生更多的时间，引导学生自己进行探讨和推论，增强知识的巩固性，提高学习的主动性。

赫尔巴特（Herbart）认为，所有的精神生活是一种时间性事件及其持续的变化，这种动态过程给教育留下了广阔的空间。他非常强调培养教师的课堂规划及时间利用能力，强调教师要掌控学生注意力，不断根据教学目标和学生的学习效果调整教学过程和内容。赫尔巴特将教学过程按时间发生的顺序分为"明了""联系""统合"和"方法"四个互为联系的阶段。其中"明了"是指清楚、明确地感知新教材；"联系"是指学生通过参与各种学习活动，获得许多个别的但又彼此联系的观念后，向上发展，进入普遍领域，形成各种形式的概念；"统合"是把各种新旧观念组合起来进入更大范围的联合，从而上升到普遍领域，形成系统化的知识；"方法"是通过一定形式的实际练习与作业，使观念体系得以形成、充实和完善，并检查是否正确理解和掌握所学的新知识。后来，他的学生席勒和赖因又将其发展为五阶段，即预备、提示、联合、总括和应用。赫尔巴特的分段法显著地优化了教学过程，使教学更有序、系统，教学时间得到了精确地利用，极大提高了教学效率。虽然早期的教育学家们还未来得及深入研究教学时间管理问题，也没明确地提出时间管理概念，但他们的教学理论都蕴含了丰富的时间管理思想。他们对教学时间及其管理的关心为后来的教育学家和心理学家们所继承。人们逐步认识到教学时间是教师教学和学生学习过程中的一个主要变量，因此教学时间管理开始引起更多的关注。

第一个采用现代科学研究方法对教学分配时间和投入时间效果进行研究和分析的人是约瑟夫·梅尔·赖斯（Rice）。他通过课堂观察，发现初中生的拼写学习和教学时间并不成正比，不是时间越多，成绩就越好。他的研究在教育上，特别是课堂教学上具有里程碑意义，他打破了人们关于教学成功是由充足的教学时间来保证的迷信，标志着人们开始关注教学时间和教学效果之间的关系问题，教学时间管理的概念浮出水面。桑代克（Thorndike）在他的《学习的法则》中明确提出，学习时间长度是学习过程中的一个主要和强势变量，学习的成功与练习和作业时间直接相关。同一时期的詹姆斯（William James）也指出，任务持续时间是学校学习中的主要变量，控制这个变量是教师教学成功的关键。莫里森（Henry C. Morrison）作为第一个把"课程"和"教学"区分开来的美国教育学者，受其同事朱迪（Charles Judd）关于学生课堂任务注意力持续时间差异研究的影响，提出了基于吸引学生注意力的教学质量以及分配时间与投入时间的论述。他关于学生注意力量表的设计与描述至今仍广泛使用。由于他的关注焦点不是学生的学习过程和学生"注意"产生和持续的机制，而是把其作为对教师教学的评估手段，因此他的这种研究路径后来没能得到更多响应，但他的一些关于教学时间的重要概念被后来者吸收。

卡罗尔（J. B. Carrol）是第一位正式对学习时间与教学成效之间关系进行系统关注和研究的教育心理学家。他在《学校学习的一种模式》一书中提出了教学时间与教学效率的相关性问题。通过深入分析，他认为时间是影响教学过程和结果的核心变量，是学生学习成效的基本保证。卡罗尔针对教学的有效性问题提出教学时间管理的理念，力图理清教学时间与教学质量的变率关系，即学生如何在有限时间有效完成学习任务。卡罗尔希望能从教学时间的视角研究学生学习成功和失败的原因，帮助学生提高学习效率。他提出了"学习程度"这个重要的概念，这个概念的实质是用可量化的"时间"来评估学生的学习努力和其效果。具体地说就是针对某一特定学习任务，计算学生实际所用时间与实际所需时间的比值。按照他所给出的时间关系模型，实际所用时间来自分配给学习的时间与实际投入于学习的时间，实际所需时间取决于能力倾向、理解教学能力以及教学质量。卡罗尔教学时间模型（Berliner, D. C. 1990：12）：学习的程度 = ［（学习机会或学习时间）×（毅力或投入学习时间）］+［（能效倾向或实需时间）x（教学质量 x 理解教学能力）］。根据卡罗尔模型，教学时间与教学质量的变率，受到教和学两方面的影响、教师教学水平和学生学习态势的影响。卡罗尔的模型赋予时间以人性的光辉，他认为影响学生学习结果的个体内部因素（能力倾向、理解教学能力和毅力）和外部条件（学习机会、教学质量）这五个要素最终均可还原为时间，以学习时间来表示，从时间因人而有意义的视角出发，使呆板的钟表时间生动起来，时间概念的外延更加丰富和精彩。特别是学习时间的概念，实际上是对教学主体特征和素质的描写，张扬了主体决定教学成败的关键性作用。具体而言，卡罗尔认为：

（1）能效倾向（Aptitude），指学生在最优学习条件下掌握某一任务所必需的时间量。学生所需时间少，则有较高能力倾向；所需时间多，则能力倾向较低。

（2）理解教学的能力（Ability to Understand Instruction），包括一般智力和言语能力两部分。一般智力指学生理解教学材料中概念关系和推理的能力，言语能力指学生理解教师使用的特殊词汇的能力。这两种能力的高低直接影响学生掌握学习任务所耗费时间的长短。

（3）教学质量（Quality of Instruction），指通过教学，根据能力倾向提供的基础，学生不需要再额外增加掌握的时间量。

（4）专注（Perseverance），指学生愿意积极主动地投入学习的时间量。

（5）学习机会（Opportunity to Learn），指允许学生学习的时间量，即所许可时间。

能力倾向、毅力和学习机会三个变量可直接以时间来表示，如果利用测量工具和实验操作，理解教学能力和教学质量也都能用时间来表示。上面模型中的"允许学习时间（或学习机会）"是指分配给学习任务的时间，它受学校时间分配规定的限制，也受教师给每一具体学习任务时间分配的制约。"毅力"是指学习者乐于花在学习上的时间。显然，学习者学习的实用时间取决于允许学习时间和毅力的共同作用。卡罗尔的学校学习模型为学习时间与学习结果之间关系的研究做出了开拓性贡献。卡罗尔明确地把学习时间作为影响学习结果的独立变量，开辟了专门研究领域，而且就学习时间与教学成效之间的关系提出了第一个理论模型。另外，卡罗尔提出的"实用时间""学习机会"等概念对以后的研究有重要的启发、指导意义。卡罗尔提出的完整的教学时间模型框架，奠定了从那时至今有关教学时间研究的基调。

布卢姆（Benjamin Bloom）根据卡罗尔把能力倾向定义为"在最优教学条件下掌握学习任务所需时间"的思想，对实用时间和所需时间进行了进一步阐述，使其更富有可操作性。他把学生学习结果和学习时间的差异归于学生的认知特征、情感特征和教学质量等三个变量的不同。认知特征是指学生掌握已学过的、完成新学习所必备的基础知识技能的程度；情感特征指学生参与学习过程的动机激发程度；教学质量指教学适合学生的程度。布卢姆掌握学习策略之要义即：向学生提供所需的足够的学习时间，提供适应学生特征的教学，最终都达到对学习任务的掌握水平，并逐渐减少学习时间。布卢姆模型中提出的学习时间与学习结果之间双向互惠的思想更贴近学校学习的实际情况，为它在实际中获得广泛应用打下了基础。

威利（Vili）和哈尼施费格（Harnischfeger）提出了专注时间或积极学习时间的概念。他们把学生参与程度、积极学习时间的长短、所许可时间与学习动机、分配时间与所用时间以及教学因素等看成是教学时间作用于学生学习成就的必经中介环节。这些环节之间形成线性逻辑关系，环环相扣。他们特别区别了分配时间和积极学习时间，强调了实际用于教学活动的时间，为教学时间管理研究提供了可参照的概念框架。奥苏贝尔（David Pawl Ausubel）在对发现学习和接受学习进行对比分析时，认为发现学习费时太多，从而引出了教和学的时间问题，并从时间管理的角度提出选择接受学习的最大优势是可节省时间。显然，在奥苏贝尔（David Pawl Ausubel）那里，教学时间是教学形式抉择的重要因素，它像一只看不见的手制约着教学的方方面面。

巴班斯基（Babanski）在他的教学过程最优化理论中提出了教学速度与教学效率之间的关系。他认为教学效率与如何选择一个班级的最优化教学速度存在着规律性的依存关系。教学效率从根本上来说是一个教学时间限制问题，即在给定时间内通过保证恰当的学习动机和激发积极的学习态度达到预期的学习效果。如果没有时间的考虑，也就没有效率的问题。教学过程最优化本质上是以教学时间限制为条件和依据，使教学过程中诸要素实现最优组合，从而达到最优化的效果。教学时间成了教学过程中一切设计要素的前提，教学时间管理是实现最优化有效教学的手段。伯利纳基于学生对恰当课程内容的专注的重要性，提出了"学术学习时间（academic learning time）"的概念，即学生专注于适合自己水平的教学活动并达到较高掌握程度所用的时间，它也被认为是教学活动和学生学业成就之间的中介变量。伯利纳的学术学习时间概念是目前课堂时间管理中常用到的一个核心。

**（二）国内关于教学时间管理的相关研究情况**

国内教学时间管理研究较少，其研究成果主要为论文类，以教学时间管理为主题的专著尚没有查到，但当代的教学理论专著中蕴含了不少教学时间管理的思想，特别是在课堂管理、有效教学和教学效率的讨论中，都会不同程度地涉及教学时间因素。施良方和崔允漷在《教学理论：课堂教学的原理、策略与研究》中专门用一个章节讨论了教学时间管理问题，对教学时间在教育中的重要性、教学时间研究的起源、主要理论的发展和演进、教学时间的内涵特征和分类、教学时间和学业成就关系、教学时间管理策略进行了论述，认为教学时间是教学中的一个重要变量，这一论述是目前国内同类专著中对教学时间研究最为系统和详尽的，其观点被国内许多研究者直接和间接引用，对国内教学时间管理研究产生了较大影响。此外，裴娣娜的《现代教学论》，朱德全、易连云的《教育学概论》，王道俊、郭文安的《教育学》，张大均的《有效教育学》等有关教育和教学论的著作中都详略不等地对教学时间管理进行了论述，说明教学时间管理的重要性日益受到国内学者们的重视。

国内关于教学时间管理的学术期刊论文和网络文章已有不少，其主题可分为教学时间管理策略类、教学时间管理内涵与特征类、有效教学与时间管理和教学效率与时间管理类、学科教学中的教学时间管理类、教学时间管理中的教师角色和学生地位类、教学时间管理与师生人格心理倾向等。这些文章中有一些颇具真知灼见。如盛群力、吴文胜发表于2002年的《教学时间研究模式及其特点》一文系统而清晰地梳理了当代国内外对教学时间研究的进展和状况。文中特别提到了浙江省东阳中学从1995年开始的全方位、多层次的提高教学时效的研究与实践和其提出的"时间分析与时效优化模型"。该模型将时间先区分为A、B、C、D层层缩减的时间环，A代表学生在校时间，B代表用于学习时间，C代表用于教学时间（一般理解为授课时间），D代表高效教学时间，然后在此基础上再细分为教师的时间环和学生的时间环。东阳中学试图通过对有限的教学时间"集约经营"（正确处理学生休息、生活时间与学习时间的关系）来提高教学时间的单位效益，走一条"内涵增长"的教学时间优化之路，迈向"于有限寻找无限，以最少获得最大，从现在准备未来"这一理想化教育境界。该教学改革成果获得了浙江省首届基础教育优秀教学成果二等奖。这无疑是国内从理论到实践上对教学时间管理有成效的开拓性探索。但总的来说，国内关于教学时间管理的大多数文章还只是对国外已有理论的介绍、转述和将其在中国课堂教学中直接应用的经验总结，而且文章体例上漫谈、感想类较多，深入的理论问题探讨、严谨的实骋实证和理论体系建构类文章还不多见。

国内以教学时间管理为主题的博士论文尚未查到。不过何敏的《教育时空问题初探》、姚利民的《有效教学研究》和孙亚玲的《课堂教学有效性标准研究》等三篇博士论文分别从教学有效性和教育时间的宏观视角对教学时间管理问题进行了一定的研究和论述。何敏的论文梳理了人类对时间、空间，尤其是时间的意识与认识，提出教育存在多层次、多主体的时空和复杂非线性多事项时间特性，存在协调过去、现在、将来的关系和日常化、人为构建的特征，指出了目前教育中存在因忽视教育时空特性所导致的问题，提出实现新型课堂时空构建的设想。姚利民的论文提出有效教学的目的之一在于建立融洽的师生关系，以能够激励学生，引起学生的兴趣，调动他们的学习积极性，达到高效利用教学时间，在单位教学时间内产生尽可能大的教学效果。孙亚玲的论文在分析了课堂教学有效性综合因素的基础上，重点研究了目前我国课堂教学存在的问题及导致课堂教学费时、低效、无效甚至负效的原因，并根据实证研究结果提出了一个课堂教学有效性标准的分析框架，以图能够帮助教师提高其课堂教学有效性。他们的论文可以部分地看成是教学时间管理的研究成果。

令人鼓舞的是，硕士论文方面有五篇直接以教学时间管理为主题。它们是陈义兵的《有效课堂教学的时间视角与技术支持——基于网络的异步教学支持系统开发》、刘迪的《初中化学教学时间利用的调查与分析》、王清蕾的《小学五年级语文教师教学时间管理个案分析》、方琴的《有效课堂教学的时间视角——基于上海市四所初中的分析》和王喜成的《高中化学必修模块教学时间使用状况的个案研究》。这五篇论文全是近几年来的研究成果，这说明教学时间管理的研究正在受到青年研究者们的重视。陈义兵的论文从教学时间的视角来分析有效课堂教学的原因并尝试从教育技术的角度为有效课堂教学的开展提供技术支持。在教学时间和教学效果关系研究的基础上，特别对教学时间中的专注时间结构做了进一步分解，提出了专注时间的概念结构模型，并通过对课堂教学结构下专注时间结构分析，提出了有效课堂教学必须解决的基本问题。刘迪和王喜成的论文分别对初、高中学科课程教学中的时间利用从课程目标角度进行了研究。刘迪主要对初中化学课堂的费时低效状况进行了调研，然后根据调研结果提出从教师素养、学生主体作用、课堂节奏把握等方面入手改善教学时间管理，提高教学效率。而王喜成侧重于探析新课改条件下高中化学必修模块课堂课程目标由一维变成三维后的教学。国内外关于英语教学中时间管理的相关研究，外语教学一开始就与时间问题纠缠至深，这里既有一般课堂教学管理的时间问题，又有外语课堂教学的特殊性时间问题，而后者是由外语学习的特殊性和二语习得规律特征所决定的。碰巧的是，卡罗尔恰恰以外语教学作为他研究教学时间管理的样本，他从探索外语学习者的最佳学习年龄出发，对八个国家的法语作为外语教学的状况进行了研究，发现外语学习与学习者的年龄关系不大，而与学习者投入外语学习的有效时间直接相关，他注意到了外语学习程度与外语教学时间之间的关系，揭示了外语有效学习时间的问题，开启了人们对效率取向的英语教学时间管理的思考。

直接论及英语教学时间管理的研究者，目前查到的只有英国学者斯坦因（Stem）。他提出了英语课堂教学的三大策略，即教学策略、时间策略和社会策略。他指出与教学策略的个性化不一样，时间策略是受政策约束较强的一种策略，这是由教学时间本身的特征和构成决定的，学校外语课堂教学的时间分配要受到国家外语政策和执行政策的教育主管部门的制约，如在我国，研究生公共英语教学的课时是由教育部以《课程要求》的形式做出明确规定。同时，各学校还根据自己的情况，通过学校培养方案对研究生公共英语课程时间再做进一步细分和调整，因此课程时间的安排常常不由教师个人做主。但在投入时间、实务时间、学科学习时间、过渡时间、等待时间等维度，教师可以在给定的时间内有相当的管理空间，教师可以将教学时间根据需要分割为小的片段或大的板块。

教学时间策略可分为对时间量的把握和对时间质的控制。其中对时间量的把握主要是根据教学任务量的大小来确定或争取教学时间相应的多少。时间质的控制可用集中—分散、专注—兼顾、紧凑、"涌流"—"点滴"等概念来描述。斯坦因的主要贡献在于把时间要素的选择看成是影响外语教学的重要变量，并提出了时间管理的策略。

## 二、概念框架与界说

既然是讨论研究生公共英语教学时间管理，就必须先梳理和澄清与研究生公共英语教学时间管理相关的概念。首先话题由对"研究生公共英语"教学中"教学效率"和"教学有效性"问题的关注引出。解决问题的探讨自然把我们的视线引向"时间管理"，即研究生公共英语"教学时间管理"的界域，而由于教学本身的复杂性、动态性和系统性，"教学时间"显然也是一个复杂多元的概念群。由于英语教学的特殊性在于其极大地受到"二语习得"特征和规律的支配，因此它是二语习得环境下的教学时间管理。这些概念形成的逻辑勾连和相互照应，构建了本文的核心概念框架。

在这个框架中，"研究生公共英语"是最上位的概念，引领整个概念框架；"教学效率""时间管理"和"有效教学"三个上位概念界定了本文对研究生公共英语话题讨论的边界，指出当下研究生公共英语教学中要解决的问题；"教学时间管理"是所有概念的聚合点和话题的中心，是框架的核心概念；"教学时间"作为本研究的对象，是框架里其他概念的附着点，在框架里也居于核心概念地位。"教学时间"由一系列居于外延地位的下位概念构成一个概念家族，拟构了研究生公共英语教学时间管理的象限。"二语习得"是英语教学的支配性因素，影响着教学时间管理的走向，是重要的支撑概念。通过对这些重要概念的梳理和澄清，我们可以进入研究生公共英语教学时间管理研究的理论疆域，为该研究奠定坚实的理论基础。

## 三、教学时间管理（Instruction Time Management）

教学时间管理的主体是教师，教学时间管理是教师实施有效教学的关键手段。从宏观角度看，教学时间管理是保证法定教学时间的具体落实和有效分配的活动；从微观角度看，教学时间管理是为实现预期教学目标，在课堂上通过教师讲授、全班互动、小组活动、个体作业四大课堂活动时间的合理分配、调控使用、及时转换、节约创生，使时间资源尽可能发挥其自身价值，满足、扩大学生学习机会和学生的教育价值需求而组织实施的活动。教学时间管理实际上涵盖了对分配时间（Allocated Time）、课堂组织时间（Classroom Organization Time）和教学活动时间（Instruction Time）三部分时间的管理。它是教师的一种主动、系统和全面的课堂管理活动，对促进有效教学、提高教学效率、保障教学质量有着十分重要的作用。

任何教学过程总是在一定的时间范围内完成，因此时间成为制约教学活动和影响教学效果的关键因素之一。人们在教学实践中也经常注意到时间与教学的密切关系，美国学者卡罗尔（1963）对教学时间进行较为系统地科学研究并提出了有关教学时间结构的基本模型以后，关于教学时间的概念不断被丰富、细化和完善，形成了一个庞大的教学时间概念家族。在教学时间这个上位概念下的众多下位概念反映了影响教学效果的不同时间因素，它主要包括的是分配时间（Allocated Time）。分配时间是指国家、地方、学校和教师为学生提供的教学时间。它通常被设置为较固定的量度，如研究生公共英语课程每学时45分钟、每周4~6学时、每学期18周课，因此它也叫作课表时间。卡罗尔把分配时间也称为学生的"学习机会"。由于课表时间与教师实际在课堂上用于教学的时间并不一致，有人把分配时间进一步分为以下八个时间和五个因素。

八个时间分别为：

（1）在校时间（School Time）：指学生在学校里度过的时间。通俗讲就是"学生一年在学校学习的天数以及一天用于学习的小时数"。

（2）教学时间（Classroom Time）：指在校时间中用于课堂教学的时间，也就是除去午餐、午休、课间休息的在校时间。通俗讲，就是指"规定学生在一个学校日上多少节课，一节课有多少分钟"。

（3）教授时间（Instructional Time）：指教学时间中用于教授学科知识、概念和技能所用的时间。除去教学时间中用于例行性的事务（如布置学习任务、安排学生分组等）、教学活动转换、维持课堂纪律等所耗费的与直接教学活动无关的时间，剩下的就是教学时间。这是教学时间狭义的理解，广义的教学时间则是指教学时间概念族的全体成员。从影响教学效果的变量角度看，利用狭义的教学时间概念更容易理解教学时间和教学效果之间的关系。狭义教学时间在教学时间中的比值反映了教师组织教学活动（如知识点传授）及处理非教学性活动（如维持课堂纪律等）的能力。分配时间均匀通常体现为地区、学校、教师对学科教学内容及教学活动重要性的一种价值判断，这种价值判断通过为不同教学内容和教学活动分配不同数量的教学时间来体现。

（4）投入时间（Engaged Time）：投入时间也常翻译为"专注时间"，从其性质上看通常又可称为用功时间"Time on Task"，指学生关注并努力去完成学习任务所用的时间，是分配时间或准确地讲是教学时间的一部分，只是除去了教学时间中学生用于完成与学习任务无关的交际活动、开小差及在班级中捣乱所耗费的时间。投入时间体现了教师"教"的能力，即教师选择适当的能够吸引学生注意并使学生专注于其中的学习活动的能力。

（5）用功时间（Time on task）：用功时间是一种具体学习任务上的投入时间，因此常常与投入时间混用。但用功时间比投入时间有更严格和复杂的意义。学生的投入并不都是在所要求的任务上，只有当他们的时间投入符合教学目标所要求的具体任务时，才能算作用功时间。如英语课时，学生投入时间于汉语阅读英美历史、英美文学和英语语言常识等活动就不能被认为是在用功，他们必须真正是在英语（如英语听说读写译）上花功夫学习才能算是用功。也就是说，时间就像一个容器，只有填入具体的活动才能成为一个可以测的变量。

（6）学科学习时间（Academic Learning Time）：学科学习时间是投入学习时间的一部分，具体地说就是指学生用于完成一定难度的学习任务并且获得较高水平的成功体验的投入时间。学科学习时间不包括用于过于简单或过于困难学习任务所用的时间，因为这两种情况都不能导致学习（"学习"的概念通常解释为：由于实践或经验而导致的"行为或按某种方式表现出某种行为的能力的持久变化"。）的发生。学科学习时间的多少揭示了学生"学"的情况，反映了教学材料的难度与学习者能力水平之间的良好匹配，且学习活动以一种相当理想的方式进行的状况。

（7）过渡时间（Transitional Time）：过渡时间指教学活动之间的一些非教学时间，如整理文具、翻找书籍、查看短信、问候招呼、喝水休息、换编座位等。过渡时间的要点在于它是教学分配时间中不可避免的时间消耗。过渡时间有一定的积极作用，它可以调节学生的紧张情绪，使学生在生理和心理上得到一种休息。但教学活动过渡期间太拖沓就会造成教学时间的浪费。

（8）等待时间（Waiting Time）：等待时间指学生等待教师的教学帮助的时间，如等待教师的活动或练习指令、等待教师检查练习或作业、举手后等待教师给予提问机会等的时间。等待时间是一个课堂管理的概念，它体现教师课堂规划和时间掌控的能力。

五个因素分别为：

（1）能效倾向（Aptitude）：能效倾向是指学生在理想的教学条件下为达到某一教学要求倾向所需要的时间，它分为高效时间和低效时间。高效时间一般体现为学习进度快，而低效时间则体现为学习进度慢。能效倾向的英文原文指"智力",这里给它赋予了基于时间的定义,因为智力在学习中体现为学习效率,即在其他因素不变的情况下,在单位时间里取得的学习效果,因此智力因素也是一种可以从时间角度理解的因素。这说明一些乍一看似乎并不属于教学时间范畴教学的概念都可以理解为时间概念,它们的使用拓宽和深化了人们对教学时间概念的理解,也丰富了教学时间概念家族。

(2) 毅力(Perseverance):毅力是指学生在一个教学任务和单元中的认知投入(cognitive engagement)或主动学习的时间,它尤其指学生主观上愿意参与的时间。它接近于我们常说的"注意(attention)时间",但更强调学生积极主动地与教师教学高度协同学习的心理状态延续的时间。它可以用学生在学习中的认知投入或实务时间来衡量。英文中的"毅力"也不是一个直接的教学时间概念,而是一个传统上与学习动机关联的概念。动机强,学生就容易保持学习的积极性,使学习注意力容易持续较久。但在课堂操作维度上,它是一个可以用时间来测量的变量,因此它也可以看成是一个教学时间概念。

(3) 教学步幅(Pace):教学步幅是指在一定教学时间内所覆盖的教学内容的广度和深度之比。如一堂课学生要掌握的词汇量、一学期学生要掌握的专业知识和要发展的技能等。在实际教学中,如果教学时间是一个常量,那么教学内容的覆盖面和所教内容的深度则是一对相互制约的变量。在时间充裕的情况下,两者容易兼顾,但在时间有限的情况下,二者形成博弈。由于对学生的学习效果往往是通过考试来评估,因此教师在课堂上对步幅的考量往往以能覆盖到考试题型的内容为准,从而形成教学中的应试倾向,也成为许多教师设计教学步幅的独门绝技。一般来说,教学内容覆盖面广对学生拓宽知识面有益处,但有可能影响到学生对内容理解的深度和使用的灵活性。因此教师的教学步幅应当在教学目标内容的点和面、质和量之间寻找平衡。

(4) 教学效率:教学效率是指在单位教学时间内,学习者在达到教学目标规定的评估标准即保证质量的前提下,完成教学目标所规定的教学任务的数量。教学效率是教学质和量的统一,反映教学过程中教学时间的分配和利用的效率,即在有限的规定的教学时间内完成规定的教学任务的比值。教学效率的核心问题就是教学时间的分配和利用。"分配"是指时间在量上的保证,"利用"是指时间在质上的效果,"分配"是"利用"的基础;利用"是"分配"的目的。具体而言,教学效率中的"量"主要指在单位时间里所教学生的数量和完成相关教学任务的数量,如一节课或一学期课使学生了解了多少知识和为学生组织了多少练习或实践活动;而教学效率中的"质"就是在这些时间里是否形成了相应的能力、素养和品质,特别是是否使所教学生的学习结果更符合培养目标和规格的要求。教学效率与教学实践密切相关,任何提高教学效率的改革实践和探索都必须充分考虑教学时间的因素,把教学时间作为一个重要的乃至根本的常数来考虑,从而以教学时间限制性和培养规格为依据来精选教学内容和教学方法,使学生达到最优化的学习。因此,本书所谈到的教学效率是与教学时间、教学质量相统一的教学效率。

(5) 有效教学:有效课堂教学是指师生遵循教学活动的客观规律,以最优的速度、效率和效益促进学生在知识与技能、过程与方法、情感态度与价值观"三维目标"上获得整合、协调、可持续的进步和发展,从而有效地实现预期的教学目标,满足社会和个人的教育价值需求而组织实施的教学活动。有效课堂教学的三大基本要件(Marzano)为:①有效的教学策略，如有针对性的合作学习、图表展示、巧妙问题、学生自组织等；②有利于学生的课程设计，如课程内容的合理顺序与节奏、体现学生集体与个人需求的课程重点和呈现方式、计划和安排丰富多样的学生课堂活动等；③课堂管理技能的有效利用，如时间分配利用、师生关系协调、课堂纪律约束、学生心理调适、教学过程优化等。

英语是国家和高校在高等教育中投入很大的一门基础性课程，其重要性不言而喻。它的高成本投入能否获得有效产出一直为人们所瞩目。然而以往对英语有效课堂教学的研究更多着眼于对教学方法的研讨和反思，对从英语课堂教学效率以及作为教学效率中心变量的时间管理等视角来进行研究的凤毛麟角。因此，我国英语教学时间管理及其效率取向是一块有待开拓的园地。本研究拟通过理论分析探讨英语教学时间管理的现状和发展趋势，特别探讨英语教学中有限教学时间与繁重教学任务之间的尖锐矛盾的解决之道。具体而言，本研究要弄清教学时间管理的基本过程、特征、实施策略和实践框架；弄清什么样的时间管理模式可以最大限度提升教学效率，什么样的策略手段可以激发学生的学习兴趣和热情，延长学生的有效学习时间或学术学习时间，使有限的教学时间得到无形增加，更多的教学任务得以实施；弄清教学时间管理与教学效率、教学效果、教学质量和有效教学之间的互动关系。与一般教学时间管理研究的微观视角不同，本研究将从宏观、中观和微观层面对英语教学时间管理展开研究，以这三个维度作为论文研究的内在逻辑线索，展开论文的研究框架，揭示英语教学时间管理的实质和特点。

从理论上看，教学时间管理是从一个新的视角来审视这一问题，它跳出了以往仅从教学方法和习得理论来探讨英语学习的有效性问题的视野，而从影响教学与学习过程的诸种关系及互动模式的角度来厘清该问题的本质和特征，有利于对英语教学效率和教学有效性的深入研究。从实践方面而论，英语教学时间管理研究立足于从英语课堂教学实践中发现影响教学效率和教学有效性的问题，并遵循问题解决的思路，寻求解决影响教学效率的时间管理的问题之道，对课堂教学过程进行积极优化，为促进教学时间管理的水平、提高英语课堂教学效率提供指导。

本研究的意义具体表现为：

（1）能够为研究生公共英语课堂教学改革实践提供参考依据。教学时间管理是通过对时间的保障、规划和使用调控，把握好每一个时间环节，使教学过程向与教学目标相一致的方向不断优化推进，质量和效率得到确保，教学投入与产出之间形成积极的平衡。因此，时间管理在研究生公共英语教学中有着举足轻重的作用。

（2）有助于丰富与发展我国研究生公共英语课堂教学理论。目前大多数教学时间管理研究均没有考虑研究生公共英语教学环境，其研究成果较少地用来解读或阐释研究生公共英语教学环境下的时间管理。国内外语教育界目前对研究生公共英语教学时间的研究大多散见于对教学其他问题的研究中，具有附带研究的性质，这就导致对时间管理问题的理论研讨和调查分析，在深度、广度及系统性方面有所不足。

（3）教学时间管理的起点在于教师要关注教学时间和学生学习时间的内涵、变率和影响因子，通过对其规律的研究和把握，实现科学的教学时间管理。时间管理的目的首先在于提高课堂的教学效率，最终实现有效教学，提高教学质量。教学效率就是要教学投入和产出成正比，其实质是单位时间内教学的有效性，表现为学生的学习效果和教师的教学努力能同步，而有效性又取决于课堂教学过程的最优化，要使教学过程中诸要素实现最优组合，达到最佳效果。"优化"本质上是以教学时间限制为条件和依据的，因此，时间和效率的考虑是融为一体的。时间管理就是要通过规划、组织、协调、控制等一系列手段，把握好每个时间环节，使每一分钟时间都用在刀刃上，让教学在单位时间内收到最大效益。在教学中，向时间管理要质量、要效益，这就是教学时间管理的效率取向。

## 第二节　时间管理的价值取向

### 一、英语教学时间管理的内涵

时间是课堂形式的基本表征，课堂形式象限为钟表时间，时间象限在教学过程中又具象为一个个教学活动或教学事件。在特定的时间维度内，教学活动或教学事件构成时间的连续性。因此，无论什么样的课堂形式都需要时间。研究生公共英语教学时间管理是一个集合概念，它包括国家通过外语政策对研究生公共英语教学时间的规范，也包括学校通过培养方案及日常管理对研究生公共英语教学时间的规划、分配和监督，还包括教师在课堂上对研究生公共英语课程教学时间的精心安排和对课堂教学过程的优化以及学生课堂上的积极参与、主动投入和自我管理。教师维度的教学时间管理一般以一节课的时间为最小单位，其中包括对直接教学时间和非直接教学时间的分配、分段、组合、衔接等。由于国家和学校层面的分配时间是相对稳定的，而学生的学习分配时间在很大程度上又取决于教师分配的教学时间，因此教师分配的教学时间自然是教学时间管理的主要对象，教师是教学时间管理的主体。从这个意义上说，学生时间投入的维度可以放在教师时间管理的维度中来研究和阐述。所以，本书不再单列学生时间管理的维度。

研究生公共英语教学时间管理（Instruction Time-anagement for CELT）简而言之是指：国家、学校、教师和学生为实现研究生公共英语预期教学目标，各司其职，在政策制定、制度保证、课堂教学（班级教学）和学习过程中，以学年为基准，通过对教学时间进行系统的规划、编置、调控、创生，使时间资源尽可能发挥其自身价值、满足社会和个人对研究生公共英语的教育价值需求而组织实施的活动。它涵盖了对分配时间、课堂实际教学时间和课堂非教学时间等时间的管理，从国家维度、学校维度和师生维度形成了对研究生公共英语教学时间系统、全面、有目的的管理与调控。在谈到研究生公共英语教学时间管理时，我们对研究生公共英语课堂教学应有一个新的认识。

一方面，近年来在《课程要求》推动下的研究生公共英语课程教学改革正在深入发展，课堂教学的内容和形式更为丰富多元。研究生公共英语课堂教学的概念也得到了完善，它是研究生公共英语课堂教学的组织形式；是在班级授课制形式下发生的一系列英语教学活动；是师生双方平等对话、民主探究、教学相长的平台；是学生的英语语料来源、英语接触的机会、英语活动的场地和英语学习的语境；是教师推动学生发展英语能力和素养，实现自己生命价值和促进自身专业发展的场域。课堂教学的这些多元特征和丰富内涵是传统意义上每节独立课时简单组合而成的教学时间难以承载的。但这些特征和内涵又必须通过课堂教学来实现，并渗透在课堂教学的全过程、全时段中。

另一方面，现代教育技术的快速发展和教学观念的变革也在推动着研究生公共英语课堂教学的概念发生变化。课堂的含义不再仅限于师生面对面的实体课堂，也包括远程视频连接的分设课堂，还包括正在兴起的网络虚拟课堂。同时，以延伸课堂教学活动和学习实践活动为目的、以自主学习中心和各种外语活动为载体的第二课堂也成为研究生公共英语课堂教学的重要组成部分。因此，研究生公共英语教学时间管理也应包括这些课堂范畴内的教学时间管理，但师生面对面的实体课堂仍然是目前占主流的课堂形式，因此本书谈到的研究生公共英语教学时间管理仍以这种传统意义上的研究生公共英语课堂为准。

## 二、英语教学时间管理的表征

研究生公共英语教学时间管理是为了提高教学时间的利用率而对教学时间进行合理的计划和控制的管理过程。这个管理活动过程包括五个基本步骤：①排列目标；②确定任务；③选择方法；④监控过程；⑤纠正偏差。为了有效利用时间，需要事先根据轻重缓急排列出目标任务的优先顺序，形成时间控制标准，然后选择恰当的方法和手段，高效率地使用相关教学技能、技巧、技术和工具来帮助完成任务，实现预定目标。在这个过程中，我们应随时关注流程发展的趋势，将监控反馈的结果与预设目标进行比较；若有偏差，则及时修正，使偏差保持在容许的范围内。研究生公共英语教学活动是一个复杂的动态系统，因此由国家和地方的教育主管部门、学校教学主管部门和一线教师在研究生公共英语教学过程中构成的研究生公共英语教学时间管理体系也应该根据实际教学的发展变化不断调整和完善相应的时间管理策略，提高管理效率，减少不确定性，增强适应性，保持稳定性[①]。

### （一）研究生公共英语教学时间管理的多维性

教师根据国家对研究生公共英语的课程教学要求和学校培养方案，考虑班级的实际情况，在课堂教学之前，对研究生公共英语教学时间进行整体性的规划设计，选择课程内容、细化教学流程。由于英语教学的复杂性，时间管理要能预见未来，教师应该根据学生二语习得的自然顺序特征，确定每一教学时间段（如半学期、一学期）所要完成的教学任务、所要遵循的教学行动路线、所要通过的教学阶段及所使用的教学手段。在课堂教学阶段，教师通过优化教学过程，使教学活动展开有序、转换顺利、衔接流畅，时间资源能得到充分有效的利用，教学效率得到最大提高。

当然，对那些生气勃勃、充满创生和创新气氛的英语课堂来说，时间管理也应该是动态的和灵活的。一方面，在课堂教学中，要特别注意在复杂环境中尽量排除各种因素对常规教学的时间干扰，维持教师对时间管理的稳定性；另一方面，又要根据师生互动的实际情况，特别是当出现一些虽有违既定教学行动路线但有利于教学的创造性活动或事件时，及时评估和调整时间管理策略，使教学时间最大限度地服务于课程目标。

教学时间实际上还可分为实际教学时间和非教学时间。前者的核心是学术性活动时间，它指课堂中教师实际用于教授英语知识、发展学生英语技能、提高学生英语文化素养所用的时间，它体现在课堂中具体的教学事件上，如英语听、说、读、写、译等活动的发

---

① 许爱梅.《研究生英语》，77 页—78 页，南京：南京师范大学出版社，2020.01.

生和完成就构成教学时间的链条。后者主要指课堂管理时间，包括用于例行性事务管理（如统计人数、收发作业等）的时间、教学活动转换的时间、维持课堂纪律的时间等。这些都是教师教学时间管理的范围。

### （二）时间有限性与学习耗时性的矛盾对立

在研究生公共英语课堂教学活动中，教学时间的有限性和英语学习对时间的高度依赖性一直是一对突出的矛盾。一方面，时间表征着一切课堂形式，一切课堂形式又有赖于时间。时间的长短制约着课堂形式的演变，在一定程度上体现了课堂形式的本质。时间限制是教学方式形式化的一个主因，因为时间的有限促使教师必须对课堂教学的各个环节精心设计、合理衔接，优化教学的整个流程。另一方面，除了时间，教学方式形式化还要受到英语学习特定规律的约束。英语学习是经验性知识和实践能力的获取过程，对英语接触量、频率、凸显度有很高的依赖性，这种依赖性体现为对课堂活动量和丰富性的追求，即使以讲解传授为主的传统语法翻译法也会安排大量的口头或笔头练习活动。

由于接触量、频率、凸显度都是以时间为基础，或者说它们本来就是时间的外化形式，因此对它们的依赖实质上就是对时间的依赖。时间的有限性和英语教学对时间的依赖性，这对矛盾最终要境设置、语言输入、交际活动、语法练习、词汇扩充、自主学习等教学环节的时间都要优化安排。对教师如何教，学生如何学，在遵循英语学习规律基础上，在时间的维度上要符合其内在的规定，实现对研究生公共英语教学时间的合理管理。

### （三）复杂动态系统中的优先顺序

研究生公共英语教学是一个复杂动态系统，这给教学时间管理带来困难，但这并不意味着教学时间管理就无章可循、无所归依。系统总是具有一定的封闭和循环发展特征，因此研究生公共英语教学时间管理也应该是一个持续、动态的活动循环过程。首先，学校与教师应整体规划一学年度的教学时间，根据国家课程要求和学校实际，制定教学目标和任务，在此基础上对不同的课程单元和教学任务统一整合与分解，使每节课的教学时间都能物尽其用。在教学过程中，教师根据国家和学校的要求，结合自身实际，排列教学任务的优先顺序。例如，是听说领先还是读写先行，是先呈现后练习还是先尝试后归纳，这些都应有明晰确认。同时，教师要预先确立完成任务的时间范围和各项任务的时间推进表，在教学进程中根据任务进程或达到标准的情况灵活调控时间节点，教学过后对教学时间的管理行为进行反思与评估，及时发现不足、纠正失误、积累经验、指导将来。这个封闭的流程环环相扣，形成研究生公共英语教学时间的科学管理系统。

### （四）时间管理中的层级结构演进

研究生公共英语教学时间管理除了具有多维性，其活动展开并不是平推的，而是呈层级结构。其基本架构为：①教学时间分配中的教师教学过程和学生二语习得规律之间的协调。教师教学时间的设计和控制要与学生作为二语的英语学习规律相一致。如讲解的时间尽量要少，让学生接触英语语料的时间要尽量多。②教师对学生课堂注意力变化规律的了解和利用。例如及时掌握班上学生在英语听力或阅读练习中的注意力持续长度和疲劳点，以便合理安排合适的英语活动时间节点，提高时间使用效率，减少师生之间时间管理的差异。③教师对学生课堂学习时间管理的启发和指引。利用课内外时间培养自主学习能力，多听多读，教师根据英语学习的特点和学生的需求，引导学生勤说勤写，多参与、多互动、多合作、多交流，做到能合理规划、监控、评估和调整自己的英语学习。④学生积极参与并主动配合教师的教学时间管理活动。英语学习特别强调学生自身的体验和实践，学生的课堂活动投入是学习成功的关键。如果学生只是像旁观者那样听和看别人怎样用英语交流，就很难有实质的进步和收获，就会白白浪费掉宝贵的时间和机会。时间管理中的每个层级又可进一步再分为不同的层次，自成子系统。而各个层次间又相互联系，相互作用，共同构成研究生公共英语教学时间管理的多层级框架。

### （五）因时而变的动态管理

研究生公共英语教学时间管理作为一个教学活动实践过程，应该既遵循其基本规律，又不断总结经验、改革创新。由于任何管理活动都是发生在具体的课堂情境之中，而任何课堂情境都具有独特性和差异性，因此，时间管理在运用和发挥科学的管理理论的同时也要注意因时而变、因地制宜。各个学校和学校里不同班级的学生需求是不一样的，教学条件也是不一样的。英语基础好一些的班级，时间节奏可以快一些，时间投入的活动类型也可以更广一些，教师授权给学生掌控的时间可以更多一些。如英语课堂中经常进行的小组活动和对子活动就非常依赖学生的英语基础，基础好的学生活动成功率高，反之则成功率低。教师在组织这些活动前除认真评估内容的合适性，还必须考虑学生的操作能力，特别是要确认学生的最近发展。否则，时间花了，收效可能难尽人意。

事实上，时间管理没有一成不变的模式，学校和教师以及学生要根据具体情境和变化的条件不断调整和更新已有的教学时间管理策略，使时间管理能积极、主动和创造性地在课堂教学实践中发挥正能量，并善于总结经验教训，不断提高管理水平，使教学时间管理能上升到艺术境界。

## 三、英语教学时间管理的价值取向

随着生产力的高度发展，现代社会必要劳动时间不断缩小，而人可以自由支配的时间不断增加。财富的尺度不再是劳动时间，而是可以自由支配的时间，这为人的全面发展创造了充分的条件。自由支配时间实质上是人全面发展的首要条件。教育的目的就是要促使人的全面发展，因此学校作为培养人的场所，必须科学合理地利用时间，提高教学效率，为师生赢得更多自由支配时间，惠及他们的发展。这是学校教学时间管理的根本价值取向。

在学校课堂教学实践中，时间管理的特点体现在否定了钟表时间机械的、外塑性的本质，强调人的内在体验与教学时间的统一性。它相对学生而言，保护学生的暂存性，关注学生经验的连续性，通过对学习本身的兴趣来唤起学生对时间的珍惜和管理；相对教师而言，赋予教师更多机会，促进教师发展，通过提高教学效率来实现教师的职业理想和人生希望，从而体现时间管理的价值。研究生公共英语教学时间管理的根本目的是要提高教学效率，改变研究生公共英语教学所谓的费时低效问题。布卢姆掌握学习理论的一个核心关注点就是教学效率和时间问题。研究生公共英语教学也是这样，只要教师有足够的教学时间，学生有足够的学习时间，理论上每个学生都可以达到预期的目标。但问题并不仅限于此，因为如果只是时间分配的量的问题，时间管理就不会进入学理维度。由于教师对时间分配质的把握不同和学生个人能力倾向的不同，每个学生达到目标要求的时间长短就会不同。这就提醒我们，教学时间量的多少只是必要条件，但并不是充分条件，教学时间和教学效果并不完全成正比，更何况研究生公共英语教学时间并不是无限的。因此，研究生公共英语教学时间管理的核心不仅在于保证足够的分配时间，更在于在既定的分配时间内增大教学目标实现的可能性，使每一单位时间产生更大效益，这就是效率问题。因此，研究生公共英语教学管理的核心目标是提高教学效率，而提高教学效率的实质不仅是学校要保证充分的教学时数，学生必须有可以利用的时间，更重要的是教师必须最大限度地利用教学时间，提高教学质量。

当然，使每一单位时间产生更大的教学效益并不是简单地追求教学进度，教学进度并不等同于教学效率。经验告诉我们，教学进度太快，学生来不及消化教学内容，难以深入思考疑难问题，缺乏充分必要的练习，不能巩固已学的东西。赶进度只能导致教学效率下降，而不是提高教学效率。教学效益不是单纯地追求教学进度，而是与课堂教学过程中最优化教学速度存在着有规律的依存关系。要使每一单位时间产生更大的教学效益必须使教学速度的选择因地制宜。欲速则不达，教师不是要在有限的时间里做完所有的事，而是要优选目标，根据目标排列任务和选择方法，实现过程的最优化，从而达到速度的最优化，保证获得该教学条件下可能的最大效益，这才是教学效率的本质。比如，一所学校的研究生公共英语课程设计中首先要做出分配课时的规定，这既包括学年总课时，也包括周课时，在一些学校还包括课程中不同课型的课时分配。教师在备一节课时首先要考虑一堂课的教学时间限制，哪些内容多讲、哪些内容少讲、哪些内容不讲，必须有所取舍。在设计一节课的教学流程时，教师必须基本设定每一问题讲解或每一活动开展的时限。

由于研究生公共英语课程教学时间有限，各种节假日或重大活动与突发事件还要占去部分时间，教师和学生偶尔请病、事假也会占用一些时间，真正用于教学的时间实际上是很有限的。因此教学时间的限制性对教学效率提出了很大的挑战。作为研究生公共英语课程的一个重要特征，教学时间有限制约性与教学内容无限增长性的矛盾始终是困扰学校和教师们的一个重要问题，解决这个问题的唯一出路只有提高教学率。教学时间问题最终体现为一个教学效率问题。这就决定了研究生公共英语课程教学时间管理的效率取向。

## 四、基于教学时间、教学效率与教学质量逻辑演绎的价值追求

提高教学效率和教学质量是研究生公共英语教学永恒的追求，也是研究生公共英语教学改革发展的重要目的。教学效率是与教学时间紧密联系的，它指的是单位教学时间内完成的有效教学工作量。教学质量指的是教学活动的结果在数和质两方面符合教学目标标准和规格要求的程度。教学效率要考虑所耗教学时间的问题，教学质量要考虑教学活动的效果问题，两者的参照不一样，但从两者追求的目标来说却有着内在联系。效率本质上来说是投入和产出之比，在经济学里，即把投入和产出比称为效率，投入低，产出高，效率就高；投入高，产出低，效率就低。

平常我们所说的低效或高效就是在这个意义上来阐述的。课堂教学效率就是指我们在教学中投入的人力、物力、财力和时间与我们预期要达到的教学产出或效果间的比例。从

时间的角度看，就是我们投入的时间是否都用在了有效教学上。从这个意义上，我们可以说，课堂教学效率等于有效教学时间与总教学时间的比值。有效教学关键在于"效"字，即有积极的效果。而任何教学效果都必定具有量和质的规定性。在一定程度上，量是由学校和教师来把握的，而质却体现在学生的学习效果上。衡量教师教学质量不是看教师做了什么、做了多少，而是看学生得到了什么、得到了多少。

对于研究生公共英语课堂教学来说，"有效"在量上可以体现为：①所教学生人数的多少，即教师在单位时间内或一定教学时间内所教学生的多少；②教师通过教学活动为学生提供的英语结构知识和技能形式的数量多少；③教师是否为学生提供了足够的交际英语输入或英语接触量。"有效"在质上可以体现为：①教师提供的英语输入是否有很强的针对性且难度适当，能为学生们所吸收和习得；②教师是否促进了学生综合英语素养和交际能力的提高，是否能引导、激励学生开口说英语，积极参与到课堂交际活动中去；③教师教学是否顺应了学生二语习得的规律，循序渐进地让学生在结构与意义、准确与流利、语法与语用等方面得到全面发展。"有效"是"效率"的灵魂，因此效率概念中涉及的"产出"一定要达到预期的量和质的规定。量和质的共同优胜就是有效，就是预期的效益。没有效益的效率一定是假效率或没有效率，是投入资源的浪费或虚耗，毫无意义，自然不能称之为效率。因此教学效率既要考虑所耗时间的长度又要考虑对质量的追求。

如上所述，从效率的角度来看，质量是效率的核心要素，是效率的意义所在，仅有数量标准的效率肯定不行。如果我们只强调在一堂课里教师传授了多少英语知识和技能形式、组织了多少个活动，并不意味着这堂课有效。因为英语知识和技能形式的量的增加并不意味着学生实际运用英语能力的增强。只讲数量、不讲质量，或把数量与质量分割开来都是对教学效率的误解。教学中的效率和质量是统一的。质量是效率的基础，效率是质量的实现。有效率的研究生公共英语教学，不但要考虑时间的利用、所教学生人数、所完成的教学任务数量，还必须考虑这些时间的内涵和这些数量基础上的质量。即学生在规定时间内，不但要完成学习任务的量，还要把对这些量的完成的效果落实到英语知识和技能的掌握上去，落实到英语综合素养的形成和高质量的英语交流中去，也就是使学校尤其是教师在有限的研究生公共英语教学时间内所培养的学生符合国家《课程要求》和学校培养方案中的教学目标和规格的要求，实现教学时间、教学效率和教学质量的有机统一。

在研究生公共英语教学实践中，教师通过时间管理使教学时间、教学效率和教学质量这三者得到统一虽不是一件容易的事，但如果抓住了时间管理的本质，是能够做到的。时间管理并不神秘，从操作的维度看，重点是要抓住事件。时间的基本元素是事件，是每一件事件的构成。通过事件，时间就变得具体化，变得可以"触摸"。因此，时间管理也可以看成是对事件的管理。事件管理的关键就是对事件的控制。研究生公共英语教学时间管理成败的一个重要因素就是失败者常常会说分配时间太少，教学内容太多，时间不够用。而成功者会说，我会把课堂上每一件事进行审视，按轻重缓急进行筛选和排列，然后有所为、有所不为，重点放在不为上，这样时间就会得到合理安排，时间压力会减轻。如在研究生公共英语课堂上常常会发现，不少教师会做一件事，那就是花很多时间不厌其烦、不厌其详地讲解课堂上遇到的每一个新词或一些常用语法规则。其实，教师完全可以让学生自己去查词典和语法书，而把时间用在练习或活动上，让学生有机会具体使用这些词汇和语法，从而归纳出入脑入心的规则和用法。可见，对事件的选择、排列和控制，是时间管理的根本手段，它也直接影响到教学的效率和质量。本来教师和学生在这段时间里可以做其他更有意义的事，完成更多的教学任务，但因为教学事件选择不当，使这段时间的教学无效或低效，而由于学生的能力没得到锻炼，教学质量也无法体现。这提示我们，课堂上的每一刻，教师和学生身上都在发生一个事件，而事件的价值就赋予时间上，因为事件的重要性和事件的价值决定了这段时间的价值。

如果教师做了学生本来可以自己做的事，教师做的这件事就没有价值，这件事所占有的时间也没有价值。如果一段教学时间没有价值，也就意味着没有教学效率，没有教学效率的教学行为也不会有教学质量。因此在研究生公共英语课堂教学中，教师应从教学事件入手，根据教学目标和任务，将每一个事件环节设计好，在45分钟的教学时间里形成优化的事件组合或环节链。这个链条的要点在于教师应该注意避免在简单而不重要的环节上浪费时间，将更多的时间用在教学难点和重点的突破上，提高课堂45分钟的价值。所以课前的教案准备和教学设计很重要（对一个教学单位来说，集体备课和教学研讨就十分重要），教学中每一个事件或环节不仅要设计好内容，先后顺序和时间的安排也要落实到位，按教学内容的重要、难易，安排时间和顺序，将不重要但可以发散的知识点，比如上面提到的词汇解释和语法讲解等留给学生在课后探讨。一位教师的价值就应该体现在45分钟的课堂教学价值上，高效率、高质量的课堂，应该成为研究生公共英语教师不断追求的目标。时间对每位教师都是公平的，因为每位教师的每一堂课时（45分钟）都是等长的，但每位教师的时间价值是不同的。教学效率是指在这段时间内所选择和处理的教学事件，从而使时间得到充分和合理利用。能把事件安排好的教师就能够安排一切，就能实现教学时间、教学效率和教学质量的统一。

## 第三节　英语教学时间管理理论研究

考察研究生公共英语教学时间管理，二语习得理论及其时间观是不可或缺的重要理论基础之一。二语习得规律和特征是指导研究生公共英语教学的理论基石，一切英语教学都是围绕学生的英语习得而展开并受二语习得规律和特征制约的。对学生二语习得规律和特征的了解和尊重是研究生公共英语教学能得以成功的必要条件。因此，学生在二语习得中时间变量的作用是我们实施研究生公共英语教学时间管理的重要和关键参照体系。另一方面，研究生公共英语教学中的时间管理就一般规律而言，与大学里的其他公共课程并无本质的区别，如时间管理中的预设、编组、引导、调控、创生的活动和时间使用中的确立标准、衡量成效、纠正偏差等，在大学各门课程的教学时间管理中都会涉及。使研究生公共英语教学时间管理具有其独特性和差异性的原因主要来自学生的二语习得规律和特征。因此，研究研究生公共英语教学时间管理，必须对二语习得中的时间要素及其对英语教学的影响进行深入探讨，从根本上理解语言教学及学习过程中时间分配的原因及可能需要的分配方式。

本书将二语习得理论作为研究生公共英语教学时间管理的理论基础，从认识论的角度来梳理二语习得理论的主要内容，以期能为后续的研究提供坚实的理论基础和支撑。二语习得过程是人类思维、心理、生理、情感、行为等活动交织在一起的复杂动态体系,迄今为止人们也没有完全窥探到其奥秘,其研究仍在纵深发展。但二语习得理论按照研究者和关注者所关心的话语主题和认识论视角,结合其对学习时间的思考,大致可以分为两大流派:一大流派主张人类语言知识的先验性,被称为先天派或内在派,其代表人物是乔姆斯基;另一大流派主张人类语言知识的经验性,被称为后天派或外在派。这一派构成比较复杂,至少可再分为四个学派。这里先讨论先天派。

## 一、先天派的时间观

乔姆斯基(Avram Noam Chomsky)认为,语言本质上是一个高度抽象的规则系统。他经过观察发现,儿童在1~6岁这个关键期,尽管面临语言"输入贫乏"的问题,却可以在很短时间内自发而又爆发式地习得语言,获得语言的听说能力。他特别注意到儿童未经正式教育就能理解和说出他以前从未接触过的话语。这种现象说明儿童大脑里一定有一种规则体系存在。从理论上说,儿童在不具备充分智力和经验的情况下是无法获得这个规则体系的。因此乔姆斯基推测,人类的语言知识是先天的,人的大脑生来就拥有一些认知模块(cognitive modules),这些模块在人类的认知过程中既各自分工不同、独立发挥作用,又互相关联、促成认知活动,帮助我们学习或习得某些技能。这些认知模块是一种特殊的、具有生物遗传性的心理能力。这种能力以大脑官能(faculty)的形式存在并代代遗传和进化,形成人类特有的种系特征。就语言学习而言,这个大脑官能的内涵就是一种独特的语言习得机制。根据乔氏的观点,这套规则系统是人类自然语言的普遍特征,乔氏将其称为"普遍语法(Universal Grammar,UG)",其抽象结构的属性(如递归能、位移能力、多模态)就是人大脑里的"硬件"。乔氏的这一观点得到了很多学者的支持,如平克和布洛姆(Pinker and Bloom)就坚持人类具有语言官能,这个官能就是普遍语法(UG),它是人类和人类语言特有的生物适应进化的结果。由于UG普遍存在于人类大脑,因此它对所有学习语言的儿童来说是可及的。依靠UG,儿童根据听到的有限句子,能很快创造性地说出新的句子来。UG存在的这种状态被乔氏称为人与生俱来的语言初始状态($S_0$),它的基本构成就是一系列句法原则和参数。其中最著名的原则就是"X-bar"规则,靠着它,人们能够理解和产生日常需要的话语。儿童在听到外来语言材料后启动普遍语法,并在普遍语法的指导和控制下,在外来语言材料的基础上,通过假设—演绎的方法,在头脑中逐步形成有关母语的、系统的语法知识。这套儿童遵循的语言习得的基本公式就是:外来语料(有限)-LAD-语言能力(无限),也可以理解成儿童能依靠有限数量的语言规则在交流中创造出无限数量的语句。这里的关键是儿童只需要通过"有限"的外界经验对其唤醒和激发,把各项规则实例化,实现语言的习得。乔姆斯基关于UG的假设为我们解释了为什么小孩子一生下来,用不了三五年,不用接受系统的正规教育便能掌握自己母语的主要特点。后来人们在对学习者在英语形态习得中的规律进行系统分析时也发现,无论是在生活中"做中学",还是在课堂上"学后做",无论学习者所花时间的长短,所有学习者的英语习得总是沿着固定的顺序和路径前进。

乔姆斯基对语言和语言习得的看法直接影响了他对时间因素在语言习得中的看法,并最终也影响到人们对语言教学的看法。首先,根据乔氏UG理论,得益于人类遗传的语言禀赋的帮助，人们的语言学习其本质上是一个规则的演绎过程，体现在教学上就是一个"呈现—练习—使用"的过程。又由于根据 UG 理论，英语教学的主要任务就是帮助学生激活潜在语法系统，并将其实例化，形成学生的语法和语言能力，因此在英语课堂上，英语语法就是英语教学的主要内容，英语语法能力就是学生要达到的语言能力，讲解、举例、练习就是达到这个能力的主要方法。相比从真实或仿真的语言交际活动中的海量语言信息里寻觅语言范型（patterns）的归纳而言，主要依靠各种规则讲解和用法释疑的语法演绎是相对省时省力的，相应的脱离语境、照本宣科的练习也是容易操作的。这种以讲授为主的传统教授模式，使英语教学和其他学科知识教学一样并无特别之处。从教学时间的角度看，似乎不特别费时耗力。其次，由于乔氏对语言和语言习得的研究对象是"理想化的语言"和"理想化的语言使用者"，因此他对非理想化的其他因素或变量不感兴趣。也就是说他对儿童在语言习得时间长短和什么是语言临界期等方面的个体差异不感兴趣，也不认为学习时间长短是一个重要的变量。一句话，除了"关键期"这个时间概念，他对学习时间没有太多的关注。再次，乔氏语言官能主义强调认知能力的模块化，把心理学与神经生理学、神经解剖学联系起来，把认知过程与特定脑结构和功能过程联系起来，深化了我们对大脑认知机制的科学认识。但模块化也容易忽视语言学习过程中的环境（时空因素）和上下文（语境）的作用，把语言学习的认知过程简单化和理想化。像学习时间这样的因素，自然不是需要特别考虑的重点。

尽管乔氏不谈语言习得过程中的时间因素，但他的 UG 理论却隐含了如何掌控学习和教学时间的提示。坚持语言习得的顺序和路径是普遍的，无论是儿童还是成人，无论是课堂环境下学习还是在社会实践中习得，这些顺序和路径都是不变的。这就意味着如果教师掌握并顺应这种语言习得的规律和特征，就能有很强的预测性和计划性，就容易合理安排教学活动秩序，教学也会省时省力、事半功倍，促进学生从"学得"向"习得"的快速有效转化。教师教学时间管理的任务就是根据语言规则和这些规则实例化的顺序，合理安排讲解时间和实例练习时间，按部就班地进行教学。但反过来，由于语言规则和其实例化过程是较为固定的，又不需要考虑太多的环境因素（真实语言交际活动和语言接触量），因此以语法为主导的外语教学在内容安排上、教学方法上和时间管理上也比较简单和容易。中国外语界长期痴迷于语法主导型教学，从学理上讲，这也是一个重要原因。但如前所述，掌握了语法并不等于就有了语言的运用能力，因此这种外语教学的有效性一直存疑。

## 二、经验派的时间观

经验派是一个构成复杂的群体，但其有一个基本共识，就是认为语言是社会经验和实践的产物，而且语言只能通过后天努力学习才能获得。相对先天派以演绎为主的外语教学，经验派以归纳为主的教学对时间（频率）和空间（环境）都有较高的要求。因为语言学习，特别是作为二语或外语的英语学习是一个需要长时间语言接触和经验累积的过程。英语教学上的经验派实际上又可大致分为四个不同派别：一是行为主义，其代表是提出口语、情境和句型操练相结合的帕梅尔（Palmer）和霍因比（Hornby），强调模仿、听说领先加句型操练的美国人布龙菲尔德（Bloomfield）和弗莱斯（Fries）等（以上见 Ellis）；一是认知主义，其理论代表是提出思维适应控制模式的安德森（Anderson）、创建中介语理论的塞林克尔（Seiinker）、提出语言认知加工理论的麦克拉福林（Maclaughlin）、提出监察模式理论的克拉申（Krashen）等；三是社会互动主义，其代表是提出功能意念教学观的威尔肯斯（Wilkins）、提出语言交际能力理念的海姆斯（Hymes）、提出母亲语理论的斯诺（Snow）等（以上见 Richards & Rodgers）；四是涌现主义，其代表是提出竞争模式的麦克威尼（Mac Whinney）、提出变量竞争模式的艾利斯（Ellis）等。

以上这四派在如何获得外部经验的方法论问题上又可分为两大派。其中，行为主义主张者，单独为一派，后三者归为一派。以下分述之。

### （一）行为主义理论及其时间观

行为主义的主张者们认为二语学习与人的认知无关，强调人对外界环境刺激的反应和强化行为在二语学习中起关键作用，把意识和行为绝对对立起来，轻视人自身内部认知机制的作用。在他们看来，二语学习主要是"刺激—反应—强化（反复练习）"，最后形成习惯的过程。此外，由于二语学习前，学习者已经拥有了一语，学习二语实质上就是在原有一语的基础上通过鼓励正迁移、克服负迁移，建立一套新习惯的过程。

由于行为主义学习理论强调在学习过程中反复操练（强化）的核心作用，因此对学习时间的依赖是十分明显的，时间变量扮演着重要角色。行为主义学习理论，极大地影响了20世纪的课堂二语学习方式和外语教学，并产生了以其为心理学基础的影响深远的"口语与情境教学法"和"听说教学法"。尽管行为主义学习理论受到乔姆斯基认知理论和后来的认知主义理论的批判，逐渐影响式微，但在外语教学界，特别是中国的外语教学界仍然有不少信奉者。

近年来，它的改良版"联想框架理论（Relational Frame Theory）"在外语教学领域具有一定的影响。二语习得中的行为主义学习观直接来源于以华生（Watson）在20世纪初创立并由桑代克（Thorn dike）、班杜拉（Bandura），特别是斯金纳（Skinner）发展和完善的行为主义学习理论。斯金纳在巴甫洛夫经典条件反射基础上提出了操作性条件作用原理，并对强化原理进行了系统研究，他把运用强化物来增加某种反应（即行为）频率的过程叫作强化，并认为强化训练是解释机体学习过程的主要机制，与同时代的桑代克强调人类先天的联结和反应趋势，即本能的生物学化倾向不同，斯金纳更强调获得性的联结和反应趋势，强调后天实践中的反复练习（强化）作用。这种"刺激—反应—强化"模式极大地影响了那时的英语教学，以模仿、替换、复述等为形式的句型操练（pattern drills）就成了英语课堂和课外练习的主要形式。班杜拉（Bandura）在刺激—反应—强化学习模式的基础上创造性地提出了观察学习模式，即个体通过观察榜样在应对外在刺激时的反应及其受到的强化而完成学习的过程。这为英语课堂上教师和优秀学生发挥榜样作用和学生模仿教师和先进者而进行学习（imitation & repetition）和操练提供了理论依据。

事实上，在行为主义影响下的英语课堂上，观察和模仿成了学生学习的主要方式．特别是在语音语调和句型正确使用方面，教师示范（有时优秀学生也示范），然后其他学生跟着学，成了英语课堂常见的场景。

桑代克（Thorn dike）对人类的学习、教学原理和学习迁移进行了深入研究，他认为情境感觉和动作冲动反应之间形成的联结是学习的基础，也是心理行为的基本单位，学习的本质就是在刺激和反应之间形成联结,学习的过程是不断尝试错误(trial-and-error)以形成联结的过程,准备律、练习律和效果律为学习的主要规律。他关于联结的理论,成为二语习得理论中行为主义当代改良版"联结框架理论"的基础。该理论引入了功能性环境主义概念,这一概念强调在学习过程中关注环境可利用变量的同时,预测和影响心理活动如思想、情感和行为的重要性。此外,它还强调只有当儿童获得了学习语言的基本能力时才能启动发展获得性联想反应的操作训练。

其实,桑代克对作为外语的英语教学和学习的最大贡献可能来自他领导的对作为外语的英语教学词汇的筛选分级工作。在卡内基基金资助下,他与韦斯特和帕玛尔、富奥瑟特等英语教学研究者主要根据英语词汇使用频繁度的统计,制定出了作为外语的英语常用词汇表(General Service List of English as a Foreign Language),并根据使用频率做出了词汇难度分级。这对作为外语的英语教学带来了极大便利,也产生了深远的影响。后来,作为外语的英语教学中的词汇分类基本上借助了桑代克等的词汇分级思想,如我国的英语专业四、八级和大学英语四、六级考试词汇分级表,国际上托福和雅思考试词汇分级表等。词汇的筛选和分级体现了教学的循序渐进,也给教学时间的安排带来了依据和便利。行为主义对二语习得和外语教学的影响是和语言学中的结构主义和教学法中的比较法结合在一起的。在外语教学中受行为主义影响形成的两大教学流派"口语法与情境教学法"和"听说法"正是这三个要素结合的产物。其中,行为主义主要提供教学和学习过程中的练习方式,即观察、模仿、替换、复述和反复操练。这种操练对空间的(情境或语境)要求不高,但对时间的要求很高。因为英语学习中的反复操练是一种机械性的、不需要认知和理解的操练,操练的目的是形成类似本能反应的自动化的语言习惯,而习惯的形成主要是靠量的积累,而练习的量自然需要教学和学习时间来保证。因此外语教学和学习中的时间因素十分重要。结构主义主要提供练习的内容。根据结构主义的观点,语言的核心是语法结构,学习语言就是学习合乎语法结构的语言形式,因此反复操练的内容就是各种语法结构。

前面讨论语言结构时谈到语法是语言学习中相对容易的部分,因为语法学习往往脱离具体的语境,变量较少、易于掌控,把教学内容主要集中在语法结构上其实降低了教学的难度。同时,由于教学内容范围的缩小,教学时间上也得到一种平衡,可以把更多时间集中于操练本身。至于比较法,它的功能主要提供操练的重点。根据比较法,一语(或母语)和二语中相同的语言形式会自动向学习者的二语迁移,使二语容易习得,而不同部分则会对二语习得形成干扰,是二语习得中的难点,一般也是操练的重点。比较法实际上也缩小了英语操练覆盖的语法结构内容范围,使练习重点突出,有了轻重缓急,节省了练习时间,对教学时间的安排极有帮助。

(二)认知主义及其时间观

认知主义是一个较为庞杂的学派,它包含多种以认知理论为基础但在许多方面又各有偏重乃至持不同观点的理论。认知主义者都认为语言与认知密不可分,语言学习是一个认知过程,也是一个建构过程,通过同化和顺应的机制,对外来语言信息进行加工,形成新的语言知识和能力,而信息加工的过程就是大脑知识图式、心理情感、外在语境相互作用的过程。认知主义、社会互动主义和涌现主义这三个派别都以认知主义作为他们的理论基础，这就使人们有时很难把他们在派别上截然分开。事实上他们中的一些代表人物也很难说自己属于哪一个学派。但由于这三个派别的理论的确有自己的侧重点和独特性，而且他们的代表人物也以此自诩，因此他们仍被看成是不同的学派。例如社会互动主义更强调社会文化因素在语言发展和语言习得中的关键性作用，而涌现主义则强调语言学习过程中诸多变量的动态性、竞争性复杂互动的影响作用。与同样主张语言是认知活动的乔氏普遍语法理论不同，这三派主张语言学习不是依靠所谓的特殊认知机制（语言官能或模块），也不存在这样的机制和官能。人们学习语言依靠的是一般认知能力，这种能力并不具有认知对象的专属性。在时间问题上，这三派都主张语言不是靠某种内在神秘力量作用在短时间内爆发式获得的，而是人在与外部世界的互动中、在对外部输入信息加工的过程中、在更有能力的人的帮助下逐步建立和发展起来的，是一个较为漫长的过程，这个过程自然需要时间的保证。当然，这三派也承认如果有理想的习得环境，如充分的语言接触量和成人的帮助，儿童也能在较短时间内使语言学习取得长足进步（如儿童语言学习关键期），这是一种以空间换时间的概念，时间因素仍然起着制约作用。

　　认知派强调语言学习对空间（环境）和时间（频率）的较高要求，因此他们认为教学和学习的时间因素一直是语言学习中一个需要认真考虑的因素。这个变量来源于语言的接触量。认知学派二语习得方式上有一个共同的观点，就是强调二语接触量（exposure）的关键作用。接触量是指学习者暴露于二语的程度，它既指所接触二语语料的丰富程度，又指与二语对话者互动的程度。接触量既是一个空间概念，它涉及学习者与外界或环境的互动，又是一个时间概念，因为有长时间的语言接受和产出，才能形成足够的接触量，保证习得的成功。因此，时间是二语习得中一个重要变量。这里仅综述一些较有影响的理论。二语习得研究中的认知学派起始于错误分析法提出者柯德尔（Corder）和中介语理论的倡导者塞林克尔（Selinker）。他们都反对行为主义把二语习得看成是行为习惯养成的观点。柯德尔从对学习者二语错误的分析中发现学习者的二语习得是有一定顺序的，这个顺序不是靠刺激—反应—强化模式能够改变的，它与学习者的心理认知机制有关。如果超越了这个顺序，无论花多少时间、无论怎样反复操练，学到的东西很难内化，一些错误仍将长期存在，这也可以解释为什么在过了初期阶段后，反复操练在单位时间内取得的成效会越来越少。塞林克尔提出学习者的二语错误确实会长期存在，但与柯德尔不同的是，他认为错误的来源主要是由母语迁移、过度概括和过度简化引起的，并由于这些错误的存在，学习者的二语很难达到目标语本语者的水平，因此二语是一种介于母语和目标语之间的中介语或过渡语。二语学习过程就是以母语为基础向目标语逐步过渡的过程。这个过程是漫长的，甚至会持续学习者一生。学习者一般会通过原则模式、约束模式、参照模式对作为中介语的二语句型进行加工，其中词汇、句法、语义、语境、频率等约束因素会同时互动竞争，并通过优势接触频率和情境要素作用于加工过程。二语习得总体呈现出一个从自由变量向系统变量体系发展的过程，这个过程时快时慢，甚至会出现反复，特别是对成人学习者来说十分费时耗力。这也从另一个方面说明了为什么二语学习，如中国的英语学习会"费时低效"。20世纪80年代，克拉申（Krashen）提出了对二语教学有很大影响的输入假设理论。他认为，二语习得的成功取决于可理解输入的作用。所谓可理解就是输入要有意义，输入的难度是接受者恰好可以通过已有知识和语境帮助理解的。

克拉申的理论跟时间因素密切相关，它具体包括：

（1）"沉默期"理论。克拉申认为，儿童在学会说出母语之前，会有一个只能"听"的时期，在这个时期尽管儿童不会说话，但他们并没有"闲着"，而是在默默接受和试着理解周围成人向他们说的话，对这些话进行加工和记忆。当这种"听"的积累到了一定程度，他们自然就会"说"了。因此语言的习得主要是靠"接受"，而不是"产出"。把这个观点用于二语教学，教师就应该注意安排足够的时间让学生先听和先读，当听和读达到一定程度，学生自然就会说和写了。

（2）"i+1"可理解输入公式。其中"i"表示学习者现有的知识，"1"表示学习者通过努力能够掌握的新知识。"i+1"公式表明了二语习得是一个循序渐进的缓慢过程，急不得，"欲速则不达"。教师在教学安排上不但要注意把握内容的难度，还要注意时间的规划，切忌在短时间内安排太多太难的教学内容。

（3）克拉申非常强调二语的"接触量"并提出了"浸泡"（immersion）概念，浸泡就是要让学生长时间接触二语，而且最好是只接触二语。

因此，二语接触时间量就成了二语习得成功的先决条件之一，这也为英语教学时间和课外自习时间的安排提出了要求。

麦克拉福林把认知加工理论应用到二语习得研究中，提出了二语加工的两种模式：一是控制加工。它主要是对新知识和新技能的掌握，这种加工是有意识的活动，它是大脑已有图式对新信息的顺应，需要的注意力多，需要的时间也长。根据麦氏理论，控制加工（注意、分析、理解、贮存、提取等）需要投入较多认知能量，而人的认知能量在单位时间里是个衡数，如果加工的对象太多、太难、太大，或者在同一时间内加工若干个对象，"认知通道"就容易阻塞，加工就会失败。这就是为什么我们在学习新的语言项目时，特别是其较陌生、数量大时，常常感觉进展慢、费力气的原因。另一种模式是自动加工，主要是对已熟悉和较熟悉的、与学习者大脑里已有图式相同和相近的二语信息的加工。这种加工靠大脑里已有图式的同化作用，常常是快捷的、下意识的、不需要耗费太多认知能量就能完成的。二语学习就是要尽可能把对二语的控制加工转换为自动加工，将陌生的东西变成熟悉的东西，将有意识变成无意识，从而提高习得的速度。

当然，从控制加工到自动加工往往是一个较漫长的过程。这就提示，在教学时间安排上，教师要善于找到学习的重点、难点、新点，留出充足的时间，把时间用在刀刃上。沙斐然和纽波特（Saffran & Newport）等学者研究了二语习得过程中的学习机制，认为二语习得仍然使用一般的、非语言习得的专属性学习机制，这个机制就是"统计学习（statistical learning）"模式。该模式认为，二语学习者一般通过数据接收、模型识别和规则概括来学习语言。其操作模式得到连接主义和模块理论的支持。具体说来就是，学习者学习二语的时候会利用语言自身的统计特征来推导语言结构，如声模、词汇、初始语法等。就是说，学习者会敏锐地察觉到音节或词汇与其他音节和词汇关联时如何结合，很小的孩子就能利用统计学习法发展"词汇范畴"，并用这些范畴对新学词汇进行语义投射。这些研究说明，早期的语言学习经验对后来的语言学习很关键。

统计法还有很重要的一点就是其工作效果受语言输入的质量的影响。因为学习者在接触语言信息的时候，是通过某些信息出现的频率和凸显度来发现规律，识别出这些信息呈现的较为固定的用法模型（如语块），把它们的形式和意义固定下来（通过连接）并记住，然后通过使用或试错归纳出规则和规则系统，从而内化这些知识和能力。统计学习模式一般分为三个阶段：首先，学习者将某些二语输入特征保留在短期记忆里，这些被保留的输入信息通常称为"摄入（intake）"；然后，学习者将这些"摄入"转化为二语知识并存入长时记忆；最后，学习者用这些二语知识产出二语话语。认知理论的统计法，力图梳理出语言摄入及语言知识的心理表征性质以及这三个阶段背后的心理过程。自米勒（Miller）在他对短时记忆的经典回顾中提出"语块化（chunking）"这个概念后，在针对二语习得的研究中逐步形成了以语块为习得内容和方式的习得理论。

　　语块化理论是与统计法理论相联系的，因为两者都非常强调外部输入在语言习得中的根本性作用，但不同的是，语块化认为输入要通过不同的学习机制起作用。纽维尔（Newell）指出，语块是一个记忆组织单位，它能把记忆里已经形成的一系列语块组合到一起，形成更大的语言单位。语块化意味着递归性建构这些单位的能力和导致记忆级差结构的能力，同时也是我们记忆中无所不在的特征。他认为，语言的发展是通过有意义的语块的量的增加来实现的，这些语块都是语言的初步构造，如词汇、词素、词组、语段、音节等。语块和其呈现规律的相对固定性给计算机仿真和辅助外语教学带来了可能性，利用语块模式，可以对语言学习精确和大量预测。语块都是来源于自然的输入，都是儿童自然使用的语言成分，长期接触这些语块就能产出同样自然的语块，促进学生的学习。同时，使用自然语块暗示学习者起初并不用（也无能力用）语法规则进行分析和指引，他们可更多依赖语境和对话者的反馈来理解、使用这些语块，并用这些语块组成更大的语言单位如句子等来进行语言交际，在这个过程中逐步概括出相关的语言结构和使用规则。这种归纳式的学习方法强调使用优先，从做中学。语块化理论对学习的时间变化非常关注，并通过它来观察语块化学习的成效。

　　根据实践力量法（Power Law of Practice）原理，学习者语块化速度是一个衡量标准，语块实践越多，组建的附加语块就越多，但如果组成的语块与任务的相关度越高，语块化操作就会加快，任务反应时间就会缩短。

　　持续的语块化甚至会促使语言学习呈几何式增长。但由于语块化是高度情境化的认知加工行为，随着语块组合越到高级水平，他们在实践中出现和被用到的机会就越少，在学习情境中他们的递归作用不明显，学习促进作用下降，这时学习会放慢，学习效率下降。语块化学习的这种时间规律直接为我们教学时间管理提供了依据。无论是统计法还是语块法，从技术维度来看，对信息出现的频率和凸显度依赖性很大，这实际上也是一个接触量的问题。接触的机会和时间越多，加工的程度就越深，语言习得就容易成功。因此，学习时间是一个重要因素，这种学习方法特别需要对时间的规划和合理使用。

### （三）涌现论及其时间观

　　1997年，首届二语习得领域的涌现论研讨会召开，这标志着涌现论在二语习得研究领域的兴起。涌现论一改过去要么只从外部环境，要么只从内部机制来解释二语习得，把二语习得看成某种因素线性发展的过程。涌现论从复杂适应系统理论出发，认为语言习得是一个在外部环境和内部生理机制压力下互动而涌现的认知过程，无论自然或是其他因素都不足以单独触发语言的学习，语言习得是内外多种因素相互影响、动态竞争的结果。涌现论学者们认为一般认知加工促进语言习得，而这种加工的目的和结果却是语言特有的现象，如词汇学习和语法习得。持涌现论观点的研究者们认为，语言习得过程远比人们想象的要复杂得多。麦克威尼的语言学习竞争模式和艾利斯的变量竞争模式，可以看成是其代表。麦克威尼的语言习得竞争模式发展了布洛姆关于无论一语习得或二语习得都是输入、学习者和关联环境互动的结果的思想，认为语言习得是一个建构的、信息驱动的过程，这个过程不仅依赖语言结构的共性，还依赖认知结构的共性。语言学习也体现为由一些简单要素组合涌现为复杂结构的过程，是学习者的内部机制（如迁移、神经定向、自动化、功能回路、透视焦点等）与外部输入和环境相协调，即系统内部组织和外部信息与环境共同作用的结果。尽管涌现论并不否认普遍语言的存在，但与普遍语法主张的通过语言深层结构的抽象树形折射来认识语言不同，麦克威尼认为恰恰是表层结构更具有重要性，这个重要性与学习者对表面信息中的线索探察和解读过程相联系，因为那些具有更高可靠性和可得性的输入信息线索最强势地控制了我们对语言的理解，同时也最先为我们所习得。

竞争模式不是一种静态的、固定的，从深层结构按其规定性向表层结构的线性推演，而是表层结构中各种变量个体相互竞争协作的动态性综合涌现。由于各变量间没有一个中央控制，各自在局部根据环境和其接收到的信息发挥作用，各局部又相互作用使系统的整体结果涌现出来。竞争模式是一个复杂适应系统，看上去似乎很难把握，但麦氏认为我们可以从学习者任务完成的时间来判断学习者的水平和任务难度，并通过对输入和环境给予适当控制和调整，使教学和教学时间得以掌控。与麦克威尼竞争模式相似，艾利斯（同上）提出变量竞争模式，他认为语言学习的方式是语言使用方式的反映。

我们可以从两条线索上去思考这些变量，一是知识不同的贮存方式和语言使用不同的类型，即未解析话语和解析话语、自动化话语与非自动化话语、规划使用话语与未规划使用话语；二是形式和功能网络，即多种形式与同一功能或多种功能与同一形式之间的连接状态。根据变量竞争模式，语言学习就是在非规划的话语环境里激活，在规划与环境中获得的话语和规则，学习者通过参与各类话语活动习得规则。艾利斯认为学习者的中间语由一系列在语言发展任意阶段都存在的竞争规则所组成，竞争规则在情境和语境因素的制约下呈系统规律状，而在自由选择情况下竞争形式呈任意变异状。受动态参数影响，艾利斯认为新的语言形式是从自然语言中相当随机地自发涌现出来的。

除了以上提到的变量，艾利斯还对语言习得中时间因素与学习语境之间的关系和时间压力与习得正确率之间的关系进行了研究。他发现，语境对学习者学得的语言形式从任意性变异向系统性变异起主要作用。同麦克威尼一样，他提出语境限制得当，任意性向系统性转换所花的时间就少，否则就特别耗时。艾利斯通过实验发现在教学过程中让学生对二语功能词如过去式的使用先花时间做出认真规划，并有一定时间限制的情况下，学生对一般过去式使用的准确率高得多，因为事前的规划会使学生更注意使用语言形式的准确性，而时间的限制会使学生注意力更加集中，而没有规划和时间限制，学习者还会更多关注语言的意义，不过由于过度放松，作业效果反而较差。艾利斯将外语学习中规划时间和时间压力看成是二语习得的重要变量，丰富了二语教学时间管理的内容。尽管强调认知的作用，但涌现论也试图调和先天派和经验派，涌现派学者认为无论是天赋还是获得都不足以单独激发语言的习得，它们只有共同作用才能发挥影响，促使儿童习得语言。

根据涌现论，在语言的各个个体层面，只有智能主体（intelligent agent）才能根据不断变化的各种输入信息，通过适应学习，输出正确的反馈信息，但智能主体首先得具有适应学习的认知能力或者自组织机制，才能与周围环境因素共同进行"匹配变化标识"，进而开始自组织适应学习。而人这个智能主体的语言自组织适应学习能力，是人的大脑在人类社会文化进程中处理各种信息而得到不断进化的，人类的语言器官适应语言的使用和发展需要而得到进化发展，使得语言习得成为可能。

从生物学的观点来看，由于神经机制的大量适应，人类进入了其他物种没有涉及的问题空间，而语言一旦产生又提供了适应能力给大脑。尽管参与语法的神经机制也参与其他活动，但它必须适应语言的特殊需要，形成人类种系特征的自组织语言认知机能。这一机能在一两岁的小孩身上就存在，并伴随着儿童语言习得全过程。

社会互动法是通过强调儿童与成人、学生与教师间社会互动的作用来解释语言发展的一种理论，同时近年来它也从学习者的角度揭示社会互动带来的学习者语言习得差异问题。社会互动理论的基础是维果茨基社会文化历史理论。社会互动理论主要关注三个相互联系的领域：语言习得的认知路径或发展认知学、语言信息的加工模式和语言习得过程中的社会互动模式。维果茨基对语言、认知、社会互动三者的关系曾做过精辟的论述：他认为语言先于认知发展并促进认知发展，语言既是人们与社会交流的工具，又是思维和认知形成的中介。工具的使用对人类发展有着巨大的作用，它使人以新的方式去适应世界，人不再像动物那样以身体的直接方式来适应自然，而以工具（物质生产）这个中介运用的间接方式与外部世界互动。

人的工具生产中凝结着人类的间接经验，即社会文化知识经验，这就使得人类的心理发展规律不再受生物进化规律的制约，而受社会历史发展规律制约。从这一认识出发，维氏高度强调社会环境在儿童语言习得和思维发展中的关键作用。换句话说，人类所有的高级心理功能都来源于社会环境，其中语言过程可能是最有影响的，因为人的心理过程的变化以特殊的"精神生产工具"为中介，其中最重要的就是各种符号系统，尤其是语言系统。在语言学习研究上，维果茨基认为语言的获得来自个体与社会的互动，是个体社会活动内化，因而社会环境、社会互动在学习过程中起着重要作用，学习者在学习过程中必须得到他人的帮助或者与他人进行合作，这种获得帮助和合作的过程不是被动的，是一种积极的互动和协同。儿童会暗示父母或成人提供积极有益的语言习得所需的经验，最重要的是提供有帮助的、能促使有效互动的交际心理结构。维氏主张语言先于认知的观点，以及其对语言作用和语言学习过程的深刻阐述，特别是他提出的学习者通过社会中介互动建构新的语言的最近发展区理论（zone of proximal development，ZPD），使他的社会文化理论在二语教学和二语习得研究领域广为引用。维果茨基的最近发展区理论暗示，语言学习中的社会互动不是盲目的、自发的、散漫的行为，它实际上是有规则约束、按一定路径循序渐进发展的。

这个规则就是最近发展区。语言学习符合这个规则就会事半功倍，反之就会遇到困难。在课堂教学中，最近发展区理论首先涉及教学时间的安排，同时其也是教学时间安排的重要原则。最近发展区实施的核心是对任务难度的考虑，而教学时间的安排也是根据任务难度来调整的。例如，美国哥伦比亚大学麦卡夫（Metcalfe）曾用"西班牙语—英语"

对译词做材料，扩展了他自己在 2000 年的研究，比较系统地证明了人们是根据最近发展区来分配学习时间的。麦卡夫选择了 6 年级儿童新手进行研究，发现儿童新手在时间压力较大的时候（5s），更多地把学习时间分配给容易的项目；当时间压力减少后（15s，unlimited），他们分配给容易的项目上的时间减少，而分配给中等难度项目的时间和困难项目的时间加长了。

显然，即使是儿童新手也并没有像差异减小模型预言的那样，选择那些最困难的项目进一步学习，而是像成人新手那样揭示了很有策略的行为。该理论虽以维氏理论为基础，但也力图调和先天和后天派的矛盾，认为语言表征的最深层面规定了交际意愿的首要性和语义作用的附属性。同时，该理论认为语言的各种形式如书写、口语或作为社会工具的视觉形象由一系列复杂的符号和规则系统组成。对语言交际、意义和对语言符号、规则的同时强调，体现了该方法在天赋和经验问题上的一种妥协，儿童既不是单纯的语言教学或练习活动的被动接受者，也不是生理禀赋引导下的学习者，在语言习得和发展的问题上，应更多地考虑多种影响语言发展的因素。

### 三、时间观差异的教学启示

受上述两种观点和认识的影响，外语教学在路径上也大致分为的两大类型：基于规则和基于活动。前一类型教学法的代表有传统的语法翻译法、口语与情境教学法、听说法等。这类教学法呈现出演绎的路线和对语言结构与规则的权重。后一类型有直接法、强式交际教学法（活动法）、全身反应法、沉默法、社团语言学习法、自然法。这类教学法呈现了归纳的路线和对语言使用与互动的偏好。还有介于这两种类型间的一些教学法，如暗示教学法、弱式交际教学法、任务教学法等，它们力图在两种线路中走出第三种折中线路来。当然，这是一种很基本、很粗略的分法。实际上，在实际教学中很难看到纯粹的基于规则和基于活动的线路。由于教学需求的驱动和教学条件的限制，两种线路也会被灵活使用或交叉组合。如语法翻译法、社团语言学习法、暗示教学法等会借助句型练习；交际教学法、暗示教学法、任务教学法等也会借助规则分析和讲解；口语与情境教学法、听说法、早期交际教学法等也可融入信息差活动。

总的来说，基于规则的线路往往以语法教学和语言知识为核心，实行"呈现—练习—产出"的传授式教学；而基于活动的线路则以交际活动和语言能力为重心，强调目的语使用、活动体验和经验感悟，实行"产出—呈现—练习"的活动式教学。前者以教师为中心，一堂课的时间内可讲练大量内容，时间管理难度不大。后者以学生为中心，一堂课互动活动和活动流转环节较多，时间管理难度较大。从学习的效果来看，由于学生的个体差异和教学条件的差异，两种模式似乎各有千秋，但总体来看，后者由于学生主动建构的知识掌握得牢，如果时间管理得当，实际效果要好得多。研究生公共英语课堂上教学路径的选择也是教学时间管理模式的选择。因为课堂学习毕竟不同于自然环境下的学习，时间十分有限，任何教学路径、策略或方法的选择都应该考虑教学的效率，考虑如何在有限的教学时间里使最费时间的外语教学最有效。无论是基于规则还是基于活动，研究生公共英语教学都应该、也可以在教学时间管理的视野下加以选择或整合，实现课堂教学的高效率。如任务型英语教学法就是尝试把基于规则和基于活动的教学有机结合在一起，较好地提高英语课堂教学有效性的一种方法。

从文献综述中我们不难看出，以往的教学时间研究多是采取一种微观的视角，在提到教学时间管理时，更多的是把其看成教师和学生的事，这在一定程度上限制了我们研究教学时间的视野。英国学者斯坦因（Stem）在他对英语课堂教学策略的研究中，对时间策略提供了一个多维视角的研究框架，它提示教学时间问题涉及官方、学校和教师等层面。他的这一框架非常符合中国的实际。在中国，研究生公共英语是一个全国性的公共基础课程，受到国家和地方教育主管部门和学校的高度重视。显然，对这样一门课程，其教学时间的决定权决不会仅在教师和学生手里，对其教学时间的管理也不仅是教师和学生的事。

## 第四节 研究结果

教师分配的教学时间自然成为教学时间管理的主要对象，教师也就成了教学时间管理的主体。对教本时间的研究主要基于课堂观察。课堂观察是教育教学研究中的一种重要研究方法，它通过将研究问题具体化为观察点来观察课堂的运行状况，进行记录和整理，然后再对观察结果进行分析、反思和研究，达到发现问题、解决问题的目的。它通常由明确观察目的、选择观察对象、确定观察行为、记录观察情况、处理观察数据、呈现观察结果等一系列不同阶段的行为构成。这个行为系统能帮助我们深入教学一线，对教学时间管理可以达到细致、精微、生动、直观了解，从而能获得可靠可信的第一手信息，以及这些信息呈现的规律和法则。因为教学时间管理是一种过程管理，是优化教学过程的行为，而对过程最直观、最详细的了解莫过于课堂观察。

俗话说，眼见为实，通过观察可以获得教学过程原始的、可靠的信息。在课堂观察途径上，主要运用到听课、评课、参加教学活动和对师生访谈等。特别是师生访谈，虽不属于课堂观察的规定路径，但对课堂观察到的现象背后的动因进行深入洞察，填补课堂观察只能看到表面行为的不足，可以起到不可或缺的作用。因此，我们在观察后要及时对被观察教师和学生进行访谈，了解教师和学生在教学和学习过程中诸如意图、动机、兴趣、态度、焦虑等心理活动，把访谈结果同课堂观察到的行为结合起来进行分析和反思，从而使研究有坚实的、全面的、科学的实证基础。

### 一、来自课堂观察的启示

**（一）课堂观察的设计**

教学时间管理过程也是课堂教学优化的过程。观察教学时间管理就是看教师是否和怎样优化教学过程。由于优化教学过程是对目标、内容、形式、方法、环境、条件、评价、教与学的状态及师生互动关系等实行最佳配置和调控，因此课堂观察也就基本以这些要素为观察点。

（1）观察目的。本研究通过对教师研究生公共英语教学时间管理过程的课堂观察，力图发现和揭示教学时间管理与教学效率之间的对应关系和影响规律。在研究生公共英语教学中，教师不太可能用增量时间来保证教学效果，只能通过优化教学过程，在既定时间里促使教学产出的增长大于教学投入的增长，提高存量时间的利用率，赢得更多的相对教学时间来满足教学需求。因此我们认为，教学时间管理的起点和目标就是提高教学效率。如何通过优化时间管理来提高教学效率是我们课堂观察的主要目的。

（2）观察对象。本观察对象是研究生公共英语教师。由于教和学是一个共同体，因此在观察教师的同时也对学生对教学时间管理的反应和配合同时加以观察。我们通过对研究生公共英语课堂的观察观摩和结果分析解读，希望能管窥当下研究生公共英语教学时间管理。

（3）观察内容。在确定观察对象后，必须明确具体的观察内容和观察范围。我们针对研究生公共英语基本的课堂结构和教学过程展开考察，主要是教师这一观察教学时间管理者，观察内容包括教师作为课堂规划者的行为、课堂组织者的行为、英语输出者的行为、知识传布者的行为、思维启发者的行为、活动引导者行为、会话伙伴的行为、教学评估者的行为，以及这些行为在时间管理理念下如何展开，如何形成时间有效运用的行为体系。同时，我们对学生的课堂态度、课堂投入、课堂合作、课堂焦虑，以及师生之间形成的有利于时间有效运用的课堂氛围等也加以观察。

（4）观察的工具。为了对研究生公共英语教学时间管理的现实情况提供可靠的分析样本，使观察更具可操作性、明确性和科学性，我们主要使用了课堂观察量表、图示法和叙述式记录等作为课堂观察工具。课堂观察表是结合研究生公共英语教学的基本情况与大学生学情实际，从课堂上收集资料，并依据资料做相应的分析、判断和研究的主要载体。通过对观察表所需参数的设定，我们将研究生公共英语的教学时间管理整体活动从不同的维度划归为若干个重要的表现界面，对其进行指标化描述，然后就描述展开相应处理，进而对研究生公共英语教学时间管理的效果做出评价，为下一步改进教学时间管理的研究中提出提高课堂教学效率、效果和效益的建设性策略奠定基础。

观察表设计的重点放在能够准确地把握研究生公共英语教学时间管理的观察点上，选取那些与观察目的密切相关、具有实质意义的事件，以便完成相关研究主题有效信息的捕捉与判断，使以观察量表为标准框架进行反思的过程中，能够清晰地认识研究生公共英语教学时间管理的特点与规律，把握住研究生公共英语的教情与实情。其中，我们特别对研究生公共英语教学过程中常常出现的诸如课堂组织无序、教学指令零乱、教学方法低效、任务执行拖沓、教师语言冗余、时间节点模糊等个别造成时间管理不足的现象收集，有利于在后来的研究中寻找有针对性的有效教学管理策略和问题对策。图示法可以简洁明了地展示观察对象的特点特征和内部联系，使后期分析研究容易抓住重点。叙述式记录可以清晰、详尽、真实地反映事件的流程，补足观察表不能反映的细节。它能较好地反映教师在课堂教学的不同时间段，如何把握时间的运用，如何在组织者、引导者、鼓励者、解释者和顾问之间转换角色，掌控课堂进程。

本研究主要针对研究生公共英语课堂教学，观察工具以 COLT 观察体系为基础。COLT（Communicative Orientation of Language Teaching）观察体系是由斯巴达（NinaSpada）、弗洛里奇（MafiaFrohlich）和艾伦（PatrickAllen）三位学者于 1984 年创建并推广。这一观察体系主要用于对外语教学课堂的研究，其主要目的是衡量教学的交际程度。它最初应用于在加拿大开展的关于"双语学习程度的发展项目"［the Development of Bilingual Proficiency（DBF）project］。这一项目主要研究外语学习者的语言学习程度，旨在发掘语言学习和交际能力之间的关系。纽南（Nunan1989：85）将 COLT 观察体系形容为"观察英语课堂交际模式的最有效、最成熟的研究工具"。作为英语课堂教学的观察工具，它抓住了英语课堂教学的基本特征，因为英语教学活动的有效性主要体现为课堂教学中的英语交际活动的发生程度，这是由语言作为交际工具的属性所决定的。根据李特伍德（Littlewood）的"五类课堂活动"理论，一堂典型的英语课堂教学可分为非交际活动（non-communicative activities）、前交际活动、（precommunicative activities）、交际，性活动（communicative activities）、结构性交际活动（structured-communicative activities）和真实性交际活动（authentic activities）。这一观察体系本来并非为英语教学时间管理情况所设计，但 COLT 的观察点中交际活动时间的分配与教学时间管理有密切的关系，或者说是英语教学时间管理的重要内容，而且研究生公共英语教学时间管理的目的就是保证英语教学能符合英语教学的规律，适应英语交际能力培养的目标。因此，在 COLT 观察体系基础上进行研究生公共英语教学时间管理情况的观察是非常恰当的。

（1）活动类型：这一项内容主要考察有关教师设计的课堂活动信息。这一项内容比其他几个分类都要具体，而且从本质上说都是一些质化性的数据。

（2）参与者的组织：在这一项考察内容中，观察者将着重观察教师在课堂组织中的时间分配，例如，可以对关学生间交流的时间和师生间交流的时间进行分析和对比。

（3）课堂内容：主要是用来观察教学活动是以内容为核心还是以形式为核心，也用来区分自然习得和语言学习间的差异。

（4）内容控制：这一项内容主要是考察由谁在控制课堂教学和内容，是学生还是教师。

（5）学生学习特征：这一项内容用于观察学生对四项基本技能——听、说、读、写的掌握和课堂学习时间分配。

（6）教材类型：这一项主要考察教材的种类、长度、难度和来源。

COLT 在使用上有两个特点：一是使用者可根据研究目的和研究条件做适当的调整和修改；二是它可以是一个观察工具系统，在观察中研究者可以根据总的目标，从不同角度用多个观察量表对观察活动进行多侧面观察，使观察数据或描述更全面真实，分析研究的基础更坚实可靠。根据以上特点，以 COLT 为基础，我们将李特伍德（Littlewood）的"五类课堂活动"（Five-category Activity）理论框架作为观察内容，整合进观察目标框架中。同时，由于是进行教学时间管理情况的观察，我们把教学活动与非教学活动占用时间的多少、教师与教学无关话语和相关话语占用时间的多少等也纳入观察的目标。考虑到语言技能和模态之间的整合度对语言教学效率的影响，作者将语言活动中的语言技能和模态整合度也纳入考量范围。利用改变后的 COLT 量表研究工具，可以较好地对教师的教学时间管理进行量化结合质化的研究。

（二）课堂观察的过程

课堂观察的步骤分为观察前、观察中和观察后三个阶段。我们对作为观察对象的教师进行了随机选样，同时，为使观察保持"中立和客观的立场"，笔者作为观察者不参与课堂活动，只是作为一个"旁观者"，对九次观察都选择坐在后排，在不干扰到正常课堂教学活动的情况下对课堂教学进行观察。这样有助于提高观察记录课堂情况的效率和观察的客观性，同时可以更冷静客观地去感知被观察对象的行为原因。

（1）观察前准备。最重要的部分就是确定观察对象。在本案例研究中，确定观察对象采用了分类抽样，使样本具有代表性，尽量体现不同类型学校教师的时间管理特征。同时，本研究在课堂观察前与被观察教师进行了充分沟通，从而了解到教师设定的教学目标并理解其课程设计步骤，这样帮助我作为观察者在实际课堂观察过程中更好地理解教师的教学理念。

（2）观察中记录。本研究中的课堂观察采取了对课堂情况进行记录，记录是按照"时间顺序"随堂完成。观察都做了完整的记录，其中包括对课堂活动组织、授课内容、教师话语、师生互动、课堂管理等方面的观察。然后，我们将"随堂记录"从时间分配视角依据COLT量表框架整理成综合情况观察量表。为了进一步了解教师的教学时间管理情况，我们还针对教学时间要素的作用进行专项观察或精细观察，并对课堂行为按叙事顺序进行详细记录。

（3）观察后访谈。课堂观察中通过师生言行收集到的信息具有客观性和中立性，也能在一定程度上反映师生的思想和心理趋向，但毕竟无法直接展示教师教学过程中的意图、动机、信念、情绪、焦虑等主观心理活动以及思维过程、认知程度和认知形成原因等，而这对补充、印证和解读课堂观察信息十分重要。因此我们对每个被观察的教师在课后都进行了访谈。为了让被采访者放松情绪，能说出真实感受，访谈以自然谈话的形式进行。话题主要围绕观察到的课堂情况展开，鼓励访谈对象进行反思和总结，然后也利用机会鼓励访谈对象畅谈教学背景、经历和认知。

## 二、来自个案的启示

### （一）个案I分析

依据COLT原理，收集到第一位案例教师三个方面的情况，它们分别由三项分项表来表示。

**1. 教师教学时间投入**

本研究按照教学管理和教学思想两个层面，相应设计为教师活动、教师话语和语言模态。其中，教师活动和教师话语主要考察教师的课堂管理能力，语言模态主要考察教师的教学思想。教师活动是指在45分钟内教师所组织的与教学目标有着直接关系的活动设计次数，教师话语与教学目标有着直接关系和非直接关系的时间百分比以及语言模态中各种类型模态占总时间的百分数。从数据分析可以看出：①该教师课堂活动安排较为丰富，三次观察中，教学类活动达到了5个，非教学类活动为6~7个，即是说，按照每节课45分钟计算，该老师在课堂上大约每6分钟即会开展一个活动。②从教师话语的统计数据来看，该教师的教学紧紧围绕教学任务展开，其数据统计的平均值处于较高水平，教师在授课的过程中除了问候学生和课中开几个玩笑活跃气氛，绝大部分课堂活动都与教学相关，教学活动环环相扣，中间过渡平顺，没有拖沓的现象。另外教师对教学设施和教学工具的使用也很熟练，花在非教学行为或活动上的时间很少。该教师英语基础好，语言表达流利，特别是在教师用语使用上，语言难度和语速把握较好，学生均能听懂并做出回应。③该教师在语言模态上，语言的五种技能和语法知识都涉及，但以读和语法讨论为主，其百分比远远超过了其他语言技巧，达到了 50.67%，这也是研究生公共英语教学的常见模式。该教师也比较注意让学生通过小组（对子）讨论、报告小组活动、陈述读后感和观后感、回答课堂问题等方式锻炼说的能力。学生课堂投入较好，除语法讲解和说的部分有同学感到吃力有所松懈，大部分时间学生都能积极配合该教师的教学活动。

### 2. 教师教学活动时间分布

按照课堂活动理论，我们将研究生公共英语课堂教学的活动类型区分为五种情况（非交际、前交际、交际、结构交际和真实任务）进行三次观察，列出的数据为按照各种活动的具体时间最终计算出来的百分比值。活动结合度是考察教师在课堂教学过程中各种活动相互间联系紧密程度的一个数据，分为高、中、低三种情况，分别对应 80% 及以上，60%～80%，60% 以下。教师开展的交际性能较高的后三种课堂活动，即交际性活动、结构性交际活动和真实性交际活动的分配时间平均值总和 71.6%，远远高于交际性水平低的前两种课堂活动平均值总和 28.4%。教师将 35.9% 的时间用于交际性最高的真实性交际活动，教师的活动结合度也处于较高水平。由此，我们可以得出结论，这位教师的课堂设计较好地体现了活动教学的特点，教学具有交际性强、任务真实的特点。

### 3. 教师课堂教学活动组织形式时间

按照教师组织活动的参与对象，我们将活动区分为三种不同类型：全班、小组和个人。为进一步区分活动的组织形式，我们将全班参与的活动区分为师生、生生两种形式，将小组和个人活动区分为相同活动和不同活动两种形式。在课堂教学活动组织中，个人活动安排较少，三次课共有小组活动 2 次，但活动时间较为充分（分别为 10 分钟和 15 分钟），活动完成后虽只有两组同学有机会进行任务汇报，老师也没有时间对同学的汇报进行详细点评和总结，但教师在整个学生小组活动过程中不断巡视、鼓励和指导活动，使活动进展和效果较好。

总体上，课堂教学活动组织建立在班一级，教师通过问答与学生频繁互动，学生自由思考，具有较大的发挥空间。在课后的访谈中，该教师说道，"虽然研究生公共英语教学任务重，时间紧，通常又是大班教学，教师自由发挥的余地实际上是很小的。但随着研究生公共英语教学目标定位的能力化倾向调整，我们会有意识地尽可能给学生创造交际活动的机会，主要根据课程要求，针对学生的实际设计并利用好每一个教学活动，通过创设情境，挖掘教学资源，特别是挖掘学生自身学习资源，从学生实际出发，根据教学环节拓展不同的学习活动，激发学生的参与热情，特别是让学生自己去解决任务中的问题；一方面，始终让学生有机会与教师和同学有交流；另一方面，在实施任务中，让学生在任务输出环节下功夫，通过说写译锻炼他们的语言输出能力。这样就可以弥补专门的强交际活动少的不足。"

## （二）个案 II 分析

### 1. 教师教学时间投入

第二个案例的教师，课堂活动安排也很紧凑，平均每节课安排有五六个不同教学活动，平均 8～10 分钟一个。虽然活动总数比第一个案例的教师少，但每个活动的内涵和组织形式更丰富。该教师利用每一个教学任务充分发展学生的各种语言能力，如利用阅读任务组织学生讨论和报告讨论结果，促进学生的口语能力；在阅读前通过视听提供背景，并让学生把视听内容同阅读材料关联起来加以讨论，促进学生的听说能力。语言技能和模态的整合度较高，有利于提高学生的英语综合能力。该教师的绝大部分课堂活动与教学相关，教学活动衔接很好，过渡平顺，没有拖沓的现象。同样，该教师对教学设施和教学工具的使用也很熟练，花在非教学行为或活动上的时间很少。该教师英语基础好，语言表达流利，特别是在教师用语使用上，语言难度和语速把握较好，学生均能听懂并做出回应。在教学内容上，虽仍然以读为主，但教师有意识地兼顾英语的五种技能发展，语法知识涉及较少，讲解也较少，而在引导学生能力发展上下了很大功夫。加上该教师上课富有激情，内容安排上循序渐进，教学节奏恰当，从课堂学生的回应来看，绝大部分时间里学生能积极配合教师的教学活动，教学效果不错。可见，研究生公共英语课堂讲授为主的常见教学模式是可以改变的。美中不足的是，该教师课堂教学活动安排较满，有拖堂的现象。

### 2. 教师课堂教学活动时间分布

这位教师开展交际性能较高的后三种课堂活动，即交际性活动、结构性交际活动和真实性交际活动的分配时间百分比平均值总和为 65.03%，高于交际性水平低的前两种课堂活动的分配时间百分比平均值总和的 34.97%，说明在其课堂教学中，交际性教学活动仍然占据了课堂的主体地位。但是，这位教师只有 31.37% 的时间用于交际性最高的真实性交际活动，略低于案例一中的相应数据。此外，课堂教学内容中涉及的语言技能之间的整合度不是很高，由此，我们可以得出结论，这位教师的课堂设计较为传统，其中教师讲解和分析占的比例较大，虽然具有交际性、任务真实的特点，但不突出，说明教师有交际教学和任务型教学的基本原则意识，但比较追求是一致的。

### 3. 教师课堂教学活动组织形式时间

在课堂教学活动组织方面，该教师的小组活动安排也较少，三次课共有小组活动 1 次，活动时间较为充分，活动完后两组同学进行任务汇报，然后全班同学进行补充，老师也对同学的汇报进行详细点评和总结，并在黑板上呈现了结果。总体上，课堂教学活动组织建立在班一级，教师通过问答与学生频繁互动。在课后的访谈中，该教师说道："在研究生公共英语课堂中充分开展以语言交际任务为主的小组活动是困难的。"同案例一中的教师一样，她也认为研究生公共英语课堂的普遍特征是教学任务重，课时紧，班上人数多。对此，她说："我们总觉得时间不够用，即使小组活动也是为了让同学通过合作学习尽快找到解决问题的答案，而非主要是让同学利用小组活动发展英语交际能力，那样太费时间。更多的是利用与学生在全班直接的互动来增加学生英语交际的机会。其间，我有意通过例句运用，要求学生学习掌握英语句式、短语、词汇以及修辞手段，对课文中涉及的事和人或者学生熟悉的事和人进行描述，让学生觉得语言学习、语言应用和日常生活是紧密相关的，从而激发他们的学习兴趣和信心。同时，还注意利用如视频、图片、故事、时事新闻、英语歌曲等创设生活化的英语情境，使课堂教学活跃起来。此外，在时间允许时，再补充以少量的强交际活动，如竞赛、表演、展示、讨论、辩论等小组活动来吸引学生，提高学生整堂课的参与度。"

## （三）个案Ⅲ分析

### 1. 教师教学时间投入

案例三中的教师，课堂活动安排也很紧凑，平均每节课安排有 5~6 个不同教学活动，平均每8~10分钟一个，教学活动总数并不少。但结合课堂调查情况来看，与案例二相比，其课堂活动内容相对较为简单，每一活动都主要针对某一语言技能和某些语言形式，与研究技能键和模态间的整合度较低。该教师的教学方式主要是布置课堂练习任务，如听力练习、阅读练习、词汇练习、翻译练习，学生完成任务后回答问题，教师再进一步讲解补充。该教师的绝大部分课堂活动与教学相关，教学活动衔接很好，过渡平顺，没有拖沓的现象。同样，该教师对教学设施和教学工具的使用也很熟练，花在非教学行为或活动上的时间很少。该教师英语基础好，语言表达流利，特别是在教师用语使用上，语言难度和语速把握较好，学生均能听懂并做出回应。在教学内容上，该教师兼顾英语的五种技能练习，但比较注意语法知识、篇章结构知识和词汇讲解，讲解较多，内容安排上难度不均，有些部分不少学生跟不上，无法或不愿深入思考，遇到语法难点或者句型分析比较、总结语法规则的时候，学生就显得很被动。与前面两个案例相比，案例三具有传统研究生公共英语课堂的色彩，即讲授为主，语言翻译法的"遗韵"犹存。但该教师比较注意针对学生知识上的弱项来讲解和组织练习，能引起学生的兴趣，加上该教师语言幽默，课堂教学气氛比较活跃，学生比较愿意开口讲英语。从课堂学生总的回应来看，大部分时间里学生能积极配合教师的教学活动。

2. 教师课堂教学活动时间分布

这位教师开展的交际性较高的后三种课堂活动，即交际性活动、结构性交际活动和真实性交际活动的分配时间百分比平均值总和为54.97%，略高于交际性水平低的前两种课堂活动分配时间百分比平均值总和45.03%。而且，这位教师只有26.33%的时间用于交际性最高的真实性交际活动。此外，课教学内容中涉及的语言技能之间的整合度偏低，仅为55.33%。由此，我们可以得出结论，这位教师的课堂设计较为传统，其中教师讲解和分析占的比例较大，虽然具有交际性、任务真实的特点，但不突出，说明教师更注重显性知识的呈现和练习。

3. 教师课堂教学活动组织形式时间

在课堂教学活动组织方面，该教师的小组活动几乎没安排，学生都是单个活动或回答问题。教师主要时间都花在组织各种练习，检查练习结果，讲解练习中的问题和课文。总体上来讲，课堂教学活动组织建立在班一级，教师通过问答与学生直接互动。在课后的访谈中，该教师说道："我教的学生英语基础差，而且工科学生在语言学习上不像文科生那样活跃，在研究生公共英语课堂中开展英语小组活动有困难。加上教学任务重，课时紧，班上人数多，很多情况下我只得更多地依靠讲解、练习和评讲的方式来教学，这样简单易操作，时间也容易控制。"通过课堂观察，我们看到该教师主要是通过问答与学生交流。教师课堂提问形式多样，有"Yes-No"问题，也有"Wh-"问题，大致分为事实性问题、选择性问题、思考性问题以及生成性问题。但是从记录量表中可以看到，74%的问题属于事实性或选择性问题，问题的层次较多集中在认知、理解、应用方面，对于思考性的问题如分析、综合、评价等方面较少，所以导致封闭型问题比开放性问题多。从时间上看，教师在提出问题时没有给学生足够的思考空间，教师可能为了赶时间，提问后三四秒就要求学生回答，造成不少学生无法回答。教师只能以个别学生的答案或思考代替了其余学生的思考，大部分学生在被动接受着他人的答案。而且由于时间仓促，学生回答的表达性错误较多。总的来说,感到该教师怕耽误教学进度,时间节奏控制较严,在时间分配上缺少一些灵活性。

## 三、研究发现

### (一)教学时间与教师教学效率

#### 1. 教师教学内容布局与教学时间

中国研究生公共英语课程教师对课程内容的选择没有太大的自主权,国家层面的课程要求和学校层面的培养方案都严格规定了教师的教学内容,但同样的教学内容,如何设计结构和布局至关重要。从以上三个课堂观察案例中可看出,内容的选择和布局对学生的英语学习有极大的影响。案例二中的教师善于把要完成的教学内容分解成学生易操作的各个子任务,如在上一篇关于全球化的阅读课时,不是简单地让学生读文章、回答问题或完成阅读多项选择题,而是引导学生学会怎样去读文章。读前,教师先提出一些引导性问题(根据标题预测作者观点和文章体裁),在黑板上写下学生初读时要回答的问题,同时提醒学生注意小标题和主题(回答问题的线索),第一遍五分钟读完后,让学生三人一组讨论和分享答案(再次提醒学生利用主题句和支持句来帮助理解),在了解学生们的答案并评讲后,再让学生们读第二遍,这次主要是通过细读查找一些具体的信息(如事实、特征、数据等),并完成相关阅读理解练习。在完成对文章信息的理解能力训练后,教师转向文章的语言结构和语法等知识,要求学生根据前面联系和作业画出文章的结构图,通过小组活动对结构图进行讨论、比较和完善,提高学生对英语文献篇章结构的认识。此后,为使学生深化对文章的理解及发展学生的思辨能力,教师要求学生在课程网站上讨论文章中的三句话,并发表自己的意见。这样,案例二的教师通过对一篇课文的阅读教学,循序渐进地发展学生的概括阅读能力和信息查阅能力、语言知识和结构的理解力以及小组合作学习能力和思辨能力,重要的是任务的分解和布局合理、难易适当。

虽然阅读任务被拓展,但把一个较难的阅读分解成符合学生学习程度的多个步骤,看上去时间花得多一点,但每一步骤学生都能积极投入,学生的投入或专注时间(engaged time)或用功时间(time-on-task)或积极学习时间(active learning time)的投入率得到了提高,实际上是提高了学习效率。布卢姆(Bloom, 1976)在研究中也发现学生在分配时间内专注于教学活动或教材学习的时间与学生成绩之间有正相关。其中,学习任务的难度对学生的适宜程度非常关键。某一学习任务对不同学生而言其难度水平并不一致,即使学生投入或专注时间相同,他们各自实际学到的内容也不见得相同。所以,学生只有学习对他自己水平来说适宜的内容时,投入或专注时间才是有意义的。因此教师必须关注学生的最近发展区,把握好任务的难度,不是任务越多越好、越难越好,而是要把学生的学习需求放在中心地位,真正体现以学生为中心。

#### 2. 教师教学方法与教学时间

教学内容和教学方法是密不可分的,内容的选择,特别是内容的布局必须要通过相应的方法来实现。研究生公共英语教学方法的使用是要达成研究生公共英语教学过程的优化。优化教学过程必须符合英语教学的规律,其本质在于对语言和语言习得特殊性的把握。如果仅把英语当作一种知识来组织教学,内容上就会过多关注词法、句法、修饰法和各种词句篇章的结构和用法，方法上就以解释、分析、学生模仿操练为主，这种教学过程相对来说较简单易行，但其效果并不一定好，因为知识并不等于能力。这种教学过程重视学生的语言知识基础，技能发展主要依靠机械训练，资源投入少，如案例三中，学生较多的课堂活动是多项选择、填空等分析式练习，解答难题倾向于依靠分析和讲解，而且任务不像案例二的教师分解成符合学生需求的布局与步骤，让学生能主动参与，并能获得成功，通过成功的激励又反过来更积极地参与。相比较而言，案例三的学生总体处于被动接受的状态，主动性较差，基本上是被教师牵着走。一堂课时间虽抓得较紧，但因部分活动学生跟不上，影响到学生的投入，时间利用率受到影响。

案例一的教师虽然也很重视词汇和语法的学习，但从观察中我们看到，她一般尽量避免直接讲解词汇和语法，而是通过头脑风暴，或通过阅读、造句、翻译等附带学习法来提高词汇和语法能力。在阅读课程中，案例一的教师也比较注意语言形式的学习，注重翻译和语法现象。和案例二的教师相比，她的英语阅读教学内容和方法仍较传统，但她能尽量激发学生的自主学习能力，通过小组讨论、学生黑板展示、相互作业比较、师生讨论等方法，让学生积极参与教学活动，力图在传统和现实间获得一种平衡，即在注重英语语言形式、知识与注重英语交际活动、能力之间找到一个契合点。这种努力反映了研究生公共英语教师对课程要求的逐步接受和理解。另一方面，这种折中主义的教学尝试对于一些英语基础并非很好且习惯于传统教学模式的中国学生来说也是适宜的。

案例二的教师除了教学内容的设计和布局倾向于素质和能力培养，方法上也较为契合《课程标准》的目标，如在阅读课中，她注意创设阅读环境（背景知识、相关词汇、关键词），通过预测、概括、推测、猜测、关联、比较等阅读交际活动来建构意义，发展学生的信息加工能力和文章鉴赏能力等阅读能力。在方式上，她利用学生个人示范、结对合作、小组活动、师生集体讨论等课堂活动和环境让每个同学都有机会融入课堂之中，提高学生的投入时间。同时，她十分注意语言的整体性和交际性，避免逐字逐句讲解或为读而读，突出对文章的整体多维解读与交流，以及以读为抓手，把听说读写译等活动串联起来，使学生的综合语言技能和素养得以发展和提高。

事实上，教师的教学方法和教学内容受其教学理念的制约。如果把英语作为一种交际工具、素养基础和文化载体来组织教学，方法上会尊重学生需求和动机，倡导活动、合作与会话，师生、生生互动增加，课堂气氛变得活跃，教学手段更加丰富，学生语言实践增多，环境更加真实多样。当然，从时间管理的角度来看，这种教学方法符合《课程标准》的改革目标，但教学难度大，教学投入多，教学环节多，对时间的规划、运用和调控的挑战也很大，不过如管理得当，像案例二中的教师，由于每一步骤都能符合学生需求，学生接受度高、产出多，实际效率要高得多。

**3. 教师课堂教学管理与教学时间**

随着研究生公共英语教学的改革与发展，研究生公共英语教学目标更多元、内涵更丰富、模式更多样、方式更复杂，这种环境下的研究生公共英语教学时间管理难度显然增大。一般来说，教师会面临的时间压力来自三个方面：

（1）总的学时有限。英语教学对时间的需求量大，而考虑到各课程的均衡，学校不可能把太多时间都给研究生公共英语课。研究生公共英语课时总是有限的，只有少数学校可以做到四年学习不断线。因此教师必须精打细算，用好有限课时的每一分钟。总学时的有限性决定了课堂教学时间的管理重心在于盘活"存量"，而不是改变"增量"。当然，教师可以充分利用现代教育技术和学生自主学习平台，引进"零课时"教学，把课堂教学延伸到课外，"放大"课堂教学时间。但总的来说，研究生公共英语教学中的总学时是一个衡量标准，在总学时的有限性和总任务的耗时性这对矛盾中，总学时的有限性是矛盾难以转化的方面。

（2）时间使用效率的把握。教师对总学时的有限性的感受，在很大程度上还来自对如何分配这些时间感到困难和压力。案例一的老师说："课堂的时间安排几乎是精确到秒，因我的课堂活动较多，特别是还要给学生留出尽可能多的参与时间。所以我课前会对每一个活动的时间进行核算，特别是注意预测难度和复杂度，以便把握好时间。而上课时我始终绷着时间这根弦，严格打表。"

可见，学校给予每班每节英语课的时间是等长的，但教师对时间的规划和使用却可以使同一课时产生不同的教学效益，使学生有不同的真正的学习时间投入。在有限的学时内，教师对时间的利用越充分、越合理、效率越高，节约出的时间就会越多，无形中也就赢得了时间，使有效教学时间得以"延长"。但要做到这一点并不容易，很多教师可能因为时间投入了，任务却没完成，所以压力大。对于解决这个压力大的问题，案例二的教师谈了她的体会。她说，克拉申的"可理解输入理论"和维果茨基的"最近发展区理论"对她启发很大。在规划时间点时，她首先注意选择和排列好课堂活动，而活动的选择和排列首先要考虑是否与学生恰好具备的特定的起点知识、技能、认知水平、心理状况和情感态度相吻合。特别是这些活动的完成最终能否使学生产生成就感。她认为，其实只要活动安排得当，时间压力就会减轻，上课就是一件很惬意的事。她的经验很有见地。

（3）影响教学时间的变量太多。在研究生公共英语改革和发展形势下，教学时间管理及教学过程的优化由于涉及的因素太多而难度增大。以前在内容、方法、手段较为单一的情况下，研究生公共英语教学时间管理也相对容易，但在新形势下推进和改善教学时间管理应该遵循一些更为复杂的规律。从组织结构来看，现代研究生公共英语教学过程是一个复杂的动态系统，对其进行优化的时间管理要注意系统性。而任何系统都是分层级的，相协调的。时间管理不能平面展开，既要注意教学时间各组成部分之间的合理衔接（如分配时间、投入时间、学科学习时间等），又要注意时间投入对象各要素之间的协调平衡（如知识与能力、语言与语用、学得与习得、操练与交际、教与学等），把握好层级性。研究生公共英语教学总是在具体情境下展开其过程，时间管理要结合教学对象和条件，把时间管理与具体的内容、方法、手段相融合，创造性地利用情境、合作与会话，让学生自己建构意义。此外，教学时间管理还必须关注学生在课堂上的注意力变化规律，把握住学生课堂注意力波峰波谷运动规律和发生时间段，在注意力的不同阶段和时区内安排和选择相适应的教学内容与活动。

从课堂观察中可以看到，三个教师的时间意识都很强，课堂活动安排紧凑。教师的话语都紧密围绕课堂教学内容，没有东拉西扯、马放南山的现象。但大学教学时间的管理光有显性的时间安排并不够，必须在隐形的时间利用上下功夫。所谓隐形时间利用就是要将时间管理寓于教学内容、方法、活动、组织等教学要素和教学过程中。三个案例中的教师在课堂教学内容结构安排上、方法手段选择上、课堂活动组织上各有千秋，时间的利用效果也有差异。一般来说，教学内容符合学生最近发展区、教学活动尊重二语习得规律、教学媒介接近真实语用模态、教学环境具备学生亲善氛围，教学的成功率就较高，成功率高意味着时间不被浪费，这就实现了时间的有效管理。就学生的注意力变化规律而言，三位教师都较注意尊重学生的课堂心理过程：首先，她们在每堂课的开始阶段通过一些有趣问题、活动和视听材料把学生的注意力和兴趣引入课堂教学内容中来，然后充分利用第一个兴奋区来解决一些重点难点问题，如文章快读细读、听力训练、知识讲解、问题释疑等；其次，她们在过渡区尽可能用学生喜闻乐见的活动来调节和转换，如听看英文录像、英语歌曲，进行猜字游戏、小组讨论等，激发学生热情，帮助学生度过疲劳波谷区，在学生进入第二个兴奋区后，让学生有更多创造性的活动参与，如故事复述、活动报告、小组辩论、角色扮演等；最后在收尾阶段，教师帮助学生总结归纳所学知识和技能，并提出复习预习任务。课本时间的根本任务在于改善教学时间管理，优化课堂教学过程，提高教学效率，使有限时间产生最大效益。

**3. 教学时间管理效果差异的辨析**

这三个案例中的教师都关注时间的管理，她们通过事件的选择排列和在此基础上的对每个事件精确严密的时间分配掌握着教学流程。相比较而言，在分配时间的保证上她们都没问题。三个教师的教学时间都向教学活动集中，非教学活动占用时间很少。这得益于她们丰富的教学经验和娴熟的课堂教学技能。如活动间的过渡、多媒体的使用、活动小组组织、布置任务和作业等，都快捷而清晰。但三个教师时间管理的效果还是有些不一样，这主要体现在课堂教学事件的选择上。从根本上说，这主要体现了三个教师对研究生公共英语课堂教学目标、教学内容和教学方法的不同理解和偏好上。当然，这里的理解和偏好还可能与不同学校、不同班级学生的不同需求有关。这从案例三的教师在课后的感受中可看出："学生英语基础不太好，又是工科学生，不像文科学校学生那样活跃，有些语言交际活动不好开展。再加上课程安排紧，又要备考四、六级，所以我讲解性的东西要多一些，尽量让学生多掌握一些知识点。"该教师提到的学生差异性和教学目标要求就决定了她教学方法上的选择，也影响到她时间分配的模式。总的来说，经过改革开放后近三十年的发展，研究生公共英语教师队伍日渐成熟，大部分教师具有较好的专业修养，较多的教学经验，较强的责任心，较熟练的教学技能。在教学时间管理上，他们都会抓紧时间，严格分配时间，但时间分配的合理性如何就见仁见智了。这就造成教学效果和效率的差异。因此，笔者以为，当前研究生公共英语教学时间管理的主要问题之一是时间分配的合理性问题，不合理会造成时间的浪费，降低教学效率。而这一问题就需要学校和教师，特别是教师对研究生公共英语和研究生公共英语教学的本质和特征要有深刻的理解，对学生的二语习得规律要有全面了解，同时对不同班级学生的需求也要密切关注。这样才能正确理解研究生公共英语的教学目标和内容，选择和安排好研究生公共英语的教学任务和教学活动，从而做到时间的合理利用。影响时间管理效果的另一个可能的原因是教师对时间压力的承受力不一样。

课堂观察中，三位教师在事后的谈话中都提到，研究生公共英语由于任务重，课时有限，自然使他们不得不重视时间问题。但是具体怎样去合理地安排和管理时间使不少教师倍感困惑。学校的研究生公共英语教学总课时对每一位教师都是固定的，对这些教学时间管理就是教师对每一课堂教学中单位时间的控制，包括时间的分配、时间的利用、时间的监控、时间的调整等。教师作为管理主体，既要为课堂教学活动和教学管理活动提供时间保障，也要保证宝贵的教学时间得到充分合理的利用。就是说，研究生公共英语教师承受着时间的压力，他的教学行为受到时间的驱使，在有限的课时内，必须有效地开展教学活动，完成学校教学大纲或培养方案制定的目标和任务。时间的压力往往会造成教师时间管理的偏误。教师如果弦绷得太紧，生怕浪费时间或完不成任务，就会导致教学节奏太快，内容安排太满，学生难以适应和配合，结果反倒使效率下降，欲速不达。其实，教学时间的管理从另一个角度来看，是为了给教师减压。因为时间管理的本质在于有所为有所不为，眉毛胡子一把抓不是管理，管理是有序、有取舍、按轻重缓急做事。所以教师要正确对待和实施时间管理，不要把时间管理看成是一种压力，恰恰相反，它是减少压力的手段。

实际上，教师的压力不仅在课堂，还在课外、备课、改作业、辅导学生、总结经验、自我进修等，压力无所不在。时间对教师形成压力，教师也只有靠加强时间管理才能缓解。因此，教师在关注教学时间的同时，应该高度重视和加强时间管理，丰富和完善时间管理的手段和策略。

我们生活在时间中，时间管理无处不在，只是在大多数时间里，这种管理是零乱的、随意的、被动的，因此强化主动、严谨、系统的时间管理意识十分必要。关键在于我们要认识到时间管理与我们生命价值的密切关系。作为教师，加强时间管理，不仅可以提高教学效率，减少工作压力，也会因为不虚掷光阴而让我们的生活更有意义，人生价值得以实现。

### （二）教学时间与学生学习效率

研究生公共英语教学时间管理的主体是教师，教师引导着学生的教学时间投入，主导着整个时间管理的过程。但这并不意味着学生是教学时间管理的局外人，学生对时间管理的认识和参与决定着时间管理的成败。

#### 1. 学生的时间认知和时间策略

在三个班课堂观察中发现，大部分学生上课时表现出课前做了准备，对老师提出的回顾问题和这节课的导入问题都能积极回应，特别是教学过程中对一些可以自己解决的语法要点和生词意思等都显得胸有成竹。上课时也把主要精力和时间投入学科学习上去，但同时我们也发现课堂上有些同学不断在用手机查生词或翻译难句，没有完全融入课堂教学活动中去。显然这部分同学的课前准备不足，课中不能跟上课堂节奏。在课堂中，面对英语学习中必要的重复性操练和体验式的交际活动时，时间观念强的同学会积极利用机会操练和实践。而部分同学会因为觉得枯燥或准备不足跟不上活动而走神，或者干脆自己埋头看书，造成时间投入上的差异和不足。同时，在时间的合理分配方面，执行课堂学习任务时，大部分同学会较好把握任务特征，合理分配时间，把时间更多投入重要的方向上，提高时间的利用率。比如，很多同学在英语阅读时会首先关注文章中的信息和意义，而不是结构和词语。遇到生词或难句时会下意识地猜测意思，猜不出来的就在生词下画一根线，继续往下看，尽量不耽误时间。而部分同学却会停下来查单词、析难句，一定要弄清意思后再往下读，结果阅读时限到了，文章还未读完。显然，两类同学对学习任务特征的理解是不一样的，他们在时间分配上也不一样，前一种同学把更多时间投入到与阅读任务相符的捕捉文章的主要信息和意义上，这符合英语阅读课的能力培养目标；而后一种则放在逐字逐句的完全理解上，虽然这也是在学习，但这在一定程度上会影响学生阅读技能的发展。当然还有一种情况，就是同学们会结合任务，针对自己的薄弱环节来投入时间和精力。比如，案例一中，班上有位女同学每当教师说英语时，就会很小声地模仿和重复教师的说话，似乎继续复述着刚才的说话。课后我和她交谈时，她说："自己原来的大学，英语师资条件差，学的口语不到位、发音也不准，也影响到我的英语听力，所以现在每当上课时，我都会在老师说英语时，抓紧机会学习教师的口语，而且坚持一段时间后，感觉还很有效。"这显示了她在时间分配上的针对性和主动性。从这件事可以看出，学生学习中对时间的珍惜和投入程度不同，时间策略也不一样。

时间策略是一种重要的学习策略，或者说是学习策略的组成部分。迈克卡（Mckeachie）等人将学习策略概括为元认知策略、认知策略和资源管理策略。其中资源管理策略就包括时间管理策略，如建立时间表、设置目标等。时间意识和相应的学习策略特别是资源管理策略选择对学生学习过程和结果有很大影响。而决定学生的时间投入和投入策略又与学生的自我效能感有直接关系。

### 2. 学生的自我效能感和时间投入

班图拉提出的自我效能感源自其对活动期待的研究。他认为对自己活动有效性的期待即是一个人的自我有效感。自我有效感又可分为对自己能力的有效期待（能力有效感）和对具体行为是否产生效果的期待（行为有效感）。这两种有效感都是学生对学习时间进行分配的动机因素。上面提到的那个案例一女生之所以长期坚持通过模仿和复述教师的英语来学习口语是因为她察觉到自己行为的价值，产生了行为有效感。而有些同学放弃活动参与，就在于他们认为自己水平有差距，跟不上别人，参与这个学习活动没有什么价值。因此他们宁愿把时间用来干点其他事情。可见，有效感的形成实质上是归因问题。当学生因时间管理得当而给自己学习不断带来效益后，他们就会对运用时间管理策略的有效性最终形成期待，即有效感。这种有效感程度越高，对相应的策略选择和运用的坚持性就越强。

按照班图拉的观点，学生的时间投入策略主要有两种，一是决定进行何种活动（事件选择）；二是决定用多长时间来继续他们已经开始的活动。学习者对学习时间的有效运用同样可以用这两种决策划分。一是差异性分配：一个学习者是否把更多的时间分配给某些作业（某个功课）或作业单元（如重要的或更困难的单元）；二是充足性分配：一个学习者是否分配足够的时间以使既定的学习目标得以实现，而效能感直接影响这些策略的选择。从教师方面来说，课堂活动的设计和操作要注意增加学生的成功机会，建立学生的信心，使学生有强烈的动机，朝着教师希望的方向投入时间。从学生方面来说，重视时间管理会使时间投入更有效，更能产生积极的学习效果，增强自己的学习自信。而成功带来的效能感又会让学生在学习中有更积极和高效的表现。

### 3. 学生元认知能力与时间策略选择

我们在观察中看到，有些学生课前预备充分，上课尽量坐前排，课中认真听讲和做笔记，敢于用英语提问和回答问题，说错了或发音有问题也不怕被同学取笑，积极参与课堂小组活动。我们同案例一中的一位同学在课间聊了聊，她说："其实这已是习惯，在中学就养成了，到大学后，课程多，就更要抓紧机会学习。"很显然，这位同学体现了很强的自我管理能力。这种自我管理能力或自主学习能力从更宏观的维度上看来自学生在长期的学习生活中发展出的元认知能力。元认知是个体对自己的认知活动的认知，它包括元认知知识、元认知体验和元认知监控三种心理成分。元认知是学生实现自我管理、自主学习的重要认知基础和心理机制。特别是元认知监控，能够使学生这个认知主体在认知过程中，以自己的认知活动为对象，实现自觉的监督、控制和调节的功能。

在观察中，案例二的老师谈道："大多数学生认识到，在全球化时代，英语在他们未来职业生涯中真的很重要，都能积极参与英语学习，而且各门课程中英语学习花的时间最多。只是有的同学花在点子在，有些同学效果差一点。所以平时我们也注意因势利导，培养他们良好的英语学习习惯和方法。"这种"培养良好的英语学习习惯和方法"实际上就是有意识地积极引导学生的元认知监控能力发展和促进其对元认知策略的运用。自我监控实际上也是一种元认知策略。元认知策略是学习者在元认知维度上学会使用一些策略来规划自己的学习、分配学习的时间、解决学习的问题、评估学习的结果，它们对学生英语学习的有效性至关重要。这些策略主要有计划、监控和调节三大策略。

(1) 计划策略。它指学生预测学习活动所需的时间。分配学习时间是计划策略的重要内容。学生计划自己的英语学习，根据自己的专业需求、职业期待、英语基础、模态倾向（听说读写）、学习条件和教师的要求等来设置学习目标、选择学习材料、预测学习难点、确定学习步骤等。而所有这些最终都落实在具体的时间单位中，即通过计划把学习时间大致分配给不同的任务。在内容上，根据对学习材料性质的了解并结合自身情况，确定哪些单元需要投入更多学习时间，实施学习时间的差异性分配；在学习目标上根据当下是发展英语的流利度优先，还是正确率优先，确定评估当前学习状态的合适策略；在学习状态上，根据重点、难点和已学会的知识来调整学习时间，实施学习时间的差异性分配以及充足性分配。从这个意义上来说，计划策略实际上也是对时间规划的策略。具体到每一堂课，学生都应当有相应的"对策"计划。针对英语学习的特点，课前课后安排一定时间练口、练耳、练笔，学记单词和短语，熟悉语法知识。英语最难的就是开口说英语和听懂英语，这方面要多花时间、多下功夫。平时的预习和复习十分重要，有了课前的预习和课后的复习，上课就容易跟上教师的节奏，也容易预测和把握完成课堂练习所需时间，还能更有效利用小组活动时间和机会来锻炼自己。总之，成功的学生具有极强的自主学习精神，并能够掌握调节当前学习活动进程的技能。

(2) 监控策略。它包括学生在执行学习任务时监视自己的速度和时间。监控策略可具体分为两种具体的下位策略——领会监控和集中注意。①领会监控。领会监控指有经验的学习者在头脑里会有一个领会的目标，如在英语阅读中发现某个重要细节，找出意义要点等，并在阅读时自始至终都持续着这一过程。领会监控策略使学习重点明确，有利于提高任务执行的效率和成功率，节省学习时间。研究生公共英语学习中，学生较缺乏这种领会监控技能。很多学生平均使用力量，如过多依赖机械操练、语法完备和逐字逐句理解，把面面俱到、锚铢必较作为他们的主要策略，既不灵活，又耗时耗力。对此，德温（Devine）的以下建议值得参考，学生可以使用他提出的监视策略来提高他们的领会第一，首先区分任务目标。如英语精读课文和泛读课文的阅读速度要求是不一样的，其领会是有差异的。对于精读课文可以读慢一点，从意义、形式、修辞、审美等多视角仔细品味咀嚼，务求深入理解和领会。这对那些追求逐字逐句理解的同学来说，找到了用武之地。对泛读课文则可快一点，侧重了解文章大意、捕捉重点信息、扩充知识面和提高阅读速度，对于那些追求逐字逐句理解的同学，则必须调整阅读习惯偏好和任务执行方式，大胆地忽略个别生词、短语和意思含糊的地方，培养在短时间内抓住文章大意和重要信息的能力。英语听力练习也是这样，不要一开始就追求听懂每一个词，如果那样就会卡住，导致听力崩溃。要鼓足勇气往下听，尽量抓住大意和主要信息。不懂的地方有机会再听时，再来解决。

第二，及时中止判断。英语学习中流利度和正确率是一对既矛盾又依存的学习目标，两者相辅相成，都不可偏废。但从交际能力培养的角度来看，流利度或许更优先一些，而发展流利度则非常适用中止判断的策略。如学生在阅读一篇文章时，某些词句或内容不太明白，这不要紧，继续读下去。学生可利用后面文章的信息来填补这一信息空隙。再比如，在我们日常英语交际中，即使有一些语言缺陷（如口误、遗漏、冗余等）也不太会影响英语的交流，因为说话时的语境可起到补救或参考作用，因此学生要善于利用语境干涉来帮助培养听和读的能力。当学生在读和听时，如果某些词语不太明白，继续读和听下去，通过后面的信息或上下文语境来帮助理解这些疑惑。即使最终不能找到解惑的信息，只要不影响对文章大意和重要信息的理解也算是英语交际能力发展的一种成功。

第三，善于运用猜测。根据格式塔理论，人的思维具有整体性和整合型，而整体性和整合性的心理基础就在于人具有猜测的禀赋。当人们在加工外来信息时，即使信息不全，人们也能借助以往的经验图式、已有的知识框架和当下话语环境推测出所缺信息的意义，填补缺损的信息。因此在英语学习中，我们应该激励学生积极大胆运用这种猜测禀赋，当遇到生词或语言难点时，养成猜测的习惯，并培养利用经验、知识和语境猜测的技巧，重要的是一定要坚持读下去，不因小失大。因为抓住大意和主要信息往往可反过来使猜测成功，促进全面理解。

第四，重读较难的段落。重新阅读或重放听力材料较难的段落，虽然会花费更多的时间，但在时间允许的情况下也是必要的。这种方法简单易行，特别是对于那种通过对上下文进一步了解就能解惑答疑的难点尤其有效。英语学习有一个两难的问题，即前面提到的流利度和正确率之间的博弈。只强调正确率会延迟学习者输出（说和写）能力的发展，只强调流利度又容易造成学习者错误的石化现象（错误没机会纠正）。因此在准确性上只要允许，花费一些时间也是必需的，从长远来看"磨刀不误砍柴工"，留下的难点越少，以后听说读写的速度会越快。从一定意义上说，这种重新光顾难点的做法或者先易后难的做法也是一种调节策略，它往往是监控策略的后续策略。学生根据对学习活动结果的监控和评估，对难点和问题采取相应的补救措施，这也是学生根据对认知策略、资源管理策略效果的评估而进行的策略的调整，它实质上也是对时间的重新调配。原来预测的某段任务的完成时间发生了变化，对整个时间要重新调配，给难题解决留足必要的时间，促使任务得以顺利完成。由于学生的自我效能感直接影响到学生的策略选择和资源（含时间）调配，因此它对教学任务的成功十分重要。

(3) 集中注意。根据认知加工理论，人的认知是一种有限的资源，在某一时刻，只能注意有限的事物。当对一事物加工时，就无暇顾及其他。当教师要求学生将他们有限的注意能量全都花在他所说的每一件事上，学生只得放弃对其他刺激的积极注意，只得变换优先度，将其他刺激全部清除出去。根据时间管理的时间选择原理，选择合适的任务并排列其顺序，对于时间的合理利用和提高学习效率十分重要。例如，当学生全神贯注于听力练习中一篇文章的大意时，就不要去过分注意和斟酌文章的语法细节或反复琢磨某个词汇的意思。如果什么都要顾及，其结果就是，时间浪费了却什么都抓不住。一个时间段只专心做一件事，效率反而会更高。因此善于规划和监控自己的注意，把注意力放在适当的目标上，才会使时间用在刀刃上。

　　综上所述，发展学生的元认知能力不仅可以帮助学生合理安排学习进程、提高学习效率，还可帮助学生调适心理预期，特别是坚持下去、克服困难的意志。元认知能力可以让学生站得高一点，看得远一点，防止一遇困难就放弃原有合理的策略。同时，元认知策略总是和认知策略、资源管理策略一同起作用。如果一个人没有使用认知策略和资源管理的技能和愿望，他就不可能成功地进行计划、监视和自我调节。元认知过程对于帮助我们估计学习的程度、决定如何学习和调适心理预期非常重要；认知策略则帮助我们通过同化、顺应将新信息与已知信息整合在一起，达到新的平衡，并且存储在长时记忆中；资源管理策略帮助我们根据任务目标恰当分配时间、精力和其他资源。因此，各种学习策略应该协作和协调发挥作用。其中，元认知策略则监控和指导其他策略的运用，在所有策略中起一种引领作用，可以帮助学生选择和调整恰当的策略来适配他们的学习，并获得学习的成功。

# 第四章 研究生英语有效教学中信息化教学研究

## 第一节 研究生英语有效教学中信息化教学的研究模式

### 一、理论基础

#### （一）杜威的实用教育理论

杜威（John Dewey）认为，最好的教育是"从生活中学习""从经验中学习""从做中学"，主张"教育即生活"，批判传统教育的"课堂中心"。他认为教学理论及其基本原则的具体体现就是课程活动，提倡重视学生兴趣与需要，坚持探究性活动课程。杜威的课程观指导本研究在网络"教学空间"的教学应用设计时既要注重学科课程知识的积累又要将教育与生活、社会紧密联系，合理设计活动课程；要在教学活动中合理设计与学生生活相关的自主、合作和探究学习主题，以帮助学生从做中学，促进学生的能力发展；利用"教学空间"的记录等功能，及时保存教与学的过程性资源，注重积累经验。实用教育理论将指导本研究从具体学科出发探寻便于推广的能够培养学生问题解决能力的网络"教学空间"应用模式。

#### （二）布鲁纳的发现学习理论

布鲁纳（Jerome Seymour Bruner）认为，教学过程就是教师引导学生发现的过程。教育需要培养学生成为一个个"发现者"。他总结了发现学习程序：①问题的提出；②创设问题情境；③提出假设；④检验假设，得出结论。发现学习理论为本研究提供了变革教学策略的依据，指导研究者在教学设计中引导教师合理设计教学内容，为学生的发现学习创设条件，明确教师的主要任务不是传递知识，而是设计知识的刺激呈现模式，使其能激发学生学习兴趣，引导学生主动探究、发现知识。布鲁纳的发现学习程序为本研究提出培养学生问题解决能力的网络"教学空间"应用步骤以及教学活动设计提供了理论基础。

#### （三）奥苏贝尔教学理论

奥苏贝尔（David Pawl Ausubel）的"意义学习"理论把"学习"分为"意义学习"和"机械学习"。"意义学习"是指通过理解学习材料的意义，联系而掌握知识的学习。他提出先行组织者策略，一方面唤醒学生认知结构中已有的知识概念；另一方面，为学生提供"脚手架"，帮助学生厘清新旧知识之间的关系。同时，他认为，动机是由三种内驱力——认知驱力、自我增强驱力和附属驱力组成，在学生学习的过程中，既要重视内部动机的激发，又要关注外部动机的生成。奥苏贝尔的"意义学习"理论、先行组织者策略以及动机理论，为本研究提出教师应用网络"教学空间"开展教学的策略奠定了理论基础，提示本研究在利用网络"教学空间"的教学设计中要着重考虑以下几点：

（1）学生求知的欲望和探究的心理倾向是学生主动学习的源泉，教师要注重激发学生的内部动机，如任务驱动等。只有当学生的学习来源于自身的求知需要，学习才会持久。

（2）教师要满足学生追求成功的情绪体验，通过尊重、肯定、赞许与鼓励来激发学生的外部动机，利用网络"教学空间"对学生在学习过程中的表现给予及时的反馈与评价，引导学生展开基于网络"教学空间"的互评活动，使学生充分感受到伙伴或家长的认可与赞许。

（3）教师应该根据学习目标和任务的不同，灵活选择接受学习或发现学习，帮助学生形成认知结构。

（4）教师在教学之前，可以为学生提供有利于新旧知识链接的先学材料，可以利用多媒体形式（声音、文本、图像）来呈现不同的学习材料，最大限度地帮助学生同化新知。

（5）教师要为学生搭建"脚手架"并适度干预学习活动。

问题解决能力的提升是一个复杂而长期的过程，问题解决能力的发展也是一个循序渐进的过程，在文献综述中，我们针对学生问题解决能力培养模式与策略的已有研究进行了分析，发现学者们普遍关注的问题解决能力培养的过程要素为：提供情境+问题表征、提供问题解决策略、训练思维能力、选用适宜的教学方法（研究性学习等）开展实践活动等。同时，我们结合理论基础的论述，可以找出能够构建培养学生问题解决能力的网络"教学空间"应用模式的理论支撑[①]。

## 二、网络"教学空间"支持学生问题解决能力培养的作用

（1）利用网络"教学空间"提供资源平台，支持教师利用丰富的资源创设问题情境，设计便于理解的问题呈现模式，有利于提升学生理解问题的能力。

（2）利用网络"教学空间"提供交流平台，支持知识交流，为师生提供研讨平台，创设开放民主的讨论氛围，开展小组研讨，在讨论交流中辨识问题，聚焦和凝练对问题的理解，有利于学生辨别问题能力的培养。

（3）利用网络"教学空间"提供资源交流平台，支持知识的储备与交流。方便教师为学生提供软件资源（软件库），方便学生利用工具呈现自己对问题的理解。例如：学生利用幻灯片工具（PPT）、思维导图工具（Mind Manager）、鱼骨图工具（EXCEL、MINTAB）等工具课外做图表，于课内展示、说明问题，有助于学生表述问题能力的提升。

（4）利用网络"教学空间"提供互动平台，支持学习过程性资源的记录。方便教师提供实时指导、监控问题解决过程，为学生提供课外协作研讨、课内交流的平台，使得小组协作解决问题的过程可视化（创设协同进化的环境），有利于学生解决问题能力的培养。

（5）利用网络"教学空间"提供互评空间，支持师生反思与互动。记录师生评价的过程，方便课内回看，支持多元评价，方便教师对学生的发帖和互评进行课堂点评，方便学生修订问题解决方案并阐明思路，有利于学生解决问题之后反思能力的培养。

（6）利用网络"教学空间"提供演示、交流平台，支持知识互动、生成与创造。方

---

[①] 康洁平：《信息化背景下高校英语混合式教学模式探索与应用》，78页，北京：中国书籍出版社，2021.10。

便教师为学生介绍相关的软件（PPT等），通过不同媒介再现本组解决问题的过程，支持学生应用不同的形式展示本组问题解决的成果，引导学生总结本组问题解决的经验并实时记录网络研讨的过程，积累教学生成性资源，有利于提升学生问题解决方法的交流能力。

## 三、如何在英语信息化教学中培养学生的语感

什么是语感？简单来说，语感就是人们对语言的一种直观的感觉，它看不见，摸不着，是人的感觉，它是语言学习程度发展到一定阶段的体现。培养学生的语感能够很好地提高学生的英语综合语言能力，学生有了语感就可以通过感觉去判断所说或是所写有没有错误。毫不夸张地说，英语语感的好坏会对学生的积极性和自信心起着至关重要的作用。那么，什么样的方式方法能很更好地培养语感就是教师要关注的重点问题了。

### （一）让学生养成善于积累的好习惯

英语的学习需要长期的日积月累，大量的语言输入为语言的输出提供了条件。在英语信息化教学中教师要给学生建立一个语料库，向学生推荐一些好的网站、介绍喜马拉雅、英语趣配音等软件上较好的资源以及教师自己整理的资源，引导学生在课后利用网络学习资源不断地充电。这些资源给学生创造了英语学习的语境，教师通过引导学生如何利用这些资源，使学生通过坚持不懈的学习，培养自己的语感英语，提高英语的综合素质。

### （二）多听多说，课堂内外创造良好的英语学习环境

良好的英语环境有利于语境的培养。教师在课堂上进行全英文教学，创设良好的语境，组织学生进行语言互动交流。要注重由简到难，由浅入深的原则，要鼓励学生敢于开口，制造轻松的课堂氛围，让每个学生都乐于参与课堂的活动。学生敢说、多说，有利于提升英语的语言表达能力；同时运用多媒体教学让课堂更有趣、生动，创造良好的英语学习环境让学生身临其境；当然，单靠课堂内的时间对于提高语感是远远不够的，在课外教师也要组织多种有利于学生学习的英语活动，比如：定时安排时间收听英语电台，观看英语频道，让学生能够多方面接触英语、感受英语，激发自己的无限潜能，利用英语交流的机会来增强英语语感的能力，在一个好的英语环境下促进语感的培养。

### （三）增大阅读量，重视学法指导

阅读也是提升语感的一种有效方式，教师要引导学生养成良好的阅读习惯，在学习生活中各种题材的文章都可以拿来阅读，扩展学生知识面，大量阅读的好处是可以了解很多语言材料，能够分析和归纳文章中心思想，感受到语言反映出的文化内涵和思想感情，提升自身的阅读理解能力，丰富词汇，增强语感，在阅读之前，可以先给学生播放一段与上课内容相关的视频或音频，让学生先熟悉内容，在上课过程中要指导学生做好课堂笔记，课后一定要进行复习还要多加练习巩固所学知识，真正做到温故而知新，这一过程也间接让学生有了自学的意识，有利于学生自学能力的培养。

在教学中需要注意以下几点：①精读和泛读要结合起来。对于课文首先要加强对文章的理解，在理解的基础上精读文章，教师通过引导、提问、小组讨论等方式让学生通过阅读文章了解文章内容，结合文章语境对文章中的重难点进行深入解析。②课内阅读不足以全面提升学生的语感，还需要学生在课外大量阅读扩大词汇量，除了精读之外还要大量阅

读课外文章，学生要不断扩展知识面，接触不同题材，重在积累，从而完成质的飞跃，提升阅读不同题材文章的能力，阅读内容要由简到难慢慢过渡，提升独立阅读理解能力，加强语感。

### （四）培养学生运用英语思维的习惯

在英语语感的培养中要注重循序渐进，慢慢减少学生对母语的习惯性依赖，刚开始使用一种语言时都会有一定的陌生感，这时候需要创设英语语言环境，少用母语，在查单词的时候尽可能要求学生使用英汉双解词典，由英汉双解词典慢慢到使用英英词典，这样有利于学生能够更加准确掌握词汇的内涵和外延，让学生慢慢养成运用英语思维的习惯。

### （五）在写作训练中深化语感

学生英语语感的形成与英语写作也有着千丝万缕的联系，在一方面，语感有助于写作，另一方面，写作又能促进语感的提升，深化语感。一方面教师要注重读写相结合的教学方法让学生通过广泛阅读积累语感，之后将获得的语感用于实际写作，在课堂上教师可以有目的的让学生对文章进行模仿或改写；另一方面写作可以巩固获得的语感，写作是对前面提到的听、说、读最好的验证，写作也要由简到易、由浅入深，由一些简单的文体慢慢转向难的文体，可以让学生养成写日记的好习惯，先由记叙文开始慢慢转向说明文、议论文等。

总之，英语语感最好的体现方式在英语的思维能力，写作和培养语感是相互促进共同进步的，教师应该让学生多写多练。

### （六）运用歌唱或表演等方式进行模仿

模仿的形式有很多，它可以激发学生学习英语的激情，比如歌曲的模仿，教师可以通过歌曲本身带有的旋律的节奏将学生带入到独有的情境中去，让学生在愉悦的感知下学习单词、句子的正确发音，积极主动地接受新知识，激发了兴趣和创造力，也能更好地培养语感，这种方法简单易行，可以在英语教学中广泛开展；再比如，对一些好文章内容或话剧等的模仿，它能将别人的感情转化为自己的真切体验，是学生进行复习的一个过程，在这个过程中语感会被唤醒，会慢慢贴近模仿对象，模仿能掌握语言韵律，了解文章结构以及各部分之间的相互关系，教师可以在每一次的授课之后挑选一些精彩的片段让学生进行模仿。

### （七）采用音形结合的方法培养语感

在英语教学中经常会出现学生发音不标准的情况，甚至还有用汉语给英语单词和句子注音的情况，说出来的单词句子汉味十足，听起来觉得别扭，不利于学生信心的树立，也不利于学生积极性的培养，不利于对英语的准确发音，不利于对单词句子以及音和形的掌握，也不利于对英语语境的创设。

教师在教授时要结合单词进行音标的授课，把单词中的某一字母或单词和相关联的音标用不同颜色标注出来，可以利用多媒体幻灯片呈现不同效果，把字母和读音联系起来，加强音形联系，帮助学生学习，严格要求学生在注音时只能使用音标不可用汉语标注，用音形结合的方法进行音标授课，学生就能根据单词标注音或音标把单词读准确，这样还有利于学生对词语的正确拼写，在读音准确的情况下大脑很够很快出现正确的拼写形式，这对英语预感的培养也有促进作用。

### （八）重视对学生进行学法指导

教师的教学是一种双边活动，包含教和学两层意思。其中最重要的不是教师的教，而是学生的学。教师的教学是为了让学生能够自主学习，使之成为终生的学者。教师要注意传授给学生获取知识的方法，只有学生掌握了自主学习的方法，才能达到教师教的目的，例如：学生的泛读应当运用默读的方法，同时限制阅读时间，这样有助于提高学生的阅读能力。同时，要求学生在泛读时要兼顾速度和理解的准确度。精读则可采用先默读，学了之后再用朗读和背诵的方法，朗读对培养学生的语感和提高用英语交际能力都很有作用。朱熹曾说过："凡读书，须要读得字字响亮，不可误一字，不可少一字，不可多一字，不可倒一字，不可牵强暗记，只要多读数遍，自然上口，久远不忘。"

## 第二节　网络"英语教学空间"应用模式研究

### 一、网络"英语教学空间"应用模式的教学应用三要素

欲将网络"教学空间"DPSC应用模式应用于教学实践，需要把握该模式教学应用的三要素即：培养目标、应用程序和实施策略。构建的每一个教学实施程序（步骤）都是针对一个或几个培养目标展开的，模式实施策略着重考虑教与学中教师和学生的活动设计以及网络"教学空间"的设计应用。

1. 选材料—创情境、提支架—引问题，培养学生理解问题的能力和辨别问题的能力

教师根据学科教学目标，结合问题解决能力培养目标，在网络"教学空间"中创建学习所需的资源网站，搜集上传大量学习资料，为学生创设问题情境，并有意识地提供一些便于学生理解的问题支架。学生登录空间后一边学习资料、一边发现问题，并在小组内提出问题，展开讨论。这个过程主要培养学生理解问题的能力和辨别问题的能力，逐步培养问题意识。

2. 建网站—提工具、说问题—表思路，培养学生表述问题的能力

教师邀请学生在网络"教学空间"里共同建设学习网站，学生小组内讨论问题，并能应用工具阐明本组所要研究的问题。网络"教学空间"为学生提供了随时交流的平台，学生在网络上查找资料，在"教学空间"展开研讨，学生表述问题的能力在网络研讨中逐步得到培养。

3. 选方式—定方案、解问题—控过程，培养学生解决问题的能力

教师给予每组学习方法的指导，根据学习内容选择适宜的研究性学习方式，协助每个小组根据《网络"教学空间"学习计划表》制定出学习活动实施方案。学生组内协商分工，明确各自任务，查阅相关资料，进行组间（内）空间研讨，完成任务，整理成果，以多种方式呈现成果。学生会遇到一系列相关的问题，每个学生遇到的困难不尽相同，都可以通过网络"教学空间"来共享资源，互助解决问题。学生甚至可以引入第三方的援助，例如学生家长参与到问题中来，协助学生克服困难，完成任务。在方案的具体实施过程中，学生的问题解决能力将逐步发展。

4. 展成果—互评价、重反思—改方案，培养学生问题解决之后的反思能力

学生在网络"教学空间"中分组展示成果，小组内、小组间展开反思与互评，并重构各组解决方案。网络"教学空间"为学生提供了自评与互评的平台，教师适时给予监控与点评，学生自评与互评的过程正是反思能力的形成过程。

5. 演过程—说方法、谈问题—通经验，培养学生问题解决方法的交流能力

教师引导学生学会利用工具，包括网络"教学空间"等平台再现本组问题解决的过程，同时能阐述本组问题解决的方法，利用空间展开交流，在教师和学习伙伴的评述中反思，总结本组问题解决的经验，体会其他小组问题解决的长处。网络"教学空间"为学生反思方法、交流经验提供了便利的条件，学生可以利用大量的课余时间在学校或家庭中登录网络"教学空间"开展交流，逐步提升问题解决方法的交流能力。

## 二、基于网络"英语教学空间"应用模式的教学活动设计

教与学的活动设计是应用网络"教学空间"应用模式实施教学活动的重要一环，杨开城教授在《教学设计种技术学的视角》一书中将学习活动分为：学习目标、活动任务、交互过程、学习成果、学习资源和工具、活动规则六个要素。吴亚婕博士在其博士论文《网络环境下大学生批判性思维培养研究》一文中，分析了大量学者和一系列项目成果中关于学习活动要素的观点，并以北京师范大学远程教育中心对学习活动要素的界定为基础，修订提出了教学活动四要素：活动目的、活动时间、活动步骤、活动评价。在其研究的基础之上，笔者考虑到基于网络"教学空间"的教学活动，既有师生教与学的双向活动，又有网络"教学空间"的师生共建的因素，因此，提出了基于网络"教学空间"应用模式的教与学活动五要素，即：活动目标、活动时间、活动步骤、活动评价、网络"教学空间"设计。

1. 活动目标

活动目标是基于网络"教学空间"培养学生问题解决能力的普遍性的、统一性的、终极性的宗旨，具体到某一学科就需要通过活动目标得以最终体现，要将课程活动目标与培养学生问题解决能力的目标统一起来并将目标内涵的精神贯穿于各个具体目标之中。

2. 活动时间

活动时间是指学生完成一次网络"教学空间"学习所需要的时间，学生问题解决能力的提升需要一个过程，而且需要多次学习才能初显成效。因此，网络"教学空间"教学活动时间设计不能太短，也不能太长，一个学期开展 2~3 次活动为宜，每个活动的时间为 4~6 周为宜。

3. 活动步骤

活动步骤是指学生在网络"教学空间"中为完成某一项学习任务所要开展的工作环节，也正是所构建的网络"教学空间"DPSC 应用模式中的教学应用步骤，具体活动步骤设计要考虑所选定的研究性学习方式，基于问题的学习、基于项目的学习等在具体的活动步骤设计方面会有一定的差异。

4. 活动评价

活动评价要辐射到两个方面：一方面是学生基于网络"教学空间"开展学习活动的评价与改进，以期能够更好地完成学科教学目标，同时促进学生问题解决能力的提升；另一

方面是对所构建模式的教学活动的设计评价与改进，通过教学实践与反思对已构建的教学应用模式和教学活动不断进行修正。

由于本项研究中的学生问题解决能力由理解、辨别、表述、解决、反思、交流问题的六种子能力构成，问题解决能力的结构构成也体现了学生问题解决能力的发展过程。学生在交流讨论时要能够对比、判断、阐述、呈现作品，反思和交流心得、经验。学生查找大量资料，通过对比理解并凝练问题，表述问题解决方案；小组合作完成任务，解决问题；反思并阐明小组解决问题的思路；交流经验和心得。因此，本研究将建议参与网络"英语教学空间"教学应用实践的教师在活动设计中要注重引导学生创设以下四种角色。

（1）讨论发起者。负责组织小组成员开展讨论活动，通过发起话题、提供建议来促使学生展开积极的讨论，同时负责在讨论结束时做总结。可以是教师和组内一位同学共同担任该角色。

（2）督促者。每组要配置一个督促人的角色，负责监控小组成员参与活动的情况，及时向教师反馈活动开展的情况和存在的困难。

（3）发言者。这是一个小组中所占比例最大的角色，每个发言人需要陈述清楚自己的观点并随时收集资料和信息来支撑自己或伙伴的观点。

（4）纠察员。负责分析比较小组成员的观点和意见，提出疑问，要求成员给予论证，可将讨论引向深入。组内所有同学均可担任该角色。

开展 DPSC 教学活动时，建议以 4~6 人为一个小组分配角色，每种角色随着学习项目的变化可以调整，最好使每个学生均有机会体验不同的角色。为防止部分学生在小组讨论中出现躲避和潜水，督促者必须关注每一位成员的行为，并予以及时提醒。在小组角色分配时，我们需要对每种角色的责任和行为做详细的介绍，要求讨论发起者首次提出问题时，每位小组成员均要作为发言者进行回答，多次回答时不能与前面的回答简单重复。要明确告知学生每个角色的表现将纳入学生成绩评定，设定讨论成绩占总成绩的 30%，以刺激学生开展积极有效的讨论活动。讨论引导是促使学生展开组内（间）讨论的引擎，教师需规范学生的讨论活动，为防止讨论成为一种形式，教师需要根据以下流程来设计和引导讨论：

（1）讨论发起者根据教师提供的问题支架，提出讨论议题，组织本组成员展开讨论，研讨设立解决某一问题的项目和执行计划。

（2）组内每个同学均可以纠察员的身份质疑其他同学的观点和问题。

（3）每个发言者需为自己的观点提供支撑证据。[（2）、（3）反复进行）]

（4）讨论发起者描述不同意见。

（5）发言者、纠察员各自陈述讨论思考后的意见。

（6）收集资料支撑观点，展开互评。

（7）互找共同点，协商统一观点。

（8）讨论发起者总结小组意见。

## 第三节　应用模式的效果验证研究

本项研究的困难之一是通过教学实验应用网络"教学空间"DPSC 应用模式开展教学

活动之后，如何验证学生的问题解决能力得到了提升，这将最终关系到研究所构建的网络"教学空间"DPSC 应用模式的有效性问题。因此，找到科学有效的测评学生问题解决能力的方法和手段是本研究的关键之一。

然而，学生问题解决能力往往是内隐的，需要通过精心设计测量与评价，方能使其外显。本研究将设计应用质性评价与量化评价相结合的综合评价体系来测评学生的问题解决能力发展状况。通过学生问题解决能力 Q-C-Q 综合测评体系图（Evaluation system of Quantitative Evaluation Combining with Qualitative evaluation），我们既可以观察到教与学的活动，获悉师生在教与学活动中的所思所想，便于研究者采用人文关怀式的分析方法解析模式各个环节对学生问题解决能力的培养状况和师生基于网络"教学空间"开展教学活动的心理发展情况，又可以通过成熟的国际测评工具 PISA 问题解决能力测试卷来量化测评学生问题解决能力的发展水平。

研究计划教学实验之前，首先进行前测，以确定研究对象的初始状态；在教学实验过程中，针对教师一个学期中（每一轮教学实验的时间为一个学期）应用网络"教学空间"DPSC 应用模式开展教学的系列活动，选取其中一项活动展开测评研究，除了量化分析 PISA2003 问题解决能力测试成绩、课堂活动观察、网络"教学空间"学习活动观察分析，还贯穿师生座谈、访谈、教师观摩反思等质性研究。通过质、量结合的方式确保学生问题解决能力测评的科学有效，为修正培养学生问题解决能力的网络"教学空间"DPSC 应用模式提供依据。如果几轮教学实验之后，学生问题解决能力的提升尚不理想，且不能有效验证网络"教学空间"DPSC 应用模式的有效性，则需要进一步修订模式并开展更多轮次的教学实验活动。

### （一）量化评价

量化评价主要通过 PISA 测试、学生问卷调查以及对学生学习活动中问题解决能力的表征观察来获取数据，研究选用 PISA2003 问题解决能力测试题和 PISA2003 学生问题解决能力问卷调查以及自主开发的《网络"教学空间"学习活动观察表》《学生问题解决能力发展状况观察评价标准》《学生问题解决能力的构成描述与学生行为指标》《学生问题解决能力发展观察评价量表》为评价工具。由于 PISA 测试近年来受到诸多国家的广泛认可，成为诸多国家教育改革的风向标，因此采用 PISA2003 测试题和学生问卷具有较高的认可度。同时，为了保证测试题和问卷的可信度，研究对 PISA2003 问题解决能力测试题和 PISA2003 学生问卷调查做了本土化处理，尽量消除文化背景等因素的影响，使测试题便于受测学生的理解和作答。调整后的 Cronbach's Alpha 系数分别达到 0.76 和 0.78，表明测试题和问卷均有较好的可信度，具有可研究的价值。

对 PISA 测试的成绩数据可分为两方面展开分析：一方面做 PISA 测试成绩差异性分析，以分析实验班与对照班学生教学实验前、后整体的问题解决能力差异，验证所构建的教学应用模式的有效性；另一方面针对 PISA 测试试题的作答情况展开分析，通过实验班之间以及实验班与对照班之间的比较，获取学生问题解决能力中部分子能力的发展信息。

对学生调查问卷的分析也分为两部分：一是做相关问题的作答频次统计；二是做与学生问题解决能力相关因子的相关性分析。质、量结合综合评价体系贯穿于教学实验的行动研究和准实验研究之中，较之于单纯的 PISA 测试，能够更客观、全面地评价学生问题解决能力的发展。方便研究者根据所获取的量化数据和质性分析来不断修订教学应用模式完善教学活动设计模板。

## （二）质性评价

质性评价从人文关怀的角度，获悉调查问卷和 PISA 测试所无法获取的深层信息，更加全面地了解学生问题解决能力的发展状况。研究中所用到的质性评价主要包括三个方面，即：教师反思分析、师生访谈和学生作品成果对比分析。笔者设计了主讲教师反思表，观摩教师反思表，学生访谈提纲，教师访谈提纲，实验班、对照班学生作品成果对比分析表。应用上述工具，本研究从问题解决能力的六种子能力的微观角度出发，全面获悉教学实验前后学生问题解决能力发展的状况和应用网络"教学空间"。为深入了解学生学习的初始状态和实施实验教学后的发展状况，获取量化手段无法得到的信息，本研究特引入质性研究方法来评价学生问题解决能力的发展，主要通过访谈和观察两种途径收集质性材料。

### 1. 深入访谈

深入访谈是质性研究的重要方法，通过面对面座谈和 QQ 远程访谈等形式与参与实验教学的教师和学生展开交流。

（1）教师访谈。设计教师访谈主要是为了了解教师对学生问题解决能力的认识，获悉教师对提升学生问题解决能力教学的实践情况，掌握教师应用网络"教学空间"DPSC 应用模式开展教学活动的真实情况，获悉教师的感受，收集教师发现的问题和对模式的改进建议。

（2）学生访谈。设计学生访谈主要是了解学生问题解决能力的发展状况，调查学生在网络"教学空间"环境支持下的学习情况，获悉学生对自身学习的认识和参与学习的感受以及对教学活动的建议。

### 2. 观察分析

本研究的观察活动分为课堂观察和网络"教学空间"观察。课堂观察在教师授课时进行，主要从学生学习状态、回答问题频次、小组成果展示、学生互评、教师评价、教师课堂组织等几个维度展开。网络"教学空间"观察主要是针对学生在网络"教学空间"开展学习活动的观察，从小组问题的提出、方案的制定、组内研讨、组间互评、任务成果的完成和反思心得等几个维度展开。观察时需要使用观察记录表。

## 第四节 网络"英语教学空间"应用模式的在教学中的反拨作用

### 一、教师应用网络"教学空间"开展教学的心理发展阶段

在两轮行动研究中发现，教师应用网络"教学空间"开展教学需要经历四个阶段的心理发展历程，包括逐步认可期、初试锋芒期、痛并快乐期和专业成就滋润期。上述四个心理发展阶段是交融递进的，反映了教师应用网络"教学空间"开展教学活动的心理成长变化，也反映了教师应用网络"教学空间"开展教学改革的专业发展历程。

逐步认可期：教师心里充斥着对网络"教学空间"的陌生感，通过一些项目的推动，部分教师不情愿或者半情愿地参与学习，逐步了解网络"教学空间"的作用和应用方法。

初试锋芒期：教师心里充满了好奇，尝试的心理促使教师应用网络"教学空间"开展教学实验，尝试的同时依然有较强的陌生感和对技术的恐惧心理。

痛并快乐期：教师逐渐乐于使用网络"教学空间"开展教学，既体验到了应用网络"教学空间"开展教学的乐趣，又引发了教师关于网络"教学空间"开展教学设计的需求，快乐的体验和不满现状的痛楚同时存在。这一时期是教师应用网络"教学空间"开展教学改革的关键时期，该时期同样存在尝试的心理，部分教师容易浅尝辄止，需要教师坚定的教改理念做支撑，需要学科专家长期跟进的网络"教学空间"应用指导。

专业成就滋润期：该阶段的教师已经对应用网络"教学空间"实施教学驾轻就熟，开始反思教学经验和不足，能够积极开展教学研究，真正实现了教学与教研的融合。

## 二、学生应用网络"教学空间"开展学习的心理发展阶段及特征

### （一）学生基于网络"教学空间"开展学习活动的心理发展阶段

学生基于网络"教学空间"开展学习活动也需要经历四个阶段的心理发展历程，包括兴趣萌发期、浅表尝试期、愉悦适用期（逐步应用期）和反思交流期。

在基于网络"教学空间"的学习活动中，学生与教师的心理发展类似，学生从陌生到创造也要经历四个阶段，这四个心理发展阶段也是交融递进的，反映出了学生在网络"教学空间"环境下开展学习活动的心理变化。

兴趣萌发期：学生初次接触网络"教学空间"，心中充满了陌生感与好奇心，在教师的引导下注册学生账号，登录教师构建的专题学习网站，展开相应的研究性学习活动，逐步开始了解网络"教学空间"的使用方法。此时，全新的学习环境和学习方法，使学生眼前一亮，强烈的陌生感激发着学生的学习兴趣。

浅表尝试期：学生在兴趣的驱使下开始尝试在"教学空间"内开展学习活动，在教师精心设计的研究性学习任务中展开自主、合作、探究式的学习，随着对网络"教学空间"的逐渐熟悉，学生对基于网络"教学空间"的学习方法和作用有了初步的认识。

愉悦适用期（逐步应用期）：学生逐渐对网络"教学空间"产生适用感，并乐于在网络"教学空间"里学习，逐渐体验到了在网络"教学空间"里学习的乐趣，这种愉悦感促使学生积极开展学习活动。该阶段是学生问题解决能力培养的关键时期，需要教师实时指导、辅导答疑和同伴互助学习，教师可以邀请学生一起协助建设网站，使学生也参与到教学设计中来，有利于学生明确学习目标，更好地完成学习活动。

反思交流期：该阶段的学生已经熟悉了基于网络"教学空间"的学习，能够反思本组学习过程中出现的问题，创造性地提出多种优化改进措施，能对基于空间的学习活动进行总结，提出学习心得经验并通过"教学空间"和同学展开积极的交流。

### （二）学生基于网络教学空间开展学习活动的心理发展特征

学生在网络"教学空间"里开展学习活动，其心理发展的四个阶段有不同的特征，具体表现在周期、学生的疑问、行为表现、学习态度和应用"教学空间"的表征等几个

方面。

学生需要一周的时间来度过"兴趣萌发期",此时的学生喜欢提出诸如"如何在空间注册"等问题,学习中充满了新奇感。学生通过一周的学习,均能在教学空间里注册一个自己的学生账号,并能够通过输入自己的账号登录空间浏览资料。

学生接受新事物的能力很强,能在2~5周度过"浅表尝试期"。该时期的学生喜欢提出诸如"空间里小组如何展开讨论""我能否参与其他小组的讨论呢"等技术性问题,多数学生能参与空间小组活动,每个小组也能根据教师的教学任务完成作品。新的学习方式带给了学生全新的体验,每个学生的学习态度都很认真,课堂上每组学生对于本组的成果均以PPT的形式呈现,并能选派代表朗读汇报。

逐步应用期的周期长短,取决于教师教改的周期设计,如果教师能够持续不断地开展基于"教学空间"的教学实践,学生就可以在两轮教学的第一轮教学中度过"逐步应用期",该时期的学生开始关注问题解决后的成果呈现形式,能够协助教师建设学习网站,学生的学习态度十分热情。在课堂作品展示中,学生能够针对本组完成的作品展开讲解。该阶段对于学生的发展至关重要,是学生培养问题意识、锻炼探寻问题点的能力、培养合作学习意识的重要时期。学生能否顺利度过该阶段,并逐步应用"教学空间"展开学习,关键在于教师能否开展持续的基于网络"教学空间"的教学实践。假如教师基于网络,教学空间"的教改实践活动仅仅停留在尝试应用阶段,没有及时跟进网络"教学空间"的应用教学,学生就无法度过"逐步应用期",同样也会使教师的发展停滞在"初试锋芒期"。

学生在18周以上即一个学期的基于网络"教学空间"的学习之后,逐步进入"反思交流期"。此时的学生开始关注"哪个小组作品最好?"等评价问题,反映出学生开始反思自己的学习,并能够进行空间评价与交流。该阶段学生学习态度积极,在课堂作品展示中可以介绍本组作品并讲解小组实施方案的思路和过程,而且能提出本组和其他组学习活动的改进建议。

### (三)学生基于网络"教学空间"开展学习的指导策略

不仅仅是教师需要逐步熟悉网络"教学空间"支持下的教学,学生对全新的学习方式也有一个逐步认知的过程。根据学生心理发展四阶段的不同特征,每个阶段根据出现的问题应采取相应的指导策略。各个阶段的策略不是绝对和专属的,有些策略具有共通性。

**1. 兴趣萌发期**

(1)问题主导,技术辅助。初次接触网络"教学空间"的学生心里充满了新奇感,更多关注"如何在空间注册""到哪儿去找学习资源"等浅表性问题,此时的教学策略应该是利用技术提供问题支架,而不是直接抛出问题,培养学生问题意识,弱化空间技术的学习,做到"问题主导、技术辅助",使学生能够围绕问题展开思考,为了发现问题或理解问题而使用技术。

(2)方法展示,统一注册。各个学校的信息化教学条件不同,针对一些学校不能保证每位学生拥有一台计算机的实际情况,为了提高学习效率,帮助学生快速度过兴趣萌发期。教师可以在课堂上展示学生注册的方法和流程,然后帮助学生统一注册,为学生分配账号,帮助学生快速进入空间学习。

### 2. 浅表尝试期

（1）布置任务，丰富资料。在浅表尝试期，教师主要培养学生应用网络"教学空间"开展学习活动的一些良好习惯。教师可以布置一些简单的任务，让学生查找资料，并上传至空间共享，以提高学生的参与度，使学生尽快熟悉网络"教学空间"。

（2）合理分组，角色分配。根据学生信息技术能力的不同，男女搭配合理分组，同时兼顾学生家庭的信息化环境（是否有计算机、是否具备上网条件等）。实践证明，给予学生明确的角色分配可以有效防止推托、躲避的现象，促使每一位学生都积极投入到学习中去。

### 3. 逐步应用期

（1）邀请学生共建网站策略。学生逐渐熟悉基于网络"教学空间"的学习方式之后，教师需要积极引导学生主动参与教学活动，此时可以邀请每组学生协助教师建设网站。在学生的个人空间中可以点击"我协助建设的网站"进入相关主题的网站建设。教师可以赋予学生更多的网站修改权限，增加学生的责任感。

（2）提供互评指导。教师为学生提供生生互评的相关指导，如小组成员互评表，可以促使学生主动思考。也可利用网络"教学空间"的投票功能，展开随堂投票，课堂实时生成量化评价数据。例如在英语课 Festival 中，研究者让全班学生对每组最终作品的评价投票，主题为"Which composition do you like best?"。投票可以是课外也可以是课内，投票完成后，网络"教学空间"可以自动统计每组得票数。

教师在学生逐步应用网络"教学空间"开展学习活动的过程中，指导学生展开互评，也是培养学生问题解决能力的一个重要环节，学生评价其他同学的过程是逐步熟悉"教学空间"，反思自身学习的重要过程。

### 4. 反思交流期

（1）科学评价，共同反思。教师和学生一起评价小组完成的作品（可赋予不同的权重），有利于引导学生反思，教会学生合理、科学地展开评价活动。同时，教师可以利用网络"教学空间"的记录功能再现每组学生的评价过程，展开针对评价过程的评价活动，利于师生共同反思教与学的过程。

（2）鼓励成果形式多样化。该时期，教师要将学生的注意力引到反思自己学习活动的过程中来，使学生能够改进本组学习中解决问题的方案，引发学生思考"小组的成果怎样呈现能使其他同学更加容易理解？"这一问题上，鼓励小组以多种形式呈现成果。

## （四）构建网络"教学空间"的意义

### 1. 有利于重构教育模式，提高教育信息化水平

网络"教学空间"的应用打破了以教师为中心的教学模式，在这个教师与教师、教师与学生互助建设的空间里，需要创设全新的网络"教学空间"应用模式，不是简单的技术应用，不是传统教学的数字化，而是从理念到实践、从教学设计到活动组织、从教与学主体到教学评价的整个重置，教师依托网络"教学空间"展开课内外教学活动，学生也参与教学设计，积极主动地应用信息技术获取、处理、加工、存储所需的信息。在这种学习环境中，教师自然而然地成为教学引领者、辅助者、导航者，学生成为积极主动的参与者、学习者、探索者，从而提高教育信息化水平。

### 2. 与传统教学空间相辅相成相长

传统意义的教学空间包括开展教与学活动的所有场所。19世纪出现的班级授课是物理结构的传统教学空间，固定的时间、固定的地点成为无法逾越的障碍。随着互联网技术的发展，人们开始逐渐习惯于生活在虚拟空间，网上购物、网上学习已经深入人心。因此，构建网络"教学空间"不是取代传统的教学空间而是对传统意义上教学空间的拓展，网络"教学空间"不仅能在课外突破时间和场所的限制，还能深入课堂，即在传统的教学空间——教室里也能够登录网络"教学空间"实施教学活动，因此，合理构建网络"教学空间"，使其与传统教学空间相辅相成是重构教育模式的必由之路。

### 3. 有利于汇集丰富的学科资源

学科资源是教师教学中必需的要素，包括教学素材、教学设计、教案、学生作业、学生作品等多种形式。在传统教学空间里，学科资源的积累主要通过教师自制、同行交流、学生提交等方式完成，这些资源大多为纸质版本，整理和保存不方便。构建网络"教学空间"可以极大地丰富学科资源，除了上述资源形式，还可以记录不同小组、不同学生的学习过程，例如在基于项目的学习中，从项目的确定、实施方案的设计、分组实施、组内互评、小组展示成果、组间互评，到教师总结，整个过程都可以记录在网络"教学空间"中，下一届学生不仅能看到学长们的作品，而且能感受到他们探究知识的过程，这正是得益于网络"教学空间"中宝贵的教学生成性资源。构建网络"教学空间"有利于师生开展个别化交流，扩大了师生的交流面。

传统教学空间中，教师与学生的交流受到时间和空间的限制，每节课上不是所有的学生都有发言的机会，教师也不可能走到每位学生的面前，部分害羞的学生与教师的交流就更少。网络"教学空间"为学生提供了随时随地与教师交流的机会，为每一位学生提供了发言的平台。它变革了课堂教学中被动发言的状况，学生的提问或回答变得更加有效。教师可以根据学生的空间学习状况（观察、分析学生发帖等行为），有选择性地展开个别化交流。由于基于空间的学习可以在课堂之外进行，因此学生能够轻松吐露心声，反映自己真实的所思所想，教师也不用请学生到办公室，而是利用零碎的时间，在课外同步或异步与多个学生展开交流，真正实现全方位互动。

### 4. 给每位学生提供了平等交流、深入参与教学的均等机会

在传统教学空间里，教师是真正的意见领袖，实际掌控着课堂教与学的主动权。虽然新课程改革强调要把课堂留给学生，要采用多种多样的教学模式，要培养学生多种学习方式，但在固定的场所、固定的时间和以教师为中心的教学设计环境下，师生之间的平等交流的机会已经被剥夺，学生只是被动接受知识，无法通过主动的思考来深入参与到教学之中来。网络"教学空间"为每一位学生提供了均等的交流机会，突破时空限制，在开放的学习环境下，意见领袖的氛围荡然无存，每位学生都是自己的意见领袖，同时，在教师的帮助下，每位学生都有机会深入参与教学，有机会自己设计学习过程，制定学习活动方案，展开实质性的评价并最终完成作品。

### 5. 网络"教学空间"为师生构建了学校教育"云服务"

教育"云"已经步入我们的生活，微信、微博、博客冲击着我们对学习的认知，也时刻提醒着我们的无知。在浩如烟海的知识面前，快速、便捷、安全地获取所需的信息成为

网络环境下学习的重要条件。构建网络"教学空间"能够为师生提供教育"云服务",所谓"云服务"是指学校和教师利用"云计算"支持的平台构建个性化教学的信息化环境,能为学习者提供多种资源,创设多种学习情境,并能在需要的时候随时随地提取所需资源。例如:教师可以利用网络"教学空间"的"资源平台"功能为学生提供学习资料(包括授课 PPT、视频资料、微课、课外阅读资料等),学生也可利用该功能存放自己的学习资源。每位教师和学生都在"教学空间"的教育"云"下享受着技术带给教学的便捷与服务,学校教育"云服务"的理念已逐步深入人心,将逐步深层次变革教师的教和学生的学。

### (五) 网络"教学空间"在支持学生问题解决能力培养中发挥的作用

**1. 网络"教学空间"对影响学生问题解决能力发展的因素产生了积极作用**

(1) 网络"教学空间"环境能够提供丰富的网络资源,方便各学科教师以及学生之间的交流,有利于学生知识水平的提升并增强学生的问题意识。

(2) 利用网络"教学空间"开展家校协同教学,能够弱化家庭环境、藏书量、父母学历、男女性别等个体特征对学生问题解决能力造成的负面影响(两轮实验教学之后,实验班男女生之间的问题解决能力无显著性差异)。

(3) 教师利用网络"教学空间"为学生提供资源,创设问题环境,支持更加清晰的问题表征,便于学生理解和辨别问题。

(4) 网络"教学空间"为每一位学生提供了发言交流的平台,学生在交互中想尽各种办法阐述自己的思路,或为同学出谋划策,学生的心智技能在交流、互评、互助中得到了提升。

(5) 师生通过网络"教学空间"记录问题解决的过程,反映了问题解决者的心路历程,并为个体间交流、分享实践经验与问题解决经历提供了平台,极大地丰富了学生们开展自主、合作、探究学习的实践经验。

(6) 网络"教学空间"支持教学过程性资料的积累,有利于学生监控自主学习过程,并在任何地点、任何时间开展反思活动,方便学生阐释自己的问题解决的过程,并分析和调节自身的认识加工过程(元认知),有利于学生形成系统的科学研究过程性思路。

(7) 网络"教学空间"为教师综合应用多种教学方法和策略提供了便利,基于网络"教学空间",教师可以采用多种研究性学习方式组织开展学习活动。网络"教学空间"支持学生拟定步调复习、反思和交流,支持教师、家长对学生学习活动的多元评价。

上述均为网络"教学空间"能够产生积极作用的影响学生问题解决能力发展的因素,另外三种因素"学业成绩""学校教育""智力水平"无直接影响,例如"智力水平"由于学业成绩并不能完全表征智力水平,同时行动研究中并未对参与实验的学生做智力水平的前后测,故无法直接证明利用网络"教学空间"可以提升学生的智力水平,但可以通过长期的家、校联通,链接社会实践,通过解决空间建设、交流研讨、反思等活动中遇到的一系列问题来促进学生智力水平的不断提升。

**2. 网络"教学空间"可构建多样化平台,支持学生问题解决子能力的培养**

在前文,笔者根据文献分析了学生问题解决能力的构成结构,提出六种子能力,并根据网络"教学空间"的功能,提出了网络"教学空间"对学生问题解决子能力培养的支持作用和可能产生作用的六种假设。经过两轮教学实验的行动研究，笔者发现网络"教学空间"可以构建多样化的教学平台以支持六种学生问题解决子能力的培养，六种假设均成立。

（1）教师上传学习资料，创设情境，提供问题支架的阶段，网络"教学空间"构建了资源平台，海量的资源库便于培养学生理解问题的能力。

（2）学生分组讨论问题的阶段，网络"教学空间"构建了交流、研讨平台，创设开放民主的讨论氛围，有利于学生辨别问题能力的培养。

（3）学生研讨解决问题方案的阶段，网络"教学空间"构建了资源平台和交流、研讨平台，方便学生课外做图表、课内展示、说明问题，有利于学生表述问题能力的提升。

（4）学生展示成果与评价过程、修改方案阶段，网络"教学空间"构建了互动、互评平台，为学生提供课外协作研讨、课内交流的平台，使得小组协作解决问题的过程可视化，支持师生反思与互动，有利于学生解决问题能力和反思能力的培养。

（5）学生讨论方法、交流经验阶段，网络"教学空间"提供演示、交流平台，支持知识互动、生成与创造，便于学生不受时空限制交流学习经验与方法，有利于培养学生问题解决方法的交流能力。

# 第五章 研究生英语教学有效教学中听说混合教学研究

## 第一节 研究背景

语言是社会交际需要和实践的产物，语言在交际中才有生命力。学习外语的最终目的是用外语进行交际，这种交际能力包括准确接收信息和发出信息的能力。前者包括听和读，后者包括说和写，英语听说能力在语言交际过程中起着重要作用。

随着国际交往日益频繁和社会竞争日益激烈，我国对非英语专业研究生的外语水平的要求越来越高，特别是听力和口语表达能力显得尤为重要。研究生公共英语教学目标也紧紧围绕培养学生的英语综合应用能力，特别是学术听说能力，使他们在学习交流、今后工作和社会交往中能用英语有效地进行交际，同时增强其自主学习能力，提高综合文化素养，以适应我国社会发展和国际交流的需要。研究生公共英语课程的设计应充分考虑听说能力培养的要求，并给予足够的学时和学分；应大量使用先进的信息技术，开发和建设各种基于计算机和网络的课程，为学生提供良好的语言学习环境与条件。高等学校应充分利用现代信息技术，采用基于计算机和课堂的英语教学模式，改进以教师讲授为主的单一教学模式。新的教学模式应以现代信息、技术，特别是网络技术为支撑，使英语的教与学可以在一定程度下不受时间和地点的限制，朝着个性化和自主学习的方向发展。在充分利用现代信息技术的同时，我们要合理继承传统教学模式中的优秀部分，发挥传统课堂教学的优势。

目前，我国高校非英语专业研究生们虽然能熟练地做各种书面练习题，却很难用英语口语表达自己的思想或与别人交流，适应不了社会发展和经济建设的需求，听力和口语能力依然是中国非英语专业研究生比较薄弱的环节，学界的很多学者针对这一现状进行了大量研究，从听力和口语的特性出发，结合我国研究生公共英语听说教学现状，分析了影响研究生英语听力和口语能力的重要因素。

### 一、客观因素

众所周知，在新加坡等把英语作为二语的国家和地区，学习者的英语听说能力是比较高的。究其原因，在这些国家和地区，英语的使用环境相当广泛，涉及社会的方方面面，如商业、教育、政治、文化、社交等，学习者能在真实语言环境中充分接触和使用语言，能够自然地习得目的语。然而，英语在我国却是名副其实的外语，外语学习者的语言环境主要是在课堂，外语学习者所接受的语言输入主要来自课本，学习者从小学开始使用的外语课本都经过了编写者的加工和教育部门的严格审查，其语言输入相当有限，而且都是些非真实或非自然的语言。根据美国语言学家克拉申提出的"语言习得"理论，每个人幼时的经历是一个自然习得语言的过程。在这个自然过程中，学习者通常能够通过大量的语言与周围的人在真实的语言情境或语言环境中进行顺畅、准确的交流。英语学习的最大特点是实践，语言实践需要语言情境。语言意义的理解、表达以及语言功能的实现皆需要语境。

要解决语言学习的环境问题，单靠我们传统的课堂教学是远远不够的，因为课堂和真实语言环境毕竟相差甚远，再怎么设计语言应用的情境也难以与真实的语言环境相媲美，相应地也难以达到预期的效果。因此，我们只能通过改革，借助现代教育技术创造真实情境的语言环境，以期能真正解决外语教学的环境问题。在中国，很多学校的大学英语授课采取大班授课的方式，这对听力和口语的教学十分不利。一名教师同时要承担多个班级的授课任务，学生可能在语言知识方面水平相当，都具有基本的语言知识能力，但是听力和口语的能力差异较大。南方学生明显存在地方口音，英语语音不准确，农村和边远地区的学生几乎没有进行过口语练习，这就使学生的学习起点不同，听力和口语的初始能力水平参差不齐，这些现象都增加了课堂教学和管理的难度。教师几乎不可能把学生的水平差异控制在他们能掌控的范围内，教师能做的就是按照事先设计好的教案授课，采用统一的教材、教学方式、教学进度来进行整齐划一的听力和口语教学，无法实施因材施教的理念。一些课堂甚至还出现"较差的学生由于跟不上教师的节奏导致听不懂而索性缺课，水平较高的学生则嫌节奏太慢而上课干自己的事"等现象，这势必会降低教学的效果。这种大班教学忽略了学生的学习起点和初始能力，不能在尊重个性的基础上进行因材施教，必然不能取得满意的效果。在由于客观条件而引起的不能改变班级规模的前提下，教师唯有通过课内课外活动来充分了解每个学生的特点，才能在课堂教学中有的放矢，实施个性化教学，真正保证每个学生都能得到充分发展。

## 二、主观因素

上文分析表明，英语学习环境和大学英语的教学模式等客观因素会对学生提高英语听说能力造成影响。同时，学生自身的自信心、焦虑感、学习策略、学习动机和英语知识水平等主观因素带来的影响也是不容忽视的。

### （一）自信心

自信心是指一个人对其自身能力、自我发展的肯定。自信自强的人对自己的能力充满信心，相信自己存在的价值，相信自己能获得成功。大量的研究表明，自信心和外语的学习有着不可分割的联系。有自信心的人更不怕遭受拒绝，更愿意把自己置于学习环境中，即使是在学习中犯错，他们也比缺乏自信的人更坚强，更不容易受外界环境的干扰。自信心强的学生敢于开口说英语，尽管有的时候说得并不是很好，但只要有自信心，就会越战越勇。

### （二）焦虑感

语言焦虑是"一种由于语言学习过程的独特性产生的，与课堂语言学习相关的自我意识、信念、感觉和行为的明显综合体"。学生听力、口语中的焦虑情绪是学生在外语学习中所独有的一种心理状态，是学习者在使用还不熟练的另一种语言时所感觉到的紧张和恐惧。在听力理解的过程中，听的活动过程是大脑将输入的信息进行加工处理的过程。由于听力内容的瞬时性和他控性，听者无法控制说话者的语速，又无法控制内容和语言形式的繁简，因此一旦受到外界的干扰或理解困难时，听者就极容易紧张、烦躁、不安。当人们的情绪处于过度紧张的状态时，大脑神经活动往往产生抑制，理解的能力及效率都大大降低，整个听力过程听到的东西支离破碎，对听的效果产生严重的负面影响。久而久之，学生对听力课和听力考试感到忧虑，认为听力理解是一项很难的技能，对自己能否提高听力能力产生怀疑。

在口语表达方面，学生的焦虑情绪同样很严重。有些学生认为自己基础不好，有地方口音，发音不准，常因担心答案的准确性，不敢或不愿回答老师的问题。而有些学生性格内向，对与人用英语交际这一活动感到羞怯。因此这部分学生在课堂上"消极怠工"，甚至以逃课来躲避课堂交流。这种由性格决定的焦虑感称为性格焦虑。另一些学生自尊心和自卑感强，特别在意别人对自己的看法，并且自我评价过低，惧怕老师指责和同学的嘲讽，这种受环境和他人影响而产生的焦虑叫作环境型焦虑。焦虑感使学生对自己的情绪把握和控制能力较差，即使他对语音、语调、词汇和文化背景等语言要素掌握得很好，也不可能获得理想的交际效果。这部分学生想说英语的欲望强烈，但是对自己的表现不满意，使得焦虑感和挫败感越来越强，形成恶性循环。这时，学生就下意识地避免使用语言交际，减少和外语接触的机会，从而阻碍了学生口语交际能力的发展。

### （三）学习动机的缺失

学习动机是直接推动学生进行学习的内部动力。一个学生是否想要学习，学习的努力程度、积极性、主动性等都与学习动机有关。学习动机由学习需要和诱因两个方面构成。学习需要是学生追求学业成就的心理倾向，是社会、学校和家庭对学生的客观要求在其头脑中的主观反映。诱因是与学习需要相联系的外界刺激物，如他人的表扬、奖励等。诱因吸引学生将学习活动定向在某具体对象上，以达到一定的学习目标，从而使需要得到满足。兴趣、爱好是学习之母，动机则是学习的动力所在。一个人如果在兴趣的驱使下去做任何事情，总是会排除阻碍投入其中，在兴趣的驱使下大脑也会非常积极地工作，所以一旦学生对英语的听说教学有了兴趣，把练习听力和口语当作一件快乐的事情，那么他就会带着强烈的欲望去用英语交流，并且寻找一切可以提高自己英语听说能力的机会。反之，如果学生对所学内容没有兴趣，就不会有持续的干劲和动力。

在研究生公共英语听说教学的过程中，我们必须为学生创设有利的学习环境，消除不利于听说学习的影响因素，然而如果仅仅依靠课堂有限的教学时间则很难使理想的学习条件得以充分实现。众所周知，英语专业研究生的听说能力明显好于非英语专业研究生的听说能力，因为前者长期沉浸在英语的世界中，无论是主动还是被动的，学习者都会受到熏陶，从而不由自主地开口说英语。而非英语专业研究生只有在每周仅有的几次课堂教学中才有机会接触英语，先天学习条件的不足势必会减弱学习效果和效率。因此，我们有必要探索新的教学模式，打通课内课外、校内校外的屏障，构建良好的英语听说学习环境，为提高非英语专业研究生的听说能力乃至英语交际能力提供发展的平台。

## 三、研究问题

提高非英语专业研究生的听力和口语能力乃至英语交际能力是社会发展的需求，而目前听说教学的现状不能够实现有效地培养非英语专业研究生的听说能力，这种需求与现实的差距需要通过教学模式的变革来缩减，而移动技术的出现可以使教学模式的变革更为有效。作者拟探索移动技术对英语听说教学的支持作用，利用移动技术的优势构建大学英语混合式听说教学模式，创设有利的英语听力和口语学习环境。

基于以上的论述，作者拟研究以下两个问题：

（1）论证利用移动学习和课堂教学相结合的混合式教学模式提高非英语专业研究生英语听说能力的可行性。

（2）移动技术支持的大学英语混合式听说教学的效果研究。

# 第二节　研究理据

不同的语言学习理论的指导下，产生了不同的语言教学法，而在英语听说教学方面，有着重要影响的理论有二语习得理论和情境认知与学习理论，这些理论也能够为构建移动技术支持的大学英语混合式听说教学模式提供理论指导。

## 一、二语习得理论

二语习得理论是在对第二语言习得过程及其规律的研究的基础上提出来的。这些理论虽然不能直接被用来解决外语课堂中的实际问题，但它们对外语教学是有一定的启发和指导意义的。语言是人类认知能力的一种体现，这一点已经成为不同学科研究者的共识，因而认知和语言的关系也成为当今第二语言习得理论研究的焦点。二语习得理论的发展从时间上来看又分为两个派别，分别基于认知心理学和社会文化理论。其中，基于认知心理学的二语习得包含输入假说、互动假说和输出假说，它们强调知识的积累是二语习得的关键，认为充分的语言输入、互动和语言输出对于提高英语听说能力是必不可少的；而社会文化派以维果茨基为代表，认为二语的习得重在参与，学生进行互动活动的本身就是学习的过程，因此在教学中要注意增加有意义的互动使学生真正参与学习，而不是接受学习。基于这两种理论，我们设想利用教育技术促使学生不断地参与到英语口语的交流和互动中，对于提高口语教学的效果、效益和效率是有益的。

### （一）基于认知心理学的二语习得

#### 1. 输入假说（input hypothesis）

"语言输入假说"是克拉申关于语言习得的五大假设中的核心假说。克拉申认为，可理解输入是语言习得发生的重要条件。语言习得不是教会的，它是一种"内隐学习（implicit learning）"的结果，只要有足够多的可理解输入，语言习得就会自然发生。

在克拉申提出输入假说之前，已有大量语言学家注意到婴儿学语以及外国式语言中语言简单化，甚至不符合语法规则，却能够在语境中被理解。这种能被理解的语言输入被认为是语言习得的必要条件。克拉申将这种理论发展完善后得出输入假说：人们理解信息或者接受可理解性输入是习得语言的唯一方式。

输入假说强调"可理解性输入"对语言习得的重要性。目前在非英语专业研究生英语听说教学的过程中，并没有为学生提供充足的可理解性输入内容，学生的听力和口语学习集中在课堂有限时间内，缺乏语言资源和合适的语境。而移动学习具有便捷性特征，学生利用移动设备可以随时随地学习，有利于增加语言输入的数量。因此，在构建移动技术支持的大学英语混合式听说教学模式的过程中，我们应当充分利用移动技术创设学习情境并使学生接触大量的可理解性输入，为听说能力的培养提供条件。

### 2. 互动假说

互动假说是迈克尔·龙（Long）于1981年提出的。互动假设是对输入假设的发展，它也强调可理解输入的重要性，但它认为要想真正理解语言输入环境对语言习得的影响，只考察语言输入是不够的，更应该关注母语者和学习者共同参与的互动过程，也就是解释语言输入如何变成提高性输入。Long提出，可理解输入影响习得可以分解为三个命题：①语言/话语调整有利于促进可理解输入；②可理解输入有助于习得；③推理语言/话语调整有利于习得。

Long认为，当母语者和第二语言学习者进行有意义的沟通和交流时，母语者为学习者提供的语言输入发生了变化。为了适应学习者的语言水平，母语者对自己的语言进行了结构和功能的调整。而当这种互动调整发生时，习得是可能的，而且将促进习得过程。在与外国人交流中，谈话者的话语特征显示出一个意义协商的过程。这种协商产生的原因有两个：为了避免交流困难和当困难出现时进行修复。

为了避免交流困难而产生的互动反映了母语者的计划性，它主导了谈话的进程，Long称之为"策略"；而当困难出现时为了进行修复所发生的互动调整是即时的，主要影响谈话的进行，Long称之为"技巧"。但有的研究者倾向于把意义协商局限于"出现困难时进行修复"。互动假说认为，意义协商引起了话语结构和功能的调整，这种调整能够为学习者提供更多的可理解输入，从而促进第二语言的习得。而且，特定的互动特征的促进作用是独立于大量话语输入的普遍作用的，比如增加新的建议或者鼓励孩子参与互动与习得的进步有关，而且独立于大量话语与习得进步的关系。在交流遇到困难的时候，通过互动调整，学习者有困难的输入变得可理解。在这一过程中，学习者的注意力转向新的语言材料，然后可能把这些语言材料内化。另一个间接的证据是，协商能够促使互动调整，比形式的简化更有助于提供最佳输入。

Long在1996年对"互动"假设进行了修正，提出："互动环境是通过选择性注意和学习者发展中的第二语言能力来促进第二语言习得的。两者结合成为意义交流过程中最重要的因素。"这一假设把"注意"当作互动环境与语言习得的中介，强调语言输入、互动环境与学习者内在因素的结合。

依据互动假说的思想，教师在英语听说教学中要积极地与学生进行意义协商，根据学生的学习特点和遇到的学习困难有针对性地调整教学，并通过对学生恰当的评价促进学生听说能力的习得。

### 3. 输出假说

"输出假说"是斯温（Swain）于1985年提出的。输出假设的基本观点是：第二语言学习者要获得较高的外语水平，应该接受大量的可理解输入。但仅仅依靠可理解输入是远远不够的，因为语言输入对学习者语言习得的影响是有限的，它并不能直接导致语言习得。要想真正习得第二语言，除了接受可理解输入，还必须进行语言输出，因为只有语言输出才能真正促进学习者充分利用已有的资源，对将要输出的语言进行辨识和考量，使它表达得更清晰准确。只有这样，第二语言学习者才能从语义加工阶段进入句法加工阶段，促进语言能力的提高。Swain 的输出假设是基于她在加拿大中学进行的关于英语母语者学习法语的一项沉浸式教学研究。在研究中，Swain 发现，经过一段沉浸式的学习，第二语言学习者的理解能力能接近法语母语者的水平，但表达能力严重滞后。在考察原因的过程中，Swain 发现，采用沉浸式教学班的第二语言学习者在课堂上虽然用法语进行交流，但他们输出的法语非常有限，几乎半数的话语长度仅为 1~2 个单词，或者仅仅为一个短语。而且因为第二语言能力有限，当他们遇到交流障碍时，他们会借助其他各种交流手段，设法让老师和同伴理解自己。Swain 认为，这一现象主要是因为学生缺乏来自课堂和社会的压力，而仅仅停留在简单的理解和被理解的程度上，以致不能最大限度地运用他们已有的语言能力，提高语言输出的可理解性和准确性。

Swain 提出，通过语言输入，学习者对语言信息的加工仅仅局限于意义，只有语言产出才能使学习者注意语言形式。因为可理解输入的信息可以不需要进行句法特征的分析，言语产出会迫使学习者关注语言表达形式的意义，并把这些表达形式内化，从而运用它们表述自己的观点。因此，如果没有语言产出的机会，第二语言学习者的语言表达能力必将落后于语言理解能力。说话人在理解和产出时运用的句法不同。听话人可能忽略某些对理解信息内容同等重要的结构特征，但说话人在运用目的语时必须准确掌握和使用这些结构特征才能满足交流的需要。尽管句法形式的理解和产出可能使用共同的表征系统，但它们涉及的工作机制是不同的。她还提出语言产出可能涉及一个既创造形式又创造意义的特别的加工机制。很多语法处于同一水平的学习者尽管意义表达不正确，但名词的复数形式是正确的。因此，她提出句法结构的加工过程和意义的加工过程不一致。

语言输出的作用体现在三个方面：①"注意"的功能，能够提高学习者对语言形式的注意程度；②检验假设的功能；③元语言的功能，即语言监控的功能。注意功能是指语言输出能促使学习者意识到自身语言的不足并注意新信息。

Swain 认为当学习者遇到交流障碍时，可能采取三种办法：①置之不理；②尽量应用已有的知识或者通过产生新知识来帮助解决；③提高对下次的相关语言输入的关注。学习者在输出目的语时，如果外部的压力迫使他们对将要输出的语言进行句法加工，那时，无论说或者写的表达都更准确。

### （二）支架式教学策略

#### 1. 支架式教学策略的基本含义

"支架式教学"由美国著名教育学家和心理学家布鲁纳（J. S. Bruner）及其同事于 1976 年在研究母亲如何影响幼儿语言发展的过程中提出。"支架"原意是指架设在建筑物外部，用以帮助施工的一种设施，俗称"脚手架"，现在逐渐脱离建筑而变成用来比喻对学生问题解决和意义建构起辅助作用的概念框架这样一个教育心理学中广为认可的概念。Peregoy 和 Boyle 这样定义该理论："在通常意义上，脚手架是一个暂时的被树立起来让工人们站在上面修建房屋用的框架，一旦房屋建好了，脚手架也就被撤走了。在儿童习得语言的过程中，成人需给儿童提供各种不同的、临时的结构和框架，即各种语言支架帮助孩子理解语言，从而习得语言，形成有效的互动交流。" Woolfolk（2004）指出，支架式教学策略包括"暗示、提醒、鼓励，将问题细分为若干步骤，提供范例，或任何可能使学生成长为自主学习者的方式"，将支架比作一种情境，即有知识的参与者包括老师能为一同参与的新手创造一种支持条件，以将新手现有的知识和技能提高到更高的水平。显然，他对支架的定义过于局限在"技能和知识"的范畴。

以社会文化的观点来看，语言发展是一个复杂的过程，它所涉及的远不止"技能和知识"。Nassaji 和 Swain 则给予"支架"更为广义的定义："支架是指学习者和专家在学习者最近发展区领域内的合作。"布鲁纳对第一语言母语发展的论述也涉及"支架"概念，"教师提供支架，进行适当干预，以帮助学习者避免或纠正错误行为，然后一点一点撤走支架。"根据欧共体"远距离教育与训练项目"，支架式教学被定义为："支架式教学应当为学习者建构对知识的理解提供一种概念框架。这种框架中的概念是为发展学习者对问题的进一步理解所需要的。为此，事先要把复杂的学习任务加以分解，以便于把学习者的理解逐步引向深入。"根据这种理解，"支架式"教学并不是教师把现成的知识教给学生，而是在引导着教学的进行，在学生学习的过程中在恰当的时机为学生提供恰当的"概念框架"，用来帮助学习者理解知识，完成更高水平的认知活动。

**2. 支架式教学的特点与实施的一般步骤**

伍德（Wood）、布鲁纳（Bruner）和罗斯（Ross）等新维果茨基派学者在1976年发表的文章中阐述了支架式教学的六点特征：①激发学习的兴趣；②简化学习任务；③保持任务目标的方向性；④突出任务的关键特征，指出任务完成现状和理想状态之间的差距；⑤控制解决问题时遇到的挫折；⑥提供示范。

参考我国探讨关于支架式教学的文献，一般认为支架式教学策略包括以下几个步骤：

（1）搭脚手架：按"最近发展区"的要求建立概念框架。

（2）进入情境：将学生引入一定的问题情境（概念框架中的某个层次）。

（3）独立探索：让学生独立探索。探索内容包括确定与当前所学概念有关的各种属性，并将这些属性按其重要性大小顺序排列。探索开始时要先由教师启发引导（例如演示或介绍理解类似概念），然后让学生自己去分析；探索过程中教师要适当提示，帮助学生沿概念框架逐步攀升。起初的引导、帮助可以多一些，以后逐渐减少，最后要争取做到无须教师引导，学生自己能在概念框架中继续攀升。

（4）协作学习：进行小组协商、讨论，讨论的结果有可能使原来确定的、与当前所学概念有关的属性增加或减少，各种属性的排列次序也可能有所调整，并使原来多种意见相互矛盾且态度纷呈的复杂局面逐渐变得明朗、一致起来，在共享集体思维成果的基础上获得对当前所学概念比较全面、正确的理解，即最终完成对所学知识的意义建构。

（5）效果评价：对学习效果的评价包括学生个人的自我评价和学习小组对个人的学习评价，评价内容包括：自主学习能力、对小组协作学习所做出的贡献、是否完成对所学知识的意义建构。

支架式教学策略对英语听说能力的培养具有如下启示：

(1) 教师将教学目标进行分解，进行分层级教学。因高校学生的英语听说能力参差不齐，统一的任务、统一的目标无法满足具有不同最近发展区学生的需求，将使部分学生的能力不能得到很好的发展，不利于培养学生的英语综合运用能力，所以教师应在分析学生最近发展区的基础上，对学生进行合理的分层，制订出切实可行的教学任务和目标，满足学生的个性化需求。

(2) 教师创造符合主题的话语环境，激发学生的学习兴趣。教师通过言语或利用多媒体图、文、声并茂的特点，用多种形式来展示教学内容，创设符合主题的话语环境，扩展学生的思维，改变语言学习的枯燥无味，从而激发学生的学习兴趣和主体意识，改善教学效果，提高学生英语听说能力和自主学习能力。

(3) 创设融洽的人际关系。如前文所述，支架式教学旨在通过有效的教师与学习者对话，帮助学习者完成其自己无法独立完成的任务。若格夫和沃茨彻认为：在两人或多人合作解决问题时，参与者积极参与，共同合作。在最近发展区内，即使在参与者认识不清楚的情况下，参与者也起着重要作用。这种解释与麦瑟（Mercer，1994）发现的"课堂上的成员互为支架，互相帮助"的理解完全一致。所以在教学中，教师应创设良好的人际关系，为学生提供多种新式的支架，如教师、优于自己的同学以及利用通信技术和移动设备提供的学习资源等。

## 二、情境认知与学习理论

### （一）情境认知与学习理论提出的背景

情境认知与学习理论从其最初的提出到后来的不断完善经历了相当漫长的过程，其中既经历了各种学习理论的不断衍生发展，也经历了各学习理论间的相互撞击。在情境认知与学习理论不断完善的这段时期，学习理论主要经历了以下几个主要范型的转变。首先是以动物为主要研究对象的行为主义的"刺激—反应"学习理论。尽管在"刺激—反应"学习理论这一流派中，各研究者对学习的解释相去甚远，并提供了不同的研究框架，但他们都把环境看作刺激，伴随而来的有机体的行为看作反应，这在当时的心理学界占据了主导地位。持这种理论的研究者强调的是环境在个体学习中的重要性，学习者学习到什么不是由学习者本身而是由环境决定的。他们认为，只要强化环境的作用，学习者就能最大限度强化自身合适的行为。之后，格式塔学派心理学家对学习做出解释，认为通过学习会在头脑中留下记忆痕迹，记忆痕迹是因经验而留在神经系统中的。然而，因为客观条件的制约，主张"学习是对理解的探索"的格式塔心理学的学习架设终究没能得到广泛接受。

直到20世纪50年代，随着计算机建模认知心理学的崛起以及内涵更为丰富的、跨学科研究领域"认知科学"的创建，才提出了基于认知的信息加工理论的学习隐喻——"学习是知识获得"，形成了挑战行为主义学习观的新的学习理论。此后，认知心理学家提出了与行为主义者完全不同的探讨学习的角度。他们认为是个人作用于环境，而不是环境引起人的行为，学习取决于学习者心理的内部结构。个体在与环境相互作用的过程中，不断地修正自己内部的心理结构，从而影响未来与环境的相互作用。而随着情境学习在认知领域的出现，研究者们将人类对于学习的研究提升到了一个新的高度。这一阶段我们可以将其看作是情境认知与学习理论的初步形成阶段，不仅标志着学习理论研究的巨大转型，也必将创造出一个学习理论的新时代。情境认知与学习理论的研究正是根植于这样的背景下，初步形成了其理论体系。

情境认知论所提出的学习与教学观对培养学生英语实际应用能力有着巨大启示：

**1. 通过为学生创造良好的学习情境，更好地锻炼学生的创造性思维，培养学生的适应能力**

人由自然属性转化为社会属性，实际上是环境（包括社会、学校、家庭、地理等）各因素间相互作用的结果。其中，有些作用效果明显，可以被我们轻易感知，而更多的作用是潜在发生的，我们不知不觉地受着影响。因此，可以说："我们是被我们生活的环境教学和教育的，也是为了它才受教学和教育的。"这也体现出在社会学背景下的心理学成果"人是一切社会关系的总和。""人创造环境，同样环境也创造人。"

在实际教学中，我们通过对社会和生活进一步提炼和加工，来创造特定的学习情境，将学生置于富于具体形象的情境之中，通过其潜移默化的暗示作用影响、锻炼学生，调动其原有认知结构的某些线索，通过整合作用而产生新的认知结构，从而顺利地解决问题，这种情境的创设锻炼了学生的创造性思维，培养了学生对环境的适应能力。

**2. 运用多种手段创设学习情境，激发与调动学生的情感**

从情境创设的方式上来说，教师可以利用各种有效、直观、形象的手段来刺激学生感官，从而激发学生的学习兴趣。在所创设的"情境"中诸如图像、视音频等各种形式的大量运用，可以极大地调动学生的积极性。同时，教师可以将现实生活中的一些典型听说对话情境有选择性地运用到实际教育、教学活动之中，这也能够有效地激起学生强烈的情感活动或体验，从而收获巨大的教学收益。

**3. 通过创设交互式情境，锻炼学生交流能力**

情境认知与学习理论认为，认知是人与情境、人与社会交互的产物。学生学习的意义建构是通过与"认知情境"的互动实现的，互动是两个或者更多的人相互交流思想感情、传递信息并对双方都产生影响的过程。由此可见，学习是一个由学习共同体分角色、有组织进行互动的过程。尤其是在语言类课程的教学和学习过程中，教师基于互动合作和以学生为中心的特点创设情境，给予学生进行表达的机会，充分发挥其主观能动性，锻炼学生运用所学语种进行思维的能力，强化学生与学生、学生与教师之间的相互交流反馈，以促进学生对语言学习的适应。

# 第三节　移动学习与移动语言学习研究

## 一、移动学习的定义和内涵

### （一）移动学习的定义

移动学习作为一种全新的可以广泛使用的学习方式，目前还没有一个明确的定义，这是因为移动学习涉及诸多要素，国内外专家学者分别从不同的角度去理解和诠释移动学习。总的来看，对移动学习的定义可以分别从强调技术的角度和强调学习方式的角度来进行。

### 1. 以技术角度出发的定义

这种观点是目前大部分研究文献中支持的，大多数研究者认为移动学习的基本特征是移动性，是移动技术与学习相结合的产物。设备能够与无线技术相结合来传递与呈现学习内容，并使学习者实现与他人的交互。

（1）克拉克·奎因（Clark Quinn）从技术的角度对移动学习下了这样的定义：移动学习是通过 IA（Information Appliance）设备实现的数字化学习，这些 IA 设备包括 Palms、WindowsCE 设备和数字蜂窝电话等。

（2）保罗·哈里斯（Paul Hams）给出的定义是：移动学习是移动计算技术和 E-learning 的交点，它能够为学习者带来一种随时随地学习的体验，并且使学习具有丰富的交互性。哈里斯又进一步对此做了解释，他认为移动学习应该能够使学习者通过移动电话或 PDA 随时随地享受一个受教育的片段。

（3）亚历山大·戴（Alexzander Dye）等人在题为 Mobile Education a glance at the future 的文章中对 M-learning 做了一个较具体的定义：移动学习是一种在移动计算设备帮助下的能够在任何时间任何地点发生的学习，移动学习所使用的移动计算设备必须能够有效地呈现学习内容并且提供教师与学习者之间的双向交流。

### 2. 以学习方式角度出发的定义

在其他的研究中，研究者发现移动学习不应该仅仅停留在设备层面，而更应该讨论移动学习能够给学习者带来学习方式上的变革。由此，一些无关设备和技术的、强调随时随地的学习方式的定义产生了。

（1）芬兰的"Telenor WAP 移动学习"研究项目给出的移动学习定义是：由于人们地理空间流动性和弹性学习需求的增加而使用移动终端设备进行学习的一种新型学习方式。

（2）Chabra 和 Figueiredo 结合了远程教育的思想，对移动学习做了一个较宽泛的定义：移动学习就是能够使用任何设备，在任何时间、任何地点接受学习。

（3）雷根斯堡大学的 Franz Lehner 和 Holger Nosekahel 认为：任何为学习者提供广泛的数字化信息和学习内容，有助于学习者在任何时间、任何地点获取知识的服务结构和部门都属于移动学习范畴。

（4）黄荣怀及其研究小组认为：移动学习是当学习者不在固定的、预先设定的位置下所发生的任何类型的学习，或者是当学习者利用移动技术所提供的优势所带来的学习。

### 3. 移动学习利用移动通信技术实现学习内容的传输

移动通信技术包括无线通信系统、微波通信系统、蜂窝移动通信系统和卫星移动通信系统。以往的数字化学习以计算机网络技术为基础，大多是在线学习，受到设备体积和有线网络的影响，学习的灵活性受限。移动通信技术不仅能提供直接的工具，而且还有助于提供更多扩张性的社会文化情境，不仅局限于教室或课堂，还提供更多在社会文化环境中进行学习的机会。用户可以利用普通手机、智能手机、平板电脑、个人数字助理（PDA）等便携式移动设备来获取学习服务与学习内容，可以说移动通信技术更能体现随时随地接入资源网络这一优势，使用户可以在恰当的时间、恰当的地点获取恰当的信息，并依靠移动通信技术与内容和其他用户进行双向交流。只有这种双向交流的模式才能使"移动"更有意义，才能更充分地体现移动学习的优越性。

## 二、移动学习的系统环境

### （一）移动学习系统的构成

关于移动学习系统的研究近年来逐渐增多，结合国内外进行的相关方面的理论和实践研究可以得出，移动学习的系统环境总的来说由三部分构成，即移动学习终端、移动学习平台和移动学习内容。

#### 1. 移动学习终端设备

目前比较流行的移动学习终端设备主要有普通手机、PDA、智能手机、平板电脑、笔记本电脑、学习机等。学习者利用移动设备可以进行在线或离线的学习。在线学习方式下，学习者通过移动通信技术接入网络平台进行学习；离线学习方式下，可以将学习内容下载至移动终端进行学习。

#### 2. 移动学习平台和资源

移动学习平台是指通过移动通信技术提供移动学习信息与学习服务支持的软件系统。它是承载适合移动学习方式的资源并支持移动学习活动的主要载体。资源建设需要满足即时性、实用性的学习需求，资源建设更多采用的是开放方式，让用户能够参与和共建资源，学习内容更多被转换成各种移动设备能识别并输出的 XML 文档，根据移动设备的大小和网络带宽确定提供的学习资源。

#### 3. 移动学习内容和活动

移动学习内容的相关设计主要由教学专家来完成，也是移动学习应用于具体学科最核心的部分，是在已具备所需移动学习设备、网络、平台和资源的基础上，根据所学知识的学科特点、学习对象及学习目的，依据一定的教育学、心理学及美学理论设计出的恰当的学习内容和学习活动。学习内容可以分为理论知识和操作技能两大类，要使学生通过移动设备进行学习，必须考虑学习内容的具体呈现形式。学习活动则是为了使学习者实现预定的学习目标而与其他学习者、教师和移动学习设备间发生的一系列交互行为。学习内容与学习活动的设计是同时进行的，彼此间相互制约，相互影响。

移动学习内容就是指学习者为了实现移动学习目标，借助移动学习设备及平台等系统学习的知识、技能和行为经验的总和。它涉及的是"学什么"的问题，在进行学习内容的选择和设计时，需要用到教学设计的思想和方法，这部分工作应由教学专家来完成。移动学习内容一般是根据学习主题、学习设备以及学习者的特点，从移动学习资源库中进行相应的选择，如果没有合适的资源，就需要进行相应的资源定制。目前，常用到的移动学习内容的表现形式主要有文本、图形、图像、音频、视频及动画。在进行移动学习的内容选择与设计的过程中，我们必须根据不同的学科类别进行相应的内容设计。

移动学习活动则是指学习者与移动学习环境之间进行的、有预定目的的交互活动。相对于移动学习内容来说，它对应的就是"如何学"的问题，由教学专家在一定的教学设计理论的指导下设计完成。以往的关于一般教学情境下和网络课程中常用的学习活动的分类已有很多，由于移动学习并不局限于远程教学情境，同时还具备 E-learning 的诸多特点，因此，一般教学情境下和网络课程中常用的学习活动都可以综合考虑，这些学习活动包括：信息提醒、阅读、辩论/头脑风暴、案例分析、做笔记、练习/测验、查看学习效果、资料搜集、现场调查、情境模拟与角色扮演、制作与实践性活动、游戏、讲授、反思、参观访问、报告撰写。

### （二）移动学习系统的应用模式

在移动学习的实施中，我们可以对移动学习系统的这三个部分进行组合，形成不同的应用模式。

1. 第一种模式：移动设备+移动学习平台和资源+学习内容和学习活动

学习者利用移动设备在移动学习平台上获取学习资源，并在教师设计的学习活动中进行学习内容的建构。这种模式是结构最全面、学习效果最好的一种模式。

2. 第二种模式：移动设备+移动学习平台和资源

学习者利用移动设备以及现有的学习资源和移动学习平台进行学习。这种模式适合学生自主学习，适合非正式学习的需求。

3. 第三种模式：移动设备+学习内容和学习活动

学习者利用手持移动设备，在教师设计的学习活动中进行学习。这种模式利用现有的教学资源，主要体现教师对学习内容和学习活动的设计。

## 三、支持移动学习的关键技术

支持移动学习的技术包含移动计算终端设备和移动通信技术两部分。

在选择移动学习所用到的终端设备时，根据开展的移动学习活动的实际情况，终端所支持的网络接入方式、是否智能、屏幕大小、硬件参数等都是要考虑的重要因素。

1. 智能手机

严格意义上的智能手机除了具备普通手机的全部功能（语音通话、发短信等），具备无线接入互联网的能力（需要支持 GSM 网络下的 GPRS 或者 CDMA 网络下的 CDMAIX 或者 5G 网络），具备掌上电脑的功能（包括个人信息管理、日程记事、任务安排、多媒体应用、浏览网页等），智能手机最为重要的标志是具备一个具有开放性的操作系统，从而使智能手机的功能可以得到无限扩充。智能手机在商务和娱乐领域的应用已经非常广泛，作为移动学习设备，智能手机的优势非常突出，主要表现在以下几个方面：

（1）在移动性方面，智能手机重量较轻（150 克左右），非常便于携带。

（2）一般情况下可以使用 8 个小时，在连续播放视频文件的情况下可以使用 4~5 个小时，基本上能够满足一天在线学习的需要。

（3）在网络接入方面，目前的智能手机一般提供了丰富的网络支持，内置 WAP 和 WWW 浏览器，可以通过 GSM 和 GPRS 两种形式接入互联网，带宽和速度可以满足一般娱乐和学习的需要。

（4）在实时交流性方面，智能手机除普通的通话、收发短消息，还可以进行在线交流，使学习者便捷地获取和分享信息，实现小组学习。

（5）在多媒体性能方面，当前主流配置的智能手机为彩色屏幕，分辨率高，色彩还原逼真；配备立体声设备，声音表现力好；百万像素的摄像头能够拍摄表态图片和有声视频；图片浏览器支持 JPEG/GIF/BMP/PNG 等格式图片；视音频播放器可播放 MP3/RM/WAV 等常见格式音/视频文件。强大的多媒体功能使其可以便捷地记录、接收、播放以及发送多媒体学习资源。

（6）在信息处理能力方面，智能手机能编辑 Office 文档，阅读 TXT、PDF 等格式的电子书和电子词典，学习者可以使用它完成一些简单的作业，并直接提交给服务器。

（7）在功能可扩展性方面，由于智能手机用户可以自行加装软件，因此，学习者在智能手机上也可以利用各类软件或外接设备获取和处理信息，比如用 RFID 获取情境信息，多个人可以同一时间同一地点获取信息。

由于开发理念上的差异，智能手机在通信能力上要好于掌上电脑，更适合灵活多样的学习方式，而且许多高端的智能手机配置已经超越了传统的掌上电脑，相应的价格也较高。相信随着技术的日趋完善和价格的下降，智能手机将是一种相对较好的移动学习终端设备。

2. 平板电脑

平板电脑简称 Tablet，是一种小型、方便携带的个人电脑，以触摸屏作为基本的输入设备。它拥有的触摸屏允许用户通过触控笔或数字笔来进行作业而不是传统的键盘或鼠标。户可以通过内建的手写识别、屏幕上的软键盘、语音识别或者一个真正的键盘（如果该机型配备的话）进行输入。目前平板电脑主要有三大系统，分别为谷歌安卓系统、苹果 IOS 系统、微软 Win8 系统。平板是集成了多种设备特性的多媒体移动设备，它集合了笔记本电脑、电子书、有线设备、手机以及电子相框等诸多功能。

平板电脑数字化互动的特点有利于突破传统教学的局限，扩大师生的活动范围，便于课堂上及时反馈学习效果。教师可以拿着它在课堂上随意走动，拿出更多精力去关注学生在教学过程中的表现和反应，及时给予学生帮助与支持，不用担心因为要操作电脑被捆绑在讲台上了。教师可以及时走到学生中间，参与他们的学习并适时地给予学习支持。

平板电脑有利于转变教学模式，教学模式由教师为中心转变为教师主导、学生为主体的模式。师生可以及时地从网络获取所需的学习资源，可以看到更多的学习内容。丰富的资源、多样的形式能更好地激发学生的学习兴趣，拓宽知识的广度，助力学生高效学习。

平板电脑强大的交互功能有利于激发学生的学习兴趣。平板电脑走进课堂利于激发学生的好奇心和参与的积极性，游戏对学生的吸引力远远大于单调的课堂，勾画、拖拽、点触、选择等操作，调动了他们的主动参与、探究的积极性，学生的学习兴趣空前高涨。

平板电脑有助于完善分层教学，更好地达到分层学习的目的。不同的学生有着不同的学习能力和学习基础，他们对知识的掌握也自然有快有慢、有先有后。面对不同层次的学生，往往主张采用分层教学和分层辅导，然而，分层教学操作较为困难，它要求教师课上、课下都要付出更多的时间和精力。但是随着平板电脑走进课堂，分层教学能得到完善和补充，更好地做到因材施教。

3. 笔记本电脑

笔记本电脑（Notebook）与台式机相比，有着类似的结构组成（显示器、键盘/鼠标、CPU、内存和硬盘），但是笔记本电脑的优势非常明显，其主要优点为体积小、重量轻、携带方便。一般说来，便携性是笔记本电脑相对于台式机电脑最大的优势。一般的笔记本电脑的重量只有 2 千克左右，无论是外出工作还是旅游，都可以随身携带，非常方便。笔记本电脑在数字化学习方式中就已经有了广泛的应用，而且凭借其优越的便携性和快捷的网络接入特性在移动学习方式中依然表现不俗。笔记本电脑的运算和存储能力相比其他移动终端都是最优越的,除了一些野外环境或特殊环境,笔记本电脑在任何地方几乎都可以作为移动终端来使用。

## 四、移动技术辅助语言学习研究

教育技术应用于外语教学相对于其他学科最为深广。教育技术应用于外语教学经历了不同的发展阶段:①20 世纪 50 年代末,听说教学法的盛行带来了外语语音教学实验室的大量使用,保留至今;②20 世纪 70 年代,受行为主义的影响以及计算机设备的逐步普及,侧重实训的计算机辅助外语教学开始出现;③20 世纪 90 年代,互联网的出现使以网络为基础的网络辅助外语教学发展起来。

多媒体网络技术对外语教学的辅助作用引起了广大学者的关注,国内不少学者也进行了研究。荆睿丽论述多媒体技术在英语学科,尤其是在英语听说课教学中的应用特点、作用、方法及多媒体课件的开发与尝试,并提供了一个多媒体在教学中应用于英语听说课的实例①。兰丽伟基于我国大学英语听说教学现状,从培养良好的听说习惯、克服焦虑心理、提高跨文化交际意识、增加听说能力培养和训练、提高教师语言技能和信息技术能力五个方面,对使用多媒体进行大学英语听说教学的策略进行了研究。黎晓容研究了如何借助计算机辅助语言和优秀的听说教材在听说教学的作用,科学而合理地选择多媒体资源能够促进学生跨文化交际能力的提高。龚芳、余玉萍基于多媒体教学的特点和优势,提出了多媒体环境下英语听说教学中自主学习模式下的网上交互法、课堂教学模式下"以学生为中心"的语境交际法、课外实践方法等。其中语境交际法具体操作方法包括二人情境对话、小组讨论、模拟与角色扮演等内容。吕璀璀提出,英文电影是培养学生的语言实际运用能力、提高听说能力的有效手段,并从英文原声电影中教学素材的选择和课堂设计等两个层面对英文电影在英语听说教学中的应用方法进行了研究,指出优秀英文电影中的台词佳句、文化知识、内涵与象征意义都是英语教师应该汲取的良好素材。

随着移动技术的不断发展,诸多与外语教学需求相匹配的特性显现出来,使得相关方面的研究逐渐升温,逐渐形成较独立的研究领域,即移动技术辅助语言学习(Mobile Assisted Language Learning,MALL)。实际上,应用教育技术促进外语教学应该充分考虑技术和语言特点的结合,每一种技术对于语言学习来说都有其特定的长处。因此移动学习应用于外语学习,实际上是将移动技术的某些特点(不同于以往的语音处理技术、多媒体技术和有线互联网络技术)充分用于实现外语教学的需要,从而达到外语学习者更为方便地学习和提高学习效率的目标。

### (一)移动技术辅助语言学习(MALL)的优势

移动设备的不断普及和应用为外语的移动学习提供了有效的技术支撑,总的来看,移动技术辅助语言学习体现出以下几方面的优势。

**1. 移动学习的泛在性使随时随地学习成为可能**

普通手机、PDA、智能手机、mp3 等移动设备具有很好的便携性,学生可以随身携带

---

① 王磊.《互联网+背景下高校英语有效教学研究》,88 页,长春:吉林人民出版社,2019.07.

并在任何有学习需求的地方进行学习,移动设备以其便携性和所承载的图、文、声并茂的多媒体学习资源恰能为学生的英语学习创设一种"无处不在"、丰富而生动的语言交际学习环境。学习者可以随意支配时间和把握空间,并获取语音、视频、数据等多媒体信息,从而无限延伸和拓展传统学习的内容和形式,使学习自然融入工作、生活和社会中。这为外语的学习创造了良好的学习环境,使学生有充分的机会锻炼听力和口语,以量变产生质变,在耳濡目染中增加自信心并获得能力的提升。

**2. 移动学习的及时性能够创设真实的情境化英语交际环境**

在移动计算环境下,学习者最需要的时候为他们提供最恰当的知识信息得以实现,而不论他们处在什么样的场合。因此移动学习又可称为及时(just-in-time)学习。学习者处于不同情境中产生学习的需求,可以利用移动设备进行学习,如果遇到困难,则通过无线通信技术与Internet相连来查询相关的信息,以满足当时当地的学习需求。语言学习的目的是在不同场合中恰当地运用语言进行交际,要尽可能地把学生置于真实的交际环境中,让学生亲自体验言语交际的真实过程,这是培养英语交际能力的首要条件。显然,移动学习的及时性特征可以使特定情境中的语言学习更有效。

**3. 移动学习的交互性能够创设良好的心理环境**

学生在移动学习中的交互体现在两个方面:一方面可以通过方便快捷的人机交互获取丰富的英语学习资源并进行个性化的学习体验;另一方面,移动设备架起了连接学生个体、他人、家庭、社区和社会的良性交际环境,将学生的自主学习、协作学习、家庭教育、学校教育融为一体,构建起一种人文交互和交际环境。诸如普通手机、智能手机和PDA等移动设备都是典型的通信设备,短信和通话是我们日常生活中最为熟悉的交流方式,这为师生之间、生生之间的交互提供了方便,学生在与教师自然而亲切的交流中获得知识,消除情感障碍,克服恐惧和自卑心理,为课堂学习做好准备。而学生之间的交互可以增加彼此的了解,也为学生之间的课内和课外的合作学习打下了基础。

**4. 移动学习的多媒体特性有利于培养跨文化交际能力**

外语的学习离不开文化的渗透,将语言学习与文化相结合是必要的。大多数移动设备支持文本、音频、视频和动画等多种媒体类型,可以为学习者提供声文并茂、有声有色、生动逼真的教学材料,学生利用podcast和无线网络连接可以随时获得一些与学习内容有关的多媒体资料,特别是视音频片段,这些预先设计好的语言与文化相融合的片段可以让学生在文化的背景下学习语言,可以使学生更好地了解文化差异,提高语言表达的恰当性和得体性,不但为课堂教学节省了时间,更实现了语言学习与文化的交融。

**5. 移动学习的个性化方便进行因材施教**

因材施教的前提是教师要全面了解每个学生的特征,但是在有限的课堂时间内想要做到这一点是很困难的。而学生利用移动设备进行学习的过程是个性化的,他们选择的学习内容、交互情况、作业完成情况都能够记录下来,教师可以进行形成性评价,获得对每个学生的全面了解,并在此基础上进行因材施教。比如某些学生因为缺课等原因进度较慢,或者课上没有完成学习任务,教师可以利用播客技术将授课内容录制下来并推送给学生,学生也可以利用播客的方式将作业反馈给教师,这种课外的互动增进了师生之间的了解,使教师真正实现在尊重每个学生个性的基础上进行素质教育。

由此可见，移动技术辅助语言学习在扩展学习时间、丰富学习交互、提高学习效率等方面具有无可比拟的优势，我们应该运用移动技术将课内与课外连通，使学生有更多接触英语的机会，为学生进行听力和口语学习提供全方位的支持。

### （二）移动技术辅助语言学习（MALL）的实施方式

**1. 基于短信息的移动语言学习**

基于短信息的移动学习是移动学习中最简单、最快捷的一种学习方式。通过短信息，不仅用户之间，而且用户与互联网服务器之间都可实现有限字符的传送。用户通过手机、PDA 等无线设备，将短信息发送到教学服务器（位于互联网），教学服务器分析用户的短信息后转化成数据请求，并进行数据分析、处理，再发送给用户手机。这种方式应用于外语学习是十分适合的，学好外语的关键在于学习者参与学习的程度，而短信息方式的简单便捷，使教师能够时刻"提醒"学生投入到学习中，将学生课外的零散时间整合起来，并通过短信息的互动增加交流，及时掌握学习情况。基于短信息的移动学习是依托于全球移动通信系统 GSM/CDMA/GPRS 网络提供的面向字符的短信服务而提出的。短信息占用通道的时间短、费用小，可使得两个用户方便地进行点对点通信。由于互联网发展较成熟，而且已经有大量的支持软件以及统一的短信服务中心，可以方便地实现用户之间的交流，因此通过短信息可实现教师或学习者对教学服务器的访问以及师生之间的交流，从而完成一定的教学任务。

**2. 基于在线信息浏览方式的移动语言学习**

这种方式类似于基于资源的学习方式，学习者可以通过手机、PDA、笔记本电脑、平板电脑等具有网络接入功能的移动终端访问互联网资源，进行课外的自主学习。利用资源浏览的方式不仅可以丰富学习者的异国文化知识，还可以利用网络上丰富的学习资源进行课外自主学习来弥补课堂教学的不足。

## 第四节 移动技术支持的有效混合式听说教学研究

何克抗教授认为，所谓信息技术与学科课程的整合，就是通过将信息技术有效地融合于各学科的教学过程来营造一种新型教学环境，实现一种既能发挥教师主导作用又能充分体现学生主体地位的以"自主、探究、合作"为特征的教与学方式，从而把学生的主动性、积极性、创造性较充分地发挥出来，使传统的以教师为中心的课堂教学结构发生根本性变革，从而使学生的创新精神与实践能力的培养真正落到实处。

由这一定义可见，它包含三个基本属性：营造（或建构）新型的教学环境、实现新的教与学方式、变革传统的教学结构。应当指出，这三个属性并非平行并列的关系，而是逐步递进的关系。新型教学环境的建构是为了支持新的教与学方式，新的教与学方式是为了变革传统教学结构，变革传统教学结构则是为了最终达到创新精神与实践能力培养的目标。可见，"整合"的实质与落脚点是变革传统的教学结构，即改变"以教师为中心"的教学结构，创建新型的、既能发挥教师作用又能充分体现学生主体地位的"主导—主体相结合"教学结构。只有从这三个基本属性，特别是从变革传统教学结构这一属性去理解整合的内涵，才能真正把握信息技术与课程整合的实质。

由以上分析可见，信息技术与课程整合不是把信息技术仅仅作为辅助教或辅助学的工具，而是强调要利用信息技术来营造一种新型的教学环境，该环境应能支持实现情境创设、启发思考、信息获取、资源共享、多重交互、自主探究、协作学习等多方面要求的教学方式与学习方式。

由于"信息技术与课程整合"实质上是"信息技术与学科教学整合"，而学科教学过程涉及三个阶段：一是与课堂教学环节直接相关的"课内阶段"，另外两个是"课前阶段"与"课后阶段"（"课前"与"课后"这两个阶段也可合称为"课外阶段"），因此从最高层次考虑，信息技术与课程整合的教学模式只有两种——即按照所涉及的教学阶段来划分的"课内整合教学模式"与"课外教学整合模式"。

混合学习（Blending Learning）就是要把传统学习方式的优势和 E-learning（即数字化或网络化学习）的优势结合起来，既要发挥教师引导、启发、监控教学过程的主导作用，又要充分体现学生作为学习过程主体的主动性、积极性与创造性。目前国际教育技术界的共识是，只有将这二者结合起来，使二者优势互补，才能获得最佳的学习效果。随着以多媒体和网络通信为标志的信息技术迅速发展，教育信息化的步伐逐渐加快，对信息化教学起支撑作用的新型学习理论与教学理论正快速兴起，其中典型代表就是建构主义。西方的建构主义者历来强调建构主义的教育思想是"以学生为中心"，但是无论是学习环境设计还是自主学习策略设计方面，建构主义教学设计的每一个环节要真正落到实处都离不开教师的主导作用。事实上，教师要在教学过程中发挥主导作用和学生要在学习过程中体现主体地位并不矛盾，这二者完全可以在建构主义学习环境下统一起来，这正是何克抗教师提出的"主导—主体相结合"教育思想，这种双主思想与国际上的 Blending Learning 思想不谋而合。

在构建大学英语混合式听说教学模式的过程中，笔者力求利用传统学习方式与数字化学习方式的优势互补在教学过程中既尊重教师的主导地位又体现学生的主体地位，并利用优化的技术组合服务于提高学生英语综合应用能力特别是听说能力的目的，从而达到预期的效果。

## 一、移动技术支持的大学英语混合后听说教学模式

### （一）移动学习方式与传统学习方式的混合

虽然在英语听说课的教学过程中，学生仍然对听说教材为主要的学习方式进行采取，但是学生通过利用网络与英语学习 APP 等学习资源进行辅助学习，确保在教师的引导下进行相应的听说练习，促使学生的学习方式不再被课堂所局限，不仅可以通过在课堂上使用多媒体设备进行共同的学习，也可以在课下通过使用移动终端进行随时随地的学习。同时学生可以通过使用手机或者平板电脑，对教师提前布置的听力练习的音频或者视频进行下载，并独立的对听力练习进行完成，也可以通过使用 QQ 等手机聊天软件，与教师或者其他同学进行随时随地的交流互动，从而确保对学生自主学习过程中存在的问题进行有效的解决。

### （二）翻转课堂模式与传统课堂模式的混合

因为翻转课堂模式属于一种新型的教学模式，不断在全世界的教学中进行广泛的应

用,而且翻转课堂模式主要是指学生可以在家对教学视频进行观看,逐渐对教师的课堂讲解进行代替,促使学生在课堂上能够集中注意力对练习进行完成,以及与教师、其他同学进行积极的交流互动。虽然我国大部分的大学英语听说教学过程中对翻转课堂模式进行运用,但是翻转课堂模式不适合大学的实际情况,由于大学财政严格的电能使用管理制度、学生作业负担较大等问题,从而导致无法对翻转课堂模式的价值进行充分的发挥。因此在大学英语听说教学过程中,可以有机的结合翻转课堂模式与传统课堂模式,教师需要结合相关的学习内容与主题,以及课程的设计重点对合适的教学方式进行采取,不仅能够对学生的学习积极性进行充分的激发,也能够对学生的英语综合能力进行大幅度的提升,从而确保对大学英语的教学质量与效率进行大幅度的提高。

## 二、移动技术背景下英语混合式听说教学的实施路径

### (一) 混合式英语听说教学模式

在移动学习环境下,英语听说混合教学模式的构建包括了教学准备、教学活动、教学评价三个阶段。教学准备阶段需要教师针对整体学情进行分析,对听说教学内容进行梳理,并结合教学环境特点配置科学的教学资源,充分发挥在线英语教学资源的作用。教学活动则需要体现"一个中心、两个维度、四个环节",一个中心是以英语听说为中心,以此完善教学设计,从而整合教学过程中的交流、认知等要素。两个维度则注重学生的同步和异步学习维度,同步学习注重传统课堂的师生互动和讨论反馈,以听说基础练习为。而移动学习环境下的听说学习则以互动交流为主,学生可以自主选择学习资源,从而体现差异化学习特点。四个环节则侧重于听说读写四个基本环节,为学生设计形式多样的听说练习,教师要关注学生的学习细节,通过在线互动帮助学生解决细节性问题,引导学生深入思考,梳理学习条例,完善学习逻辑,加强听说学习交流,鼓励学生主动阐述听说观点,并善于进行学习总结和提炼。

### (二) 移动技术支持下构建微课翻转课堂

移动技术为英语翻转课堂的构建创作了良好条件,翻转课堂是建立在传统教学模式和网络资源整合基础上一种新型学习方式,学生在可与时间可以自主观看英语教学视频,以"翻转任务"充分激发学生的英语学习积极性。翻转课堂的主要特点在于教学任务前置,通过"先学后教"方式帮助学生梳理学习重点,学生是自学成分较多,在听说自学中会有知识冲突和知识空白点出现,而这正是形成学生英语听说学习动力的基础[①]。教师需要结合单元教学目标和英语学习特点,尤其需要配合学生专业设计英语听说教学内容,从而提高学生的英语听说能力。

### (三) 借助英语学习 APP 优化听说混合教学模式

移动听说学习的最大特色在于各种英语学习 APP 的应用,为学生的听说训练拓展出更适宜的学习平台。从"听"这一方面来看,学生可以下载 VOA 或 BBC 英语,这两款听力 APP 对于学生来说更为适用,学生每天可以收听一则英语新闻,泛听和精听结合在一

---

① 康洁平. 信息化背景下高校英语混合式教学模式探索与应用 [M]. 北京:中国书籍出版社,2021.10.

起,起始阶段以新闻听力强化为主,每天学习5~8分钟。还可以通过课上填空形式对学生的听力学习进行检验,每学期院校也可以组织 BBC 英语模仿大赛,提高学生的听力水平。

从"说"这一方面来看,"英语流利说"APP 更适合学生开展自主口语联系,其中的会话资源丰富,学生可以根据不同的学习要求自主制定学习计划,循序渐进的开展英语练习。"英语流利说"还有社区式在线沟通平台,学生在"流利吧"能够找到更多英语学习同伴,这些学习者相互鼓励、相互影响,能够形成浓厚的在线英语练习氛围,而且还可以进行成绩 PK 或分享,平台上有全国用户排名榜,更有利于激发学生的英语练习积极性。在基础 APP 的英语听说混合学习方式下,学生可以自主选择学习时间,而且还能自己录音、回放、分享等,从而提高学生的说英语的信心。

### (四)构建基于移动网络平台的互动式英语听说学习环境

随着移动 5G 网络、无线网络、蓝牙技术的不断发展,手机、平板等移动设备在英语听说学习中的作用更加明显,移动学习方式打破了传统课堂教学的局限性,从而实现了随时随地终身学习的崭新模式。在英语听说教学中,移动式学生的价值更加突出。首先表现在移动英语听说平台的构建上,不少院校已经建立起覆盖全部校园的信息网络,教师可以通过这样的教学平台引导学生进行听说学习,尤其是可以整合视频、音频等资源丰富教学资源,提高教学互动,优化教学评价。学生在移动学习方式下更有利于寻求适宜的实践语境,从而构建起交互学习环境,使学生的英语听说能力获得有效提高。

学生完成课堂知识学习之后,在课后可以自主开展线上学习,教师可以将教学内容的重难点进行网络输出,从而明确学生的自主学习方向。在线学习内容更加丰富,涉及语言技能的应用、沟通交流互动等,教师可以将精华视频上传至网络,通过跟读、配音等形式使学生的听说学习形式更加多样。尤其是趣味性较强的配音秀,可以根据线上场景进行配音,从而营造更真实、更活泼的听说语境,更有利于促进学生英语学习积极性的提高。

## 三、听说混合式教学与移动技术的未来发展

课堂效果的把握需要教师进行掌控,但同时作为课堂参与者的学生也应发挥自我的效用,对教师所发布的任务进行反馈和学习,促进课堂氛围的活跃化,并且能够带来有效的学习效果提升。运用移动终端教师进行作业布置以及检查的效率也会提升很多,在对应端口可以布置课下任务,要求学生通过上传视频的形式进行检查,确保学生在课上课下都有足够的英语学习时间。

同时,移动技术使对学生的水平评测具有更新颖的模式,教师可以通过具体的题目考察学生对知识的掌握程度。以往在大学课堂对学生的综合分数评定都是以课堂表现和试卷成绩作为参考标准,但是在移动技术引入后,可以适当将其作为平时成绩进行测定,也可以单独列出分类,在学堂在线等学习类 APP 中,都单独将课程成绩的比重调整,如移动端任务完成效果和课堂表现各占 20%,期末成绩占 60% 的分配效果,能够达到更好的大学英语教学效果。

## 第五节　英语混合式听说教学模式的形成性评价研究

20 世纪 70 年代，随着美国著名心理学家布卢姆的评价理论的出现，形成性评价得到新的发展。布卢姆侧重于教育过程的变革，他认为"形成性评价就是在课程编制、教学和学习过程中使用系统性评价，以便对这三个过程中的任何一个过程加以改进"。布卢姆指出："形成性评价的主要目的是决定给定的学习任务被掌握的程度和未掌握的部分，它的目的不是对学习者分等或鉴定，而是帮助学生和教师把注意力集中在为进一步提高所必需的特殊的学习上。"在布卢姆看来，评价不仅是要了解学生掌握了多少学习的内容，而且还要作为一种矫正性反馈系统，及时了解教学过程中的每一阶段是否有效，并采取相应措施。

国际上著名的研究形成性评价的专家布莱克教授（P. Black）和威廉姆教授（D. William）（1998）认为：广义上的形成性评价包括教师和学生进行的所有能够收集学习信息的活动，这些收集到的信息可以诊断性地用于调节教与学。依据此定义，评价就包括了教师（对学生学习的）观察、教室讨论活动、学生学业分析（包括家庭作业和考试）等。如果从这种评价中所获得的信息被用来调节教与学，以满足学生的需要，则评价就变成了形成性评价，它与终结性评价相对立。

我国学者对于形成性评价概念的理解也都有着不同的看法，王道俊等人认为，形成性评价是在教学进程中对学生的知识掌握和能力发展的及时测试。它包括在一节课或一个课题教学大纲中对学生的口头提问和书面测试，使教师和学生能及时获得反馈信息，其目的是更好地改进教学进程，提高质量。施良方认为形成性评价又称为过程评价，是在教学过程中进行的评价，是为了引导教学过程正确、完善地前进而对学生学习结果和教师教学效率采取的评价，形成性评价主要不是为了选拔少数优秀的学生，而是为了发现每个学生的潜质，强化改进学生的学习，并为教师提供反馈。

关于形成性评价概念的叙述，我们也能从中看出一些共性：

（1）形成性评价都是在教育、教学活动过程中发生，强调对过程的评价；

（2）形成性评价注重及时的反馈并以此为依据进行教与学的调整；

（3）形成性评价的目的是促进学生的学习，减弱了评价的甄别、选拔功能。

传统的终结性评价一般是在教学活动完成后，测量学生成绩，对学生的学习结果进行评价，它是用来对学生的学习做出结论和判断，或者用于证明和选拔；形成性评价不以区分评价对象的优良程度为目的，不注重对他们的分等鉴定。就形成性评价和终结性评价的功能而言，显著区别之一就是终结性评价侧重对知识和技能的检查，而形成性评价侧重运用知识和技能的过程。

评价的意义应根据课程标准的目标和要求，实施对教学全过程和结果的有效监控。在大学英语听说教学中，我们应通过评价，有效激发学生的学习热情，使其在英语口语学习过程中不断体验进步与成功，建立自信，调整学习策略，促进综合运用语言能力的全面发展。同时，评价应使教师获得教学的反馈信息，对自己的教学行为进行反思和调整，不断提高教育和教学水平。评价还应使学校及时了解课程标准的执行情况，改进教学管理，促进英语课程的不断完善和发展。

## 一、形成性评价能不断激励学生学习

自我效能感是英语口语学习中非常宝贵的情感体验，它能极大地激起学生的学习兴趣和热情。如果学生在学习过程中不断得到正面评价，那么他的内在价值就得到了外界的承认，因而获得英语学习上的成功感，而这种成功感所引起的满足和兴奋可以产生继续得到满足的需要，再次成功的体验又可推动第二次成功，多次成功会使学生增强自信心，逐步体会到使用英语沟通的乐趣，激发学生学习英语的兴趣，激起学生学习英语的内在动力，增强他们的学习效率，从而为英语教学的成功奠定基础。

## 二、形成性评价可帮助学生反思和调控学习过程，学会如何学习

在形成性评价的活动中，学生不是被动地接受评价，而是评价的主体和评价的积极参与者。针对学生的实际情况，教师设计有效的评价方案，让学生在参与评价的过程中，通过教师对评价标准的选择和解释，对自己的学习态度、方法与效果进行反思和评价，学会分析自己的成绩与不足，明确学习的方向，从而进一步端正学习态度，调整学习过程，积极探索适合自己的学习方法和学习策略，提高英语的综合运用能力，争取最佳学习效果。学生有了这种自主学习的精神，不仅有助于掌握知识，还有助于发展语言运用能力，为英语教学的成功提供了保证。

## 三、形成性评价为教师提供教学反馈信息，以便于教师反思和调整教学行为

教师通过对学生在活动中的表情、态度的观察，利用提问法或操练、游戏、复述、表演、竞赛等活动记录法对学生做出及时评价，实现教学活动中的及时反馈，考查每节深的教学目标是否实现，语言知识上的难点是否突破，学生运用语言知识的能力是否提高，教学程序的安排是否合理，教学媒体的选择和运用是否适当，教学的速度和发展方向是否适合学生的兴趣和能力等，从而不断修正教学过程和内容，改进教学方法。而课前和课后辅导学生的记录、单元测试的评价与分析更是教师与学生之间相互的信息反馈。通过评价，教师能进一步了解教学的成果和学生学习的进展情况，分析存在的问题，判断学生学习上的难点，找到教学成败的原因，便于教师及时修正、调整教学计划或对教学内容进行必要的补充指导。教师的这种自觉、主动地运用形成性评价对教学进行反思和调控，不仅使今后的教学目标与方向更加明确，也不断地提高了自己的教育教学水平，促进了英语教学目标的实现。

针对传统教学模式"重终结性评估，轻形成性评价"的问题，笔者在移动技术支持的大学英语混合式听说教学模式中建立了形成性评价与终结性评价相结合的量规化评估体系。该评价体系注重对课前自主学习、课堂互动、课后实践展示的教学过程的监管。评价体系包含形成性评价和终结性评价两部分，比重各占50%。形成性评价针对每位学生在课内和课外的表现进行评价，包括学生的注意状态、参与状态、交往状态、思维状态、情绪状态等方面，并使用各种评价量表，经过量化后得出分数。

## 第六节　混合式听说教学模式中的学习策略研究

外语学习者的学习策略是可以训练的。教师的职责：一是教给学生知识，二是教给学生如何获取知识的知识，也就是要授之以渔。外语教学过程中，"渔"就是培养学习者的学习策略。

虽然国内外的学者们对英语学习策略的分类各持己见，没有达成一致的认识，但是大家一致认为，即使是同一种策略，不同的学习者在不同的场合所使用的效果也不尽相同。学习策略本身无好坏之分，所以在策略训练过程中，既不能笼统地将所有策略纳入训练范围，也不能随意地选择某些策略进行训练，而应该根据不同的学习对象、学习内容和学习环境来具体选择合适的策略。所谓选择合适的策略，即策略训练内容要符合学生的需要，要能帮助学生解决学习上存在的主要问题，以激发他们对英语学习的兴趣，挖掘他们潜在的学习动力。在听说教学中进行学习策略的训练是十分必要的。在混合式听说教学模式的课前预习阶段，教师检测学生听力策略的掌握情况，在课堂上结合内容进行具体听力策略和口语策略的训练，课后布置较高难度的任务促使学生运用交际策略来完成[1]。教师要"教会"学生恰当地使用学习策略来锻炼听力和口语能力，并能在真实的交际中运用策略来实现愉快而恰当的交流。

### 一、学习策略训练的形式

文秋芳（1996）提出常用的训练方式有3种：①集中训练；②分散训练；③个别指导。集中训练一般要在课外非教学时间内单独进行，采用讲座和研讨等方式对学生进行学习策略的培训。但是，这种训练方式的终点不是训练如何使用策略，而在于培养策略意识。由于学习者不能结合语言活动亲自试验策略，所以往往不能取得实际的训练效果。分散训练和平时的教学有机地结合在一起，将学习策略融入平时的外语教学中，学习策略的训练与语言技能的学习同时进行，使学生能亲身感受到方法的重要性，同时也能比较自然地掌握某个方法。而个别指导这种方式虽然是最有针对性的训练方式，在个体学习能力提高方面最为显著，但由于费时较多，不符合我国大学外语的教学实际要求，因此不能大规模地推广。

在混合式听说教学模式下，我们提倡分散训练的方式，结合知识单元的内容，由教师选择合适的视、听、说教学材料，以明晰的训练方式把使用学习策略的目的与价值直接地向学习者表述，它更有利于加深学习者使用策略的意识。教师在讲解和示范中，将听力和口语策略的使用方法进行演示和说明，学生在领会的基础上，利用相应的学习策略通过互动活动来演练语言知识，并在课后的合作任务中将所学策略迁移到新的学习任务中去。

### 二、听力策略的训练

认知策略对于听力理解过程中的策略使用显得更具有针对性。听力策略训练旨在通过

---

[1] 于明波．《当代高校英语教学与混合式学习模式探究》，75页，北京：中国纺织出版社，2019.12.

训练，提高学生听力理解的能力和使用策略的意识，形成能够根据任务的不同而恰当使用听力策略的能力。认知策略包括重复、利用目的语资源、翻译、归类、记笔记、演绎、重新组织、利用视觉图像、利用声音表象、利用关键词、利用上下文情境、联想迁移、推测、总结等方式，总体上可以归为推理策略、选择性记忆策略和记笔记策略。

推理策略，即运用可获得的信息来猜测新的语言项的意义或预测结果或填补遗漏信息。听力教学中，教师应善于引导学生有目的地运用储存在大脑中的原有知识图式进行选择、整理和加工，培养他们分析、预测、推理和判断的能力。

在听力过程中，学生会遇到一些生词，而听力理解的瞬时性不允许学生去查字典，教师要指导学生根据上下文语境、背景知识、语法结构以及说话人的语气、语调等方法推测生词的含义，通过这种方式，向学生讲述词义推理策略的使用方法。在知晓推理策略的使用方法之后，学生通过收听与范文相似的听力内容，边听边理解，并运用推理策略对生词进行意义预测，而教师以提问的方式检验学生的理解是否正确。如果学生的推理有偏差，教师要及时帮助学生回到正确的预测方向上。因此，整个训练过程由学习推理策略的使用方法最终升级到提高使用推理策略的水平上来。

训练选择性注意策略的目的是培养学生区别重要信息与次要信息的能力，使学生清楚"选择性注意"就是"把注意力集中到可以帮你完成学习任务的相关的关键词、短语等信息上"。在听的过程中，教师培养学生捕获重要信息、敢于放弃无关信息的听力习惯。听力理解是对重点语句和语篇的意义理解，不必逐音、逐字、逐词地听懂所有内容，听时要侧重于整个听力内容的理解，遇到未听清的地方跳过去，再配合推理策略进行补充理解。

在课堂上，教师要创造一种筛取有用信息的环境，给学生人为地制造出各种各样的目的，以训练学生准确捕获信息的能力。课后，教师可以通过播客的方式在固定时间向学生推送问题解决式听力任务，并要求学生在一定时间内完成任务，上传任务结果，促使学生养成迅速从录音材料中筛选有价值的信息来解决问题并完成任务的能力。

记笔记是听力训练中的一个重要的环节，它可以帮助学习者将注意力集中到理解听力材料中说话人的思维，使自己的逻辑与说话人的逻辑保持相对一致，并在听的过程中通过笔记的不断补充促使自己保持听的积极参与性，通过对全篇内容的框架做笔记，更好地理解听力材料。

在使用记笔记策略的时候，我们可以练习使用缩略语来提高记录速度，特别要记录一些重要的人名、地名以及时间、日期、年龄、价格、距离等数字，以防听后遗忘；可以使用绘制简图的方式勾勒语篇的框架，理顺文章的内容。教师在课堂上有针对性地进行听力策略训练，可以使学生掌握使用听力策略的方法，而课后教师可以通过要求学生完成任务来探索如何拓展性地使用策略，提高策略的使用意识，并要求学生通过记播客的方式对学习过程进行反思。

移动技术下的混合式英语听说教学模式在教师"教"和学生"学"中都能够起到积极的作用，主要表现为：

## （一）移动技术支持的大学英语混合式听说教学模式可以促进学生的

### 1. 对学生学习态度的影响

经过与学生的访谈，我们发现在实验班实施大学英语混合式听说教学模式之后，实验班学生学习英语口语的态度变得更加积极，出现了自信心增强、学习兴趣浓厚和学习动机端正等正向反应。

（1）学生对利用移动设备进行课外学习的方式普遍认可。实验班99%的学生对移动设备的使用不存在障碍，而且89%的学生认为移动学习提供的便捷性可以让他们有更多的时间来练习口语，特别是这种练习是在教师的指导下有组织地进行的，所以无论是频率上还是效果上都比学生自发学习要明显。学生在课外的大量练习会带来课堂上的有话可说，自信心便随之增强了。80%的学生认为，在教师的帮助下进行学习情况的自我分析有助于他们对自己在英语口语学习方面的问题以及需要有了一个较为清晰的认识，并在自我分析的基础上，在教师和同伴的帮助下建立了既适合他们实际情况又具有挑战性的学习目标。

（2）教学过程中的形成性评价使学生增加了学习兴趣。93%的学生在实验过程中积极使用学习档案袋，并表示以后也将继续使用学习档案袋进行自我评价和激励。90%的学生认为教师给予他们的评价是客观的，其中80%的学生认为教师的评价增加了他们学习的动力。

教师在教学过程中进行的形成性评价和学生自己在学习过程中对学习档案袋的充实，使学生亲身体验到了学习过程的快乐，有效地促进和维护了其学习积极性。教师的指导性和个性化的评语，又促进了学生不断反思，增强了他们不断争取进步的积极性。

（3）师生之间的互动和交流增进了情感。98%的学生认为在这种教学模式下自己与教师的联系更加紧密，师生关系得到了升华。其中89%的学生表示非常喜欢用手机与教师进行交流，感觉师生之间的代沟在逐渐缩小。

学生在与教师的交流中获得了情感技能的发展，手机这种生活化的学习媒体给学生带来的归属感明显高于"冰冷"的计算机，在混合式教学模式中体现了浓厚的人文关怀。

2. 对学生学习策略的影响

一方面，96%的学生表示，由于混合式教学模式将学生的课外时间充分利用起来，将一些具有重复性的听力和口语练习迁移至课外进行，从而使课堂教学时间的利用更有价值，学生在课堂上能够学到更多有关听力学习策略和口语学习策略的知识，学会了如何学习。

另一方面，90%的学生表示，自己能够使用量表进行自我评价，在教师的指导下对自己在认知过程中运用的策略进行经常性反思，总结自己在认知过程中运用了哪些策略，还存在哪些不足。

针对学习策略这一问题，笔者以单个学生的学习成长为例，进行了观察和总结。一名成绩偏低的学生在开学之初对自己的评价是："不能用英语表达自己的思想，而且很茫然"；在学期之中，他对自己评价是："基本能够用合适的语言表达自己的思想，如有困难时会有一些方法来帮助自己表达"，即他已初步掌握口语表达策略。而通过该生的"值日报告"也可以清晰地发现其语言表达进步的轨迹，从最初的"Reciting"到其后的"Retelling"再到最后的"Speaking"，他的语言表达能力呈进步趋势。当然，并非每位学生都能有这样明显的进步，但这表明大学英语混合式听说教学模式确实能对学生认知策略的发展起到很好的促进作用。

3. 学生在合作学习方面的变化

在混合式听说教学模式的形成性评价中，一个重要的评价主体就是同伴评价。课堂上的互动活动中和课后的合作任务中都需要学生之间的合作，从收集上来的学生互评资料来看，作为成年人的非英语专业研究生大都能对同伴进行客观而中肯的评价，特别是经过了小组的共同协商和深思熟虑的小组评价，对被评价者有着很大的参考价值和指导意义。

访谈中，90%的学生表示愿意与他人进行合作学习，由于移动技术的支持，学生之间的交流更加频繁，交互方式更加丰富，情感交流得以促进。因此，合作不仅是为了完成任务，学生在合作中用英语进行交流和协商，还能使语言交际能力得到发展。

### （二）移动技术支持的大学英语混合式听说教学模式可以促进教师的"教"

#### 1. 对教学计划的影响

受访教师表示，由于移动技术的支持使得教师与学生之间的交流更为方便，因此，在每单元授课之前，教师可以及时掌握学生的学习起点从而调整教学内容。根据每个个体的不同起点基础来拟订不同的评价标准，帮助学生实现个性化发展，并督促学生制订符合本人实际情况的学习目标和学习计划。

#### 2. 对教学过程的影响

混合式听说教学模式由于实现了信息技术与课程的深层次整合，教师在授课过程中可以利用多种方式讲授知识，而且对于文化知识的渗透更为充分，使学生在社会文化的背景下深刻理解语言知识。

混合式听说教学模式中的形成性评价方式关注的不是学生的学习结果，而是学习过程。教师能及时了解学生在学习过程中取得了哪些进步，发生了哪些变化，并根据个体的不同表现，采取相应措施，以促进或鼓励其持续发展。对于没有进步或者退步的学生，教师采用访谈等形式，给予其学习或心理上的帮助和指导。这种评价方式收到了比较满意的效果。

在准备多媒体学习资源和开展支架式教学的过程中，教师也丰富了文化知识和教学经验，这是在以往的教学中很少见的。在访谈中我们发现，学生对课外进行英语口语学习普遍持肯定态度，虽然这会占用他们的课余时间，但是大多数学生认为这是值得的。他们认为，课外学习作为课内学习的有益补充能够使英语口语学习产生事半功倍的效果。由于学习时间的延伸，有关口语学习的系统化知识比传统模式下的学习更细致，学生有机会在教师的指导下校正语音、语调，有时间了解外国文化，并在真实任务的互动交流中不断提高语言交际能力。

#### 4. 学生掌握了学习英语的方法，为终身学习提供帮助

教学模式中的多种媒体混合，可以激发学生的学习兴趣，移动媒体的便捷性使学生可以随时随地进行自主学习和合作学习，主导—主体的结构使得学生能在教师的指导下进行自主认知，并掌握适合自己的学习策略，这些都为学生的终身学习提供了保障。

# 第六章　研究生英语教学隐形课程有效性研究

## 第一节　研究目的、意义及方法

相对于从改善语言学习环境，注重并修正测试的反拨作用和做好大中小学"一条龙"衔接等角度对我国英语教学的"费时低效"问题进行的探讨以及由此而形成的众多研究成果，把这一问题置于教育学的宏观框架之下，从课程以及课程设计的角度来进行审视和探讨的研究尚不多见，而从课程的下位概念——隐性课程的角度对这一问题进行的分析更是处于空白状态，尤其是当外语教学领域发生新变化，信息技术进入外语教学领域并引起外语课程的构成范式发生变化后，如何从课程以及隐性课程的视角对我国的外语课程设计进行审视，并对英语教学"费时低效"问题进行解读就成了一个较为前沿并值得深入探讨的课题，而这也正是本研究的主要范围和内容。

### 一、研究目的和内容

本研究以隐性课程作为切入点，对我国外语教学中的问题和外语课程设计理论进行探讨，尝试从一个新的角度来审视我国外语教育中的"费时低效"问题。整个探讨将围绕下列四个方面展开，以求有所创新和突破：

1. **拓展课程的内涵**

就课程的内涵而言，我国外语教师普遍认为课程是"计划性"和"规范性"的内容（the what should be）。本研究拓宽了课程的内涵，提出课程不仅是"计划性"和"规范性"的内容，它更具"实际性"（the what actually is and happens），是"实际发生的教育内容"。本研究还提出课程不仅是学生获得的静态知识和知识载体，更是一种动态发展的过程，是学生知识建构和能力培养的过程，是师生共同参与探求知识的过程。从"实际性"和"过程性"的角度能帮助我们更全面准确地理解课程内涵，也符合教育的逻辑起点，具有理论和现实的双重意义。

2. **隐性课程的重新界定**

从广义上的课程概念出发，在肯定和借鉴传统教育学意义上的隐性课程概念的基础上，结合外语教学的实际情况，从"实际性"和"过程性"的视角对隐性课程进行了重新界定。

3. **外语隐性课程的考查**

对所选取的三所院校及其部分教师和学生的外语隐性课程进行多维度的考察描述，并分析外语隐性课程存在的主要原因，探究隐性课程与显性课程之间的关系。

4. **尝试从隐性课程的视角讨论外语课程设计**

从传统模式到整体化，再到动态化，最后达到生态化的演变过程和发展趋势，探讨隐性课程对我国大学外语教学的启示以及如何将隐性课程纳入外语课程设计中，使课程设计更有效地指导外语教学实践，提高外语教学质量。

## 二、研究意义

### 1. 理论意义

本研究的理论意义主要体现在拓展了课程的内涵，并在此基础上跳出了传统教育学意义上的隐性课程框架，借鉴和参考了国内外相关文献，结合外语教学实际情况，对隐性课程进行了重新界定。在完成相关概念和研究框架的搭建后，研究者运用不同的研究方法对三所学校及其部分教师和学生的外语隐性课程进行了实地考察，得到了一些有一定价值的发现，在一定程度上丰富了课程研究的内涵和范围，扩展了课程研究的视野，推动了课程理论，尤其是隐性课程理论合理向前发展，同时也有助于课程论学科的发展。

### 2. 现实意义

对课程和隐性课程的考察同样具有重要的现实和实践意义。通过本研究，笔者期望能够引起学界，尤其是外语界对隐性课程这一"冷门"话题的关注，更多围绕隐性课程而进行的研究不断出现，从而使隐性课程研究由目前的"隐性"状态转变为"显性"状态，改变先前隐性课程研究严重薄弱的现象，使隐性课程研究成为一门"显学"。此外，本研究还旨在通过考察不同层面的外语隐性课程状况，分析外语隐性课程在课程设计中的重要地位，并在此基础上探讨隐性课程对我国外语课程设计的启发，用以指导外语课程设计。本研究不可能解决我国外语教育中的全部问题，但笔者仍希望它能够充实外语教育课程研究的内容，提高外语教学质量，从而为解决我国外语教育较长一个时期以来的"费时低效"问题提供一个新的角度和思路。

## 三、研究方法

本研究采用质性分析与量性分析相结合的实证研究方法。在确定研究问题和研究变量的基础上，本研究综合运用了实地考察、访谈、问卷调查、文献分析、内省法等形式对教师和学生进行调查研究。整体而言，本研究基本上属于质性研究。在笔者看来，这种研究方法尤其适合本研究所重点考察的问题——学校、教师和学生的隐性课程，因为隐性课程具有一定的"隐蔽性"，而通过若干质性分析方法来收集相关资料，并对资料进行较为系统深入的分析，我们能够获得对研究对象的一种深层的、内在的理解，特别是因为教师和学生是具有丰富思想、情感、信念、行为习惯的生动复杂的"人"，而"人"才是教育的核心。从某种意义上说，研究教育就是应该从研究人的存在、发展和变化开始。因此，本研究从整体上采用质性分析的方法来对研究问题进行考察，这符合教育研究的本质，具有一定的合理性。

具体来说，研究中的实地考察主要是考察三所学校的相关教学文件和资料，重点是它们的教学目标、教学要求、课程设置、教学模式、教学评估和教学管理等，并以《研究生公共英语课程教学要求》中的相关要求为比较参照系，考察这三所学校的外语隐性课程。问卷调查主要在教师和学生中间进行，用于对教师和学生层面的隐性课程进行考察。在实地考察和调查问卷的基础上，我们对相关人员进行访谈，对通过实地考察和问卷调查所收集的资料和数据进行验证，并进行更深入的分析。文献分析主要是在研究之初收集整理、研读和分析与本课题相关的文献资料，通过分析，我们一方面明确了自己对课程和隐性课程的理解，另一方面也进一步开阔了研究视野，为探究外语隐性课程状况提出理论预期。内省法主要是结合笔者自身作为外语教师从事外语教学工作的经验和体会进行分析和反省，因为了解自己的感受和体验是理解其他教师的课程活动的基础。

## 第二节　课程及隐性课程的相关研究

### 一、隐性课程概念的提出

隐性课程的概念最早出现于 20 世纪 60 到 70 年代，是美国社会学家和教育家杰克逊（P. Jackson）1968 年在其《课堂中的生活》（Life in Classrooms）一书中提出的。在杰克逊看来，学校教育映射出一定的社会价值观，例如学生在学校里学会了"安静等待""容忍谦让""与人合作""遵守规则"等价值观，而这些价值理念和意识形态并不是通过正规课程的学习而获得的。杰克逊提出了一个有名的论断："任何人只要稍加思考，就会非常清楚，学生在读、写、算或其他学术课程上的进步并没有完全说明学校教育的结果。除了这些内容，学生还从学校生活的经验中获得了态度、动机、价值和其他心理状态的成长，而且这些形式教育之非学术的结果比学校主要任务之教学更具有影响力。"在此，杰克逊把这种非正式的文化习得与经验称之为隐性课程。

其实，关于隐性课程研究的萌芽可以向前追溯到 20 世纪 20 到 30 年代的杜威（J. Dewey）和克伯屈（W. H. Kilpatrick）。杜威和克伯屈的相关理论一般被认为是隐性课程的思想渊源。杜威（引自季诚均，2007）在《民主主义与教育》中谈到课程概念的时候，认为学生学习的不仅是正规课程，还学到了与正规课程"不同的东西"，他称之为"附带学习"。杜威认为这种"附带学习"在某种程度上比正规课程的学习还要重要，对学生的未来生活具有根本性的价值。杜威（1938）类似的观点还有"教育最大的错误可能是认为一个人只是学得了当时他学到的东西"。克伯屈则在杜威理论的基础上对这一思想进行了更为充分的阐述。克伯屈认为学生的学习可以大致分为"主学习""副学习"和"附学习"三类，其中"附学习"主要是指学生的品德、习惯、态度等的养成性学习，这些东西一经获得就能持久保持并对学生有着重要的影响。它能够通过激发学生对正规学习的动机来提高学习效果，同时还能够为人格教育和道德教育奠定良好的基础。

由此可见，杜威的"附带学习"和克伯屈的"附学习"都蕴含了隐性课程的思想，可以看作是隐性课程的雏形。另有研究者（Margolis，2001）认为杰克逊所提出的隐性课程概念受到了艾米尔·杜尔凯姆（EmileDurkheim）的影响，因为早在 1925 年，杜尔凯姆就在其《道德教育》（Choral Education）一书中提出了"学校所教的和学生所学的远不止教材和教师手册所规定的内容"的观点。

### 二、国内隐性课程研究

自从 20 世纪 60 到 70 年代隐性课程这一概念提出以来，经过几代学者近半个世纪的不断补充完善，隐性课程已经成为当今西方课程领域的一个重要研究话题。相比之下，我国对隐性课程的研究则起步较晚，直到20世纪80年代末才开始起步。在国内，隐性课程一词属于舶来品。国内学者对隐性课程通常的称谓还有隐蔽课程、潜课程、潜在课程、潜隐课程、隐形课程、无形课程和非正式课程等。相比显性课程而言，我国学界对隐性课程的研究和重视程度明显不够，尤其是针对高校隐性课程的研究更为少见，为数不多的研究主要是移植基础教育隐性课程的研究成果并把它们套用到高等教育中来。陈晓端（2007）对国内具有广泛性和代表性的12种教育类核心期刊1979~1999年发表的文章的研究主题进行了统计，总结了八个"冷点"研究项目，隐性课程研究就是其中之一（位列第四位）。他指出："尽管关于潜在课程影响学生发展的呼声并不低，但研究文章的数量仍显不够。二十年间发表的关于潜在课程的论文总计只有21篇。"李剑萍（2006）也提出类似的观点："隐性课程是研究热点，但关于其概念、构成、设计、实施等仍未达成共识。"姜俊和等（2006）指出，"潜在课程理论是一种正在崛起的崭新的课程理论"。笔者（2010）对2000~2009年中国期刊全文数据库教育类核心期刊进行检索，发现其间共计发表隐性课程研究论文不足20篇；对2000~2009年国内九种常用外语类核心期刊进行查询，也未发现有关外语隐性课程的论文发表。国内关于课程论的著作总量颇丰，但鲜有著作论及隐性课程问题，探讨外语隐性课程的著作更是少见。陈坚林（2000）对英语教学中的隐性课程进行了一定论述，但囿于篇幅，他并未进行更深入的探讨。

概括来说，国内对隐性课程的界定主要有以下几种：①非计划的学习活动，是学生在教学计划所规定的课程外所受的教育；②学生在学校教学情境中无意识获得的经验；③课内外间接的、内隐的、通过受教育者无意识的非特定的心理反应发生作用的教育影响因素；④学校（含班级）社会关系结构以及学校正规课程有意或无意地传递给学生的价值、态度、信仰等非学术性的知识；⑤学校通过教育环境（包括物质的、文化的和社会关系结构的）有意或无意地传递给学生的非公开性的教育经验（包括学术的和非学术的）；⑥学校范围内除显性课程，按照一定的教育目的及其具体化的教育目标规范设计的校园文化要素的统称。

上述种种对隐性课程概念的界定和阐释，都从某个角度或侧面揭示了隐性课程的基本特征，对于我们理解隐性课程的内涵具有较大的启迪作用，但我们同时可以看出，学界对隐性课程的理解并不尽一致，其分歧主要集中在三个方面：①隐性课程所属的范畴：在不同的学者看来，隐性课程可以属于学习活动、经验或教育经验、教育影响因素、非学术性知识，也可以属于校园文化要素。②隐性课程概念的外延：一种意见认为，它既存在于校内也存在于校外；另外一种意见认为它只存在于校内。③隐性课程的内涵：从结果上，把学生的学习结果分为学术性的和非学术性的，认为显性课程与前者相联系，隐形课程则与后者相联系；从计划性上，认为隐性课程是非计划性的，因而对学生的影响是无意识的和潜在的；从外在表现形式和内容范围上，一方面，隐性课程是内隐的、不易察觉的，另一方面，隐性课程包含着学校教育计划没有规定的而又确实对学生产生影响的那些内容，包括校内人际关系、教育管理体制、学校生活制度、学校教育制度、校园文化等。

关于隐性课程所归属的范畴，笔者认为以上意见均有失偏颇，有以偏概全之嫌。隐性课程的归属概念应确定为课程，其外延应限定在学校范围以内，因为隐性课程是课程的一个下位概念，教育学所讲的课程严格来说应该是"学校课程"，是在学校内部开设的，并不包括家庭和社会的影响。这既符合它的概念要求，也符合它与显性课程的对应关系，同时又可以使隐性课程的范围限定在学校之内，不至于使它的范围过于宽泛而不好把握。关于隐性课程的内涵，第三种意见较为合理，只是其对隐性课程内涵的本质特征认识的全面性和准确性有待提高。综合以上观点，笔者（2010）提出了隐性课程的定义：隐性课程是在学校情境中隐含在人、事、物之中以间接、内隐方式呈现的课程，并从三个层面对外语教育中的隐性课程进行了分析。

### 1. 物质层面的隐性课程

比如，校园建筑、教学设施、教室布置、桌椅排列等都对学生的学习有着一定的影响。大学的建筑不同于其他的建筑，就在于它是体现大学理念和大学气质的载体，呈现出教育的价值和意义。大学建筑所承载的这种"场所精神"和"气场"能够对学生产生一种"导向"和激励作用，使学生置身其中能够主动地进行学习，激活他们的创造力和想象力。反观我国近几年的大学建筑和校园，从外形上看，其建筑面积、占地面积和装修都较以前有了极大的改善，但在这样的校园里我们很难体验到大学的"场所精神"。建筑的设计也没有充分考虑到外语教学中师生交流互动多、班级规模不宜过大等特点，而班级规模是影响教学活动效果的重要教学空间环境因素。座位编排形式也没有能够很好地发挥对外语学习的"导向"和激励功能。我国的外语课堂大多采取固定的秧田式座位编排形式，具有不可移动性，它直接影响师生在教学活动中的交互作用、学生之间的人际交往、学生参与学习活动的积极性和教学信息的反馈等，不利于外语教学活动的开展，而且这种秧田式的座位编排、前置与高抬的讲台与黑板助推了教师在教学中的中心和权威，无形之中给学生主体作用的发挥设置了障碍。总体而言，我国的大学校园和建筑在空间上缺少外语教育的规律性和本质性，不利于外语教学活动的开展。

### 2. 制度层面的隐性课程

比如，学校和班级长期形成的制度与非制度文化的作用是巨大的，它使生活在其中的人潜移默化地受到影响，因为制度实际上是一种资源配置方式，它对教师和学生的价值取向和角色抉择具有明显的导向作用。考试就是外语隐性课程的一个重要体现，考试的实施提高了师生英语教与学的积极性，使研究生公共英语教学受到学校教学主管部门和广大师生的重视，更多的资源被用于研究生公共英语教学，更有效的教学手段和学习方法得以应用，对学生的英语学习起到了巨大的激励作用，但对考试认识的不足和对考试结果的不合理使用也使考试产生了一些负面影响。制度层面的外语隐性课程另外一个重要体现是各学校对学生外语第二课堂活动成绩的认定和使用。不少学校每年都组织一定的外语第二课堂活动，并把学生的外语第二课堂活动成绩与各种评奖评优结合起来。这些做法都是外语隐性课程在制度层面的体现，对学生的外语学习起着重要的"导向"和激励作用。

经过对国内隐性课程研究文献和成果的梳理和分析，我们会发现国内的隐性课程研究主要以对国外相关研究的引介述评和理论探讨为主（田慧生，1988；郑金洲，1989；靳玉乐，1993；陈旭远，1994；李复新，1998；傅建明，2000 等），其主要研究成果多见于《课程·教材·教法》《教育理论与实践》《教育科学》等教育类核心期刊上。实证类和应用类研究并不是主流，而且为数不多的应用类和实证类文章主要是针对教育管理、教育心理、教育社会学等领域开展的隐性课程研究、重点讨论了学校的德育、体育、音乐、医学、信息技术等学科的隐性课程以及课外活动中的隐性课程（史晓红，2003；何玉海，2004；何险峰，2006；庄可，2007等），针对外语隐性课程的研究尚不多见[①]。

## 三、隐性课程的特征与功能

从对隐性课程的分析中，我们可以看出它具有如下几个特征：

（1）内容的多样性。隐性课程可以与学术性内容有关，也可以与非学术性内容有关。前者如学生潜移默化地学会某种学术知识、学术观点以及学术态度等，是以学术性内容为中心的。后者如隐含于班级和学校的结构、行为规范和规则以及人际交往方式等方面的隐性课程影响，比如态度、价值观、情感和行为规范等。

（2）影响方式的弥散性和间接性。隐性课程与教育相伴而生，隐性课程的影响无时无处不在，而且很多情况下隐性课程都是通过潜移默化的方式在潜意识层面对学生施加影响。更重要的是，这些影响一经确立，就会对学生的心理与行为产生持久的影响，如布卢姆（Benjamin Bloom）（1972）就认为"隐性课程比预先计划好的明示课程更有效，因为在学生接受教育的过程中，隐性课程对他们的影响是持续一贯的、全方位的（consistent and pervasive）"。

（3）影响效果的双重性。不管是在学术性内容上，还是在非学术性内容上，隐性课程对学生的影响都存在积极和消极两个方面，而教育者的作用和任务之一就体现在如何尽可能地发挥隐性课程的积极作用，同时又能够减少和限制隐性课程的消极作用。

（4）功能的隐蔽性。隐性课程通过潜移默化的方式对学生产生影响，其功能理所当然具有一定的隐蔽性。隐性课程具有两个功能："导向"功能和激励功能。所谓"导向"，就是引导学生的个体行为和价值观念顺应周围环境的倾向，因为人对事物的态度在群体中存在着类化现象。个体的信念、抱负、志趣会受到群体中其他人的影响，甚至群体中多数人的态度和行为方式往往会成为个体行为的指南，因为从本质上讲，一定文化背景中的价值观念和大多数人的行为方式会对学生个体思想和行为产生深刻的影响。

## 四、隐性课程的作用机理

就隐性课程的作用机理，学者们也有不同的见解。何云峰（2010）借用物理学中"场"的原理对隐性课程的作用机理进行了探讨。"场"是物质存在的一种基本形式，具有能量、动量和质量，能共时性传递实物（包括信息）间的相互作用。用"场"的观点审视隐性课程可发现，它具有"场"的特性，也存在"场"的物质、能量运动的过程。隐性课程的场源潜藏于校园文化之中，场内的各要素之间相互作用、相互吸引、相互沟通。"场"论观点认为，隐性课程发挥作用的整体性和弥散性特征，要求其发挥作用的方式必然是系统协同性的。季诚均（2007）从信息论中的社会群体动力模式和个体心理动力模式出发，对隐性课程的作用机理进行了解释。在社会群体动力模式看来，作为隐性课程的影响者与被影响者，个体均会受到群体的影响，影响者受到某一群体的某种影响，而改

---

[①] 该文件检索均来自中国知网，https://www.cnki.net/

变其发出信息的性质与数量。

作为被影响者,同样隶属于各种基本群体,并受群体的影响,因此社会群体无形中成为隐性课程的影响因素,制约隐性课程功能的发挥。从个体心理动力模式来看,隐性课程对学生的影响,必然受学生个体心理特征的制约,外界的信息要能首先引起学生内在心理的变化,才能促使学生行为的改变。为此,要控制隐性课程功能的发挥,必须要考虑学生个体心理过程的中介作用。

## 五、外语教学中的隐性课程

在外语教育中,本研究所采用的隐性课程概念其实已有学者有所提及。从笔者掌握的资料情况来看,Nunan(1988)是最早提及外语教育中的隐性课程的学者。不过由于他当时没有能够进行更深一步的系统论述,这个概念并没有引起外语界的重视和后续研究。

Nunan(1988)注意到计划课程与执行课程之间往往会出现不一致的情况。在对这种不一致的原因进行分析时,他特别提到"学习者之所以会有自己的隐性课程(笔者强调)是因为他们对官方课程了解不够(Learners develop their own hidden curricula because they have little idea of the nature of the official curriculum.)"。Nunan 在这里所指的学习者的隐性课程主要是指学习者与学校正式"官方"课程或显性课程不一致的处于"隐蔽"状态的学习目标和学习内容。

Nunan(1989)在随后的研究中对学习者的"隐蔽"学习过程和学习方式等隐性课程给予了更多的关注。在他看来,在"以学习者为中心"的教育理念逐渐为学界所接受的背景下,如果课程没有充分考虑到学习者的主观需求和他们对学习过程的认识和理解的话,那么这个课程就不能说是真正做到了"以学习者为中心"。在稍早一些时候,Nunan(1986)就意识到"有足够的证据表明,相比学习内容而言,学习者对学习过程更加关注和在意,而教师和学生之间的冲突大多数都与学习过程有关"。

## 六、外语隐性课程的重要地位

如前所述,传统的观点认为课程按其形态载体的表现形式一般可以分为显性课程(formal curriculum)和隐性课程(hidden curriculum)两种类型。显性课程指的是学校教育中有计划、有组织地实施的、安排在课程表上的、主要通过课堂教学所体现的课程,而隐性深程指的是那些伴随着正规教学内容而出现的、对学生起着潜移默化式的教育影响的内容。本研究继续沿用显性课程与隐性课程这两种课程类型的划分,但本研究中的隐性课程内涵已经超越了传统意义上的隐性课程内容。在本研究中,显性课程和隐性课程是一个连续统一体,它们都用来指代学校情境中为了实现教育目标而计划和发生的教育内容,它们之间的区分和不同是比较的参照系不同。我们观察到的实际情况也是在日常教学和学习活动中,往往是隐性课程在起着实质性作用,它存在于教师和学生的心理现实中,存在于学校文化、制度和管理中,甚至暗含于显性课程中。外语教学中,隐性课程的地位尤为重要,因为外语教学中存在着一种客观实际情况:

课程规划往往与教师的教学行为不一致,教师的教学行为与学生的实际学习结果亦不一致,学生的学习结果往往不能体现课程目标。换言之,计划目标、教学行为和学习结果之间并不是简单的线性等同关系。针对这种不一致的情况，学者们也有过相关的论述，比如 Nunan（1988）所言："那种认为教学计划等同于教学行为，而教学行为等同于学习结果的想法是非常幼稚的（The notion that planning equals teaching and that teaching equals learning is naive.），Sullivan（2004）和 Smith & Southerland（2007）也都注意到课程的实际执行情况往往并不能反映课程的规划。Corder（1981）则指出："教师提供的输入与学生所吸纳的东西是存在差异的。"Willis（1996）也注意到"教师们也从经验中发现，我们所教的东西并不等于学生所学的东西"。束定芳（2004）指出："第二语言习得理论研究发现，学生并不会吸收课堂上教授的内容。我们再怎么努力去教某一语言形式，我们仍无法保证学生一定会在某一时间学会这一语言形式。学生不但经常学不会明确教给他们的东西，反而会学会并没有教给他们的东西。"

对于这种不一致现象出现的原因，教育学和外语教学领域的专家学者从不同的角度进行了解释，比如克拉申（1982）提出的"情感过滤假说"认为输入的语言信息，即便是极容易的语言信息并不总是能够被吸收，这主要是因为在人类头脑中会出现对语言的堵塞现象，使学习者常常无法理解所接受的语言输入信息，这种堵塞就是"情感过滤"。约翰斯顿（1985）的"言语加工能力制约"理论认为在二语学习过程中存在着一些言语加工能力的制约，这些制约限定了我们在某一特定阶段对某些二语语言结构的习得，"语言的发展特征是由我们的言语加工能力决定的，所以我们的语言发展就有着较为严格的顺序。大量的证据表明这种'自然'顺序是不能'违背'的。也就是说，学习者只有在充分'准备'好的情况下才能习得某些语言特征"。

针对计划、行为和结果之间的这种不匹配和不一致现象，克拉申和约翰斯顿给出的两种解释或从情感的角度，或从认知的角度进行了阐述，但更大程度还是停留在假说的层次上，要想得到学界更多的支持和认可，尚需要进行大量的验证工作。在笔者看来，出现这种情况还有另外一个重要原因，那就是在教学过程中，除了显性课程在起作用，不同层面（学校、教师和学生）均存在着各自的隐性课程（hidden curriculum），而正是这些隐性课程使计划、执行和结果之间出现了不匹配。以学生层面的隐性课程为例。束定芳（2004）指出："外语教育中的另一个误区是把外语看作与历史、地理、物理、化学一样是一门知识课。实际上，外语学习完全是一种能力和技能的培养，需要大量的听说和阅读实践，学生只有在大量的语言实践的基础上才可能真正掌握外语。教师在课堂教学上只能提供部分的语言输入，只能充当一个向导和顾问，课堂教学只是重要的学习和实践场合之一，课堂之外的大量学习和实践是外语学习成功的重要保证。"学生在课堂之外的学习和实践活动，尤其是与学校大纲和教师讲授内容不一致的地方很大程度上就是他们的隐性课程的一部分。学生课堂之外学什么、练什么、其质量如何，将直接影响着学生的外语学习效果。

再以我们国家的研究生公共英语教学为例：尽管国家层面上有着《研究生公共英语课程教学要求》，学校层面上有着相对统一的课程教学大纲来对教师的课堂教学进行指导，但由于不同的教师在语言理论、教学理论、语言学习理论等方面持有不同的观点，不同的教师在知识结构、选择注意能力、教师思维以及教学专长的构成与发展中存在一定的差异。因此不同教师在教学过程中相应地也会有着自己的隐性课程。这些不同层面的隐性课程对显性课程来说，在一定程度上是一种补充和完善，但很多情境中这些隐性课程与显性课程存在着不一致,甚至是冲突的情况,而且在这种"博弈"中占主导地位或真正起作用的往往是隐性课程。因此,如果不能较好地处理显性课程与隐性课程的关系,这些不同层面的隐性课程就会对相应层面的显性课程的贯彻执行起到妨碍作用。换言之,隐性课程的存在使得显性课程在执行过程中打了折扣或"走样"了,进而影响了课程规划和教学目标的实现,这也可在一定程度上解释我国外语教学"费时低效"的问题。因此,如何理解外语教学过程中出现的隐性课程,并正确处理隐性课程与显性课程的关系就显得至关重要。

由于研究的出发点和角度不同,对核心概念的界定往往是不一致的。在进行学术问题讨论时,我们可以允许在对核心概念界定时的不一致,而且这也是一种经常发生的情况,但一个大的前提和原则是把自己对核心概念的认识及理解明确地表达出来,进行较为清晰的界定,否则就极容易陷入"各自为政"、自说自话、互相难以沟通的境地。显性课程和隐性课程作为本研究的核心概念同样也适用于这样的前提和原则。由于研究的出发点和角度不一样,学界在对显性课程和隐性课程的界定时也出现了不一致的情况。鉴于这种情况,笔者在本章中首先对课程的相关文献和研究进行了梳理,提出我们应该克服和摒弃课程的狭义观,从广义上来对课程进行理解和界定,并在此基础上进一步对课程的下位概念——隐性课程进行了重新界定。这在一定程度上超越和突破了传统教育学意义上的隐性课程概念和定义,为下一步的研究奠定了相应的理论基础。但有一点需要我们清醒地认识到:隐性课程作为课程的一个下位概念,它具有概念上的相对性,因为隐性课程主要是一个针对显性课程而提出的概念。在实际的教育实践中,显性课程和隐性课程,实际上也不可能截然分开、泾渭分明。更多的情况下它们是相互交织在一起,互相包含,呈水乳交融状态的,它们在教育过程中共同发挥着作用,对学生产生交互影响。理论上的概念区分并非意味着实践中的分离与对立,我们之所以要进行显性课程与隐性课程的区分,出发点主要在于课程研究的需要,是为了彰显隐性课程在教育中的重要地位和作用,同时这也是对课程的一种兼具广度和深度的思考,对丰富课程研究的范围和内涵,推动课程理论的发展具有积极的意义。

## 第三节 教师层面的隐性课程

课程不仅是由一整套文件、大纲、教材、教法等组成的一种规划和计划,它更是一个过程和活动,而过程和活动的一个核心要素是教师。因此,在对课程进行考察时,我们就不能人为地把教师和课程分为两个互不关联的领域。与之相反,只有当教师和课程完全成为一体时,我们才可能会产生全新的课程视野和课程观。

课程与教师是密不可分的:理解和参与课程是教师的工作和生活,而课程只有依赖教师的理解和实施才能实现自身的意义和价值。吴宗杰(2008)认为:"我们有必要从人的发展角度重新构建'教师'和'课程'的概念,并最终使这两项内容合二为一。"

### 一、教师信念与认知

教师信念和认知是造成教师外语隐性课程的另外一个重要原因。所谓教师信念,主要是指教师对有关教与学现象的某种理论、观点和见解的判断,它对教育实践和学生的身心发展有着重要的影响。教师信念直接影响着教师的知觉和判断,支配着他们的教学行为,并对教学效果、学生的思想和行为产生不同程度的影响。Johnson（2006）把信念比喻成"The Rock We Stand on"就充分说明了信念在教学中的地位和作用。教师认知则是指教师相信他们能够影响学生的一种教学信念，并通过这种信念来协助学生开展有效的学习。教师信念和教师认知之间存在着一定的区别，比如郑新民（2006）在对研究生公共英语教师的认知问题进行个案研究时提出，教师研究大致经历了教师行为、教师信念和教师认知等三种范式的转换，即从为改革教师教育的课程设置、教学评价体系而寻找更为明显的教师行为特征的信息，到改变教师自身信念，增强教师效能感，再发展到阐明和揭示教师认知活动的结构和规律的转变上来。

由此可见，教师信念和教师认知是教师研究的两个不同发展阶段，教师认知是在教师信念基础上的进一步发展和延伸，但从目前的相关文献来看，尽管两者之间的确存在着一些细微的差别，但教师信念和教师认知的内涵之间还是以共性居多，两者都强调教师对教育过程中的一些现象，尤其是对语言、语言教学和语言学习的内在认识体系，而且众多国内外学者在进行相关论述时也存在经常在教师信念和教师认知之间进行互换使用的现象，因此在本研究中笔者也不做更为细致的区分，而是倾向于把教师在教与学上的特定理论和观点等统称为教师信念和认知。

## 二、认知情境和认知对象

除了在课程改革中教师的参与程度不够和教师信念、认知与显性课程存在不一致，认知情境和认知对象是造成教师存在隐性课程的另外一个原因。语言教学不是在一个真空状态下完成的，它不能脱离教师所处的社会文化环境，教师的课堂教学实践受到诸如语言政策以及学校管理条例等认知情境的影响。

已有研究表明，教师如何对课程进行理解、过滤、修正和执行会受到他们工作场景中诸多因素的影响。学生的期望、教学资源以及评估等都是一些对教师如何执行课程起着决定作用的重要因素。约翰逊（Johnson）等（2000）在研究中报告了一些来自埃及的理科教师在英国参加了一项为期十二周的在职培训。等他们回国后，他们发现自己在英国学到的一些新的教学理念在自己的教学中根本得不到实施，原因就在于他们的工作场景中有很多不利于这些教学理念执行的"本土化"因素，比如班级规模过大、教学资源的缺乏以及来自学生甚至是学校管理层的抵制情绪等。

## 三、三个隐性课程的研究问题

（1）学生是否存在着属于自己的外语隐性课程，主要体现在哪些方面？
（2）引起学生外语隐性课程的因素主要有哪些，深层次原因又是什么？
（3）学生外语隐性课程与显性课程的关系如何？在教学实践中，我们又应该如何更好地处理好两者之间的关系，更好地提高学生的外语学习质量和效率？

## 四、研究结果与发现

### （一）学习动机和目的

动机是最重要的情感因素之一。情感因素在学界被认为是启动学习者认知因素发生作用必不可少的"发动机",如果忽视情感因素在学习中的作用,学习者的积极性就难以被调动起来,其学习自主性自然也就得不到充分发挥,教学效果会受到极大限制。过去三十多年来,围绕动机问题而开展的研究在外语界也越来越受到关注,因为大量的外语研究证明动机能直接影响学习者使用学习策略的频率、接受语言输入量的大小、与本族语者互动的程度、目标设置的高低、学习毅力的大小以及发展外语技能的持久性等。

### (二)学习过程和方式

我们在前文对课程进行重新定义时特别指出,课程不仅具有"计划性",而且具有"过程性"。在这样的理论预设和前提下,对学生学习过程中的隐性课程进行考察就成了必然。(Alcorso andKalantzis((1985)和(Nunan)(1988)都曾对学生语言学习过程中的隐性课程从不同角度进行过调查分析,所得出的发现也基本证明了学生语言学习过程中隐性课程的存在。

## 五、学生隐性课程的原因分析

### (一)测试的反拨效应

在对学校和教师层面的外语隐性课程进行考察时,我们看到测试的反拨效应是引起这两个层面隐性课程的一个重要原因。在本部分研究中,我们同样发现测试的反拨效应是引起学生外语隐性课程的一个重要原因,测试对学生的外语学习动机、学习内容以及学习过程和方式都有着不同程度的影响。

### (二)外语教学软件本身

在国家《课程要求》和各学校教学大纲等显性课程中,我们都可以看到对外语教学过程中信息技术的强调,但在笔者对学生外语学习过程和方式的调查中,我们发现学生对信息技术的认可度和实际使用情况并不理想。这与学生的学习观念和学习策略有一定的关系,但同时与外语教学软件本身的设计也有着很大的关系。此次大学外语教学改革的一大主要特征就是对信息技术的使用,教学改革能否成功在很大程度上取决于教学软件的设计。

目前,国内高校使用的教学软件大都由出版社统一开发制作,由于计算机软件公司开发人员自身知识结构的局限性,开发的软件往往与实际的教学需求存在着一定的差距,达不到预期的教学效果;其次,部分教学软件信息超载,只是将各种信息与多媒体素材简单罗列拼凑,缺乏一定的系统性和科学性;第三,部分软件装饰性太强,过多使用了图片、声音和动画等文件,分散了学生的注意力,导致学习主题不够鲜明和突出,影响了学习效果;最后,部分软件交互性和兼容性很差,且不具有可编辑性,不利于教师"二次加工"来满足不同层次学生的需要。考虑到以上这些问题,学生在外语学习过程和方式中,尤其是在对信息技术的认可和使用上,存在着一定的隐性课程也就不难理解了。

### (三)学生隐性课程与显性课程的关系

从以上的分析我们可以看出,学生在外语学习的诸多方面都存在着隐性课程,这些隐性课程对学生的外语学习产生了较大的影响,其中有些影响对学生的外语学习起到了正面的促进作用,但也有一些影响起到了相对负面的作用。在教学实践中,如何处理两者之间的关系以更好地提高学生的外语学习质量和效率是一个必须认真考虑的问题。要实现这一目的，笔者认为除了上文提到的改革测试体系以提高测试的信度和效度以及进一步优化课程设置，我们还可以通过开设研究生公共英语先导课的形式，使学生对研究生公共英语学习的目的、过程和方法，尤其是研究生公共英语与高中英语之间的诸多不同有一个较为正确的理解，以做好两者之间的合理衔接和过渡。

正如纽南（Nunan）（1988）所言："学习者之所以会有自己的隐性课程是因为他们对官方课程了解不够。"开设研究生公共英语先导课正是为了使学习者对研究生公共英语的"官方"课程或显性课程有一个较为全面正确的理解和认识。从语言学习策略的角度看，这种做法也是培训和提高学生语言学习元认知策略的一种非常好的形式。学界已有研究充分证明，学习者的元认知策略能力和水平对提高学习效率和质量起着十分重要的作用。

## 六、外语隐性课程与外语课程设计

设计是指建立在分析与综合基础上的深思熟虑的精心规划和预先制订，而课程设计则是指在一定的课程理论或观念支配下的课程要素的选择、组织与安排的方法过程。外语教学不是各种应用语言学理论在课堂中的简单实践，而是与教学相关的多种要素在课堂中的综合反映。外语课程设计就是对这些要素进行整合和管理。所以，一个建立在课程设计基础上的语言教学观是非常必要的，而以系统的课程设计为基础的语言教学也必然是科学合理的。外语课程有其不同于其他学科的特殊性，但它首先是一门教育学科，教育学领域的课程设计理论与模式对外语课程设计也具有一定的指导意义和价值，外语课程设计也受到了教育学领域课程设计理论与模式的影响。

因此，本部分将首先对课程设计和模式进行简要的介绍，然后在此基础上对外语课程设计的发展进行探讨。课程研究从 20 世纪 20 年代开始逐渐成为一门相对独立的学科。由于所依赖的理论基础的不同，课程设计在其发展过程中逐渐形成了不同的模式，比较有影响的主要有以下几种。

### （一）目标模式

目标模式是最经典的课程设计模式，它诞生于 20 世纪 40 年代的美国。这是一种以实用主义哲学和行为主义心理学为指导思想的课程设计模式，其代表人物是（R. W. Tyler）。(Tyler（在其经典著作《课程与教学的基本原理》一书中提出，编制任何一种课程都必须回答四个基本问题：第一，学校应该追求哪些教育目标？第二，提供哪些教育经验才能实现这些目标？第三，怎样才能有效地组织这些教育经验？第四，怎样才能确定这些目标正在得到实现？对这四个问题的回答，便构成了课程设计活动的四个基本环节：确定目标、选择经验、组织内容、评价结果。(Tyler) 认为这个基本原理是用来协助学校发展它们自己特定课程方案的指导性观念，可以用来检视、分析及解释学校的课程方案。Tyler 在书中用一半的篇幅讨论课程目标问题，认为目标具有引导课程选择和组织等设计活动和评价工作的主要功能，因此 Tyler 提出的课程设计模式又被称为"目标模式"。目标模式提出了一个较为完整的课程设计模式，提供了一个课程研究的范式。Tyler 提出的四个课程问题虽然十分简洁，却基本上周延了课程理论的研究范围，这四个问题是所有研究课程的人无法回避的。它将评价引入了课程编制过程，强调编制活动的效率，讲究活动的科学程序，重视评价学生的学习进展，很快就成为学界最有影响力的课程理论模式。

但部分学者对该模式也持有一些异议，他们认为该模式只强调课程设计的效率，是一种强调"预测""效率"和"控制"的工学模式，该模式把课程设计看作系统化与理性化的过程，利用"科学原理"和"工作分析"等方法来选择学习经验，使具体明确的学习目标与活动相联系，纯粹是一种"技术性"或"功能性"的考虑，因为并非所有的课程目标都能充分转化为可测性的行为目标，如理解力、鉴赏力和想象力等课程目标就很难行为化，而且如果教学只关注行为目标，可能会把复杂的学习过程看作简单的刺激—反应过程，就会束缚教师和学生的自主性。更重要的是，学习任务目标过分地在事先详细地规定下来毕竟会在某种程度上阻碍学习者充分发挥内在的学习机制。因此，要解决好学习任务目标与学习者学习机制之间的矛盾，课程设计的过程模式就应运而生了。

## （二）过程模式

过程模式以结构主义哲学和认知心理学为基础，反对目标模式一味分解教育目标，主张课程设计应该从分析学科结构入手，按照一种能反映学科基本结构的方法去设计各门课程。斯腾豪斯（Stenhouse）（1975）认为，知识形式和学科基本结构反映了人类文化和知识的内在价值，我们应该从这些具有内在价值的知识形式和学科结构中选择那些能够体现知识形式和学科结构的基本概念、原则和方法的东西作为课程内容。

过程模式最大的成功之处在于它否定了目标模式关于确立和表述课程目标的行为主义和机械主义倾向，强调通过合理的课程组织以加强学生对系统知识的学习，发展学生的思考力和创造力，但过程模式也存在一些问题：一是很难确定在现实的知识领域里存在着一种普遍接受的"形式"或"结构"；二是并非任何知识形式与学科结构都能转换为学生所能了解和接受的课程形式；三是过程模式在否定目标模式通过阐述课程目标来编制课程的同时，又走向了另一个极端，把课程设计局限于学科结构的分析，而忽视了社会需要和学生需要等。

## （三）情境模式

情境模式是由史克北（Skilbeck）（1984）提出来的，他主张借助于社会学家的文化分析方法对社会文化结构进行分析，从而把课程设计与发展置于某一社会文化结构之中，针对单个学校及其教师，以学校为单位通过对情境的全面分析和估计来进行课程设计。因此，情境模式设计是以具体的实际情况为基点的。在这一点上，情境模式是对课程设计的重要发展。

Skilbeck 认为每一个教育单位都应该是一个活的教育环境，这种环境不仅有其独有的特征、特定的关系网络和目标，而且还应有特别的价值观念和行为准则、特定的程序和岗位职责。因此，课程设计就应从分析学校各方面条件入手，以学校具体情况与条件为基础进行课程设计。他把课程设计活动分为五个组成部分。

（1）分析情境（analyzethesituation）。对构成情境变化的各种内外因素进行分析，以求得对课程目标来源的全面认识。

（2）拟订目标（define objectives）QSkilbeck 认为课程设计从分析目标入手是正常的，但目标模式没有分析课程目标的来源及学校的具体情况，其课程设计常以孤立的、可观察的和可测量的行为来预先设立所有目标。Skilbeck 提出目标来自对情境的分析,是对师生各项活动的目标进行表述,但不一定按照行为来表述,还包括教育活动方向的喜好、价值和判断等。

(3) 设计教与学的课程方案(design the teaching-learning program)。教与学的课程方案设计包括的要素有教学活动、教学工具与材料、教学环境以及功课表等。

(4) 阐明和实施课程方案(interpret and implement the program)。课程方案在实施过程中可能会遇到一些问题,因此要通过经验、反思和研究分析,对这些问题加以预计和确认,并加以阐述。

(5) 检查与评价(assess and evaluate)。这里的"检查与评价"的含义要比"确定在多大程度上实现了目标"这一内涵要丰富和广泛得多,它包括了对课堂活动进展情况做出的经常性评定、对所产生的各种评定和对所有参与者的表现做详细记录等。

情境模式的基本假定是课程设计的焦点是学校,即学校本位课程发展是促进学校真正改变的最有效方法。这一课程设计模式把课程与更广泛的文化因素和社会因素联系起来,较适合于设计以社会问题为中心的核心课程,但也有学者认为这一模式是个"大杂烩",未能明确地指出如何在知识、社会与学生个人兴趣中进行取舍,未能为课程设计提供详尽的蓝图。

## 七、外语课程设计的演变与发展

从以上的分析可以看出,课程设计的几种不同模式具有不同的社会背景和理论假设,它们也分别具有自己的特点:目标模式强调的是目标的确定和教育目标的具体化;过程模式强调的是整个教学过程;情境模式的设计和发展则是以实际的教学情境为基础,主要围绕情境主题来设计教学内容。但它们有一个共同特点:它们都是在西方工具理性思想支配下发展起来的源程观,这在以 Tyler 为代表的目标模式上体现得更为明显,它把教育这样一种需要智慧和思想的探索活动分解为一些彼此联系不太紧密的要素,并用目标管理和专业分工的方式分散到不同的势力群体和机构中去执行。

### (一) 整体化外语课程设计

整体化课程(coherent curriculum)概念是 Johnson(1989)针对传统外语课程设计提出来的。Johnson 认为,传统外语课程设计的单向性和条块分割引发了诸多问题。各阶段之间(课程规划、目标与手段说明、项目执行和教室内的执行)互不衔接必然会导致外语课程中众多失调(mismatches)现象的出现。以教师和学生的地位和作用为例:在这种课程设计模式下,学校变成了一种制造"产品"的工厂,一线授课教师成为流水线上无个性的作业者,处于决策权力的最底层,他们通过大纲、教材、培训和种种标准化指标去接受工作指令,被动地按照规定的时间和进度,教授规定的内容。教师的课程职责就是执行国家的课程指令,遵从学科专家编写的教材及学校和大学英语教学部的教学要求。对于大多数研究生公共英语教师来说,教师的角色只不过是个"教书工匠"和"教学机器",他们的主动性和能动性也无从得到发挥。学生在课程设计中的地位与教师的情况非常相似,也处于最底层、被动地位,很少有主动性和能动性。

针对传统外语课程设计几个阶段互不衔接的问题 Johnson 提出了整体化课程的概念。

在他看来，课程设计应该作为一个整体来考虑，几个阶段之间的划分并不意味着它们以独立的形态存在，"课程的整体性远比各个阶段的'自我独自完善'重要得多"。在整体化课程中，各个阶段的决定和结果互为一致、互为补充（mutually consistent and complementary），学习结果能够反映课程的规划目标。课程设计是一个开发、修正、再开发、再修正的连续循环过程。Johnson 还对整体化课程目标实现过程中可能存在的若干困难和限制条件进行了讨论。Johnson（1989）提出整体化课程概念后，得到了学界的积极响应和广泛认同，众多学者（Brown, 1995; Markee, 1997; Graves, 1996; Murphy & Byrd, 2001; Richards, 2001）从不同角度对整体化课程设计进行了探讨并给出了一些具体范例来加以说明。

### （二）动态化外语课程设计

Graves（2008）在参考 Johnson（1989）相关研究的基础上对传统"专家式"课程设计进行了更进一步的描述和分析。在 Graves 看来，这种传统"专家式"课程设计模式存在以下三个主要问题。

(1) 课程设计的几个阶段之间缺乏一致连贯性（lack of alignment between each stage），进而导致了课程内部整体性的缺失（lack of coherence in the curriculum）。在"专家式"课程设计中，不同的群体行使着不同的课程功能，使用着不同的课程"话语"，同时也生产出不同的课程"产品"，而且不同的群体在行使自己的课程功能时有着不同的信念体系和理念（Goff, 1998）。前一群体所生产出来的课程"产品"都交给后一群体去理解和执行，而实际情况是后一群体更多时候往往是按照自己的方式去理解和执行这些课程"产品"，这也是本研究所讨论的隐性课程产生的原因之一。在这一点上，"专家式"课程设计模式就像儿童所玩的电话游戏：信息在由上一个儿童传递给下一个儿童的过程中发生了改变，结果就是最初的信息与最后的信息大相径庭。

(2) "专家式"课程设计模式把教学活动得以开展和进行的重要场所——教室置于了决定链的最末端。这样一来，教师和学生就成了既定课程的接受者和执行者，而不是具有自主性和能动性的决策者。这一观点与"课程执行忠、实理论（fidelity perspective on curriculum implementation）"（Snyder, Bolin & Zumwalt, 1992）如出一辙。该理论认为课程是由课程专家来计划的，教师的职责就是对课程的忠实执行。如果在课程执行过程中出现了问题，责任往往被认为是在教师一方，而不是从课程本身或课程设计者方面寻找原因。正如 Widdowson（2004）所言，"在过去，当课程计划和执行之间出现偏差时，我们往往认为是教师的具体行为限制了专家所规划课程的有效执行。"这样一来，专家就会责怪教师改革动力不足，甚至对课程改革持抵触和拒绝情绪，而教师就会抱怨专家在规划课程时脱离教学实际。在"专家式"课程设计模式中，所有与课程有关的决定基本上是在前三个阶段完成的，与课程的最终"用户"——教师和学生的联系微乎其微。

(3) 对"专家式"课程设计模式的几个阶段都缺乏相应的评估，尤其是对大规模的课程项目而言，参与课程设计的相关人员花费了大量的时间和精力来制定政策、设计大纲、开发教学材料以及研发测试体系等。考虑到前期这种巨大的投入和"成本"，当课程进入执行阶段后，相关人员往往不情愿对前期的成果进行评估和相应调整。正是针对"专家式"课程设计模式中参与人员、过程和"产品"之间的这种分离状态，Stenhouse（1975）认为："课程研究的中心问题就是规划和执行规划时的差距。"

Graves (2008) 赞同 Johnson (1989) 提出的整体化课程设计的观点，但他同时认为课程是一个复杂、动态系统，"在这个系统中，所有要素都是相互联系在一起的，非线性、相互调整和适应是常态"，他由此提出了课程是动态化系统 (dynamic system) 的观点。

传统外语课程设计认为课程设计由三个核心环节组成，分别是 planning、implementing 和 evaluating。Graves 仍然保留了课程设计的这三个环节，但他把中间环节更名为 enacting，以此来凸显教师和学生的主动性和能动性。Planning、enacting 和 evaluating 这三个环节彼此相互联系，相互影响，处于动态发展状态，而不是线性发展状态。在动态课程设计观看来，enacting 教师的教学过程和学生的学习过程）是整个教育的核心。planning（规划）和 evaluating（评估）都是以 enacting 为指向并与 enacting 紧密联系在一起的。同时，课程设计的这三个环节发生在一定的社会教育情境之中（socioeducational contexts），是由处于这些情境中的相关人员来完成的。Graves 还强调，教师是 enacting 的"总指挥"（orchestrators），对课程的成功起着至关重要的作用。

### （三）生态化外语课程设计

"生态学"现在已经成为一个妇孺皆知的词汇。实际上，这一术语最先提出是近 150 年前的事情，可以追溯到 1866 年德国生物学家与哲学家海格尔出版的 General Morpholopy 书。海格尔特别赞赏达尔文所做的关于自然界有机物直接或间接与环境之关系的研究。概括来讲，生态学以生物体与其生存环境之间的相互关系作为自己的主要研究目标和旨趣所在。因此，通常情况下生态学往往被视为自然科学领域的一个学科术语。

黄远振（2007）认为，生态学有三个重要的概念：生态系统、生态平衡以及生态位。生态系统是指在一定空间内生物与环境构成的自然、开放的生态学基本单位。在这个单位中，各种生命现象之间在生存过程中相互竞争、相互作用、相互依存，形成健康有序的状态，其基本特征是结构的多样性、系统的复杂性、能量的流动性、物质的循环性、系统的动态性和自我调节性。生态平衡是指一个生态系统在特定条件下通过内部和外部的物质、能量、信息的传递和交换，使系统内部生物之间、生物与环境之间达到相互适应、协调统一的状态，这种状态具有一定的自我控制、自我调节和自我发展的能力。换言之，生态平衡是指处于稳定状态的生态系统的形成和维持，它是一种相对的动态平衡，是在生态系统的演替发展中，依靠其内部各组成部分之间及系统与外部环境之间的相互联系和相互作用，通过不断调节系统内部的结构和功能而得以实现的。生态位是指每个生物单位生存的时空位置，一个生物在群落和生态系统中的时空位置和状况决定了它的形态适应和特有行为，包括其重叠与竞争、压缩与释放、分离与移动等。一种生物能够在生存竞争的生态系统中拥有一个最适合其生存的时空位置时，这就说明它有合适的动态生态位，就能与环境达成和谐。

经过学者们几十年的阐述和不断完善，到 20 世纪初期，生态学作为一门学科，已经初步搭建起了具有自己特点的理论体系和研究框架，并开始与其他学科日益交叉渗透，促使生态学理论研究与应用研究联结起来，产生了许多新兴学科和理论分支，如与自然科学交叉渗透产生了物理生态学、化学生态学、城市生态学和环境生态学等，与社会人文学科交叉渗透产生了生态文学、生态经济学、行政生态学和企业生态学等。教育生态学是生态学与教育学相交叉而产生的一门学科，其产生和发展也得益于以上提及的交叉学科的发展，并从这些学科中汲取了思想源泉。

外语教学本身是一个完整的大系统，含有外语课程的众多方面，所以系统大于课程，而课程又含有系统中的其他要素或结构，它们相互重叠、螺旋发展。因此，在进行外语课程设计时，较为科学的做法就是以生态学视角来看待和处理外语教学中的各种问题，认真考虑各教学要素在系统中的生态位，进行生态化外语课程设计。

## 八、隐性课程在外语课程设计中的体现

以上是外语课程设计的发展脉络和基本趋势，具体到研究生公共英语教学中学校、教师和学生等不同层面都存在着一定的隐性课程，在外语课程设计中应该如何体现这些不同的隐性课程呢？

如前所述，在外语教学生态系统中，学生是其中两个关键"物种"之一（另外一个关键物种是教师），处于主要的生态位，而本研究也发现学生和教师都不同程度地有着自己的隐性课程。"以学习者为中心"是这次研究生公共英语教学改革以及"基于计算机和课堂的英语教学模式"的基本要求之一。这样一来，具体反映到外语课程设计中时，就应坚持以学习者为中心来进行外语课程设计。以学习者为中心的课程设计的出发点首先应该是对教学对象的分析。对教学对象的分析包括很多方面，而其中一个很重要的方面就是对学习者的需求分析。外语教学需求分析是开展外语教学的首要条件，是外语课程设计的基础，也是教师组织教学、使用教材、决定教学方法和评估教学的依据，也为外语教育政策的制定提供依据。未来外语教学需求分析研究重点将是社会需求，包括社会对外语人才的数量、种类和水平的需求。正确的社会需求分析有利于制定科学合理的教学大纲、确定合适的人才培养模式、合理设置课程、合理制定教学目标、培养出适应不同社会需求和变化的人才。需求分析的另一个方面是对外语学习者个人需求的分析，包括学生目前的外语水平、教育背景、学习经历、希望达到的目标等。个人需求分析有助于因材施教，有的放矢，达到事半功倍的教学效果。

## 九、课程设计中教师角色的作用

学界一般认为，1918 年美国课程学者 F. Bobbin 出版的《课程》一书标志着课程成为一个独立研究领域。从渊源上来讲，教师与课程有着天然的联系，教师从来就是与课程打交道的。但是，教师的课程行为成为人们有意识地进行研究的对象也是当课程作为一个独立的研究领域出现以后的事情。教师参与课程改革这一课题的提出，可以追溯到美国的进步主义教育改革时期。在改革传统课程、推行活动课程的过程中，进步主义教育先驱们开始关注教师对课程实施效果的影响。从杜威开始，经由拉格等人的努力，发展到"丹佛计划"和"八年研究"，这些理论阐述和实践探索完成了现代教育对教师参与课程变革这一问题的研究。在杜威看来，教师在课程中起着至关重要的作用。他认为教师的指导和对课程的理解是实现教材"心理化"的一个重要条件，而课程与教材的"心理化"是真正使学生理解课程内容的一个重要途径。杜威的民主主义精神在哈罗德·拉格那里得到了很好的秉承和发扬。拉格提出在地方水平上建立课程委员会的主张，并表示出积极倡导由所有的参与者共同研究课程的想法。他还提出了教师参与课程大纲写作的必要性，而这种参

将最终变成教师的教学行为。拉格的"教师规划课程"的思想得到了学界众多学者的赞同。杨明全（2003）认为，20世纪20年代出现的"丹佛计划"就是教师参与课程编制的具体实践探索，是在杜威和拉格等学者完成相应理论铺垫后的进一步实践应用。随着课程研究的不断深入，教师参与课程变革的新理念在众多学者的论著中得到了进一步的发展，如塔巴（Taba）提出了"教师作为课程变革的代理人"的观点，施瓦布（Schwab）提出了"实践的课程观"，Stenhouse提出了课程开发的过程模式，这些都彰显了教师参与课程的重要性。

在相关研究中，教师在课程变革中的地位和作用是随着课程变革的不断推进逐渐被重视的。从一开始的"防教师"课程，将教师排除在课程之外，教师没有参与编制、设计课程的权利，而只是被要求去忠实地执行，到随后的"教师规划课程""教师设计课程"，教师逐渐有了参与规划和设计课程的权利，再到后来的"教师即课程创造者""教师即课程"，可以说，每一次课程变革的实践探索与理论研究都加强了教师在课程变革中的地位和作用。

## 第四节 研究结果与讨论

国际国内形势发展对非英语专业研究生英语能力和水平的要求日益提高，研究生公共英语教学任重道远。课程作为教育意义的载体，在教育活动中处于基础和核心地位，而课程设计作为一种对课程进行的专门规划，对于确立教育目标，合理配置与开发教育资源，促进学生学习的系统性、顺序性和延续性，提高教学整体质量都具有不可忽略的重要意义。

由于课程和隐性课程是本研究中的两个核心概念，因此如何把握和界定它们的定义和内涵就成了研究的出发点。为了实现这一目的，本研究在对学界先前课程和隐性课程研究以及相关文献资料进行整理综述的基础上，结合外语教学的实际情况，对课程和隐性课程进行了新的阐释和解读，尝试对随后即将开展的研究进行理论铺垫，并搭建了研究的基本框架。长期以来，我们都把课程作为一种固定的有特定意义的符号和载体，这种认识在很大程度上把课程与学校情境以及处于学校情境中的教师和学生的实际生活隔离开来，看不到课程的真正意义是通过与具体的学校情境以及理解者（包括教师和学生）的个性视野相融合而实现的。

课程不仅具有"计划性"，还同时具有"实际性"和"过程性"，主张不能单单从"计划性"的角度，更要从"实际性"和"过程性"的角度来理解课程和隐性课程。这样才能够更好地把握和认识它们的内涵，从而实现课程意义从潜在到实际的转变，使课程回归现实生活世界，重新找回课程所具有的实际意义，真正提高课程实施的质量和效果。在"实际性"和"过程性"的观照下，课程的内涵就由封闭走向了开放，从预设走向了生成。

通过对显性课程与隐性课程的比较研究，我们发现学校在教学要求、课程设置、教学模式、教学评估和教学管理等方面都不同程度地存在着自己的特点。一些情况下，隐性课程呈现出与国家显性课程不一致的特征，从作用和功能上讲，学校隐性课程的某些方面是对国家显性课程的一种补充，但有些情况下它们也可能会带来一些负面效应，因此如何利用和发挥好学校隐性课程就显得尤为重要。

通过对教师层面的外语隐性课程的研究，我们发现课程改革的基本理念和目标以及学校的教学大纲在教师的课程实践过程中发生了不同程度的衰减和式微，这与教师们在教学实践中存在具有自己特点的隐性课程有一定的关系，而且教师们的外语隐性课程呈现出多元化和多极化的特征，具体体现在教学内容、教学模式和手段以及师生作用和角色的处理上。与引起学校层面外语隐性课程的原因一样，造成教师隐性课程的原因也是多方面的，其中一个原因是在课程改革中绝大多数教师参与程度不高，他们在改革中处于一种"边缘人"，甚至是"局外人"的境地，他们的身份更多时候只是既定课程材料的单纯接受者。但笔者同时也发现一个看似矛盾的情况：所接受调查的教师们一方面认为自己参与课程改革的程度不高，另一方面他们又不愿意承担更多的课程责任。这种矛盾的局面除了与教师承担的教学任务较重、工作压力较大有一定关系，还和教师们在课程开发和设计上的信心不足、课程能力有限有着很大的关系。

基于此，笔者提出只有当教师不再游离于课程之外，而是真正成为课程改革的介入者时，课程才会具有鲜活的意义并得以顺利实施。教师存在隐性课程的第二个原因是教师信念与认知。换言之，教师对学校教学大纲所体现的显性课程的理解有不准确之处。教师对课程的恰当理解是课程意义生成的必要条件，是教师进行有效课程实施的重要前提，也是教师个体精神和生存意义建构的重要途径。强调教师对课程的理解也符合当前课程研究领域中从课程开发范式向课程理解范式的转变。在课程理解范式的照应下，我们把课程作为文本来理解，这种文本负载了课程的意义。

教师的认知情境和认知对象是造成教师隐性课程的第三个原因。教师的教学活动并非发生在真空之中，而是发生在一定的社会文化情境之中，因此诸如国家的语言教育政策和学校的相关管理规定等都是一些对教师隐性课程有着影响的较为典型的认知情境，而学生作为教师的认知对象，他们在课程上的一些"要求"也对教师隐性课程的形成起着一定的作用。

通过对学校层面和教师层面的隐性课程分析，我们发现当把学校教学大纲中体现的外语课程内容和教师在学生外语学习上的观点、理论以及教学内容视为与学生外语隐性课程相对应的显性课程时，对学生外语隐性课程进行考察所应考虑的研究变量就基本可以确定在学生的学习动机和目的、学习内容、学习过程和方式上。学生在以上几个方面的外语隐性课程体现出不同的特征，其中的学习动机和目的呈现出比较强的工具性特征，学习内容部分与学习动机有着密切联系，学习过程和方式部分则倾向于"传统"类学习活动，学生课程构成范式下的信息技术作用的认同感不高，实际使用信息技术提高语言应用能力的情况不甚理想。引起学生外语隐性课程的因素是多方面的，主要集中在测试的反拨效应、课程设置的合理性以及外语教学软件设计存在缺陷与问题等方面。在学生外语隐性课程与相对应的显性课程的关系处理上，笔者提出可以通过改革语言测试体系、优化课程设置和开设研究生公共英语先导课等方式来使二者的关系更加协调和"融洽"，并以此提高大学外语教学的效果和质量。

本研究不可能解决我国外语教育中的全部问题，但它对丰富课程研究的内涵、范围和话语，扩展课程研究的视野，推动课程理论，尤其是隐性课程理论的发展具有一定的理论意义，为课程和隐性课程理论的发展注入了新的活力，同时对我国外语课程设计有一定的启发，可以用来指导外语课程设计，提高外语教学质量，从而为解决我国外语教育"费时低效"的问题提供一个新的角度和思路。总的来看，本研究在先前研究的基础上有了一定的突破和创新之处，主要体现在以下三点：

（1）本研究对课程的理解和阐释从"应然性（the what should be,）"走向了"实然性（the what actually is and happens'）"。先前既有研究和教师们普遍接受的观点是认为课程是一种"计划性"和"规范性"的内容。这种观点更多的是停留在"务虚"的层次上，不利于我们更好地把握教育和课程的本质。本研究拓宽了课程的内涵，提出了"课程不仅是'计划性'和'规范性'的内容"的主张，认为课程更具"实际性"，是"实际发生的教育内容"。这样一来，课程就从"应然性"走向了"实然性"。本研究还提出课程不仅是学生获得的静态知识，不仅是一种知识载体，更是一种动态发展过程，是学生知识建构和能力培养的过程，是师生共同参与探求知识的过程。"过程性"是课程的一个重要属性。从"实际性"和"过程性"的角度对课程进行理解有利于我们更好地把握课程的内涵，尤其是对外语教育中发生的众多现象有着更强的解释力。

（2）本研究肯定和借鉴了传统教育学意义上的隐性课程概念，但并没有拘泥于此，而是在此基础上进行了一定程度的突破和创新，结合外语教学的实际情况，从"实际性"和"过程性"的视角对隐性课程进行了重新界定，并对隐性课程与显性课程之间的关系进行了较为科学辩证的分析，从而可以使学界更好地把握课程和隐性课程的本质与属性。

（3）本研究尝试从隐性课程的视角讨论从传统模式的外语课程设计发展到整体化外语课程设计，再发展到动态化外语课程设计，最后达到生态化外语课程设计这些不同阶段的演变过程和发展趋势，并探讨了隐性课程对我国大学外语教学的启示以及如何将隐性课程纳入外语课程设计总体框架中，从而可以使课程设计更加有效地指导外语教学实践。

虽然本研究在以上方面力求有所创新，但是囿于水平、时间和精力等因素，仍然存在一些不足和局限之处。这主要表现在研究层面尚不够广泛深入、实证研究方面尚待进一步完善、部分内容阐述不够充分深刻等。首先，选取的样本是位于东部沿海地区的一所高校及其教师和学生，其代表性就不可避免地存在着一定的局限。其次，在对教师层面的隐性课程进行考察、收集相关资料和信息时，我们采用了问卷调查和访谈的方法让教师来"汇报"自己的课程情况，通过这种方法获取的资料存在与实际情况不相一致的可能性，因此除了本研究采用的两种方法，还可以采取课堂观察的研究手段，对一定数量教师的实际课堂教学进行一段时间的跟踪研究，从教师的课堂教学中直接获取第一手的资料，这样会使研究结果更具有说服力，进而从整体上提高研究的可信度。因为教师的隐性课程也是一个不断发展变化的动态过程，如果在考察中缺乏时间的维度，就无法发现教师隐性课程的发展和变化，但由于条件所限和实际考虑，本研究并没有采用这种方法。最后，课程与隐性课程的概念原本属于教育学学科范畴，本研究对课程、隐性课程和外语隐性课程等相关概念的剖析跨越了教育学和语言学两个学科，具有一定的跨学科性质，但笔者对理论的占有广度和理解深度也就不可避免地存在着一定的局限性，因此对相关理论的阐释还不够丰满与深刻，课程和隐性课程等概念的界定是否合理、隐性课程的层次划分是否科学、论证是否令人信服尚有待于学界的进一步检验。

# 第七章　多维视角下研究生英语教学实践

## 第一节　文化自信培养在研究生英语教学中的探索与实践

作为国家高水平人才，研究生不仅要具有扎实的专业知识，更要具有正确的价值观和人格品质，在进行对外交流时，具有发自内心的文化自信和民族自豪感。在对研究生进行专业教育的同时，要全面渗透思想政治教育，从而培养具有爱国、敬业、文化自信的人才，在对外交流中传播中华优秀传统文化，讲好中国故事。

在研究生英语教学中，中国传统文化式微现象往往较为突出。近年来，"课程思政"在本科生各科教学中得到了很高的关注。实际上，在研究生英语教学中，同样需要进行思政教育的探索和研究。只有重视中国传统文化，具有强烈的民族自豪感，才能在学习中珍视自己所学专业的行业成就，在对外交流中体现出文化自信，从而成为爱国、敬业、文化自信的人才。

### 一、研究生英语教学中文化自信培养现状

在研究生英语教学中，重视语言及西方文化、中国文化缺失，是一种普遍现象。本科生无论是英语专业还是非英语专业，一般都开设了中国文化的相关课程，也涌现出了许多优秀的课程思政阅读材料。相比之下，研究生英语在教材开发、课外自主学习、思政建设等方面都处于相对落后的境地。对于如何建立和培养学生对传统文化的热爱和自信，可参考或利用的教材或参考资料极少，教师往往只能自己寻找相关材料，或参考本科英语学习材料。

### 二、研究生英语教学中文化自信培养的必要

#### （一）人才培养的需要

研究生作为国家的高水平人才，在推动中国文化走向世界的过程中发挥着至关重要的作用。而研究生英语课程作为研究生课程中的重要组成部分，必须承担起弘扬中华文化的重任。

研究生的入学年龄普遍为22~24岁，思想上还远未成熟，容易受不良思想的影响。例如，西方节日、服装、影视作品、音乐、饮食等都在深刻地影响着他们。更令人忧虑的是，西方的享乐主义和消费主义、纹身、过分追求个性和标新立异等等也在侵蚀着他们。虽然近几年随着中国的日益强大和校方的及时引导（如不提倡庆祝西方节日等），西方文化已不再像以往那样受到追捧，但我国传统文化远没有受到重视。相比之下，中国的七夕节在青年学生中还远不及西方的情人节受到重视。所以，如何引导学生热爱中国文化、培

养他们的民族自豪感和爱国热情、抵御西方文化的冲击，不仅大有必要，而且刻不容缓。文化自信，是在全球化和西方多元文化发展的冲击下，抵御外国文化霸权的精神源泉。

习近平总书记曾指出，"我们要坚定中国特色社会主义道路自信、理论自信、制度自信，说到底是要坚持文化自信"；"文化自信，是一个国家、一个民族、一个政党对自身文化价值的充分肯定，对自身文化生命力的坚定信念。"实际上，"自强不息""舍生取义""扶危济困""天下为公""以人为本""载舟覆舟""居安思危""与人为善""和而不同"等等无不体现着东方的智慧和中国传统文化的博大精深。

### （二）行业的需要

无论从事什么样的专业研究，研究生都应该很好地了解自己的专业发展历史、成就、使命等。例如，我校以地球物理、地质灾害研究及防灾减灾类研究见长。该领域国内外研究现状及研究成果，汶川地震及世界其他地区的地震给人类带来的损失，我国地震预测及地震救援发展现状等等，学生要十分清楚。了解行业发展历史和优秀成果，不仅可以培养学生的行业自豪感，继承和夯实专业精神和工匠精神，也是培养学生爱岗敬业的需要，更让学生清楚自己的研究使命。

与发达国家的研究水平相比，我国很多专业发展和研究都相对落后。但是，研究生决不能为此自卑，相反，在使用外语进行资料查阅、论文写作、对外交流时，不仅要具有强烈的文化自信，而且要正视差距，要清醒地认识到自己的责任和使命，刻苦钻研，传承本专业的行业精神，不断提升所在研究领域的研究水平和实力，早日实现对西方的赶超。

### （三）对外交流的需要

在研究生学习阶段，很多同学都会参加国内外学术交流活动。在进行学术会议或交流的时候，他们不仅仅代表着个人和院校，更代表着身后的国家和民族；不仅仅需要有扎实的专业知识和一定的外语沟通能力，更需要有发自内心的文化自信。习近平总书记说："在中外文化沟通交流中，我们要保持对自身文化的自信、耐力、定力。桃李不言，下自成蹊。大音希声，大象无形。潜移默化，滴水穿石。只要我们加强交流，持之以恒，偏见和误解就会消于无形。"

研究生肩负着传播中国声音和中国形象的责任和义务，正如习近平总书记指出的，"要重视公共外交，广泛参加国际非政府组织的活动，传播好中国声音，讲好中国故事，向世界展现一个真实的中国、立体的中国、全面的中国。"

## 三、如何进行文化自信培养

### （一）充分开发课本内容，汲取优秀传统文化精华

教师要主动寻找和开发相关材料。以 Energy Conservation（节约能源）为例，教师可以加入中国文化中关于"节俭"的相关内容。例如，克勤于邦，克俭于家——《尚书大禹谟》；静以修身，俭以养德—诸葛亮；侈而惰者贫，而力而俭者富——韩非。除了节俭，还可以组织学生对能源短缺及能源浪费等进行进一步的讨论。在学习 Online Communication（网络交流）章节时，则可以加入"孝道"的内容。例如：谁言寸草心，报得三春晖——孟郊；羊有跪乳之恩，鸦有反哺之义——《增广贤文》；惟孝顺父母，可以解忧——孟子。

在学习 Disease（疾病）时，有机地融入中华医学的内容，如针灸、刮痧、拔罐、太极、按摩和中草药等手段或疗法，以及张仲景、华佗和孙思邈等医学先驱者。实际上，无论学生专业方向是怎样的，都可以挖掘到我国优秀传统文化的事例进行补充或进行中西文化对比。这样的教学方式，无疑会大大培养学生对传统文化的重视和爱国热情。

### （二）熟悉中西文化差异，用西方的传播方式讲好中国故事

文化以及文明没有贵贱之分，有的只是不同的理解以及是否能够欣赏、接纳对方。针对中国文化走向世界的外部需求以及研究生知识结构中中国文化缺失的现状，不同专业、不同方向的研究生，都有一个共同的使命，那就是，用英语讲好自己的专业故事；熟悉西方的传播方式，用事实、例子、数据等传播中国。总之，无论学生从事何领域的研究和学习，只要挖掘文化内涵，就有故事可讲。既可以讲述中国哲学思想，也可以讲述体现中国人审美情趣的服装、建筑，代表中国人生活方式的节日、美食、中医中药、中国功夫，标志着中国思想艺术发展和成果的手工艺、绘画和戏剧，以及凝聚着中华文明的汉字。这些文化主题无不是凝聚着中华智慧的精神财富。让这些优秀中华文化走向世界，是每一个中国人、每一个学生的义务和使命。"要充分发掘中华传统文化的优势，全面认识祖国的传统文化，大力推进民族文化创新工作，加大制度创新力度，加快构建文化传播体系，使我国悠久的历史、灿烂的文化通过各种媒体传递到世界各地。"

## 第二节　学术交流环境下研究生英语教学策略研究

目前，各个高校的研究生教育都有着长足的发展，英语教学也面临着越来越高的要求。针对研究生的英语教学层次较高、应用面广、学术性强的特点，如何开展研究生公共英语听说课一直是萦绕在众多教师头脑中的一个难题。

大多数研究生在攻读本科学习期间，接受的输入方式主要是阅读，对其语言能力的评估方式是书面考试。因此，听和说的训练成为研究生英语教学的主要内容之一。通过对研究生四六级通过比率的调研可以得出结论：绝大部分的研究生在入校前都已具备了最基本的听、说、读、写的能力。就英语能力而言，很多学生虽然能看懂一些英文的报刊文摘，对本专业的英语阅读能力较强，但能看懂、读懂，有时却听不懂，更说不出来。这种现象长期困扰着许多研究生的英语学习。同时研究生公共英语听说课一般来说都是沿用传统的教学模式，课堂气氛较为沉闷，无法充分调动学生的积极性，教学效果并不是很理想。

因此，我们有必要对研究生公共英语听说课进行调整和改革，着重培养学生参与国际学术交流的能力。鉴于此，本文基于实际教学，提出了以提高学生的学术英语表达能力，特别是提高学生使用英语在国际学术会议中宣读论文，即席答辩和交谈讨论的能力为目标，以任务型教学模式进行具体操作的教学实践来进行创新教育，鼓励自主学习、探究学习，以培养学生的语言综合应用能力。

### 一、合作学习机制在研究生英语语教学中的应用

近年来，我国的教学观念和模式与传统的模式相比，有了很大的转变：以教师为中心转向以学生为中心，以传授知识为重点转向以学生的参与和能力发展为重点。在这个转变

过程中，小组学习和以任务为主的学习模式——合作学习也就应运而生了。这种学习模式是以学生为中心，通过小组活动，采用合作的方式共同学习，相互促进，共同提高。合作学习具有以下几个特征：

(1) 小组成员之间积极的相互依赖；
(2) 小组成员之间面对面的相互激励和互动；
(3) 人际交往与小组技巧；
(4) 小组成员的责任；
(5) 团体历程。

从以上可以看出，合作学习不是简单得让学生聚在一起学习，而是有明确目标的积极的相互依存关系。它以小组合作性活动为主要形式，学生针对同一学习内容彼此交互和合作，在共同完成任务的过程中通过竞争、合作、帮助、分工等形式，达到对学习内容的深刻理解和领悟，并一起在学习活动中发现，在提出问题中去探究，在讨论中学会分享合作，提高学生发现问题，研究问题并解决问题的综合能力；同时，小组合作性学习给小组成员提供了彼此了解，彼此信任和相互沟通的机会，使小组成员之间有了更多的交流和自我调节，这对培养学生与他人合作的能力大有裨益。合作学习是以心理学，社会学，人类学，经济学，政治学等多门学科为理论依据，多项研究已证明这是一种有效的教学组织形式。

然而，不管这些方法在课堂上多么有意义，都还不能称之为英语学习的最佳环境。学生在实践的交流中仍然会遇到这样或那样的问题。若想提高学生的语言应用能力，仅有课堂教学是不够的。我们必须扩展课堂外的领域让学生有更大的发挥空间。研究生具有较强的自学能力，以及较多的信息获取渠道，通过给他们布置不同的学习任务，促进他们之间的信息交流，为他们提供更多的机会来实践不同的技能以满足学习中的不同需求。

## 二、研究生英语教学策略

研究生作为一个特殊的群体，他们有着自身的特点和知识层面。他们将会面临着比一般在校生更多的国际学术交流机会，因此，他们运用英语的第一需求是满足他们在自己研究领域中交流的基本技能。基于这样一种需求，在教学中教师应强调让学生分组并带着一系列小型的真实任务进行学习，每个学习任务要求学生运用不同的语言技巧和其他技巧来完成，以实现在运用语言的过程中学习语言的目的。在这个模拟的任务中，教师在教学中只是作为一个总的设计者、组织者和管理者，起到协调的作用。教学任务分为两大阶段：课堂学习和实践应用。整个教学最终要使学生能够自己组织一次"模拟国际学术会议"。整个过程包括大会议题的设定，发布会议信息，进行会议联系，收集会议文稿，主持会议讨论，进行现场提问，即席答辩，安排专业交谈以及会后联系等。

### 1. 课堂教学阶段

对于绝大多数研究生来说，如何参与国际会议交流还是很陌生的。因此有必要首先使学生了解国际会议的各项议程的基本知识。教师应将会议交流的基本知识与英语运用的综合训练相结合，两条线索交叉展开。课堂教学采用小组学习和任务相挂钩。课前每个小组分配不同的章节进行准备，要求他们运用各种可能的资源查找资料，用英语进行小组讨论，共同做好课前备课准备，然后选出一名或多名代表以自己喜欢的方式在课堂上进行讲授。每节课都会留出一部分时间让学生就本单元的内容进行讨论，进一步完善对课本内容的理解。最后教师进行总结，对学生的讲课做出评价，同时补充讲授不充分的地方，强调重点。必要时，对于重要的语言点和词汇进行讲解，以追求语言的准确性。

2. 实践运用阶段

在学生充分了解了国际会议交流的基本知识以后，就进入了实践运用阶段。在本阶段，根据会议的流程，每个小组被赋予了新的任务。有些小组负责会议的发起，需要完成的任务是确定会议的主题，拟定会议的名称，以及明确会议论文及摘要的具体要求，同时在校园网上发布会议信息；有些小组负责论文摘要收集，主要包括对收集上来的论文摘要进行评阅，分类，同时给作者一些修改意见和建议；有些小组负责安排大会的主持，发言以及会后分组讨论；有些小组负责会后联系，包括会议论文的编辑，修订和网上发表等。这个任务的进行应在学期中间就开始进行，当负责会议发起的小组在网上发布了会议召开的信息以后，负责论文收集的小组就应在规定的时间内收集论文摘要。这样依次进行，在期末的几次课堂上就可进行模拟会议的召开。每个发言人有 8~10 分钟的陈述时间。每次都安排不同的会议主持人，以及不同的会议主席致开幕词，不同的代表致闭幕词，不同的负责人主持分组讨论。这样做的话，可以给更多的学生提供不同角色的锻炼及说英语的机会。

总之，研究生的学习过程不是一种简单的获取，它既是一种认知过程，又是一种探索和体验的过程。研究生英语课程教学应将真实自然的教学任务与学生的分工协作相结合，学生在整个学习过程中成为课堂活动的积极参与者和真正的主体。学生在参加和组织各项活动中，亲身经历并了解了国际学术交流会议的整个过程，这对他们今后面对真实语言环境时能够从容运用语言应付各种情况大有裨益。同时，学生在合作学习中取长补短，互通有无，相互协调与合作，提高了教学质量。更重要的是合作学习，充分引导学生发现、探究、解决问题，使学生真正成为掌握英语综合运用的创新人才。

## 第三节　基于态度驱动模式的研究生英语混合式教学探究与实践

混合式教学是当前研究生英语教学的发展趋势。本文依据态度驱动模式，设计混合式教学框架，实地观察研究生公共英语设计过程，通过对问题分析、方案设计、脚本设计、被试者选择、课时安排等问题的研究，旨在为该领域的教学与实践提供参考意见。

### 一、主要概念界定与混合式教学模式研究综述

#### （一）混合式教学概念及优势

混合式教学指在传统的课堂教学中结合其他的教学方式，而不是仅限于实验，授课或是课本。就混合式教学的定义，国内许多的学者也进行了大量研究并提出了不同的看法。例如何克抗教授所称，"混合式教学"就是要发挥以往学习方式和新型学习方式各自的优势。也就是说在混合式教学方式下，不仅要发挥传统面对面教学中教师主导作用的优势，

又要重视 e-learning 中提倡的学生学习自主性与创造性。混合式教学的优势就在于适当的媒体选择，既确保了传统教学中的互动性，又可以发挥自我学习节奏的优势。冯晓英教授指出"互联网+"时代的混合式教学，不是简单的学习方式的组合，而是教学模式的根本变革与再设计。祝智庭教授则将其定义为"混和学习"。混合式教学节省了来往教室的路程开销以及时间，尤其是对研究生而言，考虑到许多学生住处与课堂较远，或是有时间冲突等情况。同时对于教育者而言，混合式教学节省了印刷书籍、教学资料的开销。而且混合式教学为学习者提供时间和空间去逐渐接受新的技术，消除因技术问题带来的学习障碍。

### （二）混合式教学的发展

根据国内一些学者们的研究，混合式教学大致可以分为以下的三个阶段。

第一阶段是从上世纪 90 年代末开始至 2006 年。这一阶段的重点集中在技术层面，强调互联网应用，因此也被称为互联网技术应用阶段。

第二阶段也叫技术整合阶段，混合式的教学以及学习环境带给师生的互动变化以及课堂设计的变化在此阶段得到了关注。混合式教学在这一阶段已发展成为一种较为独立的教学模式，有别于单独的面对面教学或单独的线上教学。学生之间的交互，学生与教师还有资源的交互都成为了这一阶段的重点。

第三阶段是伴随这"互联网+"时代而来的。在此阶段混合式教学正式演变为"基于移动通信设备、网络学习环境与课堂讨论相结合的教学情境"。此阶段较之前两个阶段更加关注学生，强调发展学生个性，注重运用互联网技术结合传统式教学，为学生创造更加个性化的学习环境。在教育方面，混合教学被重新诠释为一种新的"学习体验"。越来越多的学者认识到，混合教学不是技术的简单组合，而是将学生放在了学习与教学的中心，尝试从这样的学习环境中融合教学与辅导。

快速发展的科学技术给人们提供了多元化的学习教学方式，人们的学习方式不再受时间和空间的限制。除了线下传统的课堂学习教学以及课本教学外，在线学习、在线教学等方式层出不穷。除了单一的模式，"传统课堂+新教学"模式也越来越受人推崇。但在推广线上教学的同时，也存在一些问题，例如并不是所有学习者和教学者都能及时地很好地适应新科技的变化，一旦学习者和教学者无法掌握新的技术，或无法很好地将新的技术应用到学习教学中去，这一方式的优势也就无从展现。再者，人际交流是混合式教学中非常重要的一部分，这也就要求教学者对学习者注重协商交流能力的培养。故而与传统课堂的优势（历史久，接受度广，互动性高）相比，线上教学仍需用相当长的时间去推广，让更多的学习参与者接受与适应。所以在这样的情况下，混合式教学发挥着不可替代的优势。

人们也逐渐意识到，模式单一的互联网教学是不可能完全取代传统教学模式的，所以当下最好的方法就是将两者相结合。但是即使是在一些发达国家，有很多学者依旧认为混合式教学实质上就是为了解决上课人数多和教学资源不足的问题，以在线替代面对面教学。在国内，并非所有种类的学习都运用了混合式教学模式，大部分集中在信息和技术专业与培训，其针对的群体主要是在籍的学生和在职的成人。这些学习者常会出现时间与地点安排的冲突，而混合式教学的运营有利于他们尽可能地合理安排学习生活。目前，国内关于传统高校内的混合式教学研究较为少见，而且对于基于态度驱动模式的混合式教学理论运用于研究生英语的研究还远远不够。

## 二、基于态度驱动模式的的研究生英语混合式教学

### （一）操作依据

印度 NHT 公司提出技能驱动模式、态度驱动模式和能力型学习模式。其中，态度驱动模式是将传统的课堂教与学和 e-learning 协作学习相结合的新模式。在这种新模式中，通过面对面方式先把协作学习中的内容以及期望成果以及如何通过 e-learning 技术进行协作有关事项向学习者交待。学习者可以以线上协作的方式，在无风险的环境中学习。

作为交流的平台，教学论坛帮助师生间开展协作互助学习。学生可在教师开设的线上教学论坛与教师或同学进行讨论，教师也可组织或者引导学生进行讨论，以帮助学生解决在自主学习过程中遇到的困惑。学习态度模式要求学生在相对自由和个性化的环境中相互探讨。学生首先要学习自我规划的知识模块，在此基础上教师组织相关的主题讨论。

教师首先要善知学生将要学习的内容，预期的结果以及如何通过网络技术进行协作。同时，开课之前应建立一个专门的学习网站，并将其教学内容以在线课程的形式发布在互联网上。在此基础上学生可以根据实际情况和自身学习步调独立自主地调整学习时间和学习进度。在学生完成自学的知识后，教师则需建立与教学内容相关的课程讨论论坛，以及时回答学生面临的难题。

### （二）框架设计

基于态度驱动模式的的研究生英语混合式教学框架的建构是本研究的核心内容。本研究试图基于态度驱动模式，结合移动信息技术、认知心理学以及实践教学经验，找出研究生公共英语混合式教学框架的各类组成要素，并分析出系统框架设计的主要过程及各个阶段中分别包片的主要活动。本研究主要采用文献研究法、软系统方法论、调查研究法和设计研究法等方法。通过对包括问题分析、方案设计、被试学习者的挑选、课时课程的安排等问题的实证研究，实地观察参与研究生公共英语课程设计过程，跟踪学习者掌握情况，获得第一手材料。汕过分析设计框架实施过程的成功经验和存在的问题，为今后相关研究领域的发展提供借鉴。把 ETLFM、翻转课堂、移动学习、混合学习模式与混合式学习环境下的评价相结合，利用无线网络和移动终端等信息技术，构建适用于信息技术时代发展的学生掌握语言学习任务所需知识、技能，并能使之有效迁移。其次，教师应根据教学子任务，准备课程教学资源，搭建在线学习平台，比如录制微课视频、制作教学 PPT 以及与教学任务相符的线上互动等。同时还要收集与推广任务相关的教门行源，例如讲座视频、测试问题、试题库以及立体教材等混合式教学资源，以便学生在线学习。接着教师要根据本校当前使用的数字学习平台，发布课程资源，并以技术论坛、QQ 群、移动学习或教学平台或微信等为辅助技术。最后，将已完成的混合式教学资源上传到在线课程支持的平台，设置学习任务，建立课后学习环境，以供学生在课后进行在线的讨论和反馈，同时该环境也给教师提供一个为学生进行解难答疑的教学环境。在课程正式开始前，学生和教师要提前了解课程信息，并提前熟悉和掌握将要使用的学习平行。教师在教学开始前，应就详细的课程信息进行介绍与讲解，并就本课程使用的各类学习平台的使用方法进行指导与讲

解，以便教学能按计划有利地推进。

2. 课程实施

一是上课前，学生需要自主查看线上的学习任务，并观看教师提前录制的微课视频。通过利用数字化学习平台，学生之间就学习内容进行课前讨论；对于存在的疑难问题，应做好课前笔记，确定问题。教师则需要利用非正式上课时间，收集学生整理的课前难点问题，了解学生的课前学习进度，以便对学生提出的问题进行答疑，并相应地规划正式上课的节奏。在学生自主学习完毕后，教师可对学生的学习情况进行调查并在讨论组或是在群里对普遍存在的问题进行讨论与解答。这一方法着重强调的是学生自主学习的能力，这将有力地提高学生的英语学习能力和思辨能力。

二是正式上课时，教师根据课前收集的学生观看微课视频情况，以及存在的问题，引出教学的重点和难点。在这一阶段，教师可以运用新媒体技术，在传统的课堂教学和课件中增加英语时事热点的探讨。比如对于英语口语的教学，许多学生都存在张不开嘴和缺乏实战机会的问题，而传统课堂存在"一言堂"的现象，单一的在线教学又缺乏面对面的交流机会。通过混合式教学的方式，在这一阶段，教师可以在课堂上选择一段口译材料作为教学材料。教师在课堂上播放中文为源语言的视频，学生则同步的对该视频进行口译。口译实践不仅锻炼了学生的英语口语，且将英语运用到了实际情境中，不仅做到了从学习到实践的迈进，而且提高了学生的思维转换能力。又如在教授西方历史文化，美学价值，文化特性，或者语言特色的课程时，教师可以选择与课程内容相符合的英文电影或各英文纪录片作为教学手段。作为重要的文化传播媒介之一，电影具备独一无二的美学价值及文化价值，它可以生动形象且直观地反映一个国家的历史文化背景。教师选择适当的英文电影或英文纪录片，在课堂上进行展示，有助于提高学生对课程的兴趣，提高学生的合文化素养，激发学生对课程内容的求知欲，同时还有助于为学生打造一个虚拟的英语语言学习环境，提升学生的听力水平与英语语感，从而帮助学生更有效地将单纯的语言知识运用到实践之中。

三是教师给出任务，学生巩固训练。在教师的启发引导下，对学习的任务进行分解，学生通过互助协作或者小组讨论的合作方式，共同完成学习任务。对于个性化的问题，教师则需要进行个性化的学习解答和辅导。而对于学生存在的共性问题，教师应提前收集并了解情况，以便进行集中的怀疑与总结。在个性化与共性化的问题解决后，教师应对结果进行展示，并引导各学习小组进行互评。

四是正式上课结束时，教师需根据此次教学内容在线上教学平台给出相应的学习任务，以供学生课后训练和深化。同时，教师应当告知学生课后需要在网上学习平台完成的学习内容和章节。并且，教师应认识到课堂上对知识点的导入和讲解，还有相关任务的布置，以及学生的完成度都是最后探讨和答疑的重要前提。

五是学生完成课外拓展与巩固训练。学生通过数字化学习平台，包括微信、QQ、慕课等方式，观看其他教师发用的相关课程的视频与课件，进行互动协作学习。并且，通过观看这些线上学习平台发布的相关的课程内容视频以及相关课件资源后一，学生要对重要的知识点进行分割式的碎片化学习与整理，并在下一课时正式开始前进行自主线上学习。

3. 学习评价

学生的学习行为属于行动化的工作过程和学习过程，因而，学习评价反馈体系也应该是一个过程。学习评价是教学的重要环节，混合式模式教学的学习评价包括形成性评价和终结性评价。学习评价不再局限于课堂上的考核，还包括线上测验、在线学习情况等。评价内容不仅包括学习任务完成情况和学习态度的评价，还包括参与在线互动情况以及学生对于班级学习的贡献情况等。

不同于传统的教学评价模式，态度驱动模式下的混合式教学评价更为多样化。评价的每一个环节都关系到学生的学习动力与意愿，所以，只有每一个环节都有合理的评价标准才能有助于学生了解自身的学习情况。线上平台会记录学生每一环节的学习进度与结果，比如学生是否按时观看教师发布的课前教学视频与学习课件，是否按时按量地完成了教师布置的课前作业与练习，或者是否按要求完成课前的讨论和问题的记录，以及学生完成任务的质量。收集这些信息，既是教师了解学生学习情况的方式，也属于过程性的评价。在所有课程结束后，平台可以结合过程性评价与最终的笔试成绩给出最终成绩。比如在线上自主观看学习视频的环节，教师应设定观看期限，并根据学生是否按时结束视频学习给出对应的分数；在讨论环节，教师可以以学生发亮次数或者在线的情况为标准给出相应的分数；在答疑的环节，教师可以根据学生提出问题的次数给出对应的评价；在课程结束后布置学习任，的环节，教师应根据学生实际上给出的答案而给出客观的分数。所以无论是传统的课堂教学还是线上教学，教师都要对课程的进度和质量进行监督和理，将网络自上学习的点现作为评估的一个重要标准，可以更好地实施混合式教学模式。

## 三、结论

在混合式教学模式的时代背景下，要求研究生英语的教学者保持与时俱进的精神，不断更新优化教学理念，强化并完善教学管理，从而更有效地提高学生英语语言运用的能力，促进学生用英语交流的能力和实践能力。研究生英语教学模式还有很长的路要走，也还有很大的改进空间。基于态度驱动模式下研究生英语教学是一个较为合理的教学模式，它为研究生英语教学提供了新的视角，有助于相关研究者转变观念，树立新型的教学理念。同时运用该理论还有助于丰富这一领域的教学研究方法，当下该领域的教学研究具有一定的参考价值，还有助于改变我国研究生在英语学习过程中受传统教育束缚的学习风格，帮助学生和教师以新的视角看待英语学习，使学习方式多样化，从而更好地促进学生的全面发展。

## 第四节 "互联网+教育"研究生英语教学研究

### 一、研究生英语需求

研究生教育处于教育阶段的最高层次，它的特点体现在教师指导下的研究生自主性学习，在开放性和创造性的环境下不断取得进步和提升自我。作为国际交流语言的英语，其重要性是显而易见的。研究生的英语学习更强调实际运用，他们需要阅读外文文献，参加各种会议，聆听国外学者演讲或进行沟通交流。因此，研究生对英语学习的需求很大而且要求很高。

如今，随着高校扩招，研究生的数量不断增长，而有限的教师队伍和教育经费势必会影响到研究生教育的质量。传统的研究生英语教学受限于固定的时间和地点，教学人数庞大，以教师讲授为主进行被动学习。这种灌输式的教学方法无法培养研究生综合语言运用能力，无法让学生进行创造性的交互学习。在电脑、互联网普及的新媒体时代，如何利用新媒体手段，引导研究生进行移动学习，支持他们进行多模态、碎片化学习，以提高研究生自主学习能力并培养他们终身学习习惯已成为高等教育的重要内容。

## 二、"互联网+教育"研究生英语教学研究

### （一）论网络环境下的研究生英语教学模式研究

随着教育国际化深入发展，培养具有创新意识、国际视野和思辨能力的高素质人才成为大势所趋。传统的研究生英语的教学，在课堂上采用满堂灌教学方式，对整体研究生的教学质量的提高不利。相对本科生而言，非英语专业研究生心理上更加成熟，自学能力也较强。现在是信息时代，网络资源信息量庞大、传递信息速度快、可以跨时空学习，这些优点为学习者创造了良好的自主学习环境，为教师开展个性化教学提供了有利条件。因此，为了能够有效地提高研究生的英语交际能力，研究生英语教学也应顺应大学英语教学改革的潮流而改革。

现在教学改革的趋势，研究生英语教学如果仍沿用传统的授课模式，即以书本和课堂为中心、课堂以传授为主的灌输型教学模式是无法更好地调动学生的学习积极性的。在高校中，电脑、互联网的使用目前已经普及，我们之前做过调查，97%的学生拥有自己的个人电脑，学生宿舍都设有网络接口，上网便捷。96%的学生认为上网对于学习是必要的，但网络需要合理利用才能促进学习。鉴于这种实际情况，本课题组想要探索一种利用互联网资源辅助研究生英语课堂教学模式。这一模式可以充分利用学生手中的硬件资源，又可帮助他们合理使用互联网。

**1. 构建网络环境下以学生为主体，教师为主导的教学模式建构主义教学观要求突出体现学生的主体地位和教师的主导作用**

网络信息纷杂，教师要扮演指导者和协助者的角色，把话语权交给学生，因此，教师要在教学中为学生创造理想的学习环境，为他们提供大量丰富的资源以及适当的帮助和支持，促进学生自身建构意义及解决问题的方法。无论是年龄还是英语水平，研究生都不像本科生那样整齐，情况比较复杂，这给教学带来了困难和挑战。传统模式很难发挥学生的学习自主性。基于网络资源利用的研究生英语教学模式要求教师首先要对信息资源进行组织，教师的角色要由单纯的知识传授者变为学习者学习的组织者、学习的参与者和咨询者，教师要由"教学"转变为"导学"。网络环境下学生不再是被动的知识接受者，学习是学生主动进行，按照自己的认知水平来学习和提高，这种学习使学生由"要我学"转变为"我要学"。网络环境下的教学真正达到了因材施教、发展个性的目的，充分体现了以教师为主导，学生为主体的教学思想。教学过程中教师的评价始终贯穿其中，可以有效地激励学生的学习动机、提高学生的学习主动性

2. **构建网络环境下多元互动的教学模式** 建构主义学习理论认为每个学习者对知识的理解都是通过自己的经验成果构建起来的,学习过程不是简单的由教师向学生的传递过程,而是学习者主动建构的过程

基于网络环境的研究生英语教学模式不再是以课堂和教师为中心的单一模式,教师教授方式和学生的学习方式都会发生很大变化。以往的单向传授方式转变为教师、学生和计算机三者之间的交互模式。学生对知识的建构既有赖于自身原有的知识水平和经验,又在很大程度上取决于学习伙伴之间对问题的共同探讨与理解。学生之间的合作学习有助于知识的获得和语言应用能力的提高,还能培养学习者的协作精神。学生与计算机之间的互动其实就是学生的主动探索过程,围绕问题和学习目标,学生要对大量信息资源进行构建,找到解决问题的办法,这无形中就培养了学生自主学习的习惯。学生与教师之间的互动有助于因材施教,实施个性化教学。教师通过课堂或网络与学生互动,能及时解决学习过程中的问题,掌握学生的学习情况,针对学生的个别情况予以个别指导,真正做到鼓励和帮助每一个学生,激发学生,尤其是英语水平较差学生的学习兴趣。

3. **构建网络环境下学生网络自学与课堂教学相结合的教学模式**

美国语言学家克拉申(Krashen)(1985)指出语言输入是语言习得的必备条件。只有让学习者首先接触大量的语言输入材料,然后通过具体的交际情景和上下文理解意思,才能让学生掌握寓于交际语言中的句子结构,这样语言习得也自然实现。加拿大第二语言教育专家梅里尔斯旺(MerrillSwain)教授(1995)提出的语言"输出假说"认为"输入假说"在二语习得中起着重要作用,而可理解的语言输出对语言习得也同样重要。除了必要的可理解性输入外,学习者必须有机会使用所学的语言,这样才有可能达到流利、类似母语者的水平。语言输出能够使学习者意识到他们想要表达的思想与他们能够表达的思想之间的距离,使他们对自己使用的语言形式做出反思。

由于受传统教学模式的影响,长期以来,我国的研究生英语教学从总体上看还是以传授知识为主,以完成教学任务为目标。这样的教学割裂了语言输入与输出的关系,忽视了学习者的输出对教学的反馈作用,忽视了语言运用能力的培养和学生在教学中的主体作用的发挥,使得语言知识的积累与语言技能的开发之间失去平衡。基于网络环境的网络自学与课堂教学相结合的研究生英语教学模式能够有效调节语言输入与语言输出之间的不平衡。学生课下网络自学,进行网络资源查询,包括大量的读和听,就是进行大量语言输入的过程。课堂上生生之间,教师与学生之间的交流就是语言输出的过程。有了课前大量可理解语言输入做基础,再将课堂时间用来进行语言输出的教学,其本身就是对学生语言输入与输出进行调节的最有效途径。

## (二)基于网络环境的研究生英语教学模式的基本环节

### 1. 明确主题

互联网提供的知识包罗万象,学生很容易迷失方向,这要求教师在备课时,除了给学生提供课本资源外,还必须充分利用网络资源,有目的地选择出与教材某一主题有关的素材,制成自己的主页,供学生浏览,从而给予学生明确的教学主题,指明学习方向。学生明确了老师的教学目标,才能在有限的时间内正确地查找相关信息。

2. 问题导向

创设良好的问题情景能使学生产生解决问题的需要,引起学生的学习兴趣及求知欲,为学生学习和掌握新知识创设一个最佳的学习环境,便于学生对课文更好地理解。教师要通过信息技术手段创设有利于教学的情景。问题情景的创设能激发学生的阅读兴趣,鼓励学生进行自主学习和探索热情。

3. 网络查询学生围绕学习主题,在课下利用网络进行信息搜索、分析、加工、整理

查询信息的过程是学生带着问题进行广泛阅读、思索和比较信息,最终找出解决问题的思路的认知过程,充分体现了学生学习的自主探索性。

4. 交流互动

学生在教师的指导下,建立多个活动小组,并由小组长对本组在线互动过程进行监督、记录。对于查询信息过程中出现的种种问题,学生通过 email、微信、qq、bbs 论坛等形式对各自查询到的信息进行在线交流,充分表达自己的观点,共同探讨学习内容,完成本组学习任务。

5. 课堂反馈

教学反馈在教学过程中是一个重要的环节,它直接影响教学质量的好坏。本模式要求学生课下即课前利用网络完成学习任务,课堂上在教师的指导下反馈信息。首先教师指定每个小组一位成员陈述本组的学习结果。然后教师或其他组的同学可以任选该组组员就学习内容的某方面进行提问,每组都进行完之后,各组成员再进行交叉讨论,整个过程教师进行监督指导。课堂教学的目的在于培养学生协作运用语言进行交流的能力,最终实现知识与能力的转换。

6. 课后反思

教师和学生就本次课下网络自主学习与课堂交流反馈相结合的学习经历进行反思,找出问题和不足所在,共同探讨改进教学方案。

(三) 建构主义理论视角下的多媒体研究生英语视听说教学

研究生阶段学习的英语课程主要是以服务于工作为主要目的,不仅培养学生对英语理论知识的理解还应该提高学生的英语口语交际能力,这与英语视听说教学的目标非常贴切。研究生英语教学的主要内容是培养学生对英语的综合运用能力,不仅要会获取知识,还应该会运用知识。多媒体教学已经发展成为研究生教学中不可缺少的一部分,而且多媒体的网络环境特别适合建构主义理论的实现,对英语视听说教学有着非常重要的意义。

1. 建构主义理论视野下多媒体研究生英语视听说教学的启示

(1) 多媒体下的情景创设。研究生英语教学中,创设与教学内容相关的情景有利于学生更好的理解英语知识。学生在英语视听说的课程学习中,能通过多媒体对老师创设的情景去理解并融入到情景之中,并根据这种体验构建自己的知识结构,扩展自己的学习范围。研究生的视听说英语教学内容已经具有一定的深度,属于比较难理解的知识,合适的情景能为学生提供一个近乎真实的英语交流环境,让学生自己利用教学情景解决学习中的问题。

(2) 交流学习体现"协作"和"会话"的环境。研究生阶段学生有大量自主学习的时间,这是建构主义理论得以实现的关键之处。在这样的大背景下的研究生英语视听说课

程可以通过以下三个环节来实现：首先，老师根据教学的内容为学生布置学习任务，让学生通过多媒体与网络技术来查找文字、音频或者视频等形式的学习资料，实现与教学内容交互，通过这样的方法获得知识。其次，学生可以通过小组合作学习的方式进行自主学习，这样才能实现研究生英语教学的互动，从而达到知识传递与交流的目的。第三，老师可以通过多媒体与网络向学生发布学习内容，供学生下载学习。

（3）建立学习效果评估机制研究生的主要学习模式已经不是通过老师对知识点的讲解，而是通过多媒体进行自主学习。网络上的资料要远比教材上更加丰富，研究生已经完全具备自主在网络上学习知识的能力。老师可以建立学习效果评价机制来考查学生的学习情况。

**2. 建构主义理论视角下多媒体研究生英语视听说教学的实践路径**

（1）合理使用多媒体资料来保证语言的输入与输出质量。在多媒体的教学环境中，研究生可以通过多媒体进行视和听的训练从而理解英语的输入，研究生通过多媒体进行学习能了解到更多的规范的与国家政治和经济相关的专业术语。网络上的学习内容是随时更新的，多媒体教学条件下能使研究生的英语学习跟得上时代的步伐。值得注意的是，研究生的英语学习内容与本科生存在着一定的差异，研究生的英语学习主要面向于社会，因此在口语交流的过程中会涉及到很多的文化内涵，老师在教学中应该将这个方面重视起来。

（2）将导入与讨论相融合。研究生的英语学习内容涉及社会的很多方面，包括经济、科技以及政治等，因此，老师在教学的过程中应该根据教学的内容为学生导入一定的文化背景，让学生能更快的理解老师所讲解的英语知识，也能帮助学生了解英语的使用环境。英语的视听说是一个先将英语输入再输出的过程，在这个过程中老师的教学重点不应该仅仅是教学的内容，还应该为学生设置一定的英语应用场合，让研究生能更好的将所学的英语知识运用到实际的工作之中。提高研究生英语的视听说能力的另一个途径是让其参与讨论，鼓励学生提出自己的观点。这样的教学模式不仅能提高学生的口语表达能力，还能培养学生独立思考的能力。在研究生英语听说教学中，老师应该充分发挥多媒体在教学中的作用，对研究生提供更加便利的学习条件，帮助研究生更好的学习英语知识。

（3）开展英语视听说的活动。

首先，通过播放无字幕英语视频的模式提高学生对英语的敏感度，让学生根据视频内容进行英语的总结，用这样的教学方式培养学生的判断能力以及英语理解能力。还可以让几个研究生分别看视频的不同部分，然后通过几个人的合作将视频的内容还原出来。

其次，可以让研究生为英语视频进行配音，这是学生都比较感兴趣的活动，在配音的过程中学生不仅要将英语的内容表达清楚，还应该根据视频的情景投入感情。这样的教学活动能提高学生的视听说全面的能力，帮助学生更加灵活运用英语进行工作交流。

最后，让研究生根据老师播放的英语视频用英语进行内容的讨论，每个研究生针对相同的视频内容都会产生不同的观点，从学生的不同观点里老师能掌握学生对教学内容的理解程度，从而调整教学的内容和模式。

综上所述，多媒体教学具有很强的先进性，非常适合研究生的学习特点。建构主义理论强调的是研究生通过自主学习与独立思考能力的培养。老师在教学的过程中应该充分利用多媒体教学的优势，结合建构主义理论的相关教学方法为研究生提供更加科学的教育。

本文通过对建构主义理论视角下的多媒体研究生英语视听说教学的研究，希望能为我国提高研究生英语教育提供一些有价值的参考。

本节通过研究如何将网络资源的利用与非英语专业研究生英语课堂教学有机结合起来，构建一种利用网络资源进行研究生英语教学的模式。该模式要求教师根据相关网络资源设计教学过程，学生通过网络工具完成课前的学习任务，课堂上按照教材单元采用主题教学和合作学习的方式强化语言输出训练。网络资源成为课堂的延伸，拓宽了学生的学习渠道，改变了学生的学习方式；课堂教学也因网络资源的合理利用变得更加丰富多彩。但对于网络环境下非英语专业研究生英语教学模式的操作和教学策略的探讨还有待进一步深入研究。

互联网的飞速发展为优化外语教学和学习环境提供了有利条件，网络资源为教师提供了更加丰富的教学方式。通过网络资源的应用，可以使非英语专业研究生英语教学从单一的传统教学模式向直观性、趣味性教学模式发展。

## 三、网络环境下研究生学术英语能力构建

随着全球经济发展、国际交流日益频繁，教育职能也随之发生革命性变化：单纯的知识传授已不合时宜，取而代之的是培养具有创新意识、国际视野和思辨能力的高素质人才。我国现行《非英语专业研究生英语教学大纲》讲到，非英语专业研究生英语教学宗旨为"使学生掌握英语这门工具，从而进行本专业的学习、研究与国际交流"。研究生英语教学需要由单纯语言教学向基于学术能力和学术思辨能力的学术英语（English for Academic Purposes）实现逐渐教学转型。如何将学术英语能力的培养融入课堂教学，"互联网+教育"给予教育者和教育研究者极大启示。其中，结合信息媒介教学与课堂面授教学的翻转课堂（flipped classroom）教学模式就是"互联网+教育"的产物。本文阐述学术英语能力的内涵、目前国内高校学术英语能力培养，并探讨利用翻转课堂教学模式，将学术英语能力培养融入教学，分析基于翻转课堂的研究生学术能力培养模式赋予有效提高研究生学术英语能力的意义和启示。

### （一）学术英语翻转课堂概念及能力内涵

翻转课堂将面授教学结合计算机信息媒介教学，翻转教师传授知识与学生接受知识的步骤。翻转教学步骤指的是学习者由传统教学课堂中的被动学习（passive learning）转变为翻转课堂环境中的主动学习（active learning）（Bergmann & Sams 2012）。该模式是建构主义理论下教学结构的重构，是从"以教师为中心"转移到"以学习者为中心"的学习过程。教育信息化的发展丰富了英语教学。信息技术在学术英语教学中的应用可以为学习者创造"学习情境"，便于学习者自主学习。

"学术能力"是指从事学术研究活动所应具备的相关素质，包括"发现问题与提出问题的能力、收集与整理文献的能力、提出学术命题的能力、声称与厘定概念的能力、设计研究过程的能力和对学术前沿的敏感力等"。学术外语能力并不等同于语言交际能力，即"在约定俗成的社会情境下和在一定的专业学科文化相关的语篇实践中选择恰当语类来做事，达到交际目的的能力"，而是一种具体的学术语类能力。学术英语能力是学术能力的一部分。培养研究生人才，需要培养其学术英语能力、英语应用能力、学科文化创新

能力。

## (二) 基于翻转课堂的学术英语教学模式及意义

### 1. 学习者角度

首先，促进思辨能力的发展。思辨能力是指分析、合成、分析信息的能力并应用这些能力，是进行反思性思考并熟练做出判断的能。翻转课堂有利于课堂学习的学生培养思辨能力。21世纪学校教育中数码教室的引入通过课堂学习时间为学习者带来培养思辨能力的机会。其次，英语学术能力的提高。将语言能力（competence）转化上升为规范得体的语言行为（performance），模拟真实语境，实现学以致用。并达到教学相长。从一定角度看，特定的科学或学术社会群体在其发展过程中，形成业内共识的、潜在的学术文化。这种文化既有显性规则，如国际学术会议的流程、学术论文的体裁规范等，也有隐性共识，如科学研究者在表述学术观点时谨慎、委婉和客观。

### 2. 教师角度

信息技术的革命和教育信息化的进步，对教师提出了更高要求。教师们必须及时更新观念，掌握信息化教学新手段，并且充分了解到教师主导和学习者主体地位。教学中，教师不是知识唯一的传授者，而是探究学习的发起者、组织者和检验者，充分激发学习者学习兴趣，授之以渔。换言之，网络信息化背景下的学术英语混合教学实现教学理念的转变，从传统教学中的以教师为中心、传授语言知识，向以学生为中心，既传授语言知识，更注重语言应用能力和自主学习能力的教学发展；同时，也改变教学手段和方法。因此，无论在课程设置、网络教材和教学课件方面，还是教学方法和科技方面，均呈现多元化趋势。

因而，在网络信息化背景下的翻转课堂教学模式实现了教师们的教学相长。从教与学互动角度而言，研究生学术英语翻转课堂教学是一个教学相长的教学过程。学术英语翻转课堂强调师生两个群体发展的互动循环，促进课堂活动的共同建构。从这个意义而言，翻转课堂教学不失为一种有效促进学术英语教学的教学机制。

### 3. 教学环境

学术英语翻转课堂教学顺应科技发展，利用信息转化知识。在计算机和互联网科技发展的推动下，学习者可以较以往更便捷地、迅速地获取学习内容，因而网络学习、混合学习及基于此基础之上的翻转课堂变得越来越普及。为了促进借助新兴科技而进行的教学及提高教学效果，促进高阶思维（high order thinking），即深层次的认知步骤，不同学习体系和模式被建构起来，用以解释、阐述及促进基于建构主义基础上的交互作用、共建知识的学习模式。

## (三) 结语

进行课堂时间重新分配，可以利用翻转课堂，通过翻转教学流程，即以学习者为中心，促进学习者获得知识，增强知识内化；而引入多媒体网络辅助手段，利用网络技术，转化信息知识，可以促使学习者合作学习、自主学习，内化学习内容，提高学习效率。同时，学术英语翻转课堂解决语言与学科分离的问题，提高学生英语应用能力和学科创新能力、思辨能力。

从教学构成要素角度分析，非英语专业研究生常常使用移动电子设备进行语言学习，具备一定的自主学习能力，而我国研究生英语教师具备学术英语教学和利用网络信息技术进行辅助教学的能力，并对学术英语教学具有极大的兴趣和投入大量的时间。学术语言课程，就其本质而言，本身就是语言课程。

从教学过程角度分析，承载学科内容的语言教学需要学习者在模拟真实语境下的自主与合作学习，同时，基于建构主义的网络平台利于全面、真实地考核学习者的学术语境下语用能力和水平。

从教学环境角度分析，我国目前高校的教学环境中，多媒体技术与网络越来越多地受到关注、利用与普及。因而，多媒体网络在学术英语能力培养过程中作为辅助手段，既有利于学习者自主学习、合作学习，又激发学习者学习动力和学习兴趣；此外，实现课堂时间重新分配，利用信息转化知识，促进学习者获得知识。

综上所述，从教学构成要素、教学过程要素及教学环境要素三方面综合分析，建构网络环境下，基于网络信息教学和课堂教学的混合教学模式应用于学术英语能力培养中不仅具有可行性，而且具有相对于传统教学模式的优越性。

## 四、网络环境下研究生学术英语混合教学模式可行性研究

随着教育国际化深入发展，培养具有创新意识、国际视野和思辨能力的高素质人才成为大势所趋。研究生英语教学由语言技能教学的通用英语向基于学术能力和学术思辨能力的学术英语教学转型。与此同时，全世界高校的课程教学模式正经历着一场网络化、媒体化、信息化的挑战和创新。"互联网+教育"对以往教学模式发出挑战，以互联网平台为基础、利用信息技术转化知识的信息通信技术与教学进行跨界融合的教育模式取代单一的课堂传授知识的教育模式。其中，结合信息媒介教学与课堂面授教学的混合教学模式（blended learning）就是"互联网+教育"的产物。

### （一）学术英语能力及其建构主义理据

学术英语和研究生英语在教学理念、教学内容和方法上存在很大差异，"学术英语是以需求为根本，以内容为依托，以能力为核心，以项目为驱动，以学生为中心和以使用为目的的教学"。学术英语不是专业英语。学术英语不仅传授语言知识，培养学生听说读写语言技能，更培养学生独立思考的批判性思维能力。

学术外语能力则是一种具体的学术语类能力，即在约定俗成的社会情境下和在一定的专业学科文化相关语篇实践中选择恰当语类来做事，达到交际目的的能力。斯诺（Snow）和乌切利（Uccelli）认为学术外语能力包含四个维度：语言技能（linguistic skills）、体裁知识（genre mastery）、论证思辨策略（reasoning argumentative strategies）和专业知识（disciplinary knowledge）。

为了优化学习，教育者及教育研究者开发了基于信息技术并采用多种教学媒介、模式、情境结合的混合教学。以 Piaget 发生认识论为基础的个人建构主义和以维果茨基（Vygotsky）心理发展观为基础的社会建构主义为基于互联网信息技术的学术英语能力混合教学模式提供理据。从个人建构主义学习论角度分析，皮亚杰（Piaget）（1953）认为个体不能直接获得知识并加以运用，而是通过建构自己的知识结构，并在实践中不断充

实,最终使自己的能力得到培养。从社会建构主义学习论角度分析,学习者是学习主体,是认知和信息加工主体,学习者在一定情境下即社会文化背景中,借助教师和学习同伴的帮助,利用学习材料,建构意义、获取知识。

目前国际环境下,非英语专业研究生的学术英语能力培养旨在:使其具有国际视野,掌握最前沿的科技技术发展,具有科技创新意识和学术能力。与此同时,研究生参加国际交流的机会多,他们肩负着将自己研究领域的文化传播到世界上、将世界先进文科文化引进来的神圣文化使命。研究生人才的培养离不开研究生学术英语能力的培养,离不开英语应用能力和学科文化创新能力的培养。

### (二)基于混合教学的学术英语能力培养模式研究

基于教学系统三方面,即教学构成要素、教学过程要素及教学环境,笔者以浙江一所综合性大学的非英语专业研究生学术英语教学为研究个案,采用问卷调查和访谈的研究方法,对结合网络自主学习与课堂面授教学的混合式学术英语培养模式的可行性和科学性进行研究分析。问卷包括四部分(个人信息、英语水平自我评价、学术英语需求及基于新媒体技术的英语学习状况)。问卷调查随堂进行,由学生自主完成,任课教师当场回收有效问卷240份。其中,男生占65%,女生35%。而访谈用以收集互联网背景下研究生英语教师对于学术英语教学及混合教学模式的观点及态度,问题参考张松松等(2016)关于教育信息化背景下英语教师教育技术能力的研究。访谈由笔者安排进行,并录音。受访教师均承担学术英语课程且教龄、学历和职称各不相同,共6名。

#### 1. 教学构成要素

首先,问卷调查数据显示:30.83%的学习者非常同意、37.08%同意开设研究生学术英语课程。与此同时,6.67%的学习者表示对自己的英语水平非常不满意、50%表示不满意。学习者同样对于学术英语水平的自我评价不高:44.17%的学习者不满意自己的学术英语水平、14.58%的学习者非常不满意。学习者自主学习能力和课堂交际意愿的自我评价数据显示,非英语专业研究生具备自主学习能力,并有课堂活动参与与小组任务协作完成的意愿。大部分学习者肯定了自己的自主学习能力(73%非常同意、38%同意)。非英语专业研究生显示出参与课堂讨论和小组活动的交际意愿。数据显示:超过一半的学习者有参与课堂讨论的意愿(17%非常同意、40%同意);超过一半的学习者有与同伴协作完成小组任务的意愿(19%非常同意、33%同意)。在网络信息化教学情境中,学习者充分发挥自主学习能力,并参与同伴协作、合作学习,为学习者提供良好的自主学习环境和教学材料,有效培养自主学习能力,促进独立思考、互相合作,形成终身学习的能力。此外,根据调查数据,学习者提高学术英语能力的动机依次为:职业发展(52.50%),学术研究和交流(42.08%),撰写学术论文(32.08%),等等。按照需求程度,研究生学术英语课程依次为:学术英语阅读(31.25%)、学术英语视听说(29.55%)、学术英语翻译(20.83%)、学术英语讲演(17.08%)、学术英语写作(16.25%)等。此外,学习者希望学术英语课程有助于:学术论文发表(57.08%)、参加学术会议(43.33%)、学习学术规范(23%),并且学习学术英语语言特点和修辞策略(19.58%),等等。

其次,笔者在采访和调查中发现:教师们一致认为自己是适合学术英语课程的承担者和教学者,并且对学术英语教学非常投入、对教学发展非常关注。受访教师们定期进行教研室会议，研究并讨论课程进展、教学问题、教学方法和评估内容。并在信息平台上交换教学经验、提出教学难题，并进行探讨解决。对于学术英语教学者而言，教学兴趣和信心是发挥学术英语教学潜力的关键所在。在拥有英语教学经验的基础前提下，学术英语教师的关键因素是态度和兴趣，而不是学科专业知识"。此外，研究生英语教师具有十分强烈的教育技术应用意识，并将网络信息技术运用到自己的语言教学中。他们普遍关注计算机辅助教学及发展，并有意识地将计算机辅助教学手段引入教学。

2. 教学过程

就教学方法而言，就学习者利用计算机辅助学习而言，92%的学习者非常同意、同意或基本同意利用电子设备（电脑、手机等移动设备）学习英语，其中89%的学习者表示常常利用电子移动设备进行学习。就对计算机辅助教学的探讨而言，86%的学习者不喜欢以往教师授课、学习者做笔记的教学模式，同时81%的学习者表示同意多媒体和课堂授课相结合的教学模式，多达97.5%的学习者表示非常同意、同意或基本同意利用新媒体及电子设备展开学术英语教学。语言教学中充分利用网络多媒体技术培养学生的思辨能力、自主学习能力及创新研究能力。成功的学术英语课程有三个要素："skills-based, text-based and practice-based"。而结合三要素最有效的教学方法则是"项目教学法"（project-based instruction）。在结合网络教学和课堂面授教学的混合教学模式中，项目教学法被充分利用和开展。

就评价体系而言，培养学生在专业领域具有国际竞争力，不仅要求语言知识能力，而且需要拓宽学生的国际视野、提升学生跨文化交际能力。具体而言，不仅考察学生的语言能力，还要评估他们用英语在专业领域从事研究的团队合作能力、批判性思维能力、跨文化交际沟通能力和遵循学术规范的能力。

建构主义理论指导下的混合教学模式中的评价体系是基于真实语言环境下语言行为的考核，反映出学生用英语从事专业学习和研究的能力。基于网络信息环境下的混合教学更能深入模拟语言运用中的真实语境，实现动态发展。因而，从这个角度而言，混合教学环境更利于全面、动态和真实地反映出学术环境下学习者英语应用能力和素养。

3. 教学环境

就教学环境而言，问卷调查显示：多达97.09%的学习者非常同意、同意或者基本同意网络多媒体教学结合课堂教学的线上线下结合的模式展开英语课程教学。线上线下教学结合，课内课外二维培养，彼此相辅相成、相得益彰，为学生提供更多学习机会，有利于学生培养兴趣并满足其专业需求，促进学术英语语用水平提升。计算机和网络信息技术的更新和普及，为研究生英语教学提供崭新的教学媒介、教学方式，从而改变研究生英语教与学的环境。计算机网络与外语课程的整合有利于构建理想的教与学的环境与方式。我国教育部《研究生英语课程教学要求》明确提出"基于计算机和课堂的研究生英语教学模式"。

从教学构成要素、教学环境及教学过程角度分析，我国目前高校教学环境中，网络与多媒体技术越来越多地受到关注、利用与普及。在学术英语能力培养过程中引入多媒体网络辅助手段，利用信息、网络技术转化知识，促使学习者自主学习、合作学习，提高学习效率，内化学习内容；与此同时，实现课堂时间重新分配，利用信息转化知识，促进学习者获得知识。建构网络环境下、基于网络信息教学和课堂教学的混合教学模式应用于学术英语能力培养中具有可行性及相对以往教学模式的优越性。

## 五、移动微型学习对研究生英语课程的应用探索研究

随着教育信息化的发展，移动学习研究和实践发展迅速。对于高等教育而言，传统的学习方式难以满足学生的学习需求，尤其是终身学习的需求。移动微型学习作为一种新的学习方式，在人们的学习和生活中发挥着重要作用。研究生是特殊的移动学习群体，处在移动学习的前列，可以利用移动学习来提升自身的学业水平。利用智能手机的移动学习功能，将其运用于研究生英语的课程教学，提高硕士研究生的自主学习能力和英语综合应用能力，提升研究生教育的整体质量。

### （一）移动微型学习现状

随着社会经济高速发展，科技在教育领域中的应用也得到了进一步的发展，学习者也在寻找新型的学习方式以适应瞬息万变的社会。移动学习这个概念的出现打破了教育教学的固有思维，移动学习的特点在于它不仅能够很好地适应融合传统的教学模式，而且还可以利用自身能够与先进技术结合的特点对传统的教学模式进行良好的补充。

对于"00后"学生来说，手机、平板等移动设备也因为微小灵巧、易于携带，现在几乎人手一台，成为他们获取各类信息、知识的重要途径。同时，随着生活节奏加快，整段大块时间用于学习的情况减少。但是，通过手机等移动终端设备，学生可以与教师自由互动交流进行自主的学习，利用各种零碎闲暇时间合理分配学习内容，不受时间空间限制。这种移动微型学习的新模式将能够顺应时代要求，越来越多地出现在人们的各类学习当中。

### （二）移动微型教学模式设计

利用移动设备、无线技术进行灵活微型学习，这种教学模式设计运用了混合学习理论、非正式学习理论、构建主义学习理论、泛在式学习等理论。笔者在设计移动微型学习教学模式过程中，创建了基于智能手机学习平台的移动学习教学框架，本框架包括前端分析、学生的学习者分析、教学过程中的教学目标、教学活动、教学策略、教学方法、教学评价，以及为适应移动微型教学所需要的信息技术工具等内容。

### （三）运用移动微型学习的研究生英语教学设计

在基于移动微型学习的研究生英语教学设计中，教师、学生、移动学习工具、教学内容是组织和实施教学活动的四个基本要素。教师是教学过程中知识传授的主讲者，以及教学活动的组织者和实施者。学生是教学的主体，是知识意义的主动建构者。移动学习工具是整个教学实施过程的技术支撑，为教师和学生提供支持移动微型学习的微信班级群、QQ学习群、微信公众平台、英语学习APP、网络资源搜集工具等。教学内容以教材为基础，并搜集网络教学资源对教学内容进行扩充。

移动微型教学使教学活动打破时间和空间的限制，形象、具体地呈现教学内容，实现教学最优化。课前，教师在微信班级群发布消息，通知学生对新课进行预习和准备。教师可以将拓展性的学习资源上传到学习群，学生也可以分享自己搜集到的学习资料，在教师

讲授新内容之前进行自主学习。教师在学习群里发布的资料。课中，教师通过超星学习通任意点名，也可以进行选择性点名即选人的方式，尽量涵盖不同学习层次的学生，进行提问检验学生的课前学习情况。为促进课堂气氛、引导学生积极思考，教师还可以组织抢答，进行加分奖励。在教学过程时，教师开展与教材单元内容相关的活动，如分组任务、主题演讲、主题讨论等。超星学习通这个移动学习平台，其分类清楚，功能丰富。在讲授过程中，教师利用短视频、幕布小程序等工具来进行教学内容的展示，实现知识可视化的有效途径。教师主讲结束之后，组织学生分小组进行课堂讨论并上台展示。鉴于课堂时间有限，教师可以将主题内容和语言任务提前发布给学生，让他们课后进行练习，自我录制音频或视频，并将它们通过学习通发送给教师，以供检测和评判。

在研究生英语课程中运用移动微型学习模式，学生普遍反映良好。研究生表示，智能手机小巧轻便，易于携带，确实是一个好的微型学习工具。智能手机体积不大，但功能齐全，查单词、听发音、看视频、练阅读，随时随地进行移动学习。这些自身属性及其优势，能够满足他们个性化的需要，提高信息资源的利用效率。同时，移动微型学习能够提供课前咨询、课中指导、课后监督的全过程服务，还可以进行不同形式的主题活动，加强了生生之间和师生之间的交流沟通。

因此，一些研究生感到移动微型学习的趣味性更强，信息量更丰富，学习效果更好。但是，移动微型学习也对学生的自主学习能力提出了较高的要求。有研究生表示，学习时心浮气躁，在学习过程中转而去看娱乐新闻或八卦消息。还有些研究生，对教师布置的音频和视频作业，只是敷衍性地草草了事。因此，研究生特别是学业水平较低的研究生，要加强自身的信息管理和时间管理能力。同样地，教师也应该积极掌握研究生移动微型学习的情况，加强对研究生学习督促的力度和频率。总之，要想移动微型学习发挥出更大的作用，既离不开研究生自身的自控能力，也离不开教师指导和管理的加强。

现在，很多大学非英语专业的研究生的英语课程只有一个学期，如果只是依靠课堂时间，学生们很难大幅提高自身的英语综合运用能力。硕士生应该认识到，单一的学习方式不能满足自身的语言学习需要，不能达到对外交流能力的水平，从而大大削弱研究生的科研综合素质。因此，除了传统的研究生课堂教学，还需运用新媒体技术手段使移动微型学习进入研究生英语的教学之中，培养研究生的自学能力，培养学生创造性的语言学习能力，提升研究生终身学习能力的主动性，从而实现最优的学习效果。

## 六、"互联网+教育"研究生英语教学模式创新

2020年7月，习近平总书记就研究生教育工作指出，"党和国家事业发展迫切需要培养造就大批德才兼备的高层次人才"，"各级党委和政府要高度重视研究生教育"，"加快培养国家急需的高层次人才，为坚持和发展中国特色社会主义、实现中华民族伟大复兴的中国梦作出贡献"。《学位与研究生教育发展"十三五"规划》提出，要加快培养一批具有国际视野与跨文化交流能力、通晓国际规则、能够参与国际事务和国际竞争的高层次专门人才。在这样的时代背景下，研究生英语教学在培养具有跨文化交流能力、能参与国际学术交流的复合型人才显得格外重要。

随着研究生培养规模的不断扩大，21世纪以来现代信息技术的快速发展，全球化

信息化的新要求又对研究生的英语教学提出了新的要求和挑战。然而，国家教育部（原国家教育委员会）1992年编写的《硕士博士学位研究生英语教学大纲》对教学模式的要求已无法满足研究生教学改革需要，大部分教师仍然采用传统的"以课堂教学为中心、以教师讲授为中心、以教科书正本内容为中心"的教学模式。因此，将现代信息技术与研究生英语教学相融合，摸索基于网络环境的教学模式是研究生英语教学改革的关键。

**（一）"互联网+教育"时代研究生英语教学模式创新**

教学模式是教师开展教与学的方式。研究生的培养要勇于冲破单一的教学方式的束缚，把新的教育观念、教学方式融入培养过程中。笔者认为，在"互联网+教育"时代，研究生英语教学应该构建基于课堂和计算机的多媒体教学模式，通过搭建课堂与网络相融合的研究生英语教学平台，充分整合多媒体网络学习的优势，实现教师教、学生学的最优化。

笔者将以与中国人民大学出版社出版的《研究生英语读写教程》配套的数字教学平台"人大芸窗"教学实践为例，探究研究生英语教学模式创新对研究生英语教学的影响。"人大芸窗"数字平台是由中国人民大学出版社开发的，它为高校用户提供了与传统教学相衔接、权威、丰富的数字教学资源，为《研究生英语读写教程》的线上教学资源搭建了平台和提供了技术支持，是研究生英语教学模式创新的有益尝试，有助于研究生教学取得更好的教学效果。具体体现在以下几大方面：

**1. 辅助教师课堂教学，实现混合学习，优化教学效果**

目前，研究生教育呈现的特点为：传统纸质教材面授，教学材料单一，大班化教学模式盛行等。其中单纯使用纸质教材面授的传统教学方式已不能满足培养高层次研究型人才的需求。混合教学（Blending Learning）是运用多种教学设备和工具、教材和媒体将课堂教学与网络教学有机结合的一种教学模式。这种教学模式既发挥了教师的引导作用，又充分调动了研究生的创造性。

"人大芸窗"数字平台实现了研究生的混合教学，其教师端包括电子教材、资源管理、作业管理、考试管理、成绩册、问答与讨论、教学大纲、班级管理等模块。以某高校使用《研究生英语读写教程》的教学实践为例，上课前，教师在平台上制定本课教学大纲，选择教学内容，给学生布置线上预习任务，包括预习课文和完成课前作业。同时，教师可以通过名师教学视频、教学课件等平台资源进行备课。课堂中，教师集中精力讲解课文的重难点；参照平台提供的学生出勤情况和作业完成数据，了解学生知识点掌握情况，有针对性地关注学生的薄弱环节，省去了泛泛讲解课文和做课堂练习的时间，提高了教学效率。课程后，教师可以在平台上根据课程进度发布讲义、教学日程，提醒学生完成学习计划；通过班级管理功能，教师可以全程监控班级学生的学习时长和进度；在平台上发布课后作业后，可以借助平台的自动组卷功能发布作业，自动批改功能评分，考核学生的学习效果；在讨论区为学生答疑解惑等。该院校的教学实践证明，研究生英语教学课堂中借助数字平台的丰富资源和技术支持，可以帮助教师轻松实现混合教学，线上线下结合，提升了教学效率和质量。

## 2. 促进学生自主学习和合作学习，学会自我管理，增强学习的主动性和积极性

"学习者自主性"这一现代学习理念是20世纪80年代初由亨利·霍利克（Henry Holec）引入语言学习和教学领域。自主学习包括能学、想学、会学和坚持学四大要点，它是建立在自我意识发展基础之上的学习动力机制，学习者在学习过程中能够掌握一定的学习技巧，从而不断学习发展的学习方式。相对本科生来说，研究生学习方式的最大变化就是自主学习，所以自主学习就成为研究生期间的关键。

"人大芸窗"数字平台学生端包括6个模块，分别是电子教材、资源管理（课程资源和知识点库）、作业与测试、学习宝典、问答与讨论和教学大纲。在课堂学习之前，学生可以浏览电子教材提供的教材电子版、课文音视频、课文背景知识和翻译、名师教学视频等资源，同时可以在电子教材里划重点、加标注、看教师做的标注等。课堂学习结束后，学习者可以在线完成作业和测试，自主评价学习结果，根据教学难点疑点在平台上与其他同学和老师在线交流，实现合作式学习。学生可以通过PC端、手机端、Pad端等多个终端进行平台访问，使用不受时间地点限制，学生可以自主选择学习时间，同步学习数据，查看学习记录，调节学习进程，培养自我管理，增强学习的主动性和积极性。研究生英语教学利用数字化教学平台提供的资源和技术支持，有助于调动学生学习英语的创造性，取得良好的学习效果。

## 3. 形成性评价和终结性评价有机结合，构建客观合理的评价体系

《非英语专业学位研究生英语教学大纲》指出，研究生英语教学测评应当采取形成性评价与终结性评价相结合的方式。传统的教学模式下的形成性评价方式有限，仅能通过出勤情况、课堂表现、单元小测等形式进行，而且教师实施起来费时费力、主观性强。而数字平台提供的便捷、可视化教学数据支撑，为研究生英语教学形成性和终结性评价的实施创造了条件。

以"人大芸窗"数字平台为例，第一，它支持教师发布教学内容，实时监控学生学习进度和完成情况；第二，支持教师发布课后作业，统计答题结果，评估学生学习效果，教学效果一目了然；第三，提供学习行为数据，包括上网记录、在线时长、答疑情况、签到情况等，侧面反馈学生学习态度；第四，提供丰富的考试题库，不仅包括纸质教材的课后练习题，还收录了北京市高等教育学会研究生英语教学研究分会每年1月和6月组织的研究生英语学位课统考（GET）题库，同时教师可以自行上传其他考试题库，为终结性评价提供了多元化资源，同时，平台可以自动批改测试结果，并统计错题比例；第五，教师可以自定义考核维度，比如平时成绩、考试成绩、出勤情况占比，平台自动形成成绩册供下载。由此可见，运用研究生数字教学平台提供的可视化数据，有助于教学实现形成性评估与终结性评估有机结合，使考核结果客观全面，保证教学过程合理有效进行。

数字化教学平台是"互联网+教育"时代的必然产物，是现代乃至今后教学实践的物质基础。为此，研究生英语教学要改变传统单纯依靠课堂教学的教学模式，探索一种全新的实践教学模式：构建基于课堂和网络的研究生英语教学平台，充分整合多媒体课程教学和网络学习的优势，实现教师混合教学、形成性和终结性评价，培养学生自主学习和合作学习，做到线上线下教学的有机结合，并把它真正纳入常规化的教学体系中，以实现教学效果的最优化。

## 第五节 研究生英语跨文化能力培养研究

跨文化交际是不同文化背景的人从事交际的过程。在对外汉语教学中，无论是学生还是教师都在从事跨文化交际。对外汉语教师跨文化交际能力的培养是为了促进对外汉语教师了解不同文化，理解不同文化，尊重不同文化，更好地适应不同文化，促进对外汉语教学深入发展。

### 一、跨文化能力的概念界定

跨文化能力是来自不同文化的人们进行互动与对话的能力，关系到多元的文化背景与身份。相似的概念有很多，如跨文化交际能力（intercultural / cross-cultural communication competence），文化差异（cultural shock）等。跨文化能力属于人际交往能力的范畴，但两者之间还是有差别的。文化背景在人际互动中是隐性的，不显现出来，可是在跨文化互动中，文化背景却会变得突出，能否跨越文化的障碍是衡量交际者是否有能力的关键指标。在此基础上，形成了跨文化能力研究的起点。许多人认为跨文化能力是交际者个人的特性，如开放、敏感、博识、灵活与合作。人们有兴趣并且有能力与来自不同文化背景的人打交道[①]。这些人具有多元文化人格，它包括文化移情；开明度；情绪的稳定性；行动取向；冒险和好奇心；灵活性；外向性。文化移情指与来自不同文化群体的人感同身受的能力。情绪的稳定性指面对压力，保持沉着、镇定的倾向。行动取向指主动采取行动的勇气；冒险和好奇心指愿意做出改变、迎接挑战、承担风险和体验不同文化的倾向；灵活性指能够吸取教训、调整行为、尝试新的方法的能力。外向性指一种引人注目的倾向。

有学者从建构主义出发，将跨文化交际能力定义为一个综合的、多向度的概念：除知识向度外，还有思维向度、行为向度乃至情感和个性向度。跨文化交际能力只能被视为人的内在能力，而且是人人无论处于什么样的特定文化之中都可以应付各种跨文化交际情景的能力，这种能力的核心是适应能力，即能面对跨文化交际的具体情况灵活而恰当地自我调整。这种适应能力体现在认知方面，主要包括头脑的开放性、对事物复杂性和多样性的认识及视野和角度的变换能力等；体现在情感方面主要包括移情能力，对不确定性的容忍度及能够克服偏见与民族中心主义等；体现在行为方面，包括处理交际问题的能力、建立和维持相互关系的能力及完成交际任务的能力等。

跨文化敏感性发展理论解析交际者处理文化差异的能力。它建立在这样一个基本假设上：人们在跨文化交际中可以通过学习和适应逐渐培养应对差异的能力，越是能够以包容的态度和理性的行为驾驭差异，其跨文化能力就越高。交际者能力的发展大致分为六个阶段：否定；抵御；轻视；接受；适应；整合。其中，前三个阶段处于狭隘的族群中心主义层次，后三个阶段进入比较开放的族群相对主义层次。

---

① 许丽云，刘枫，尚利明著.《大学英语教学的跨文化交际视角研究与创新发展》，13页，北京：中国商务出版社，2020.03.

## 二、跨文化交际能力的影响因素

跨文化交际能力的影响因素可以从内部因素和外部因素两方面考察。内部因素主要指对外汉语教师自身的跨文化交际能力,外部因素主要指对外汉语教师的社会支持。内、外部因素相辅相成,但内部因素是促成跨文化交际能力增强的主要方面,是决定主体能否顺利完成跨文化交际、解决跨文化交际障碍的根本因素。外部因素是推动跨文化交际能力快速增强的有效方式,是引导主体学习跨文化能力、推动跨文化交际的重要动力。根据以往相关研究文献,现整理出影响跨文化交际能力的主要因素,具体如下:

(一)影响跨文化交际能力的内部因素。

1. 性别

据统计,性别差异导致了文化休克出现程度差异,女性出现文化休克程度较男性更甚。值得注意的是,年龄和受教育程度都是影响跨文化交际能力的重要因素。不过本文研究对象的年龄相近,受教育程度几乎相同,所以这两个因素不作为本文的参考因素。

2. 性格

根据相关研究,性格是影响跨文化交际能力的重要因素。对性格的划分有许多不同的标准,本文主要进行内向和外向的划分。相对而言,外向的志愿者教师对新鲜事物的接受程度更高,适应环境能力更强。不过这些并不能代表外向的志愿者教师更好。内向的志愿者教师更善于独立思考,在自我调节方面和外向志愿者教师呈现不同的特点。比如焦虑调节方面,外向的志愿者教师更容易选择倾诉的方式,内向的志愿者教师更容易选择自我疏导或运动的方式。

内、外向性格对跨文化交际的态度都会产生影响,内向性格的汉语教师态度相对消极,外向性格的汉语教师态度相对积极、开放。祖晓梅(2015 提出跨文化交际态度是跨文化交际能力的重要组成部分,应该保持"乐于参与跨文化交际,并采取开放和积极的态度""对于不同文化背景的人的行为不过度概括,避免简单的价值判断""对于与自己不同的文化行为和观念,采取宽容和尊重的态度"。由此可见,外向性格的汉语交际在跨文化交际能力培养方面有一定优势。

3. 期望值

期望值是指人们对所实现的目标主观上的一种估计。如果志愿者教师出国任教前设定的期望值和出国任教后达到的期望值差距过大,志愿者教师就会有很大的落差,影响跨文化交际。如果期望值差距不大,志愿者教师就能快速适应国外教学情况,促进跨文化交际。

4. 情绪调节能力

情绪调节(emotion regulation)是个体管理和改变自己或他人情绪的过程,在这个过程中,个体通过一定的策略和机制,使情绪在生理活动、主观体验、表情行为等方面发生一定的变化。每个人的情绪调节能力不同,一般来说,个人意愿是主要影响因素。即个人的情绪调节能力实际上与个人性格、期望值紧密相关,三个因素共同作用于个体的跨文化交际能力培养。

## （二）影响跨文化交际能力的外部因素

### 1. 文化之间的差异程度

Hofstede 在《文化的后果》一书中提出了四个衡量价值观的尺度，即个体主义—集体主义（individualism-collectivism），对权力距离的态度（power distance），对不确定因素的回避程度（uncertainty avoidance），男性—女性（masculinity-femininity）。个体主义或集体主义是指一个社会注重的是个人发展还是集体发展。对权力距离的态度是指地位低的人们对于权力分配不平等状况的接受程度，是比较愿意接受，还是比较不愿意接受。对不确定因素的回避是指人们在非常规的环境中感觉舒服或不舒服，非常规的环境指新奇的、未曾经历过的或者与通常情况迥异的环境。男性—女性是指在该文化中代表男性的种种品质（例如竞争性、独断性）更多，还是代表女性的种种品质（例如谦虚、关心爱护他人）更多。这四个价值尺度衡量的是一个文化和一个社会具有该价值的相对程度。

### 2. 社会支持

社会支持（social support）是一种信息，使人们相信自己是被关心、被爱、受到尊敬和有价值的，是属于一个群体并且彼此承担着责任的。社会支持可分为：情感性社会支持和工具性社会支持。情感性支持是指跨文化者感受到的来自他人的爱、关心、支持等，包括关心、信任、安慰、陪伴等，对于汉语教师来讲，情感性支持来自家人、朋友和同事，特别是同事之间的关心关怀。因为大部分志愿者教师都是在读研究生，他们的同事也是同窗好友，加之汉文化自古以来重视同窗之情、同胞之情，在异国他乡，同事给予的支持是他们能获得的最大的情感性支持。工具性支持是指跨文化者接收到的他人提供的实际帮助，包括提供生活信息、帮助解决各种困难等，是比较直接的资源。对于汉语教师来说，工具性支持主要来自当地孔子学院。因为志愿者教师的食宿安排、手续办理常常由当地孔子学院统一安排。

这两种支持帮助志愿者教师更好地完成跨文化交际。当志愿教师面临这两大社会支持缺失时，产生的冲击和压力会直接导致文化休克。因此，如果要增强汉语国际教师的跨文化交际能力，必须有足够的社会支持参与到汉语教师培养之中。

## 三、研究生英语跨文化教学引发的思考与对策

随着中国经济的迅速增长与综合国力的大幅提升，世界给予中国更多、更深层次的关注与探究。丹麦议员在北欧时报的报道中就明确表示："其实，全世界都想了解中国人的政治生活。"全球学习汉语的人数呈几何倍数增长，赴英美等发达国家留学的中国学生数量也在近几年不断攀升……所以，此刻是对外宣传我国悠久历史、民族传统与时代精神的关键时期，我们要用语言和文化作为纽带夯实我国的文化软实力。中共十七大报告明确提出，"增强国家文化软实力，弘扬中华文化"（2007）。中共十八大报告提出，"建设优秀传统文化传承体系，弘扬中华优秀传统文化""构建和发展现代传播体系，提高传播能力"（2012）。高校是实施中国文化外宣的主要阵地，《国家中长期教育改革和发展规划纲要》（2010—2020年）规定"加强中华民族优秀文化传统教育""积极推进文化传播，弘扬优秀传统文化，发展先进文化"（2010）；《国家"十二五"时期文化改革发展规划纲要》（2012）提出，"增强国家文化软实力，弘扬中华文化""推动中华文化走向世界"

"增强对外展示传播中华文化的能力"。

随着时代的召唤、政策的指导和责任的驱使,笔者所在的研究团队针对2019级艺术类相关专业的硕士研究生展开了为期一个学期(12周)的基于跨文化"英语视听说"课程的教学实践,以拓展学生的跨文化知识、提高其跨文化交际能力、强化他们的文化意识和文化自觉,培养学生的创新及批判性思维能力,使学生"既能够用英语学习国外的先进文化思想,又能够用英语将中国的文化传统与当代的中国特色介绍给世界"(文秋芳,2012)。

### (一) 研究生英语视听说课程教学实践总结

#### 1. 教学设计

本轮实践教学采取小组合作的混合教学模式,以小组任务的展示与总结为表现形式,共有3个教学班,共计224名学生参与,并把他们分成38个小组。小组任务为近20年热播的以英语为主要语言的影视剧,寻找这些影片其中的一个具体文化现象,并与我国相应的文化现象作对比,并分析同一现象不同外现形式和思想观念的社会历史及文化因素。课堂上,以小组为单位向全班师生用英语做汇报。

#### 2. 文化现象聚焦

经过一学期的教学,三个教学班的小组报告共涉及剧目37部,其中英文33部,作为辅助的汉语剧目4部。纵观学生探索的文化现象,其中以饮食文化(5组)、教育观念(2组)、包括婚礼、葬礼、节日和生日在内的风俗(5组)、爱的表达方式(3组),以及种族歧视和女权运动(2组)这5个学生比较感兴趣的文化现象为集中。有个别小组关注到了美国的小费文化——没有本国参照的国外文化特色,还有美国的陪审团制度——既远离日常生活,又与学生的专业毫不相关,但是却对剧集的发展起到了关键的作用,从而激发了学生的探究意识[①]。

### (二) 跨文化能力现状分析

经过科学的课程设置和教师与学生的及时沟通,学生的学习态度较为端正,能够各尽所能,通力完成课前、课中以及课后任务,但在任务准备、执行以及反馈过程中反映出跨文化能力的不足,具体表现和原因如下:

#### 1. 中国特色文化知识积累不足

通过问卷调查以及课上互动等活动,教师发现,很多学生对典型的中国特色内容语言知识掌握不足。以谈及最多的话题,即饮食文化为例,介绍了英语国家的主要饮食种类以后,提及中国饮食时多以列举原材料和饮食习惯为主,而对菜系及菜品的介绍寥寥数几,提及诸如油条、麻花、鱼香肉丝、臭豆腐一类常见又充满特色的食品时,绝大多数学生都不知道如何用英语表达。要求用英语介绍家乡或者印象最深的旅游地景点时,学生多表现的比较为难,几句泛泛的介绍后就草草收尾,很少有能够从景点的历史、发展,在世界、中国或者当地的地位等人文和历史的角度进行介绍的。早在2002年张为民教授就对清华大学的学生进行了关于"中国文化英语表达"的测试,高考平均成绩122分的被试群体其

---

[①] 杨玲梅著.《多元背景下的大学公共英语教学与跨文化交际研究》,55页,北京:北京工业大学出版社,2019.03.

成绩也不理想。二十多年过去了,相信随着学生视野的开拓和英语能力的提升,其整体的跨文化水平都能有较大幅度的提升。然而对于中国特色的表达还存在灌输不够、积累不足和应用不多的现状,我们的学生还难以担负起向世界宣传中国文化的时代重任。

### 2. 学生的口语表达能力还有待提高

本次实践教学要求学生们在课堂上用英语报告本组的任务完成情况,只有少数小组能比较自如地表达出自己小组的内容和观点,并与听众较为自然地互动。大多数小组要么靠PPT上的字幕,要么拿着提前写好的稿子宣读,在报告结束的互动阶段也很难自如交流。当然,英语基础对英语的口语表达有很大的影响,目前比较普遍的现象是:学生阅读能力明显好于听说,翻译和写作能力居中。这与学生多年来以应试为目的的语言学习有很大关系,但是对于即将走上工作岗位的研究生而言,日常的语言交流、思想观点的表达和中国特色文化的外宣是对其最基本的语言要求。

## (三) 应对措施

### 1. 充分运用"互联网+"的海量资源,开展混合教学模式

针对当代研究生在学术和文化方面的综合要求,对其教学应该细分为学术英语及文化英语两部分,既保证学生们有能力随时补充本专业的经典基础理论、跟进学术前沿,又使学生通过文化英语的学习及训练了解更多我国的优秀文化传统、哲学思想和时事政策,增加了学生的文化认同感,提升了其文化外宣能力。

面对当下研究生英语课时有限、学生学术英语和文化英语语言基础不高的现状,行之有效的办法就是开展线上线下相结合的混合教学模式。混合教学"就是要把传统学习方式的优势同数字化或网络化(E-learning)的优势结合起来,既要发挥教师引导、启发和监控教学过程的主导作用,又要充分体现学生作为学习过程主体的主动性、积极性与创造性"(何克抗,2005)。教师根据教学需要,分专题筛选行之有效的网络资源,发布明确的任务及要求,学生课下自主学习内容、思考内涵,并完成相应练习。面授时采取翻转课堂的教学模式,即根据课下所学知识进行以口语和写作为主要模式的实践训练和应用,据此,学生在课下进行有针对性的语言输入,在课上有的放矢地进行语言输出,内化语言技能。

### 2. 利用现有的优秀资源开展以"文化"为中心的英语教学

研究生阶段的学生整体上已经有了比较好的英语基础,但文化储备不足、训练不够和相关技能有限是限制其文化能力的关键因素。因此以"文化"为中心开展听说读写译的相关教学是解决当前困境的有效方法。

提升学生的文化翻译能力。外语的学习很难穷尽所有的词汇与表达,习得一定的文化翻译技巧,就可以根据现有的储备进行文化翻译的"再创造",当然这种创造是建立在一定依据基础上的。我们可以借助现有的优秀中国经典文化翻译作品,如《中国日报》(China Daily)和21世纪报(21st Century)等比较权威的报刊作为教材和语料,以专题的形式,一边讲解其中的文化语言知识,一边讲授其中的文化翻译技巧,使学生在大量的文化知识输入中了解文化翻译的内涵、原则、策略及外延,并活学活用,有依据地对中国特色的相关表达进行文化翻译。

跨文化能力既包括了解目的语国家的文化,又包括熟知自己国家的文化,在此基础上

批判性地学习和接受目的语国家的文化，有针对性地向外宣介我国的优秀文化，用国外受众能理解的表达方式增加他们对我国文化与制度的认同。学识越高的年轻人，向外宣介我国文化的几率相对越高，因此在研究生阶段开展有针对性的文化英语教学，对传播中国声音、展示中国的话语权和强化年轻人的爱国情感都具有积极作用。

## 四、研究生英语教学中跨文化能力模型的构建

在研究生英语教学中增加多元文化输入，融入中西文化对比内容和真实跨文化交际场景，培养学生的思辨能力，增强研究生跨文化能力，是重要的教学目标之一。而构建跨文化能力模型可以有效地将交际知识转化为交际技能，引导研究生进行思考输出，体现"西式"思辨，实现在跨文化交际中言语得体，言之有物，进而增强文化自信。

当今世界，文化之间的互动和影响日益加强，跨文化能力早已成为当代人不可或缺的能力，对于研究生而言，跨文化沟通的机会愈加频繁，2017年颁布的《高等学校教学质量国家标准》把跨文化能力作为核心能力之一纳入培养规格，明确了跨文化能力在外语教育中的重要地位。本文以跨文化能力概念的界定、模型的建构、在研究生英语教学中的应用为线索，初步探索教学方法的顺应跨文化能力提升的需求。

### （一）跨文化能力模型

该模型包括三个方面的关系，即能力，目标与经验，互动结果。该模型的第一个层级是能力，它由动机、知识与技能构成。动机指的是旅居者对当地文化的态度。具体来说，它包括了对其他文化的具体态度，例如对文化距离的感知、对他者文化成员的肯定；对他者文化的一般态度，例如族群中心主义和开明等；对于对方的社会焦虑、无保留的关心、注意、吸引以及态度的接近。知识指认知方面的因素，包括互动规则的知识；对特定文化和一般文化的知识；语言知识。技能指行为方面的因素，包括：对对方的尊重、互动姿态、知识取向、移情、自我角色的定位、互动管理、对暧昧的容忍、语言技能、言语通融以及亲近关系的寻求。能力层面的各种因素既有重叠也有差异。他们相互依赖、彼此互动，共同促进跨文化能力的发展。模型的第二个层面是目标与经验。目标指的是人们预期的结果。经验指旅居者过去驾驭环境、实现交际目标的经历。成功的经验可以增进自信，使他们更愿意参与跨文化互动。并且为今后的互动制定更高的目标，形成良性循环，模型的第三个层面是双方互动的结果。每个参与互动的人都对目标的实现有所贡献，其成就得益于双方的共同努力。良好的互动结果体现在交际的有效性、稳定、密切和满意的相互关系的确立以及不确定性的减少。下图显示相互关系跨文化交际能力模型的三个层面以及各个层面之间的联系，如图7-1所示。

在全球化背景下，跨文化交际能力理论不仅应展示交际者整体的潜质，而且还应解析其建构多重文化身份的过程。跨文化交际能力既包括得体性和有效性，也包括对他者文化身份的尊重。所以传达信息的能力体现为交际者掌握语言知识，运用各种形式清晰且熟练地传递信息的技巧。它既包括语言与非语言信息的解读，也包括使用已知的信息进行护。这是跨文化交际能力的第一个层面。那么第二个层面是认知过程，也就是跨文化意识的发展。认知过程涵盖自我意识和文化意识的发展。自我意识指交际者自我监控或对自己作为文化成员的认识，即文化身份的认知。决定自我意识的因素包括五个方面：交际者对

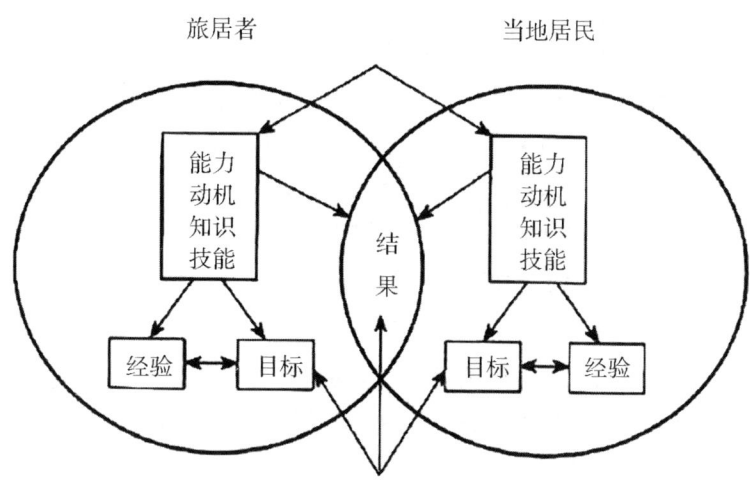

图 7-1 相互关系的跨文化交际能力模型

自己在交际场合中的行为是否得体的关注；对具体场合中与他人相比行为是否得体的关注；调整和控制自我行为的能力；在各种交际场合中运用自我监控的能力；在特定场合中进行调整和得体交际的能力。跨文化交际能力的第三个层面是行为过程，即跨文化交际灵活性的发展，指交际者实施交际行为，完成交际目标的能力。跨文化交际的灵巧性包括传递信息、自我表露、行为的灵活性、互动管理以及社交等方面的技巧。跨文化敏感性、跨文化意识和跨文化交际的灵巧性三个层面可以用等边三角形来表示，如图 7-2 所示，他们有着同等的重要性、相互联系、密不可分、共同促进跨文化能力的发展。

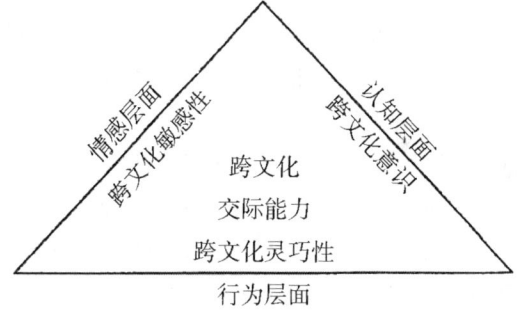

图 7-2 综合的跨文化交际能力模型

## （二）研究生英语教学的特点

根据研究生英语教学大纲的要求，教学目标是让学生通过英语这门工具进行学习、研究和国际交流。然而研究生英语考核评价体系中过多地注重传统语法与词汇的基本技能，多侧重阅读、写作的技能。大多数研究生已通过大学英语六级考试，单词量已达到甚至超过六千词汇，所以阅读与写作的能力应该可以满足日常沟通。但笔者发现，在应用技术性较强的专业，如环境艺术设计、工艺学、音乐、传媒这样跨文化国际交流较为频繁的专业，学习书本上的词汇、语法、阅读理解知识是远远不够的。淡化甚至忽视语言交际的功能无法使英语这么学科跳出工具学科的范畴。

研究生教学特点还应考虑到网络教育学习模式的特殊性和普遍性，针对研究生的学习薄弱环节和实际需要进行因材施教，注重培养学生的自主学习能力。所以从教材选取上，应该着眼于在大学英语教学改革实践的阶梯之上，以培养与 ESP 专门用途英语相关的英语能力为目标，将特定学科内容与英语语言学习相结合，兼顾输入与输出训练，帮助研究生在英语语境下对学科知识进行有效输出与应用，提高在专业学习以及未来职业生涯中所需要的语言技能，学术技能和学术素养。在研究生读写能力方面，要树立"以读促写、读写并重"的教学理念，旨在培养研究生的学术英语阅读和学术英语写作能力，提高学生学术表达的规范性，强化学术素养和学术意识，在研究生阶段的专业学习和学术研究打好语言基础，为撰写毕业论文服务。教学方法就应该由以前的做题讲解，课后练习讲解，重点词汇分析，语法讲解，写作技巧讲解，转变为注重研究生思辨能力与跨文化能力的提升。

### （三）构建研究生跨文化能力模型的途径

#### 1. 教学目的、理念与方法

教学目的是培养学生积极参与讨论意识、鼓励学生主动表达、发表各自观点。教师不做否定学生观点评论，但鼓励学生阐述为何这样分析，注意教师应该多鼓励学生，即使其观点不十分到位，因为分析案例不是仅仅为了达到解决案例的目的，而是通过案例分析的过程，培养学生参与讨论、发表观点甚至不同观点的意识与积极性。

培养研究生全球视野、跨文化思维、跨文化适应与沟通能力：项目导向、案例分析+任务驱动三合一教学法。通过案例分析（What's wrong, Intercultural case study）引导学生分析案例：案例文化冲突点，然后对此展开跨文化分析，最后提出解决方案以及如何避免类似的跨文化冲突。案例分析之后，教师引导学生思考现实社会中的种种跨文化问题，直面现实社会中的跨文化问题，培养学生发现问题、分析问题、解决实际问题的能力。这些现实社会中的跨文化问题，需要教师积极引导，让学生思考，最后可以由教师提出，组织学生参与讨论。

在研究生英语教学中还应有效实践"产出导向法"，遵循"输出驱动—输入促成—产出评价"的教学流程，以产出任务为教学起点和教学终点，用输入材料引领学生进行选择性学习，实现学用无缝对接。并同时宣扬中国文化，树立文化自信，提升研究生对中国立场及价值观的认识和理解，帮助研究生更好地在世界舞台上"讲好中国故事，传播中国好声音"。

#### 2. 选取教材

研究生的英语水平应该在英语六级水平，所以教材的选取应选择话题开放式教材，以外语教学与研究出版社出版的研究生英语教材为例，我校曾选用过《跨文化沟通》《跨文化交际学概论》《跨文化心理学》作为非英语专业研究生选修教材，并结合视听说，翻译等进行实战训练。从话题选择上，教材从中国传统文化的衣、食、住、行、娱乐等文化类主题切入，涵盖中国文化与英语国家文化最富特色的部分，如传统服饰、饮食习惯、节庆活动、医疗健康等，充分展现文化的灿烂多姿，让学生通过领略不同的民俗风情，探索不同文化的丰富内涵。从内容的安排上应当中英文化兼顾，着眼对比交流。教材还应该考虑相关学科知识和前沿信息，兼具知识性和可读性，专业知识和语言技能兼顾，重视对知识内容的内化和思考以及对专业表达和学术词汇的灵活运用，通过思辨训练和学术任务帮助学生提高思辨能力，习得学术规范，培养研究生的学术研究能力。精选阅读素材，通过对比中国与英语国家的文化，引导学生理解、包容、学习文化异同，提升跨文化交际意识，树立文化自信。

### 3. 文化讲座

通过分析关键事件，即文化冲突事件，来分析实际跨文化交际中发生的，具有代表性的、典型失败案例来说明跨文化交际失败产生的原因，这主要用于跨文化商务沟通方面。也可以进行专项讲座，拓展学习者口语交际能力的深度和广度，在讲座中可以鼓励研究生参与讨论、辩论和即兴表演等，切实提高跨文化交际能力。多种交际任务帮助研究生熟悉常用交际功能的核心句型，揭示文化差异，培养文化宽容意识，研究生教师也可以设计活动，包括主题词表达理解、听力理解以及文化对比探究等。在夯实语言基础技能的同时，注重思辨能力和跨文化能力的输入与输出。也可以通过与外籍研究生的互动学术沙龙提升跨文化能力。

### 4. 文化包

研究生教师向学生讲述本族文化与目的文化之间的某个本质差异，并借助多媒体手段向他们呈现这一差异的具体表现，然后教师给学生提出若干相关问题，由此展开讨论。另外，文化教学也可以和语言教学有机结合，如下。

（1）通过文学作品的分析等方式来进行文化教学，引领学生领悟中西文化的精髓，理解两种文化的差异，提升跨文化交际意识与能力，可以适当融入中西文化对比和真实跨文化交流场景，提高学生对两种文化的差异认识，选取生动有趣、实用性强的语言材料，保证充足的目标输入，结合灵活多样的活动设计，帮助学生全面提高语言应用能力和思辨能力。通过企业跨文化经验分享论坛，深入了解知名企业高管的跨文化管理经验，利用跨文化案例分析跨文化能力的重要性。

（2）评估各种机构，如跨国企业、大学和非营利性组织对跨文化交际的看法，推动跨文化培训的实战操练。

（3）将阅读教学与文化教学相结合；多元素知识帮助研究生练习设计并引导发掘重要信息，分析观点态度，提升思维能力。通过国内外前沿的跨文化培训材料以及专业的跨文化学院的讲座，拓宽学生跨文化视野。梳理并呈现阅读材料尤其是文学经典的特质、文学思潮的划分、文学论文的写作等文学素质培养的重要方面。

（4）将听说教学与文化教学相结合，进行交互式学习及体验式学习，使研究生身临其境地感受对外文化交流中出现的差异及沟通策略。

（5）将写作教学与文化教学相结合等方法。

### 5. 混合式教学模式下的跨文化项目

让学生以团队的形式完成每一单元之后的跨文化项目，培养学生学以致用的能力，同时也培养学生团队合作能力，培养学生未来职场竞争力。这一教学过程体现教学理念：培养学生直面现实问题，分析与解决现实问题的能力，这也是评估学生学习效果的手段。

以真实场景、应用性强的输出任务，有效驱动语言学习，全面提升研究生的学业能力、跨文化能力、思维能力、组织与领导能力等核心素养，是我们的办学目标和方向，无论是专业型还是学术型研究生，对跨文化能力的需求都是迫切的，探究语言学习的魅力，激发和引领学生就某一范畴或领域进行深入探索和思考，锤炼思想，这不仅是教学大纲的要求，更多地来自毕业后的研究生的有效反馈。在涉外工作中，在参加国际赛事中，语言能力与跨文化能力的凸显才能使得专业知识更好地发挥出来。所以，研究生英语教师要注重在教学中对学生跨文化案例的介绍与应对，把学生的跨文化能力真正转化为内化于心，外化于行的真本领。

## 第六节 非英语专业研究生英语教学中导入"中国文化教学"研究

### 一、中国传统文化在研究生德育中的作用探究

党的十九大以来，习近平总书记在多次重要讲话中提及"文化自信"，传递出社会主义进入新时代的背景下中国特色文化自信的重要性。中华传统文化在五千年的不断实践中，具有丰富的内涵和外延，值得开展深入的传承、转化、借鉴、吸收和创新。

研究生教育作为我国高等教育中的重要环节，在传承和发扬优秀传统文化上的影响力应该得到足够的重视。新时代对研究生德育工作提出了新的更高要求，因此，要不断与时俱进，充分挖掘中华传统文化的德育功能，创新性地探索将中国传统文化的精髓融入研究生德育全过程中，开创研究生德育工作的新局面，具有重要的实践意义。

#### (一) 中国传统文化中的德育作用

中国传统文化是劳动人民在几千年的实践中积累而成的相对稳定的精神品格、价值追求，是在物质层面基础之上凝练出的代表中华民族的民族性格和文化内涵。中国传统文化具有鲜明的中国特色、时代气息和文化内涵，它与中国的大学精神所具备的人文精神、科学精神不谋而合，能够在大学实现人才培养根本任务的德育过程中发挥文化育人的作用。因此，中国传统文化具有塑造人、教育人、培养人的德育作用。

1. 传统文化的引导和熏陶作用

中华传统文化蕴涵着几千年来物种和社会凝聚的精髓特质。其中蕴含的落叶归根理念符合中国人的民族情结，是一种爱国主义情感，能够陶冶学生的品性和心理，促进学生全面提升素质、陶冶情操。传统文化中关于对德、美的价值追求，能够塑造学生健全的人格品质，促进学生遵纪守法、调控情绪、适应社会，有利于培养学生对科学的追求和对生活的热爱。

在中国传统文化的引领下，学生能够在日常学习生活的过程中秉持相对稳定的价值取向，并以此来树立正确的世界观、人生观、价值观，坚定理想信念，指引学生成为一个对国家和社会有用之才并将其作为自己的人生目标[①]。因此，中国传统文化具有引导学生树立正确价值取向，完善人格品质，熏陶思想情操的德育作用。

2. 传统文化的凝聚和激励作用

传统文化既是一种思想，更是一种强大的凝聚剂，以传统儒家文化为中心可以辐射出中国几千年文化的深刻内涵。因此，应把具有不同成长环境和家庭背景的学生紧密联系在一起，并形成积极向上的奋进精神以及强大的凝聚力，进而形成共有的集体观念和责任意识，提升凝聚力，这种凝聚力是中国传统文化的重要源泉，也是民族精神的体现，能够为

---

① 王琳琳，穆海博，李晓婧著.《文化自信背景下大学英语教学中的中国传统文化渗透研究》，45页，北京：中国纺织出版社，2019.12.

学生的品德发展注入强大动力。

中国传统文化蕴含的深厚的人文精神，可以激励学生的行为。大学以人才培养为根本目标，传统文化的内涵更是强调以人为本的理念，注重价值观念、群体意识的培养。目标、价值、理想、信念作为自我激励的四个主要因素，与中国传统文化有着密不可分的关系。发挥中国传统文化的德育作用，为学生提供了享受文化和创造文化的空间，促进学生实现并升华自己的兴趣爱好和理想信念。

### （二）新时代研究生德育面临的问题

研究生教育是中国高等教育的最高层次，研究生作为学生中的优秀群体，具备智力水平高，逻辑思维能力强的基本特点。在中国特色社会主义进入新时代的今天，当代研究生普遍具有技术水平高，动手实践能力强；思想开放，接受新鲜事物能力强；网络原住民，具备互联网思维；人文社科基础差，政治敏锐性不高的时代特征。面对这样一群自我意识强、集体观念弱、个性差异大的群体，新时期的研究生德育工作面临重大挑战。

#### 1. 研究生德育教育重视度不高

全国高校、科研院所的研究生教育大多侧重对专业知识、科研水平的培养，而研究生德育教育环节容易被忽视。与本科生相比，研究生经历了大学期间的培养和锻炼，已经形成了相对稳定的性格特点和学习生活习惯，他们具有不同的本科学习背景，个性差异较大，很难开展大规模普适性的德育教育；而且不同来源的研究生对德育工作的支持度也不尽相同，这也使得研究生德育工作开展障碍重重。

#### 2. 研究生德育教育机制不健全

现阶段，我国多数研究生培养单位存在德育工作者人员短缺、体制不合理情况；导师更多地在专业知识和科研能力上给予指导，对研究生的德育关注度低，落实"立德树人"理念不到位；研究生德育教育缺乏健全的机制，教育形式往往过于单一、缺乏创新，内容上过于陈旧、缺乏时代气息，无法调动研究生参与的积极性。同时，由于创新不足，更无法实现将专业知识学习与德育教育相融合的最佳效果。

### （三）中国传统文化与研究生德育融合的可行性

中国传统文化在德育方面具有的引导和熏陶作用能够引领研究生在成长过程中秉持一定的价值取向，并以这种稳定的价值取向帮助研究生树立正确的世界观、人生观、价值观，指引研究生在提高自身专业素养和科研能力的基础上，做对国家和社会有用的新时代青年。

中国传统文化营造的崇尚节俭的文化氛围能够引起当代研究生的强烈共鸣，在研究生德育教育过程中能够极大地促进研究生提高自身综合素质，为陶冶情操提供了充足的文化土壤。同时，传统文化精髓渗透研究生德育全过程，可以把对国家和社会的报效、对科学和知识的崇尚传递给研究生，让他们树立正确的价值观和崇高的理想信念，培养健康的心理和身体。

中国传统文化作为一种精神力量，在无形中可以将研究生凝聚起来，以各种各样的活动为载体交流彼此的情感，其传递的团结精神和民族意识将研究生的意志凝聚在一起，能够激发团队意识和群体观念，坚定研究生的意志力，增强研究生的集体荣誉感。

中国传统文化具有很好的信念激励作用,在研究生德育过程中起到坚定理想信念的积极作用。以校园传统文化活动为载体,通过形式多样的活动调动研究生的积极性,发挥他们的创造性,将社会主义核心价值观和社会主义荣辱观等融入进来、内化于心。

## 二、非英语专业研究生英语教学中导入"中国文化教学"的必要性及可行性

### (一)"中国文化失语症"的概念提出及研究现状

南京大学的从丛教授最早是在一篇名为《"中国文化失语"我国英语教学的缺陷》的文章中提出"中国文化失语"这一概念的。他认为"许多中国青年学者虽然具有相当程度的英语水平,但是在与西方人交往的过程中,始终显示不出来自古文化大国的学者所应具有的深厚文化素养和独立的文化人格……一旦进入英语交流语境,便会立即呈现出'中国文化失语症'"。自此许多外语教学研究者都针对中国文化失语现象开展了多层次、多角度的研究。近年来,大家都在逐渐意识到语言与文化的密切关系,明白文化教学的重要性,尤其是在外语教学中的重要性,这一点毋庸置疑。然而目前外语教学中的文化教学从总体上呈现重目的语文化、轻母语文化的特点,长期忽视母语文化教育,过分强调目的语文化的输入,却对中国文化内涵及其表达方式没有给予充分的重视,从而使得本应平衡发展的跨文化交流变成了"一边倒"的文化教学模式。

清华大学的张为民等和刘世文,以及李淑玲等都曾经对本校非英语专业的本科生做过能力测试,考验学生如何使用英语转述中国特色文化话题,测试结果表明大多数受试者都不能精确流畅地用英语表达中国传统民族文化的内容,这从一定程度上说明了"中国文化失语症"的确广泛存在。

### (二)在外语教学中导入"中国文化教学"的必要性

我国长期以来的英语教学只强调西方的文化知识、价值取向、审美观点和道德理念,漠视甚至抛弃了中国优良的传统文化精髓。大多数研究生对于西方文化了如指掌,如数家珍,却对本土文化如儒学和佛学、诗歌和酒文化、古代建筑和艺术、民俗节日和特色服饰等知之甚少,更不能流利地谈论及表达。即使是拥有较高的基础英语水平及中国文化修养的硕士生、博士生,也始终无法用英语流畅地表达出中国文化精髓。本土文化和目的语文化兼容并举的文化学习意义深远。因此,研究生英语教学必须适应时代要求,本研究具有一定的实践意义和推广价值。

1. "中国文化教学"的实践意义

(1)有助于深刻地揭示外来文化的特征,同时加深研究生对本民族文化的深入理解,进而提高他们的分析、评价等综合认知能力,使两者相得益彰。

(2)有助于研究生在文化交际时避免出现语用失误,做到知己知彼,在满足当前激烈的竞争社会对于人才培养需求的同时,完善自我人格,增强民族自豪感和自信心,从而更好地对外传播中国优秀文化传统,提升中国在国际上的美誉度和地位。

(3)有助于进一步提高非英语专业研究生整体英语教学水平,形成一套科学的研究生英语教学体系,倡导新的研究方向,为今后研究生公共英语改革奠定基础。

### 2. "中国文化教学"的推广价值

随着综合国力的迅速提升,我国的世界影响力不断扩大,"汉语热""汉文化热"在全世界逐渐兴起并正呈上升趋势。这一时代契机要求我国研究生外语教学要积极有效地导入中国文化,培养学生文化底蕴。作为高级人才的硕士研究生,他们与外籍专家接触交流的机会更多,更需要频繁地用英语表达学术见解和研究成果,因此他们必须具有良好而灵活的语言听说表达能力,更要逐步拓展自己的跨文化心理空间,对本国优秀传统文化有充分的认识和足够的修养,对文化的多元性展现出一种恢宏大度和兼容并蓄的跨文化人格。这样才能使得交际得以顺利开展,才能谈得上理解他国文化[①]。理工院校非英语专业研究生的特殊性迫切要求我们构建有中国文化特色的英语教育教学模式,并将其推广至其他高校,供其参考,举一反三开拓新的研究点,因此具有很高的推广价值。

### (三) 外语教学中导入"中国文化教学"的可行性

本文提出在研究生教学层面上进行中国文化教学课程的设置是大胆的尝试,并坚持理论联系实际,主要从理工院校的非英语专业研究生和授课教师为研究对象入手,采用实证研究法,辅之以文献法、调查研究法、比较研究法等研究方法,旨在寻求非英语专业研究生存在的"中国文化失语症"的解决策略,进一步探讨在英语教学模式中开设中国文化英语教学课程的可行性。

#### 1. 通过访谈调查了解非英语专业研究生的授课教师

教师是英语教学的主导,提高教师的文化素质是实现中国文化传输的重要保障。教师本身在跨文化交流中是否有中国文化失语现象,他们对非英语专业研究生的英语课程设置中是否应加入中国文化方面的内容,课堂教学中中国文化教学所占比例和授课语言,他们学习了解中国文化的英语词汇表达的渠道以及应该如何提高研究生表达中国文化的能力的建议等等方面都会影响到非英语专业研究生整体的中国文化英语表达的水平。这就需要大学英语教师尤其是研究生英语教师要能够充分意识到母语文化教学在外语教学中的重要性和紧迫性;既对外来文化有深入透彻的了解,又要有深厚的传统文化功底;要能够摒弃传统的教学方法和教育理念,并且有意识地提高自身的中国文化修养,通过多种渠道学习并积累用英语表达中国文化的能力,成为"会通中西"的老师。

#### 2. 通过问卷测试了解理工科非英语专业研究生

学生是英语学习的主体。他们用英语表达中国文化特有的事物、观念、现象等的实际能力,他们的中国文化失语症的表现以及中西文化知识储备是否平衡,他们通过何种途径获取中国文化的英语表达方式,他们对于在研究生英语教学中是否以及如何导入中国文化教学的态度和建议也都直接影响着他们对于中国文化,包括传统节日、民俗历史、形势政策、新兴词汇的英文表述能力以及对开展中国文化教学的态度和评价。因此要培养学生成功的跨文化交际意识,鼓励他们进行独立平等的文化交际;在东西方文化不同价值观念的正确树立,对中西文化差异的自觉意识培养以及文化敏感性的提高等方面努力探索;并通过不断提高学生主体文化素养,使他们更加深刻地理解和热爱中国民族的优秀文化。

---

[①] 王琳琳,穆海博,李晓婧著.《文化自信背景下大学英语教学中的中国传统文化渗透研究》,59页,北京:中国纺织出版社,2019.12.

### 3. 多方面具体教学验证开设中国文化英语教学课程的可行性

通过多种途径在研究生英语教学中融入中国文化因素，如制定合理的教学计划和教学大纲，注重改革的文化取向，从宏观上指导教学，明确传播中国文化，并且用英语表达中国文化都是跨文化交际的必要组成部分，从各个方面增加有关文化在英语教学中的分量。

选择或编写含有中国传统文化内容的合适的教材，注重增加表达中国特色事物的尤其是新兴的英文词汇，多鼓励学生阅读人文经典书籍，培养文化底蕴。刘润清认为："学习外语时，完全脱离母语是不可能的。语言之间有些普遍现象，不参考母语，不与母语对比，会造成莫大损失。"教师可选取和讲授如赛珍珠的《大地》，林语堂的《京华烟云》，谭恩美的《喜福会》等一些由中国作家撰写的英文名著，强调汉语言在多元文化中的重要性。采用灵活多样的教学策略、教学活动以及利用多媒体教学手段进行本土文化信息输入，增强学生对中国文化的了解。

## 三、研究生英语教学中中国文化导入的原则

### （一）因材施教的原则

研究生英语教学本身就是以学生为中心的教学活动，因此，研究生英语专业教师在进行中国文化导入教学时要注意因材施教。教师进行课堂教学、编写教材和设计选择教学模式的依据和目标应该是学生的实际需要，在课堂上要以学生为主体。

### （二）循序渐进的原则

中国文化导入和任何教学活动一样，都是一个循序渐进的过程，所以教师在进行导入的时候要合理安排不同阶段文化学习的内容，依据学生的英语语言水平、接受能力和领悟能力来确定导入的重点、方式及分量，按照学生的认知发展由简到繁、由浅入深、由粗到精。

### （三）教师讲授与学生体验相结合的原则

在进行中国文化导入的过程中，教师要注重传授和探索有机结合，使课堂教学活动多样化，既要有注重语言和文化知识的讲解，又要让学生通过角色扮演、模拟活动等实践，巩固知识的掌握。

### （四）适度的原则

导入中国文化必须符合于英语专业教学大纲的要求，要明确英语教学是中心，是重点和归宿，而中国文化导入是促进英语教学成效的途径和方式，不能喧宾夺主，必须遵循适度性原则。

### （五）与实际相结合的原则

导入中国文化不能天马行空，要结合教材内容和跨文化交际本身需要，导入和传授与文化交际密切相关的适用性文化知识，注意适用性和与实际相结合。

### （六）科学合理性的原则

在研究生英语教学中导入中国文化要避免主观随意、以偏概全和错误，导入中国文化的内容应该尽可能做到具体、准确，对于中国文化的导入，不要机械呆板，要与语言教学

自然结合。

### （七）客观性的原则

客观性、准确性是中国文化导入的基础，客观地导入母语文化与目的语文化有助于提高学生的文化平等意识，促进学生批判性地吸收两种文化的精髓，同时也能弘扬中国的优秀文化传统。

### （八）代表性的原则

在研究生英语教学中导入的中国文化应该是主流文化、国家文化，或者说是中国人共通的能够代表华夏民族优秀传统的文化，这些才是我们所说的具有代表性的文化内容，而不是某些地域或人群的亚文化。

### （九）与时俱进的原则

在进行中国文化导入时，不能绝对化，要适当说明一些变化趋势。除此之外，还要注意很多创新和发展带来的新的事物，导入文化的内容也要注意与时俱进。

## 四、中国传统文化翻译在研究生英语课堂的有效运用

我国实施改革开放政策以来，逐渐形成了学习英语的热潮。中国是世界上历史最为悠久的国家之一，有着深厚的文化底蕴，将中国优秀传统文化渗透到英语教学中，不仅传承了中国的文化，同时也为中国文化和世界文化的融合发展奠定了坚实的基础。

### （一）将中国传统文化翻译运用到研究生英语教学中的重要价值分析

进入新的发展时期，伴随着新课程改革的不断深入，我国的研究生英语教学也进行了一定的改革创新，重点是培养学生的英语实际应用能力，使其能够在今后的生活和工作中游刃有余地运用英语进行交流和沟通。这是对我国高等教育中培养高素质英语人才的高要求。研究生英语教育必须顺应时代的发展变化，积极改革创新，找准自己的发展定位，努力实现研究生英语教学的跨文化教育。要想实现研究生英语的跨文化教育，最重要的一点是，不仅要对英语国家的文化有所了解，而且对中国传统文化有相当的了解和认知，并通晓其用法。在英语教学实践中，教师非常重视对英美国家文化的学习，而对中国传统文化涉及较少，更不用说将两种文化有机地联系在一起。因此，在实际教学中，很多大学生并不知道如何运用英语来表述中国传统文化知识，甚至因为不能正确地应用英语表述中国传统文化，从而造成国外对中国文化在理解和认知上的偏差，不能很好地传承和发扬中国传统文化，很容易出现"文化休克"的现象。在语言学习中，翻译是非常重要的学习内容，也是学生重点掌握的技能，对语言的实际运用是一个很好的锻炼。当今，单纯的语言研究已经很少见了，对语言文化的研究已经成为新的趋势。在研究生英语教学中，翻译教学要适应这种变化，将语言研究的成果应用到课堂教学中，运用翻译的方式实现跨文化的交流，运用英语将中国传统文化进行准确的表达，让世界了解中国，了解中国文化。

中国传统文化的翻译和研究生英语教学相融合，可以帮助学生树立正确的文化意识和传承观念，有助于提升他们的民族自豪感，从而更好地投入中国传统文化的传承中。

### （二）中国传统文化翻译和研究生英语教学相融合的发展现状

在全球一体化发展的大背景下，中国传统文化的翻译在英语教学中还不是很普遍，教

学的重点是学习英语语言和英语国家文化等内容。在日常练习和训练中，绝大部分是关于西方文化和思想的翻译内容，而涉及中国传统文化的翻译内容非常少，这不仅不利于中国传统文化的传承，而且一定程度上也不利于中国传统文化与西方文化的交流与融合。

研究生英语教学中，学生学习的文章基本上是英语国家的原版文章，其中涉及很多英美国家的文化、教育及科学等方面的内容，其中包括很多专业词汇等，而其中与的中国传统文化相关的词汇比较少，甚至是一个没有。这种状况，客观来讲，有利有弊，有利的方面表现在让学生全面地融汇西方文化，学习他们的语言习惯和语言文化等，学生的英语学习效率和学习质量会有很大的提高。但是缺少了中国传统文化的融合，学生在进行中文翻译成英文的练习时，一旦遇到传统文化的翻译，往往会不知所措，不知道从何下手，一定程度上影响了学生语言实际运用能力的提高。

当前英语教学中的翻译教学方法比较单一，单纯注重语言翻译，而忽略了文化翻译的学习。经过英语学习，很多学生可以非常轻松地对日常用语进行快速翻译，但是，当遇到一些与中国传统文化相关的内容时，通常不知道如何正确地表达这个内容，如果只是将简单的单词进行堆砌，很难将中国传统文化的"灵魂"准确地表达出来。翻译工作，其实就是文化间的交流。从某种意义上来说，比掌握两种语言更重要的是，对相关语言背后文化的深层次理解和掌握。因此，跨文化的知识修养是非常重要的，是用语言学习中的重点和难点。在研究生英语教学中，要想准确地翻译出中国传统文化知识，需要掌握一定的翻译方法，做好专业词汇的学习，才能在之后的练习和训练中取得进步和发展。

### （三）将中国传统文化翻译和研究生英语教学有效融合的策略

#### 1. 注重对研究生英语教材的优化和选择

从各高校的英语教学实践来看，现在使用的教材虽然在版本和内容上存在较大的差异，但是教材内容所涉及的文化和思想都突出了英美国家，有很大的相似性，而对中国传统文化的介绍却少之又少。因此，非常有必要对高校的英语教材进行改革，将中国的传统文化适当地融汇其中，特别是英语翻译部分。例如，在英语课堂教学中，在进行翻译训练或者练习的时候，如果涉及一些西方的文化内容，教师可以将中国传统文化中的相似内容进行关联、渗透，让学生学习和掌握英语的翻译方法。比如在学习有关西方国家的重要节日的内容时，教师可以将我国众多节日融汇其中，从习俗和重要意义方面作出一定的比较和关联，一方面可以帮助学生加深对中西方国家节日的了解，另一方面让学生深刻地认知中西方文化存在的巨大差异，这对更好地学习语言也是有帮助的。

#### 2. 不断提升研究生英语教师的文化素养和执教能力

教师是学生学习道路上的引领者，是指路明灯，因此，教师的文化素养和执教能力直接影响着学生的实际学习效率和学习效果。在研究生英语教学过程中，一些英语教师对西方国家的发展和思想文化等有一定的认知和理解，并对西方的发展有一定的认同感，非常重视实际教学中的融合和渗透。然而，他们中的很多人却忽视了对中国传统文化的教学和融合，一定程度上割裂了英语教学和中国传统文化学习的关系，不利于大学生对中国传统文化的传承和发扬，一定程度会影响大学生对中国传统文化的认同。因此，在研究生英语教学中，要将中国传统文化融入其中，英语教师起着关键的作用。英语教师要努力提升自己的文化素养和执教能力，加强对中国传统文化的了解和学习，在学习西方的思想文化时，英语教师能够快速地将我国相关的文化知识，从自己的储备库里调拨出来，并将这些知识传授给学生，让学生在中西方文化的碰撞中，加深对相关知识的理解和掌握，认知到中外文化间的巨大不同，从而在潜移默化中增强他们对中华民族的认知和热爱。英语教师在英语教学过程中发挥着重要的作用，要注重加强在中西方文化方面的学习，在实际教学中注重中西方文化的融合教学，使得中国传统文化在英语教学中也能够得到学习和传承。

### 3. 英语教师要树立发展意识和创新意识

当今社会是一个快速发展的社会，教育领域也不例外，因此，在研究生英语教学中，教师要树立发展和创新的意识，将中西方文化观念进行客观的比较，希望能够有更深刻的感悟和认知。例如，在学习近代社会经济发展的内容时，在一些师生的观念里，西方国家的发展比较快，不管是经济总量，还是国家的基础设施建设等方面，都走在世界的前列，而中国的发展还是比较缓慢和落后的。但是在古代，我国很多朝代的经济发展都是走在世界前列的，产生了很多重要的经济思想和相关的文化，比如晋商文化、徽商文化等，中国人将生意做到了全世界，并为国家间的交流作出了积极贡献。在实际教学中，教师可以将这种文化发展融入课堂教学中，运用英语翻译的形式，促进学生对我国古代文化的学习和掌握，并不断提升他们的民族认同感。在日常教学中，教师要做好相关文化资料的搜集工作，一旦在实际教学中有涉及，就可以便捷地融汇其中，并适当地表达自己对文化、观念的新理解和新认知，更好地将中国传统文化发扬光大。

### 4. 注重中国传统文化词汇的翻译和积累

当前，很多研究生英语教学中所使用的教材内容，主要是摘选自英美国家的原版文章，其中涉及的词汇和句子，都体现了西方国家的传统和文化，其中自然不会出现有关中国传统文化的词汇和句子。因此，在教学中，教师可以适当地将表现中国传统文化的词汇和句子进行融汇，通过例句讲解或者练习题的方式呈现给学生。例如，俗语"秀才不出门，知晓天下事"，其中的"秀才"如果从字面意思进行翻译，不好掌握，如果理解为"学习、读书的人"，那么翻译起来就简单多了。同样的，"天下事"采用直译的方式为"things under the sky"，这样的翻译方法会使读者造成一定的理解偏差和误导，不知道怎样正确地理解。其实，这个词的正确译法是"the world affairs"。通过英语教学的课堂学习，学生可以针对中国传统文化知识，学习到很多正确的英语表达方式，并可以结合具体的语境作出正确的翻译。学生在进行英语应用实践中，特别是针对有关中国传统文化的知识内容，就需要充分运用平时积累的知识，最大限度地正确而精准地表达其意思，不引起他人的误解和费解，也就是说，英语用词也要讲究准确而恰当。

### 5. 加强中国传统文化内容的日常积累

中国传统文化中包含众多俗语和谚语等内容，要使用英语对其进行准确的翻译，并不是简单的事情。在悠久的历史中，人们总结出很多俗语和谚语，它们是劳动人民智慧的结晶，带有浓重的民族色彩和文化内涵，一定程度上代表着民族文化的发展。表面来看，这些俗语和谚语比较简单，也好理解，但是如果将它们翻译成英语，未必能够准确地将其意思表达出来，不仅要深刻地理解这些俗语和谚语的意思，还要通晓汉语和英语的文化差异，才能够比较精准地将其正确翻译出来。因此，在实践教学中，教师要引领学生正确地理解这些包含民族文化的谚语和俗语。经过大量的练习和学习，学生不仅可以学习到更多的传统文化,还在学习中将传统文化进行了传承,对我国文化的发展作出了一定的贡献。

#### 6. 英语教师要强化翻译技巧的应用

古话说,授人以鱼不如授人以渔。这其中的"渔"就是运用在翻译中的技巧和策略等。在中国传统文化中,一些词语只需要按照字面意思进行直译即可,读者可以准确地理解其意思。而有些文化知识不能单凭字面意思进行翻译,简单地直译,不仅不能表达其意思,还可能引起他人的困惑和费解。要想准确地表达其意思,就需要运用到一些翻译技巧。例如,可以运用借用法,也就是说,有些中文谚语或者俗语和英语中的某些谚语表达的意思相近,在翻译的时候就可以直接引用过来。比如,"物以类聚"在翻译时就可以借用英语中的谚语"birds of a feather flock together"来表达,意思非常贴切。

随着全球一体化发展的逐步深入,将中国传统文化融入英语教学中具有重要的意义。虽然中国传统文化在和英语翻译教学相融合的过程中还存在一些突出问题,影响着传统文化和英语教学的共同发展,但是,只要广大英语教师积极探索有效措施,一定会推动传统文化和英语翻译教学的协同发展。

## 五、研究生英语精读课程实施课程思政的探索

### (一)课程实施背景

中共中央、国务院印发的《关于加强和改进新形势下高校思想政治工作的意见》明确提出,要把思想价值引领贯穿教育教学全过程和各环节。课程思政是将思想政治教育融入专业教学各方面、各环节的一种实践探索,实现知识传授和价值引领有机融合,以此达到立德树人的目的。课程思政能够体现课程的育人功能、教师的育人责任,提高教师的育德能力和意识,有助于改变专业教师"只教书不育德"的现象,从而使思想政治教育从专职教师专人教育转向各科任课教师都参与的人人教育。研究生英语教学在教授英语语言,提高学生的听说读写译能力的同时,还应该加入中国传统文化的传承,实现知识传授和价值引领的有机统一。因此,把中国文化作为研究生英语课程思政的基点,是落实课程思政的基本路径。习近平总书记指出,我国有独特的历史、独特的文化、独特的国情,决定了我国必须走自己的高等教育发展道路,扎实办好中国特色社会主义高校。没有高度的文化自信,没有文化的繁荣兴盛,就没有中华民族伟大复兴。因此,在教学中融入中国文化内容,便成为研究生英语精读课程思政的实施策略。我们知道,语言根植于文化并且是特定文化的具体体现,因此在教学过程中,我们有意识地加入与文化相关的内容,使学生在英语学习的同时,熟悉中国和西方文化,并且有意识地将两种文化的产生背景、发展过程及在思想意识、社会文化方面的相同点和不同点进行比对,引发学生思考、讨论,从而使学生自发形成理解和判断,产生朴素的价值观,培养其爱国主义情怀,从而达到课程育人的目的。

### (二)课程设计思路

本课程旨在在教学过程中除教授课本中的相关内容之外,分步实施中国传统文化知识的传授,通过加入三个方面具体内容实现教育引领作用:首先是要求每名学生作与中国文化相关的介绍,以Presentation的形式展现给大家。具体就是在课前提前给学生布置展示

任务，学生找到自己感兴趣的或者是与课文内容相关的介绍中国文化的英语视频并加以剪辑，做成PPT，上课时展示给同学们。其次是教师介绍课文中涉及的价值观、理念及相关观点。具体就是在课文讲解的过程中，教师对与课文内容相关的中西方文化习俗的异同进行介绍。再次是学生作相关的课后讨论练习，就教师所介绍的中西方文化习俗异同进行拓展、热点讨论等。这样，在传授知识的同时实现润物细无声的思政教育。在教学中寓价值观引导于知识传授和能力培养中，帮助学生形成正确的世界观、人生观、价值观，良好的道德品质，中国情怀与国际视野，人文与科学素养，创新精神以及学科基本素养。具体思路如下：

1. **理清思路，结合办学定位，确定研究生精读课程教学目标、思政维度、思政拓展形式，紧密贴合教学内容与流程，深挖思政要点**

从实际出发在不同环节融入课程思政内容，从丰富的教学素材中提炼精华，使得学生掌握语言知识技能，锻炼语言应用能力，音视频素材形式丰富多样，满足教学需要，以现实问题引领课堂教学，同时在中国传统文化的滋养下，在中国故事、中国精神的感召下，提高思想觉悟，树立文化自信，厚植爱国情怀，从而达到知识传授，能力培养和价值塑造三位一体的要求。

2. **设计课程思政教学活动，实现教学有温度、有思想、有情怀**

在课程教学活动中，加强学生对英语知识的学习，通过各种形式提高学生的听说读写译能力，同时注重学生思辨能力的提高。落实在教学上即改变传统的以灌输为主的教学方法，开展"批判性讨论"活动，引导学生使用英语描述和分析问题、表达立场、陈述理由，将思辨能力融入课程教学和课文练习中，在课堂多提出与思辨能力相对应的问题；对开放性问题进行点评和引导；有目的地规划教学课程，如课前引导学生查阅资料、收集信息、归纳整理，课堂上注重引导和启发，学生陈述问题时引导学生讨论、质疑、批判和点评，将思辨教学真正融入每一个教学环节与活动中，实现教学有温度、有思想、有情怀，注重价值引领，实现学生的知识水平、思辨能力、学科素养全面提升。

3. **开展课程思政教学评估，利用好第二课堂**

教学评估是指挥棒，在整个教学过程中起导向的作用。均衡形成性评估和终结性评估，针对思政板块学习进行教学评估，基于学生各项表现打分并计入平时成绩；弘扬中国当代文化，培养大学生的国情意识与家国情怀，激发、调动学生学习英语的兴趣，通过参加各种校园活动、竞赛等第二课堂营造良好的校园英语氛围，展现我校学生的风采。

4. **巩固课程思政学习效果，自主学习与课堂教学相结合**

课程思政内容与课程教学的融合有利于提高学生自主学习的能力和意识，通过课堂教学内容的设计和课外互动方式的丰富，帮助学生巩固课程思政学习效果。自主学习体现在学生课外自主寻找自己感兴趣的相关视频，做好剪辑，在课堂上展示给同学；并且在学习的过程中自主寻找、运用当前网络媒体中的大量素材提高自己的英语水平。

### （三）教学实施步骤及案例展示

1. **实施步骤**

在课程思政模式下，教师着力培养学生的五大能力，即人文素养、英语运用能力、思辨能力、跨文化交际能力、自主学习能力，打造思政教学与英语教学相融合的教学模式。

思政化的教学评价是研究教师的教和学生的学的思政教育过程，将育人置于首位，将正确的价值观、成才观渗透到教学全过程，做到以评促思、以评促学。

在教学安排上，就是在每节课上课伊始为学生播放以中华文化为主题的英语视频，发挥学生的自主学习能力。展示内容包括：①用英语给大家介绍视频内容，可以用视频原文来陈述，也可以以概况总结的方式作演讲；②播放英文视频；③学生给大家讲解视频中的词汇、短语，扩大大家的词汇量。学生们在媒体上找到感兴趣的介绍中华文化的英语短视频，剪辑后以 Presentation 的形式展示给大家，实现英语学习与中华文化传播完美结合。在本学期的教学过程中，学生呈现了介绍中国传统文化的《十二生肖的故事》《京剧》《花木兰》等，讲述中国故事的《中国杂交水稻之父——袁隆平》《港珠澳大桥》等。

在讲解课文时，结合课文内容设计相关的问题及知识拓展，进行中西方文化及思维的对比。我们使用的《新视角研究生英语读说写 1》每个单元都有一个主题，例如第 2 课 "The Roots of My Ambition" 的课文就涉及美国梦这一概念。在课文中提到美国梦这一概念时，我就提出问题：什么是美国梦？作者是如何实现他的美国梦的？让学生阅读文章后讨论并回答。第 7 课 "Life Without Father" 讲到美国的社会问题，我要求学生找出文中提到的美国存在的问题及原因。这样，既有助于提高学生的阅读理解能力，还能培养学生的思辨能力。

在课后讨论环节，加入的内容就是对第二部分内容的拓展，进行相关讨论。还是以第 2 课为例，课文讲的是美国梦，讨论时就可进一步拓展，进行中美文化等的对比。我设计的讨论题目是：什么是中国梦？中国梦和美国梦的区别是什么？学生们结合课文和自己的实际感受自然而然就得出结论：美国梦追求的是个人成功，而中国梦是实现中华民族伟大复兴，本质是实现国家富强、民族复兴、人民幸福。接下来我继续问学生们：年轻人应该如何实现中国梦？学生们分组进行热烈的讨论。讨论后，各组派代表汇报本组的讨论结果。大家一致认为，当代大学生应该有家国情怀，在自己的岗位上兢兢业业，通过自身的努力做好本职工作，为实现中国梦贡献自己的力量。这样，在学习语言知识的同时鼓励学生们思考、讨论，从而加深对中国精神、中国价值的理解，而这些讨论都是与课文学习相关的内容而非政治性学习，学生们毫无勉强之感，爱国情怀自然而然地被激发并体现出来。

教学及评价的过程分为课前、课中、课后三个部分：课前，学生根据教师要求自主在网上搜集以中国文化介绍为主题的英语短视频并总结归纳相关内容、词汇等，为课堂展示作准备。教师会根据学生展示的表现及学生的反馈给其打分，作为平时成绩的一项。课中，教师会组织学生就文章相关内容进行拓展，进行中西方价值观和思维方式的讨论，并要求其就讨论结果进行汇报，教师会给予课堂表现打分并计入平时成绩。在讨论和汇报过程中，学生的思辨能力、语言能力及社会主义核心价值观有所培养，在语言输出的过程中达到实现思政教育的渗入。课后，学生通过线上或线下方式进行相关知识的复习巩固，并就教师所布置的思考题和作文发表自己的意见和观点，教师进行评价，计入作业成绩。

**2. 教学案例展示**

**教学案例 1**

2021 年 5 月 22 日，袁隆平院士去世。5 月 27 日精读课，H 班一名学生所作的个人展示以"袁隆平:中国杂交水稻之父"为题,介绍了袁隆平院士的生平事迹。展示时,这名学生几度哽咽,其他学生也纷纷落泪,大家深深为袁隆平院士的贡献所折服,为其离世感到悲痛。这一场景体现出学生的爱国情怀,对袁隆平院士的崇敬和尊重,并以他为自己的楷模,教学效果显著。

教学案例2

课文题目是"What is Happiness?",由此设计的讨论题目是:你认为什么是幸福?个人的幸福和集体的幸福有什么联系?什么样的人是幸福的?请举例说明。学生经过讨论后认为给他人带来幸福的人是幸福的,为人民作出贡献的人是幸福的,能够为国家作出贡献的人是幸福的,例如屠呦呦、钟南山、杨利伟等人。由此可见,学生有较为成熟的价值观和判断能力,适当引导后,他们将个人与国家的命运联系起来,达到成熟的判断。

在本课程的实施过程中,笔者力图通过设计一系列教学活动突出价值引领和素养导向,充分发掘语言学习背后的人文知识、价值关怀与制度定位,树立文化自信与制度自信,从家国情怀和整体发展的角度将学生的各种能力融为一体,实现学生知识水平、学习能力、综合素养全面提升。通过让学生在课前 presentation 中介绍中国传统文化使大家了解相关文化,并且增大词汇量,增强学生的英语表达能力;通过在学习课文的过程中提问相关主题的问题,提高学生的阅读能力、思辨能力;通过课后相关问题的讨论,进行中西方文化、意识形态等的比对,以讨论并表达讨论内容的方法提高学生的口语表达能力、思辨能力等。从当前学生的上课表现及课后反馈可以看出效果良好,在努力学好英语知识,提高词汇、阅读、翻译、写作能力的同时,学生的爱国情怀在自主参与的过程中得到了进一步引领和巩固,民族自豪感得到了提升,达到了课程思政的目的与效果。笔者将以此为契机,进一步探索教育教学方法,力求在教授学生语言知识的同时进行价值引领,培养学生的爱国主义精神,培养其家国情怀。在教学的同时立德树人,做好身为高校教师的本职工作。

# 第八章 非英语专业研究生英语改革之关键

## 第一节 非英语专业研究生英语改革的必要性

在中国，外语学习的历史源远流长，早在《奏定学堂章程：学务纲要》（1904）中就提道："今日时势，不通洋文者，于交涉、游历、游学，无不窒碍……故中学堂以上各学堂，必生勤习洋文，而大学堂经学、理学、中国文学、史学各科，尤必深通洋文，而后其用乃为最大。"尽管该章程中提及的学制，随着清王朝的覆灭而未能得到很好地实施，但可见即便在晚清颓丧之际，英语教育在国家高等教育体系中仍占有举足轻重的地位。近一个半世纪的外语教育大致可分为四个时期：晚清时期（1840~1912）、民国时期（1912~1949）、中华人民共和国成立后至改革开放（1949~1978）、改革开放至今（1978~）。每一个历史阶段，都形成了与之相适应的外语人才培养理念。我国外语人才培养理念的历史沿革表明，人才培养理念具有鲜明的时代特征，即随着时代发展的变化而变化。晚清时期之所以要培养"实用型"和"复合型"外语人才，是因为当时清政府在外交上屡屡失败，急需懂得商务贸易和军事的实用型和复合型翻译人才，也是突破闭关锁国，向西方学习先进的科学技术，以振兴中华的明智之举。民国时期受新文化运动的驱使，内忧外患使国人意识到，"尊孔读经"的教育难以拯救中国，因此崇尚民主和科学，需要培养懂得西方文明、探索先进科学的"研究型"外语人才。中华人民共和国成立后，我国陆续同世界许多国家建立外交关系，急需培养"实用型"的外语人才，以满足当时形势的需要。改革开放后，特别是进入 21 世纪以来，外语人才培养理念朝着多元化方向发展，鲜明地体现了当今的时代特征，也反映出后现代性的特点。经济的全球化、世界文化的渗透与融合、科学技术的信息化，必然改变着高等教育的人才培养理念。因此，"应用型""复合型""创新型""国际型"人才培养理念的提出，正是教育理念顺应时代和社会需求的体现。20 世纪以来，随着我国高等教育由精英化向大众化的转变，研究生教育的规模正在不断扩大，学生数量也急剧膨胀。据统计，自 1978 年高考制度恢复至今的 40 年间，我国累计培养了几百万硕士研究生及数十万博士研究生，此发展态势还将呈持续增长的趋势。英语作为非英语专业研究生的学分课，课程教学是继续沿袭传统模式还是改革创新，成了当前非英语专业研究生英语教学界的热门话题。1983 年，教育部出台了《研究生外国语学习和考试规定（试行）》（以下简称《规定》），规定"着重培养学生以阅读为主，正确理解、熟练运用外国语的实际能力"。1992 年，国家教育委员会颁发了《非英语专业研究生英语（第一外语）教学大纲（试行稿）》（以下简称《大纲》），提出"培养学生具有较熟练的阅读能力，一定的写、译能力和基本的听、说能力，能够以英语为工具进行本专业的学习和研究"。《大纲》对非英语专业研究生英语教学的对象、目的、要求、安排、考试及教学中应注意的几个问题都做了明确的规定。《大纲》的颁布对非英语专业研究生英语教学的科学化、规范化及学科建设起到了指导作用。许多高校都以阅读、听力为主要课程，在阅读课中兼有翻译、写作的训练，在听力课中兼有口语训练，以提高学生的阅读和听力能力为主要教学目标。1978年改革开放后，我国的政治、经济、文化、教育和科技都进入了蓬勃发展的时期，国家开始重视英语作为外语的教育，英语成为高等教育中的一门必修课，初步建立了其在高等教育中的体系。对个人来说，英语也开始被视为一个能提高个人社会成就而的重要工具。

但是，中国非英语专业研究生英语教育与改革实践也存在诸多问题。比如，教育制度不完善，教育发展没有规律，课程建设不稳定、缺乏系统性和科学规划，社会与个人的学习需求被忽视等等。

此外，受到经济因素、政治因素和国际环境的影响，英语教育投入的成本与实际质量产出不协调，非英语专业研究生英语教育与本科和博士阶段的衔接缺乏连续性，师资队伍建设和教师继续教育无法跟上全球化、信息化时代对非英语专业研究生英语教育的客观需求，致使在宏观上处于无序状态，在微观教学层面中问题迭出。虽然在过去的几十年里，在《规定》和《大纲》的指导下，我国非英语专业研究生英语教育得到了长足的发展，但是近年来，社会的发展和变革对英语教育提出了新的要求，例如很多用人单位更加青睐于具有英语应用能力的毕业生。由此可见，现在的社会对研究生的英语水平要求已经大大提高，不仅要求他们能够读写，而且要求他们有较好的听说能力。同时，在这个资源共享的时代，硕士毕业生应该有能力接触并消化吸收国外的最新成果，同时把自己在专业方面做出的成绩推广到国际上去。这就要求研究生掌握的英语不仅仅是能进行日常交流，同时能够很好地为自己的专业服务。通过学习，研究生应该做到以下几点：熟悉专业语言的习惯表述，有意识地积累与专业有关的术语词汇；熟悉各种应用文体的习惯表述，譬如如何写留学申请信、求职信、商业信函，如何写论文摘要、报告、总结及会议记录等。由于研究生毕业后直接面临找工作的竞争，因此他们希望在研究生学习阶段英语应用能力有所提高。同时，中小学英语教育的普及和改革也对高校阶段的英语教育产生了巨大的冲击力。

目前，国内高校非英语专业研究生英语教学存在的主要问题包括：一是课程设置较为单一，以阅读教程为主体，这样就很难满足学生多元化的要求；二是教学目标主要是应付考试，从而使得学生学习兴趣丧失，很难达到理想的教学效果；三是传统的测试评价体系缺乏合理性，学生的学习成绩主要由期末考试决定，平时的学习与英语能力提高没有能有效地体现在学习评价与考试中，导致学生不重视平时的课堂参与和学习。在我国大多数高校，非英语专业英语教学从本科阶段到研究生阶段大都采用传统课程：精读、泛读、听力。虽然教师在教学过程中也兼顾到写作、翻译、口语的训练，但是由于教材的限制，这些训练是有限的、零散的，没有形成教学体系，比如学生虽然学习了多年的英语写作，却不知道写英语作文时应该如何开篇、如何明确地表达主题思想、如何有条理地提供细节等。因此，教学效果并不显著。上述三种传统课程在我国非英语专业研究生的英语教学中已沿用多年未变。而由于中小学英语教学的发展，现在的学生进入大学时，他们的英语水平比以前已有较大程度的提高，虽然不否认还存在地区差异，但这种传统的课程设置显然已不能完全适应新形势的发展和要求，很多学生认为他们进入大学后英语水平并没有得到进一步提高，甚至有的还有倒退现象。由于课型陈旧、老套，学生对英语学习的兴趣受到影响，尤其是研究生阶段的英语学习更是如此。

根据笔者的调查和访谈显示，87%以上的研究生认为，他们从开始学习英语起就一直以阅读、听力课程为主，他们希望研究生阶段的英语学习能有所改变。上述三种课程类型的共同点是以输入语言知识为主。这在中小学阶段或本科阶段是必要的，但在研究生阶段仍然停留在以输入语言知识为主显然不符合教学规律。随着学生英语语言知识的掌握和水平的提高，进入大学学习后尤其是研究生阶段学习后，应该从以输入语言知识为主转变为以输出语言知识为主，即从掌握英语知识过渡到应用英语知识。

长期以来，我国的英语教学从中学到研究生都是以应试为主。上述传统课型的设置和全国英语四、六级考试以及研究生学位英语统考有关。由于阅读和听力在考试中占绝对比值，英语教学也过多注重阅读和听力，甚至许多学校把考试结果作为英语教学质量的考量标准。2003 年，教育部颁发了《大学英语课程教学要求》，全面启动了大学英语教学改革。从 2005 年起，历时 17 年之久我国最权威的英语水平测试体系——国家四、六级英语考试也进行了改革。随着全国英语四、六级考试的淡化和我省研究生学位英语统考的取消，我们才能够从以应试为主的怪圈中走出，而如何设计出合理有效的英语课程就成了当务之急。由于应试指挥棒的作用，题海战术成了教学中心，教师为了追求考试结果，过分重视教给学生应试技巧。教师花更多的时间研究应试技巧，各种关于应试技巧的书充斥市场，忽略了研究能够启发学生创造性思维的教学方式。学生则埋头于做 ABCD 的选择题，以选择正确与否作为成绩考核标准。这种只注重结果不注重过程的教学方式显然不利于培养学生的创造性思维和创新能力。时至今日，曾经适应过去研究生英语教学的理念已明显落后于时代发展的需求，难以适应当今的研究生教育以及社会的发展。社会发展对运用英语能力的要求越来越高，学生对英语学习的要求也发生了变化，任课教师对公共英语教学改革的呼声也越来越高，教育信息化的发展使计算机、多媒体等技术在公共英语教学中的运用成为可能。

因此，推进公共英语教学改革的时机已经到来，公共英语教学改革势在必行。在谈及大学本科公共英语教学改革时，教育部张尧学提出大学公共英语教学将进行三项改革：一是现有教学大纲的修改，将原来的以阅读理解为主转变到现在的以听说为主；二是现行教学模式的改革，将现在的老师讲、学生听的被动模式，转变为以计算机、网络、教学软件、课堂综合应用为主的个性化和主动式的教学模式；三是评价体系改革，将原来的以评价语法、阅读理解为主转变为以听懂为主、以实用为主。改革的总目标是：全面提高大学生的英语综合实用能力，使我国的大学生在大学毕业时都能达到基本听懂英文广播、能进行简单的英语交流和具备一定程度的写作与翻译能力。在谈及教学模式的改革时，张尧学具体提出了教学模式改革应使英语教学朝着个性化学习、不受时间和地点限制的学习、主动式学习的方向发展；应体现英语教学的实用性、文化性和趣味性融合的原则；在技术上应可实现和易于操作；应能充分调动教师和学生的积极性，在充分利用现代信息技术的同时，也要充分考虑和吸收现有教学模式的优点，充分体现合理继承的原则。新的公共英语教学模式应以课堂教学与在校园网上运行的英语教学软件相结合的教学模式为主要发展方向。写作翻译也是要的。写作是一个综合过程，它包含了很强的逻辑思维和各种知识的综合运用能力。因此，大学阶段的写作要求可能只是在一般信件、自我介绍和记叙等阶段，对于更高一些的专业论文、设计、条约合同、方案与建议等的写作方法与技巧，在研究生阶段学习更好一点。否则会欲速不达。教育部官员对大学本科公共英语教学改革的思考同样对研究生公共英语教学改革有着启示作用。研究生公共英语教学的改革首先应该是观念上的更新，要更新观念，就必须审视历史，总结历史经验，吸取历史教训，走出历史误区。我国的英语教学一路走来，其间难免会走进一些误区。这些误区首先表现在教学目标上，由于早期英语教学以强调英语阅读能力为主，"聋哑英语"一度成为困惑我国英语教学界的最大难题。我们要走出误区，重新审视和反思研究生公共英语教学，要在教学理念、教学模式、教学方法和手段以及评价体系等方面进行创新探索和研究。目前在新形势下亟待解决的问题主要有：①教学理念的更新；②教学目标的更新；③课程设置的更新；④教材建设的更新；⑤教学方法与手段的更新；⑥评价体系的更新。本研究将围绕这几个方面进行深入细致的探讨，力图通过对研究生公共英语教学改革进行全方位的探讨，为教学改革的实施和新型教学模式体系的形成提供理论基础和实践方略。

## 第二节　非英语专业研究生英语改革的趋势

随着改革开放以及我国进入WTO等一系列社会发展和变化，英语的需求越来越显著。在许多高校，非英语专业的学生只有通过全国英语四、六级考试才能领取学位证书，在社会上，通过四、六级考试是找工作的条件之一。许多省份的研究生公共英语也有统一考试。教育界对四、六级考试的关注度也越来越高。四、六级考试和省统一考试一度成了公共英语教学的指挥棒，教师和学生都在钻研各种应试技巧，使英语教学误入歧途，造成学生进入大学后英语水平不升反降的局面。等猛然醒悟时，大家纷纷对公共英语教学现状展开了口诛笔伐，许多人提出取消四、六级考试，甚至有学者提出取消高校公共英语课程。高校公共英语教学一夜间似乎成了鸡肋，食之无味，弃之可惜。幸好依然有许多学者对高校公共英语教学的出路提出了不少有建设性的建议，这里我们将对他们的各种观点做一梳理，以窥见高校公共英语教学改革现状的研究。全国政协委员、陕西省政协副主席李雅芳提出取消大学公共英语课程，然而，全国政协委员、河北师范大学教授孔小均指出现在大学生的英语水平尤其是应用能力偏低是一个普遍现象，这是应试教育的恶果，但这一问题不能用停止公共英语教学的办法来解决，现在大学英语教育的问题，主要是出在我们应试教育的体系上，公共英语教学本身并没错。周流溪在《公共外语还有可为》一文中对改革开放以来高校公共外语的发展做了肯定的评价，提出不应该对公共英语期待过高，他说：改革开放以来，大学公共外语的总体水平有了长足的进步，达到了我国的历史最好水平。然而也必须看到，在全国范围内，这种发展很不平衡，各地各校之间的水平可能差别很大。现在我们尤其需要继续研究解决公共外语教学费时、低效的老问题。造成费时、低效的原因很多。首先，中国人在中国学外语，缺乏外语使用的环境，困难必然很大。这是符合语言学习规律的现象，因此，我们也不能把对学生的要求定得过高。但是1949年以来，我们缺乏一以贯之的外语教育路线和政策，不止一次走了极端。不重视外语教育，或偏废某些外语的教学，固然是曾经犯过的错误，但是现在有人指望中国学生的英语达到第二语言的水平,明显地超越了英语作为外语的教学目标,这也不妥,也会造成政策上的偏误。宋飞森、侯晓玉对高校公共英语教学"瓶颈"矛盾给予了剖析。他们认为制约高等院校公共英语教学的矛盾主要是应试教育与素质教育之间的矛盾、学习和应用之间的矛盾、文化与语言教学之间的矛盾。这些矛盾是诸多矛盾中的"瓶颈"矛盾,是解决许多问题的关键环节。只有比较好地解决了这些"瓶颈"矛盾,高等院校公共英语教学才能实现一个新的飞跃和质的升华,真正实现向素质教育的转型。教育部在 2003 年颁发了《大学英语课程教学要求》,全面启动了大学英语教学改革。大学英语教学的改革使研究生入学时的英语水平普遍相应地提高,如果研究生英语教学还因循守旧,必将不利于学生在研究生阶段英语水平的提高。因此,近年来不少学者已着手进行研究生公共英语教学改革的研究:有对研究生公共英语选修课的探讨;有对研究生听说训练的探讨;有对研究生进行双语教学的探讨;有针对理工科类、经济类等研究生英语教学的研究;有对计算机辅助英语教学的探讨;还有对教学软件的开发及应用,如"大连理工大学研究生英语在线学习系统";也有对研究生英语教学现状的调查与思考。2008 年 5 月 17 日,全国研究生公共英语教学与教学建设研讨会在青岛举行,与会代表都提出了研究生公共英语教学改革的必要性。在具体实施改革方面,各校做法不一,主要有以下两种变化:①课程设置方面的变化,如必修课加选修课的形式。②教学手段方面的变化,如利用网络、多媒体等计算机教学手段。高校公共英语教学应该走向何处?研究生公共英语教学应该怎样发展才更能适应学生和社会的需要?教育界和许多学者正在进行艰难的探索。本书将集多位资深公共英语教学一线教师对英语教学改革的反思与思考,通过对教学理念、方法和目标等方面的理论和实践研究,对研究生公共英语有效教学的改革与创新提供发展思路。

## 第三节 试论新形势下的研究生英语教学改革策略

大学英语教学总在补救式与发展中挣扎。同样,从本科生读上来的研究生们,在英语学习过程中也是存在种种问题。现实要求研究生毕业后,他们不仅能阅读与专业相关的外文资料,还能具有一般的外语日常交流能力,逐步过渡到口、笔探讨学术问题,作学术专题发言等。然而,事实上,许多同学不仅不能进行简单的日常对话,连许多常用的单词都读不准。

为了全面提升非英语专业研究生英语交际运用能力,并体现研究生英语教育的特色,研究生英语教学应该随着时代前进而进行相应的改革。为解决出研究生英语教学所面临的问题,我们应该推进课堂内与课堂外互补型教学,全面开展教学改革,以达到研究生英语教育的预期目标。

### 一、目前研究生英语教学存在的问题和压力

学生当中有一部分在大学本科两年英语学习之后能坚持自学英语,大部分却处于断档阶段;两年之后,又进入一次艰苦的循环,而后又是两年的断档,他们中一部分又进入博士阶段的更短的循环。硕士研究生在公共必修课中,英语课时最多,任务最重,效果却是最低的。在我校研究生教学安排中,第一学期 64 个课时,每周 4 个课时的综合英语学习。

第二学期口语和写作一共 64 学时，每周各 2 个学时。我们的课程设置仍然沿用本科阶段的模式，重视阅读训练，轻视听、说和写的能力的培养。特别是研究生应该具备的论文写作能力，国际学术会议发言的听说能力的培养没有进入课程设置中。教师们常常在一年的教学任务完成之后经常惴惴不安地问自己：我们给了自己的学生多少帮助？他们在过去大部分考过了英语四级，有相当一部分考过了英语六级。我们研究生阶段的教学还能用什么考试来加以有效地检验？能否经得起检验？

在面临诸多问题的同时，校研究生英语教师也不断感受着各种压力。

### （一）被遗忘的角落

与大学英语教学和专业英语教学相比，研究生英语教学在整个英语教学体系中似乎是一个"被遗忘的角落"。作为研究生英语教学的指导性文件《非英语专业硕士研究生英语教学大纲（试用）》还是 1993 年教育部颁布的。十几年过去了，中国英语教学发生了翻天覆地的变化，大学英语教学大纲已经作出了全新的修订，研究生英语整体水平也有了明显提高，本科、硕士研究生英语教学的衔接，全球化、信息化对研究生英语教学的新的要求，研究生培养规模不断扩大等因素，使教学面临前所未有的巨大挑战，原大纲在一些方面已经无法指导目前的研究生英语教学实践。如何与时俱进，推动研究生英语教学改革，确保教学质量，适应我国在 21 世纪对高层次人才培养的需求，是一个亟待研究和解决的问题。

### （二）学生水平参差不齐

研究生教育的蓬勃发展使研究生培养规模不断扩大，学生因地域、背景、经历不同，入学时英语水平参差不齐，为教学实践带来很多困难。同时，学生的英语语言实际运用能力远远低于我们的预期。就说、写这两项英语输出功能，学生不能灵活运用，而听又是历来的难项。可惜的是，由于英语的运用能力薄弱，使一些在学术上颇有追求的学生丧失了很多和国外学术界进行交流沟通的机会。

### （三）师资短缺

研究生招生规模的逐年增加是教师感受最明显的压力。究生培养规模的不断扩大，必然要求师资力量的相应增强。但全国高校普遍面临师资短缺的困境。从笔者 2009 及 2010 年中国科学院组织召开的"全国研究生英语教学研讨会"上的调查发现"大班上课"在各地高校相当普遍，少则五六十人，有的甚至多达上百人。有些教师的教学工作量非常繁重。

研究生教育从以前的精英式教育变成现在的大众化教育。招生规模庞大，学生的英语程度参差不齐，同时师生比严重失调，教师不能全面了解学生情况，教学资源雪上加霜。这些必然导致教学效果差强人意。

### （四）网络技术的发展给英语教学带来的压力

"学生已趋向于摈弃仅仅靠教材来学英语的模式，转而采取从多种媒介和渠道接受输入。"例如，在 I Tunes U 上有来自世界各地的 350000 多个免费的讲座、视频、电影等其他学习资源，这使传统的课堂英语教学受到极大的挑战，如何改变课程设置，如何在有限的课时中，把课堂学习与网络有效利用结合起来成为研究生教学急需思考的问题。

### （五）社会英语办学热对英语教学的压力

研究生期间各专业学生均有与国外大学合作做交换生或参与某项研究项目的机会，学生们充分感受到自己英语能力与个人就业前途的利害相关，许多学生在校外社会培训机构参加英语辅导班。这让我们经常反思，我们自己的研究生英语课程该如何设置得更合理来适应他们的需要。

### （六）专业英语教学对英语教学的压力

许多研究生在本系必修的一些专业课程中有些是导师直接使用英语来讲授，使用的教材、讲义也都是最新的；要求学生定期阅读最新的本专业英语论文。甚至有的要求学生用英语讨论、写文章。再有，还有些专业聘请外籍教师短期讲授一些专业课程或讲座。如何处理好研究生对外英语教学和他们在专业学习中对外语的使用这两者之间的关系是很重要的。

## 二、研究生英语教学改革思路

根据目前研究生英语教学普遍面临的一个实际问题是：一方面，招生规模不断扩大，学生英语水平参不齐；另一方面，师资力量严重短缺，我们要探讨如何因材施教，针对不同层次学生的不同特点和学习需求，针对性地侧重相应教学内容；又可以充分利用现有资源，提高研究生英语教学效率。我们不仅要分析研究不同类别、不同专业、不同层次研究生的不同英语学习需求；而且要对学生未来英语的使用情况作出调查分析和预测；有条件还要对学生个体的知识结构、认知特点作详细研究。从而制定出更为缜密科学的教学计划。真正做到以学生为本，向真正的实用性、个性化教育方向发展。自主学习、个性学习已经成为国内外教育思潮的主流之一。将学习过程延伸到课外更广阔的时空领域，鼓励有效的研究生英语自主学习系统，比如可以利用网络强大的资源优势，拓展教学内容和方式。新的大学英语教学大纲已经将听说放在重要位置。

研究生阶段的英语学习更应突出强调听说能力的培养。如何利用现代多媒体教学手段、丰富的课外活动以及国际交流等多种渠道，帮助学生在有限的课堂教学之外，利用充裕的课外时间，在英语听说能力方面实现有效的突破和提高，真正实现自主性、个性化学习是一个值得探讨的新课题。

鉴于英语知识对于研究生学习的重要性，有必要寻求更合理的教学模式。要充分体现因材施教的基本原则，理想的教学模式应该是分层次教学。即按学生实际起点水平分作几个不同的教学层次，如基础教学层次，较高教学层次和以满足特殊需要为目的的教学层次，并且为其设置相应的课程。使之根据各自的不同起点，获得自己所需的知识。但是这样一来就增加了许多任务，如制定分班的标准，审定不同层次的教材等。另外，英语作为一种外语，最好每班不超过十五人，小班上课。但是现实的情况却是，研究生招生在逐年扩大，学生人数的大量增加导致任课教师的不足、教室紧缺等困难的出现，这些难题的解决都有待时日。

为了培养研究生具备一定的人文素养与国际交流能力。研究生英语教学应该充分强调学生实际英语能力的培养，尤其是提高研究生国际学术交流能力，写译课突出强调科技写作和翻译，涉及科研报告、学术论文、专利申请等的写作，以及科技文献的翻译等等。同时，注重研究生人文素质的提升，设置反映西方社会、文化、文学的课程内容，使研究生英语得到全面的发展，在跨文化交际中，真正实现中西平等对话与和谐互动。

我们希望研究生英语教学改革能实现预期的目标，我们认为预期目标应该包括：建立完善的课程体系（必修课、选修课或其他延续课程），制定合理科学的培养方案；以学生为本，提供学生个性化的学习机会；进一步加强学生英语基础能力，并改善提高学生听说译等实际运用能力；延伸课堂教学，提供学生更好的校园英语学习文化氛围；建设网络教学资源，鼓励学生自主学习能力；教师职业发展得到实现。

目前，全国许多重点、非重点院校对其研究生英语教学已纷纷进行了改革，以适应新世纪新形势下社会对高、精、尖人才的迫切需求。在这样的大环境里，我校研究生英语教学也适时、适势的做了改革尝试，取得了一些经验和成果，同时也出现了新的问题，对研究生英语教学提出了更高的要求。作为研究生英语教学与研究人员，提高教学质量这一目标任重而道远，我们将不断探讨研究生英语教学规律，培养出适应时代要求的高素质人才。

### 三、研究生英语教学探新内容

针对大多数高校学生、教师资源及其他硬件软件设施现状，在探索研究生英语教学改革过程中，我们觉得需要探讨或解决如下问题：

（1）当前研究生英语教学所面临问题与应对策略；
（2）课程体系的完善；
（3）研究生英语交际能力培养模式的探索与实践；
（4）探索英语教学新路，提升研究生英语应用能力；
（5）网络辅助硕士生英语教学研究与实践；
（6）如何把英语教学从课堂延伸到课堂外（第二课堂，语言实践活动等）；
（7）如何科学测试学生英语能力（复试英语测试、课程考试、学位英语考试等）；
（8）如何适应个性化培养和综合交流能力（比如学术交流、日常交流等）培养的问题；
（9）非英语专业本科、硕士一体化英语教学衔接。

### 四、研究生英语的研究型教学

研究生英语教学如何适应学生的高要求？在目前英语教学以现代教育技术为基础进行不懈改革的大背景下，如何在有限的课堂时间内最大限度地提高教学效率，满足学生的需求？本文认为以现代教育技术为基础的研究型教学是解决问题的一种有益尝试。

#### （一）阶段的英语研究型教学模式

与传统的以教师为中心的教学模式相比，研究型教学既强调教师的主体地位，也强调学生的主体地位。教师在教学的过程中，要对教学内容、教学手段、教学对象有非常深入的研究；学生在学习的过程中，也要通过自己的调查、实践、研究，积极主动地参与到整个教学过程，在研究过程中逐步构建自己的语言知识和专业知识，所以，研究型教学体现了教师与学生的双主体地位。

目前，根据教育部最新制定的《研究生英语课程教学要求》，研究生英语教学提出了基于计算机和课堂的英语教学模式。该模式强调个性化教学与自主学习，并充分发挥计算机可以帮助个体学习者反复进行语言训练，尤其是听说训练的功能，结合教师课堂讲授和辅导，使学生可在教师的指导下，根据自己的特点、水平、时间选择合适的学习内容和学习方法，借助计算机，较快地提高英语综合应用能力，达到最佳学习效果。该课程要求同时提出了基于计算机的英语学习过程。

学生在开始研究生英语课程前先进行测试，并根据测试成绩进行分级和分班。每位学生定级、获取账号以后，开始进行课程学习。当学习进行到一定阶段，学生参加单元测试，如果合格就进入下一单元的学习，不合格就返回到本单元继续学习，直到考试合格。当学生学习到应该接受辅导的单元时，要接受老师的面授辅导。老师根据学生的特点进行个性化辅导，并通过口试或笔试来检测其上机学习的效果。如果学生通过考试，则继续学习下一阶段的内容，没有通过则要根据学生的情况返回某一单元继续学习，直到通过老师的面授辅导测试。

整个学习的过程有几个关键因素：

**1. 对于学生的初始测试要客观、准确**

有些高校以学生入学时的高考成绩作为定 A、B、C 等级别的依据，在学习的过程中实行滚动制，即 C 级学习成绩优秀的学生滚动到 B 级，B 级学习成绩优秀的学生滚动到 A 级，同时每一级成绩落后的同学也要滚动到下一级学习。以高考成绩为分级的依据有其客观性，因为高考是全国性的考试，它的客观性和准确性是得到广泛认可的。当然，也有同学对这种方法提出疑问，认为自己本来成绩不错，只是因为高考时紧张，发挥失常。对于这样的同学，应尽量鼓励他们通过自己的努力滚动到更高一级的班级学习，这样能够鼓励他们的学习积极性，也能增强他们学习的信心。与此同时，滚动制也会给很多学生带来不小的压力，担心自己会被滚动到下一级。老师要尽量安慰学生并及时了解学生在学习时遇到的困难，给学生提供足够的学习资料，指导学生掌握正确的学习方法。

教师的指导在研究生英语第一学期尤为重要。在高中阶段，英语课的周学时比大学要多，还有专门的自习课和练习课，到了大学以后，上课的时间少了，留给学生自己的时间多了，但是，学生却觉得找不到方向，不知道该如何利用这些时间，他们在这时尤其希望能找到老师，由老师布置给他们一些任务，指定一些阅读的书目等。到了第二个学期，学生已经在各方面都适应了从高中阶段向大学阶段的转变，这时教师工作的重点也转向更深入全面地讲授语言文化知识，使学生能更多、更深入地接触和使用英语。

**2. 在基于计算机的课程学习阶段，关键是要给学生提供足够的学习资料，并及时了解学生的学习进度、解答学生遇到的问题**

目前，许多高校都建立了学生自主学习中心，并且规定学生要在自主学习中心学习一定的时间，完成一定的学习任务，以此作为期末成绩的评定标准之一，这样有利于帮助学生利用好课余时间，增加学生接触英语的机会。但同时也要注意到，自主学习中心拥有的计算机毕竟有限，而学生人数众多，若让学生通过校园网进行自主学习需要大量资金来维护必要的设备，这是每所大学都必须面对的考验。

### 3. 在单元测试环节

既要测试学生在课堂上和教材中以及自主学习中心学到的知识，也要考察学生灵活运用语言的能力；既要考察学生的背诵记忆能力，也要考察学生的理解能力、分析问题的能力。

### 4. 在面试辅导阶段

要找准每个学生在学习过程中存在的问题并提出解决问题的方法，以提高学生的信心，有效提升学生的学习成绩。学生则要根据老师的建议，从解决难点、弱点的角度出发，有目的性地进行自主学习。

从以上分析可以看出，在本科英语学习阶段，老师在教学过程中起着非常重要的作用。老师需要对学生进行广泛深入的接触，掌握学生的学习进度，了解学生在学习过程中遇到的困难，并且为每个学生制定相应的学习计划，进行分别的指导。而学生则要在老师指导下，根据自己在学习过程中遇到的难点以及自己的弱项进行有针对性的学习。因此，在本科英语学习阶段，总体的学习模式是以掌握语言基础知识、培养语言运用能力为主，在老师指导下的自主型、研究型学习。

## （二）研究生阶段的英语研究型教学模式

经过了研究生英语阶段的学习，进入到研究生英语阶段后，大部分同学都已经具备了较为扎实的英语基础知识，对于语法、单词等都有比较深入的了解。另外，到了研究生英语阶段，学生的自主学习能力非常强，因此研究生英语的研究型教学模式不同于本科英语阶段。在这个阶段，教师自身必须具备相当高的专业素养，既要非常熟悉教材，又要非常熟悉学生的学习基础、进度以及学习过程中遇到的困难，还要了解本科英语的教学方式。在课堂上，如果教师过多地重复学生已经了解的知识，只会挫伤他们的学习积极性。因此，研究生英语非常强调个性、创新性、自主性，教师在教学过程中要研究语言、研究内容、研究学生，为学生指出研究的方向，给学生提出要解决的问题，学生在学习过程中要研究问题、寻找答案，遇到自己无法解决的难点时，要学会与老师商讨，在这些过程中掌握解决问题的手段和方法。总之，研究生英语的教学模式是鼓励师生双方的自主性、创新性，有助于培养双方发现问题、解决问题的模式。

首先，在课程开始前，要对学生有一次初始测试，以利于教师掌握学生的基本信息。如果学生初始测试的成绩有较大欠缺，教师应提供足够的资料和建议让学生补足差距。经过一段时间后，要对这些学生的学习情况有清楚的了解。

其次，进入到课程学习阶段。在这一阶段，首先要求学生自学教材中的课文，了解课文的体裁、结构、内容大意、段落衔接方式、重点句型和词汇，然后提出若干与课文内容有关的问题，请学生在课后做准备，利用网络及图书馆的各种资源查找问题的解决方法。学生在解决问题的过程中难免会遇到有关语言方面、文化背景方面的问题，学生可以通过email 或 QQ 等及时询问教师；而教师对这些问题进行整理分析后，也能通过网络和课堂及时回答。学生对课文中的问题都有了清晰的答案后，教师可以让学生在课堂上就某一个问题作深入的分析陈述，教师则应就课文的重点难点作系统阐述。

经过几个单元的学习之后，对学生进行阶段性的测试，以利于师生双方了解前一阶段存在什么问题、需要在哪方面进一步加强。如果测试的结果顺利，则继续下面几个单元的学习。如果出现了普遍性的问题，则师生双方都应努力寻找解决问题的办法，以利于后续的学习。

以高等教育出版社的研究生英语系列教程《多维教程·探索》为例，第一单元是《Travel Language》。这篇课文列举了世界各地对于英语的误用情况，说明英语不如法语那样受到严格的保护，但这也正是英语得以不断发展的原因所在，因此也未必不是一件好事（王同顺，2001：2-5）。

这篇课文涉及到很多语言知识和文化背景知识，比如：

（1）What is the French language policy?

（2）How many examples can you cite of the difference between British English and American English?

（3）Can you list some of the meanings of "otherwise"?

这些问题可以事先给学生，让他们利用电子资源和书本资源找到问题的答案。一周之后，在课堂上让学生陈述对这些问题的理解，之后老师再对课文的重点难点进行全面的阐述。以下是对这三个问题的分析：

（1）通过网络查阅电子资源，我们可以找到广州中山大学外语学院梁启炎教授的一篇文章《英语入侵与法国的语言保护政策》，这篇文章回顾了法语由盛及衰，而经过发展，慢慢又拥有自己的一席之地的历史，同时我们也知道了，英语与法语的较量其实是双方政治力量的较量，由此也导致了法国与英美对各自的语言采取截然相反的态度，一个是用法律规定和保护法语的纯粹性，另一个则是让英语在全世界范围尽可能地扩张，以实现自己利益的最大化。所以我们在读课文的时候，也应该有自己独立的思维，想想如何保护好自己祖国的语言，而不仅仅是偏重和吸收国外的一切。

（2）通过查阅书本资料和电子资料，可以找到不少关于美国英语和英国英语差异的文献，这些文献多从美国历史和英国历史的比较出发，列举了美国英语和英国英语在发音、词汇和语法上的差异，两者的差异也体现了两个国家的人民不同的性格特征，即英国人安于现状，美国人喜欢冒险求新。随着时间的流逝，同一个事物在两种英语里变成了两个不同的单词，如课文中举的例子：

以上例子都说明了民族思维意识和习惯对于语言的发展有着一定的影响，但对于每个单词为什么会产生这样的变化，还是有很多研究工作要做。

（3）关于副词"otherwise"的用法，课文中两次出现了这个单词，第一次："One supposes these signs were designed to facilitate the use of modern services in otherwise sterile and barely functional establishments."第二次："I am told that for the otherwise unsuspecting tourist, the following sign proved a real crowd puller."一般情况下，大家都比较熟悉"otherwise"作为副词放在句首的用法，比如："I hope the weather improves. Otherwise, well have to cancel the picnic."但是课文中的两个"otherwise"都是位于句中修饰形容词，很多同学不习惯这样的位置，认为这是"otherwise"的一种全新用法。实际上，查阅字典会发现"otherwise"的一个基本意思是："否则，不然"，而且并非一定要放在句首，比如："The programme has saved thousands of children who would otherwise have died.（该项目挽救了成千上万原本可能死亡的儿童。）"从以上分析，结合课文的讽刺手法，可以知道课文中的两个"otherwise"的基本意思仍然是："否则，不然"。第一句话是说，"旅店对多语种告示

非常青睐,认为有了它们,人们就能更好地使用旅店中的现代化设施;没有了它们,旅店就会显得沉闷而缺乏效率",这句话显然是在进行夸张和讽刺。第二句话的意思是:"原本游客并没有其他不好的想法,但是看到下面的英语告示牌之后,都会蜂拥而至"。

从以上的分析可以看出,研究生英语所涉及的语言知识、文化背景知识都比较深入复杂。如果光凭老师在课堂上讲解,一方面让教师感觉压力巨大,另一方面也无法让学生得到系统的锻炼。因此,教师在全面把握课文的重点、难点的基础上提出一些问题,让学生在研究这些问题的过程中掌握英语学习的技能,这样才能授人以渔。在师生互动的过程中,让学生真正体会到该如何解决学习过程中遇到的难题,使学生拥有可持续发展的英语学习能力。

现代教育技术给英语教学带来了巨大的生机,互联网、多媒体教学软件、电子词典等都为提高英语教学的效率奠定了广泛的技术基础。网络自身就是一个生动丰富的背景课堂,它不仅为每个学生提供个性化的学习空间,让学生能动地自主地学习,而且教师也可以利用网络资源为课堂教学创设形象逼真的环境。充分利用电子资源和书本资源,以师生互动为特点,以研究型教学为模式,将给英语教学开辟广阔的天地。

## 五、新的教改新模式

这些压力促使我们去思考和改革现在的教学模式,要求我们结合自身的条件和特点,勇于创新,不断尝试与时俱进的教育教学模式。新的模式试从以下几个方面来进行。

### (一)教学内容与课程体系改革的理论基础

应用语言学家 Hymes 以语言的社会功能为出发点,提出了交际能力(communicative-competence),深刻影响了第二语言教学中教师角色、教学方法和教学内容的重大变革。同时,教育学、心理学以及认知学的发展为现代教育提供了有力的指导:认知论的建构主义一改教师为主导(teacher-fronted)的传统教学理念,提出以学生为中心(student-centered),认为英语学习不仅是获得语言习惯,更是创造性地运用语言结构;语言学习过程是新旧知识不断重组的过程,也是语言能力从理论知识转化为自我应用的过程。大学英语教学改革明确了英语教学的观念"以人为本",即"以学生为本",提出"分层次、个性化、自主式"三大口号,不难看出传统教育学重视因材施教,现代认知心理学强调自主性、个性化学习的深刻影响。研究生英语教学应该遵循这些理论基础,在加强教学管理同时,不断改革教学内容、教学方式,探索课程体系改革,使研究生英语教学真正卓有成效。

### (二)课程设置方面的改革

第一学期开设听力口语及阅读与写作课。第二学期,开设国际会议交流英语、西方文化、英汉比较研究及专业英语阅读等系列课程。

第一学期课程设置在于强调学生培养运用能力,特别是阅读与写作课,除介绍写作的基础知识、资料的查询外,重点放在英语论文写作上,培养学生正确和规范地陈述和发表自己的研究成果的能力。英语写作部分包括:英语写作基本知识,实用英语写作,论文写作。此外具体地介绍如何利用国际互联网查找资料,如何避免侵权行为,如何写电子邮件，如何制作计算机辅助文稿演示片等新的内容。上课内容不限于书本，而是多方面涉猎。学生以指定阅读、浏览的书本作为课前预习内容，带着问题有针对性地听课再写作展示。

第二学期的国际会议交流英语是对第一学期听力口语及写作课的拓展，国际会议交流英语主要包括下列内容：论文的种类、摘要写法、论文体例、论文发表、版权问题、论文宣读。学习之后，建立模拟课堂，使学生有机会参与和观摩国际会议的场景。

西方文化对于任何层次的学生都是必要的，因为文化渗透至语言的各个层面。以往教师只是把课文中遇到的文化背景知识加以介绍，现在将其单设为一门课，有利于学生比较系统地了解西方的文化知识，也必然会帮助学生更好地掌握英语。西方文化主要以讲授美国文化为主。内容涵盖：文化的基本概念、美国简介、社会阶层、经济活动、农业与农场主、家庭的变化、学校与教育、大众传播、科技与社会、种族关系、社会制安、老人与青年、政府与司法、社会变革等。上课的方式可以是老师讲授，学生阅读相关文章然后讨论，也可以辅助以美国电影、电视。

英汉比较研究课旨在将学生多年来学习英语获得的感性认识规律化、系统化，揭示出英汉两种语言主要的规律性差异，让学生的感性认识得以升华，提高他们英语阅读理解和欣赏能力，使他们能用比较地道的英语进行表达。英汉比较研究讲座主要是在词汇、句法、逻辑、修辞、语篇等各层面讨论英汉两种语言的规律性差异，主要内容包括：英汉宏观比较、英汉词汇意义的对应关系、英汉句型的转换、英汉否定的异同、语法关系与逻辑关系、英语修饰语与被修饰语的逻辑关系、英语逻辑意义重点、英语明喻和隐喻、英语行为、思维和言语动词的转换、英语定语从句的逻辑意义、英语长句的理解和翻译等。

专业英语阅读就是以学科为依托的英语教学，目的在于使学生通过熟悉的专业知识来理解并掌握英语表达的方式。以内容为基石来学习英语语言的应用。例如，我校可以选用水利英语、金融英语、医学英语、商务英语、材料英语等。这样可以把专业学习与英语语言学习有效结合，减少学生记忆负担。

## （三）教学手段方面

### 1. 调整课程时数

第一学期，听力口语课每周2个学时，共32学时。阅读与写作课每周2个学时，共32个学时。第二学期，开设国际会议交流英语、西方文化、英汉比较研究及专业英语阅读等系列课程。每门课可以根据内容适当调整课时数，比如可以设为10个学时或16个学时，但是要求学生确保每学期的64个课时。其目的在于学生在有限的英语学习时间灵动地学到实用的英语技能并付诸实践，改变多年一沉不变的语言的学习模式。

### 2. 进行分级教学

使英语水平一般的学生通过听、说、读、写、译等各方面的深入学习，巩固他们本科阶段的英语基础，进一步提高他们的基本能力，使他们大部分顺利通过学位课考试，修得学分；另一方面，对于通过考试证明英语基本能力已经不错的学生，满足他们在英语文化知识方面和语言交际能力方面学习的需要。快班由任课教师在统编教材的基础上较大力度地补充其他教学材料，根据他们语言能力相对优于普通班学生的特点，更多地组织他们进行形式多样的互动教学，进一步提高他们在语言实际运用方面的能力。

#### 3. 教学方式多样

课堂讲授式，大班讲座式，师生互动式，小组讨论展示式等都是可以尝试的教学方式。再者，传统课堂与网络技术融合，把课堂不仅仅设在教室，也可以有网络教室。把一些教学资源及教学要求发布语言中心的局域网上，学生自主安排时间分散地学习，教师通过网络与学生交流，答疑解惑，布置作业并检查。同时在教师选择方面，一些课可以请外教来进行，一些课可以邀请有参加国际会议和多次在国际学术杂志上发表论文的丰富经验的教师做讲座，使学生能学有榜样。

### （四）以上的改革措施成功实施并能取得效果的前提条件

#### 1. 课程设置的变化要求有足够满足各课程教学的老师

目前的师生比是完全满足这样的教学要求的，所以需要引进更多的教学人员进入研究生教育活动；同时研究生教学的老师要有进修学习的机会，特别是假期短期的培训，参与学术研讨会尤为重要。

#### 2. 要有众多的各类适合的教材和教学资源

因为新开设的课程很多重在实用，那么选择新颖、适用的教材势在必行。教材所选文章的语言要合适。那些要么浅显直白；要么晦涩艰深，要么课文题材陈旧，话题过时；要么选文求新求长，结果通篇尽是哩语、俗语的教材都是要摈弃的。

#### 3. 通过有效的考核建立学习激励的机制

即将建立的学位课考试应该包含部分课程内容，否则学生的英语学习很难坚持。学生英语学习的考试，既有水平测试，也要有课程考试。

#### 4. 加强学生英语学习管理

对学生的课堂表现进行量化统计，设立学习目标杠杆调控出勤的自觉意识。

研究生英语教学大刀阔斧的改革提到历史日程，以上是初步设想及措施，在实施的过程中，一定会有新的问题出现，让我们为完善教学实践进行积极的努力。进一步深化英语教学改革，使研究生的英语教学更上一层楼。

## 第四节　通识教育视域下的研究生英语教学改革

最近几年，在社会提倡对大学英语教学进行改革的背景下，广泛了解并积极使用外语知识的概念越来越受到重视。普通外语课程已然成为我国外语教学的重要组成部分及英语教学发展的主要方向。由于目前许多高校外语课程没有树立合理的通识教育理念，致使课程设置不合理、课程目标模糊、师资力量薄弱等问题层出不穷。由此，以"通识教育"为出发点，本文大致从以上三个痛点探讨研究生英语教学改革，希望推动其在外语通识教育培养中的发展。

### 一、通识教育下的英语教学

当前我国对研究生英语教学改革的要求，着眼于学生的全面发展和教育实践的融会贯通，依托通识教育而回归终身学习本位。通识教育视域下研究生英语学习的结构应是"复合型"，即基础语言能力和相关专业知识同时并举；以培养基本的语言技能和基本的文化素养（主要英语国家历史文化）为主，与所学的专业挂钩，以英语为工具，巩固发展专业知识，达到相辅相成的目的。根据《国家中长期教育改革和发展规划纲要（2010—2020年）》，2015年硕士研究生专业招生人数规模首次达到170.5万人，2020年时达到200.5万人。同时，根据教育部1992年最新印发的《研究生教学大纲》，研究生毕业应该能够熟练地基本掌握英语阅读、听、说、写、翻译等基础知识和专业技能，便于他们今后能够更好地完全借助于高等英语教育进行进一步教学。

2009年，教育部补充说，应该培养更多的实践型研究生，而不是理论型研究生。面对如此严峻的形势，重视研究生的素质已势在必行，研究生教育改革已成为必然趋势。然而，许多高校仍未完全努力搭建这种新的课程结构，耽于为了大大提高自己外语专业的技术实用性，忽视了培养"4C"型的人才（critical thinking and problem solving 批判性思辨与分析解决实际问题的领导能力、communication 国际沟通的领导能力、creativity and innovation 革新创造和实践创新能力、collaboration 专业团队合作管理能力）重要性，并且其在外语大学课程结构教学的建设过程中也仍然存在着许多技术难点，例如如何有效解决外语课程结构设置的不合理、课程目标模糊、师资队伍实力薄弱等诸多问题。

## 二、通识教育视域下研究生英语课程的困境

第一个也是最重要的方面是学习者英语水平的差异化造成了课程设置不合理。招收的研究生不同，录取分数线不同，专业也不同，这些差异就造成了学生英语水平的参差。不同的语言水平可能导致不同的学习效率和进度，当他们聚在同一个班级，接受同一水平的教学，英语基础薄弱的学生可能会发现很难遵循教学流程，无法获得相同的预期结果，学习情况也会因此停滞不前。此外，自2009年以来，为响应教育部倡导的改革，绝大多数高校开始了课程改革。例如，缩小每个班级的规模，实行小班教学，这一做法确实有助于改进教学。但从英语教学时间上看，整个教学时间缩短到100个教学时段，并且只剩下写作与翻译、英语口语和文学精读三门课程。随着教学时间的减少，教师必须在更短的教学时间内完成预定的任务，这是教师几乎不可能达到的教学目标，更不用说在短时间内提高学生的英语水平。

第二，一般社会认知误导了课程目标的定位。由于人们对教育功利性的看法，通识教育普遍成为了专业教育的"绿叶"，而大部分研究生历经高考、考研，认为自己已然掌握了大部分知识，更是对英语通识课程秉持可有可无的消极态度。但针对研究生学习英语的通识课程目标不再是围绕简单的听、说、读、写，而是能够积极使用母语以外的语言进行交际，拥有描述分析正在学习的语言的文化背景的能力，并且敢于比较论述母语和第二语言之间的差异。"通识"不是"应试导向"，"通识"也并非"常识"。"部分院校研究生外语专业把公共基础课和公共选修课简单等同于通识课程，特别是把不少实用型、常识型、技能型、休闲型课程当作了通识课程；课堂中重知识的传授，轻思想的启迪和方法的培养"；片面追求知识深度而忽视了知识广度。

第三，大多高校的研究生英语通识课程由外国语学院具有相关专业知识的硕博士教师负责教授。虽然这部分老师专业基础雄厚，教学经验丰富，"但是他们几乎没有经受过通识教育的洗礼，知识结构上比较单一且不足，其本身就不具有跨学科领域的完整知识体

系"，他们所传达的可能绝大部分都是普及性知识，缺乏将内在的专业特色外化、融入新的意识形态视角的过程，因而教授通识教育类的课程未必能达到他们平常的教育水准和效果。

## 三、通识教育视域下研究生英语课程的改革策略

### （一）将课程结构合理化

通识教育视域下要想解决研究生英语课程的困境，首先要将课程结构合理化。结构合理化的前提是比例合理化。针对研究生英语基础水平参差不齐现象，学校可公开相关英语课程内容、教学方式、考核方式等，使学生可以根据自身水平选择适合自己的课程，"既能契合学生自身需求，又能调动学习积极性，使学生主动投身于通识教育课程学习活动之中，这既与通识教育理念相符，又便于开展通识教育相关课程"。高校也可模仿国外汉语教学的一些模式，呈螺旋式上升设置英语课程：①完善发展英语基础知识，重点扩容单词词组、熟练掌握语法结构；②面对英语基础处于中游水平的研究生，设置文化赏析与比较类型的课程，重点培养语言类批判性思维，促进跨文化交际能力的发展；③对于高水准的研究生，高校可将选择权一部分下放，依据其自身的专业要求，设置专业与英语相结合的课程，如生态英语视听说、法律英语、科技英语等。

### （二）将课程目标清晰化

"通识教育的目的在于为学生提供多学科、跨学科的知识，提供丰富多彩的文化背景，提供深入思考问题、研究问题的取向和方法，提供必要的学术规范，从而全面培养学生分析问题和解决问题的能力"。在面向研究生的高等教育中，为了培养全方位、多层次的人才，外语通识课既是基础也是挑战，学生们不仅要了解掌握基础的语言技能，在相关的学术和专业领域进行跨文化交流，同时也要具有丰富的人文内涵和品质。从国家发展的战略高度出发，了解外国社会和文化，在实践中增强对多元文化异同的认识，强调以人为本，弘扬人的价值观，把人才培养成为具有综合知识和综合素质的通识教育和全面发展的"人"。也就是说，将通识教育理念融入外语教育，就是培养外语人才广泛而全面的知识能力，使这些知识能够渗透到"人"的精神世界，整合知识，充分运用到人类文明在社会实践中的启示，在外语人才培养中充分发挥通识教育理念的积极作用。

### （三）加强教师队伍建设

教师是通识教育课程建设的主体，教师的专业程度与通识教育的有效性呈正比。因此，在选拔教师时，高校需建立精确的通识教育教师准入制度，除了考察其是否具备最基本的教学知识储备、丰富的教学经验，更需要考察其是否具有高昂的教学热情和深厚的"通识"底蕴，以此提升通识教育教学水平。在教学过程中，高校外语教师应依靠自己的专业知识，选择自己擅长的通识教育课程，查阅资料，建立相应的"数据库"，以小组讨论、校园访谈、问卷调查等形式，开展与通识教育课程有关的广泛的研究工作，"积极发现当前高校外语通识教育存在的问题，理论与实践教学原则相结合，以主动的教学意识寻求解决问题的途径和方法。"充分活跃在通识教育教学中，实现师生的向上发展。总之，只有加强通识教育高素质教师队伍建设，才能为通识教育的发展指明方向。

研究生英语教学改革应提上议事日程。我们应该重视分级教学，增加教学时间，促进课堂活动，加强师资队伍建设。分级教学尤其有利于学生的学习，它能使所有学生有效地参与到学习过程中；将英语通识教育的目标定位更准确有利于带动学生树立"终身学习"的理念；高校重视通识教育教师队伍重组发展有利于教师与学生的关系更加密切。但这三个方面仍有许多需要改进的地方，我们要走的路还很长。

## 第五节　思维能力培养与研究生英语教学模式改革

对现阶段研究生英语教学模式改革的思路进行了分析，指出了研究生英语教学应当将思维能力培养作为教学目标，并阐述了以培养学生思维能力为目标的研究生英语教学模式具体改革措施，在研究生英语教学模式改革的过程中，要以人生价值与终生需求为出发点，不能完全被市场以及学生需求所限制。

随着英语教学改革工作逐步深入，对于研究生英语教学的研究工作不断增加，很多学者以及专家针对研究生英语教学的现状加以总结，并对现阶段研究生英语教学中存在的问题进行反思，提出了很多建设性意见。不过，关于研究生英语教学的研究多是集中在英语教学自身，未能充分地考虑到研究生教学特征，未能结合研究生培养这一大背景，因此，也无法确保研究生英语教学能够为高校国际化、创新性研究生人才培养所服务，不能保证研究生综合素养不断提升。所以，需要对研究生英语教学改革的思路进一步反思，提出研究生思维能力培养的理念，并结合这一理念探讨如何更好地构建研究生英语教学体系。

### 一、现阶段研究生英语教学模式改革的思路

由知识转向技能。在语言研究领域之中，由于提出了交际能力这一理论，使得英语教学方法逐渐向着交际教学方法转变，也让英语教学工作由语法教学、词汇教学等一些语言知识的教学，慢慢转变为培养学生听说读写能力以及交际能力的技能教学。由知识教学逐渐的转变为技能教学，这不单单是研究生英语教学中教学模式改革的思路，同时还是外语教学过程中共同的改革趋势。不过，就现阶段知识教学转变为教学的情况而言，这种转变并没有达到真正的素质教育要求，主要原因是由于学生听过读写能力仅仅属于一种技能，并未能上升到素质以及能力层次。

由语言转向文化。由于外语教学逐渐向着交际能力培养方向转变，这一转变过程中，也让教师以及学生均清晰地认识到外语交际能力之中除了语言技能之外，还包含有文化背景知识。所以，不少的高校在研究生英语教学过程中，通过开设英美文化课程以及英文国家背景知识课程，希望能够进一步地培养学生跨文化交际能力。就目前的情况而言，英语教学和文化知识相结合逐渐发展成了英语教学领域的共识。

利用网络资源以及培养学生自主学习能力。目前，英语教学中对于网络资源的利用以及网络平台的建设热情高涨，很多学者以及专家本着"授之于渔"的思想，提倡充分利用网络资源，确保学生自主学习能力得以提升。关于此方面的研究，很多教育工作者建议通过应用现代化教学工具，确保网络资源优势得以全面发挥，结合多媒体技术、网络技术构建多媒体教学平台，利用交互式教学模式完成教学工作，从而确保学生个性化学习需求得

到充分满足，使得学生的学习不断向着自主学习方向发展。由于网络资源非常丰富，确保了英语教学过程中能够获得极为便利的条件，而且学生自主学习能力培养也逐渐发展成为了现阶段英语教学改革的重要方向。目前，已经有许多高校都构建了网络课堂，希望可以有效提升学生学习英语课程的自主学习能力。

由公共英语向专业英语转变。很多学者呼吁大学时期公共英语课程应当由专业英语课程所替代，让学生学习专业英语。这对于刚刚迈入大学的学生来说存在较大难度，不过，却较为适用于研究生英语课程的改革。研究生阶段主要是培养学生的学术能力以及创新思维，在英语教学中能够融入专业英语教学内容，在英语教学中应当基于学科文化，让英语教学不仅仅局限于英语本身。

## 二、研究生英语教学应当将思维能力培养作为教学目标

上述所涉及的研究生英语教学模式改革主要从英语教学形式以及英语教学内容两个方面进行探讨。较早时期对研究生英语教学改革的研究多是针对教学形式而开展的，重视对教学方法、理念以及手段的改革。在研究生英语教学模式改革中，关于"学生中心""交际教学方法""任务教学方法"等英语教学改革研究的热度激增，很多研究都是流于形式，对于相同的教学内容，不断采用新方法进行反复的论述，在英语教学改革中仅仅关注如何教学，却忽视了教学的内容。很多针对研究生英语教学模式改革的研究仅仅是大学英语教学改革模式改革的简单延伸，未能充分认识到研究生培养工作和大学生培养工作存在的区别，导致研究生英语教学模式改革工作和研究生教育工作这一背景有所脱节。

我国研究生教学质量提升的重要途径是对学生创新能力培养，同时也是现阶段我国研究生教育工作中最为重要的任务，而学生创新能力培养的关键在于培养学生的思维能力。对于研究生英语教学工作来说，首先，要求学生的语言技能可以得以有效巩固；其次，在开展研究生英语教学工作时，不可以单纯培养学生的语言技能，要充分结合我国培养研究生的具体目标，确保研究生的学术能力、批判理念以及创新思维等得以全面提升。对于大学英语课程来说，应当更加侧重于事实性知识以及技能性知识的教学，但是，就研究生英语课程来说，在教学过程中要全面培养学生思维能力。如果研究生英语教学工作中依旧沿用大学英语教学的理念，将大学英语教学目标作为研究生英语教学目标，则不能达到研究生培养的要求与目标。所以，在研究生英语教学过程中，应当结合研究生教育创新以及思维能力培养的特征，将学生思维能力培养作为研究生英语教学的目标，同时还要兼顾学生语言技能以及跨文化交际能力的培养，建立起更为全面与适宜的研究生英语教学模式。

## 三、以培养学生思维能力为目标的研究生英语教学模式改革

教学内容的改革。在研究生英语教学过程中，所选用的教学内容应当拥有较强思想性以及启发性，要更加适宜学生思维能力的培养。培养学生的思维能力，并非是将学生语言技能培养以及跨文化交际能力培养均抛开，要确保它们之间能够互相补充、互相融合。无论是在听说读写教学内容选择方面，还是在交际培养内容选择方面，要更为关注课程内容的思想性。通过采用更为适宜的课程内容，能够确保学生知识面进一步拓展，更加有利于培养学生的思维能力以及学术研究能力。另外，在研究生英语教学时，还要采用开放式教

学模式。要想确保学生的思维能力得到培养与提升，便要求教师不能采取灌输式的教育方式，要利用开放式的教学方式对学生进行启发式教学，更好地引导学生自主思考。在研究生英语教学中，教学的目标不仅仅是为了让学生了解知识，还要让学生学会如何思考。通过开放式教学模式，让学生可以在质疑、讨论以及交流的过程中提升思维能力。

教师思想的转变以及能力的提升。教师应当充分地认识到，研究生英语教学工作不仅仅是为了讲解知识，研究生英语教学工作要遵从研究生教育最终目标，要通过对学生创新思维的培养，达到培养创新性人才的目标。这就要求教师在转变教学思想的同时，进一步提升自身学术水平。因为唯有教师拥有了相对强的创造性以及批判性思维能力，才可以更好地对学生进行引导。因此，在研究生英语教学模式改革的过程中，教师发展是极为关键的影响因素。现阶段，国内大部分高校，特别是我国重点高等院校之中，研究生英语教师基本上都达到了"博士化"以及"科研化"的水平，因此，这也为高校研究生英语教学模式改革提供了可靠的保障。

改革评价方法。在以思维能力作为研究生英语教学的目标时，所采用的评价方式需要和采用知识传授教学模式下评价方式有所区别。由于高等教育教学规律性，从根本上决定了研究生英语教学工作无法达到即时生效的效果，而且学生创新思维意识以及创新思维能力的培养同样也无法在短期之内实现。所以，在对学生学习效果进行评价的过程中，也不能够采用非黑即白的标准，评价过程中需要采用开放式的问题，要让学生能够从不同的方面加以讨论，对学生思维逻辑性以及创新性加以评价，查看学生对于问题的分析以及处理能力。

就目前研究生英语教学具体情况来看，在很大程度上会受到市场以及学生需求的影响，导致研究生英语教学中对学生思维能力培养不受重视。很多教师以及学生均认为研究生英语教学重点在于对学生听说能力的培养。由于受到了就业压力的影响，学生对于研究生英语的学习更加显得急功近利，想要在非常短的时期内通过学习研究生英语而获得回报，不过，这恰恰和研究生教育中心理念相悖。之所以开展研究生教育，并非是仅仅为了学生能够获得证书以及技能，而是为了培养能够伴随学生终生的素质以及能力。所以，在研究生英语教学模式改革的过程中，要以人生价值与终生需求为出发点，不能被市场以及学生需求所限制。

# 第九章 国际化背景下以学术为导向研究生英语教学人才培养模式的构建

## 第一节 构建原则

外语教育专家就"学术英语"与"通用英语"发表并阐述了自己的看法（蔡基刚，2011）倡导高校将英语教学重点从目前的通用英语向专业用途英语，尤其是学术英语方向转移（王守仁、姚成贺，2013），认为学术英语必须建立在需求分析的基础上，充分重视学术英语，但不赞同学术英语作为高校英语教学的全部内容，建议各高校根据实际情况决定学术英语的开设比例（文秋芳，2014），赞成并力推通用英语与专用英语并存的英语教学体系，通过改革英语教学的教学目标、教学内容、教学方法、评估手段、教学模式等提高教学效果。由于不同高校在办学层次、定位、类别、生源存在较大的差异，我国高校的学术英语教学发展不平衡，另外，高校的高等教育国际化程度不一样，在国际间高校学者和师生交流，科技与文化合作，留学生、外国教授和访问学者人数，前沿课题研究等方面都有明显的差别，学生学术英语需求（如境外访学，听英语讲座，学习一些全英语专业课程）程度不相同，变革高高研究生英语教育人才培养模式是为了更好地为社会提供合格的人才，因此建构新的人才培养模式必须遵循以下基本原则：

### 一、坚持以学生为本原则

人才培养模式的创新，虽然与政府的评价及社会其他因素有很大关系，需要政府与社会做出相应的改变，但是，最根本的出路还在于高校自身的努力，高校应勇于和善于承担起教学改革、人才培养模式创新的主体性责任。

1. 树立以学生为本的核心理念，做好顶层设计

人才培养模式的创新，要树立以学生为本的核心理念，以学生的需要出发，一切为了学生，并以此为最高追求，做好顶层设计，整体建构人才培养模式。以学生为本，就要以学生发展为着眼点，遵循人才成长的规律，研究人才成长的条件，改善教育条件与教育环境。人才成长需要一定的条件，包括有效的创造实践、内外因综合效应、竞争与合作、共生效应等等，这涉及到一系列复杂的因素，如活动与环境、竞争与合作、期望与激励等。高校要重视对这些复杂因素的研究，在此基础上，改善教育条件，创设理想的教育环境，研究人才成长的过程，采用科学的教育方法。人的成长是分阶段的，各阶段的主要任务不同，其培养方法也不同。人的发展除了具有阶段性之外，各类型人才、各层次人才的最佳发展年龄是不一样的，人的各项素质的发展都有自己的关键期等等，在教育过程中，高校要深入探索人才成长的这些规律，使人才培养有科学的依据。

#### 2. 建立多方协商的机制，形成理想的人才培养模式

目前，我国高校人才培养模式的形成并不是多方协商的结果，政府以及学校行政权力影响过大，而教师、学生及社会组织没有机会参与。形成理想的人才培养模式则须建立社会、教师及学生和高校多方协商的机制，确立以社会需求为导向的方向性。现代大学，已经走出"象牙塔"而融入了社会，已经从社会的边缘走向社会中心，身处社会中心的高校，必然要采取一种"社会需求导向"的发展模式，改变社会在人才培养模式形成过程中缺位的现象。这就需要完善我国社会用人需求的信息系统，因为"我国人才市场反映高校毕业生供给与社会用人需求的管理信息系统十分薄弱，统计指标与数据长期处于粗放状态"，对于高校而言，则要主动地联系行业组织、地方政府、社会中介等，获取相关的社会需求信息，并及时把社会需求的预测反映到人才培养模式中。

#### 3. 确立教师在人才培养模式创新中的主导地位

教师是人才培养的主体，理应是人才培养模式决策与设计的重要参与者，可是，目前高校的人才培养模式基本上是由学校教学指导委员会领导、教务处统筹规划、各院系教学领导具体设计的，教师在人才培养模式的制定中，往往没有机会参与，而只是人才培养模式的执行者，要改变这种自上而下的路径，确立教师的重要地位。在人才培养模式形成的过程中，学校可以在考察社会需求的基础上，征求教师的建议，也可以由教师在实践的基础上提出人才培养模式改革的设想，学校加以汇总并对照社会需求，形成较为合适的模式，赋予学生改革的话语权。传统的观点认为，学生是高等学校智力不成熟的"过客"，不能参与学校事务的管理，可是，学生是人才培养的对象，是学校的"产品"，而这种"产品"是自己生产自己，学生应该对人才培养模式有自己的评价权、选择权。高校在制定人才培养模式的过程中，要通过问卷调查等方式，让学生发表自己的看法，赋予他们在人才培养模式形成上的话语权，在对学生充分了解的基础上，注重个性化培养模式的制定。在人才培养模式实施一段时间之后，更要调查一下毕业生对它的评价，使得人才培养模式的改革有坚实的基础，通过建立多方协商的机制，各方的利益都能得以表达，所培养的人才也就更接近于人们的期望，人才培养模式也就较为理想了。

## 二、培养目标致用型原则

"以错位竞争、特色发展"为办学理念，推进高校校向"教学应用型大学"转变。经过第一次转型后，高校经历几年的改革创新发展，获得了一定的显著成效，不过与综合型、研究型大学相比，在人才队伍、办学条件、科研成果等方面都无竞争的实力。高校要围绕特色发展、实际办学条件，根据所处地域，面向基层，服务基础教育及地方经济社会发展需要，由一般性的教学型大学向特色鲜明的教学应用型大学转型，获得新的发展空间，培养出留得住、用得上、下得去的本科应用型人才。

重新定位研究生英语教育人才培养模式的教育理念——转换"知识本位"的教育理论，以"能力为本，重在应用"。"能力为本，重在应用"是英语应用型人才培养的本质要求。"能力为本"的核心是提高英语专业学生的思想道德素养、实战应用能力、思维创新能力与可持续发展能力。"重在应用"，要依照地区社会经济、教育的需求，学生的就业导向为基本原则，从而创建具有特色的实践教学举措，实现专业知识技能的迁移与运用，

推动英语人才培养体系方向的转变，由知识转向应用。"重在应用"这一理念是"实践育人"的具体化的产物。为全面落实《国家中长期教育改革和发展规划纲要（2010—2020年）》，深入贯彻胡锦涛总书记等中央领导同志一系列重要指示精神，要进一步加强新形势下高校实践育人工作。所以，英语人才培养要以学生发展为出发点，以地方基层各方面发展需要为结合点，积极推进实践育人工作，切实增强其实效性，真正实现其可持续性。

## 三、坚持人才培养目标与人才需求目标相适应的原则

研究生英语教育人才培养的目标是社会生产、服务和管理第一线的高级应用型人才。这一目标规定了高等英语教育教育培养人才的总规格和要求，但相对于不同的地区和经济发展水平而言，社会对高等英语教育人才需求的目标是有区别的。因此，建构高等英语教育教育人才培养模式时必须使人才培养目标更具有职业定向性，使办学方式、专业设置、教学内容等与地方经济相联系，紧靠市场，以就业为导向，把就业问题作为关系学校发展的重大问题来抓，使学生成为主要从事成熟理论与技术的应用和操作的高级技术和管理人员，毕业后就能顶岗工作。

研究生英语教育的培养目标与社会需求相一致，就能保证人才培养模式的方向正确，各项教学工作也才能取得最大效益。在把握社会需求时，需特别注意社会需求不仅是多类别、多层次的，而且是不断变化的。在市场经济的环境下，社会需求是不断变化的，市场经济是一把双刃剑，今年是热门专业，学生报考盈门，毕业生供不应求，"皇帝的女儿不愁嫁"，但过几年又可能是"门可罗雀"，因此，坚持高等人才培养目标与社会需求目标相一致的原则，就必须突出高等教育的特点，面对市场需求的变化及时调整人才培养的目标和方式，办出特色，满足社会对高等人才的需求。

## 四、坚持人才培养方式与学生充分发展相适应的原则

我国高等英语教育教育人才培养模式是20世纪50年代模仿苏联模式逐步发展起来的。到了20世纪80年代，特别是改革开放以来，形成了"知识本位"为主的模式，该模式以传授经验、知识为主，其特点是以学科为主，辅以二定的活动课程，注重理论知识的完整性、

系统性，轻视知识的实际应用。课堂上讲知识，学生背知识，考试考知识。"知识本位"为主的模式束缚了学生个性的发展，20世纪90年代以后，形成了"能力本位"为主的模式，该模式的特点是以某一职业岗位或职业群所需要的知识、技能与态度为目标，使受教育者具备从事该项职业的能力和资格，它着重强调适应经济需要，为经济服务，培养当前社会急需人才，主张课程改革要加强岗位针对性，突出专业性和技能性，培养"螺丝钉"的单纯人才，提倡"围绕市场转"，培养"一技之长"这种模式克服了过去实践性不强、教育与经济脱节的问题，也满足了社会对人才的急需。进入21世纪，知识经济和科技进步要求"知识·能力·素质"综合型的高级专门人才，更强调学生四方面素质的培养。

**1. 主体参与意识**

即高等英语教育教育人才培养要把学生作为真正的教育主体，以学生为出发点和归

宿，一切人才培养措施、条件都是为了学生的全面发展与个性充分发展而选择和设计的。同时学生在教育过程中能够与教师一起选择设计和完成多种教育活动，做到主动参与、全员参与和全程参与，提倡学生做学习的主人、做生活的主人、做集体的主人，以主人翁的姿态投入到教育教学过程中。

### 2. 整体发展过程

即高等英语教育教育人才培养要把学生的成长发展看成是一个生命整体的成长发展。这个整体有一种内在的和谐性，表现为能力的多样统一性、身心成长的有序性。

### 3. 协同创新能力

即高等英语教育教育人才培养要把所教的创新和所学的创新有机地统一起来、学科创新和活动创新有机地统一起来、校内创新和校外创新有机地统一起来、创新精神的培养和创新能力的提高有机地统一起来。

### 4. 民主个性人格

高等英语教育教育人才培养要尊重每个学生的兴趣、爱好、个性和人格，要以一种平等、博爱、宽容、友善、引导的心态来对待每个学生，使学生的身心自由地表现和舒展起来。依此建构新的高等英语教育教育人才培养模式不仅能使培养出来的人才具有多种专业技能，同时又具有一定扎实的基础知识，具备健全的人格和较强的谋生能力；不仅能够适应岗位需求、社会需要，不断创新，真正培养出新时期知识经济社会、生产、建设、服务、管理第一线需要的，有综合素质的高级应用型人才。

## 五、坚持人才培养手段与职业岗位实际相适应的原则

研究生英语教育人才培养手段的变革是培养模式变革的重要组成部分，有目标但没有实现目标的手段，人才培养只能是低效率的。当代世界比较成功的几种职教课程开发模式，基本上都是在能力本位思想指导下，从职业岗位分析入手，以目标分解为主要手段，建立教学模块，确立教学内容，协调模块间关系，经反复教学实践检验，最终形成与培养目标相一致的、行之有效的课程体系。有了根据岗位需求制定的课程体系，还需要与岗位职责、岗位能力要求相适应的人才培养手段，高等英语教育教育人才培养的规格决定了其培养手段的多样性。在教学形式上，不仅要有一定的理论教学，而且要有大量的实验、实习、设计、实训等实践教学，培养学生的综合能力。以产学研结合培养为主要手段，在实施教育的参与对象上，既要有学校的专职教师，又要有校外兼职教师和实习单位的指导师傅。

在教学过程中实施双向化，教和学成为双向式教学过程。在教学手段上实现现代化，计算机和多媒体技术的广泛应用，将迅速、高效地为高等英语教育教育教学提供各种所需信息，极大地提高教学效率和教学质量。高等英语教育教育学生的培养要求是"上岗即用"，课堂内、实验室内很难达到这种效果，这就要求在高等英语教育教育人才培养过程中加大岗位实际情景手段的运用，使教学效率出现新的突破。高等英语教育教育给学生提供真实场景的实践机会越多，交给学生一些富有探索性的实践任务越多，学生就越有开展探索性活动的兴趣和广阔时空，分析问题、解决问题的能力就越强，人才培养目标的实现周期就越短。

## 第二节 构建要素分析

### 一、办学理念

在全球化发展的背景下，我国在国际学术交流领域的地位也不断加强。作为国际学术交流的中坚力量，硕士研究生以上学历的高层次科研人才迫切需要具备较强的学术英语交流能力。英语是学术界的通用语言，是研究生必备的一门工具，一方面，研究生需要查阅和研读专业相关的英文文献；另一方面，他们要用英文撰写学术论文并在国外学术期刊上发表、参加国际学术会议或在国际学术会议上用英文宣读论文、参与学术讨论等学术交流活动。因此，研究生的学术英语能力培养应该成为研究生英语教学的一个重要内容。然而，目前研究生的学术英语能力不容乐观，尤其在非重点高校，研究生的英语基础整体相对比较薄弱的情况下，大多数研究生的英语学习目标仍然停留在通过大学英语四级、六级考试上，无暇顾及学术英语的学习与提升。由此可见，如何在研究生教育阶段提高他们的学术英语水平和学术英语交流能力是亟须解决的重要问题。

教育国际化背景下的研究生英语教学体系应体现全新的教学理念，即把英语和某种专业知识结合起来，用英语支撑专业学习及进行学术交流。在此全新的教学理念下，本研究实行分类指导，分级教学的原则，贯彻以学生为中心的教学指导思想，突出学生参与性、教学内容实用性、教师作用指导性和教学方式实践性，在教学中强调英语语言知识和专业知识相结合，使课程教学更具有先进性。高等教育国际化背景下的研究生英语教学评价体系不仅仅是评估学生英语技能，更是是评估他们用英语在专业领域从事研究的团队合作和沟通的能力，批判性创新性思维能力，学术写作能力，以及遵循学术规范避免剽窃的能力，只有这样才能培养出具有国际视野和国际竞争力的专业人才。本研究旨在增强学生国际交往的竞争力，帮助学生消化国内外课程资源，加强国际理解教育，培养具有国际视野，知晓国际规则并能参与国际交流的国际化人才，具体研究内容是从研究生英语教学工作的实际从发，全面改革研究生英语课程的教学目的、内容、方法、手段，以期促进研究生英语教学质量和水平的整体提高。

### 二、培养目标

学术英语（EAP: English for Academic Purposes）是英语教育（ELT: English Language Teaching）领域较新的一个教学和研究概念，其研究对象是学习者的学术交际能力。学术英语课程是以教授学术英语所需要的语言知识和技能为目的的语言教学模式，主要是帮助学习者提高专业课程学习需要的语言综合能力，包括学术写作、学术讨论、文献查阅、论文宣读和陈述等各学科和专业通用的语言知识和技能。

研究生培养的目标是培养能够独立从事专门研究的高层次、高素质科研人才，能够撰写和发表符合国际标准的学术论文，参加国际学术会议交流。我国《非英语专业研究生英语（第一外语）教学大纲》规定的研究生英语教学宗旨是"使学生掌握英语这门工具，进行本专业的学习、研究与国际交流"，作为各学科专业高端人才后备力量的博士研究生，更是需要检索大量相关专业英语文献来获取本专业最前沿的信息，撰写英语论文，用英语和专业人士进行口头或书面交流；另一方面，各学科的英语语言都具有独特的词汇、句法、修辞和语篇特征，而这些知识是传统通用英语（GE：General English 或 EGP：English for General Purposes）课程中所学习的语言共核部分没有覆盖的，有必要进行专门和系统的学习，否则就会出现英语水平再高也无法进行专业交流的窘境；因此，研究生的学术英语需求分析刻不容缓，它对于我国研究生学术英语课程建设和研究无疑具有特别重要的意义和价值。

## 三、课程设置

### 1. 英语学习与学术活动融合

学术英语课程的建构以学生为中心，以方法为导向，坚持课程效益的"四育""四性"和"五能"。"四育"指高等教育、外语教育、人文通识教育、学术思维教育互相渗透；"四性"指思想性、工具性、人文性、教育性相结合；"五能"指具备语言、交际、学术、文化交流、国际社会竞争综合能力人才的培养。

学术英语课程将语言学习与学术活动相结合，致力于让学生在学术活动过程中掌握英语技能，目标即过程即结果，在学术活动层面有目的、有计划、有组织的开展英语的听说读写活动，学习内容与学术相关，方法与学术技能训练相联，使英语课程本身成为一种学术示范活动。

### 2. 免修与选修并存

由于研究生招生规模的扩大，研究生新生英语水平不平衡，有的学生在本科阶段英语能力就比较出众，早已经达到了研究生阶段英语能力要求的标准，而还有不少学生英语听、说、读、写、译的基本功比较薄弱，达到一定英语测试标准的研究生可以免修通用英语课程，直接进入学术英语课程的学习，通过这种分流措施，既可以避免课程资源的浪费，也有助于研究生个性化学习和自主学习，使得研究生英语教学与本科英语教学衔接更流畅了。非英语专业硕士研究生英语分基础（公共）英语和专业英语两部分，两部分英语成绩全部合格才能视英语学位课程合格。实施公共英语免修制度，符合以下条件之一者，经本人提出申请，可以免修公共英语：一是博士或硕士研究生入学考试英语成绩在 75 分（含 75 分）以上者；二是入学前两年内大学英语六级考试在 530 分（含 530 分）以上者或通过英语专业八级考试者；三是大学本科专业或硕士研究生专业为全日制统招英语专业者。获准基础英语免修的研究生不能免考基础英语课程考试，即免修不免考，学术型硕士研究生必须参加"非英语专业硕士研究生学位英语统一考试"，博士和硕士研究生不能免修专业英语。

### 3. 通用英语与学术英语并举

目前，研究生学术英语需求多数停留在用英语阅读本专业文献、撰写论文英文摘要、听英文学术报告以及做英文学术演讲和汇报，其学术活动国际化程度低，这也与地区经济以及高等教育国际化程度息息相关。

（1）通用英语课程安排。研究生英语课程设置首先要考虑通用英语课程，学生只有具备了一定的英语基本功才能更好地学习与专业和学科相关的学术英语。在具体的操作中，高校可以根据国家统一的研究生入学考试英语成绩或者学校自己组织研究生英语入学分级考试来制定通用英语免修的考核标准，那些未能获取免修资格的学生，必须修通用英语课程，该课程为必修课，开设时间为第一学期，课程类型分为英语视听说和读写译，旨在培养学生基本的听说读写译技能。

（2）学术英语课程安排。学术英语分为通用学术英语和专门学术英语，以递进式的方式开设，取得通用英语免修资格的学生，可以直接进入通用学术英语课程学习，完成通用学术英语课程学习的学生进入专门学术英语课程的学习。通用学术英语课程在第二学期开设，专门学术英语在第三学期开设，因为学生有了一定的学科专业知识后学习学术英语更具针对性。通用学术英语课程开设时间为一个学期，以大学科为基础划分研究生教学班级，具体为：文史类学术英语、理工类学术英语和艺体类学术英语。专门学术英语开设时间为一个学期，着重对特定的学科词汇、句法、语篇、体裁和交际策略进行教学，以为专业需要服务理念为指导方针，根据大学科门类开设不同的专业英语课程，目的是帮助学生掌握专业词汇，熟练专业语言，获取本专业相关的前沿信息，培养学生在英语语境中从事本专业工作的能力。这类课程要依据江西省高校各院系情况和专业需求酌情开设。

### 4. 开设多样化的学术英语课程

要达到设定的学术英语课程教学目标，就必须建立一个有效的学术英语课程体系。从我国非英语专业研究生学术英语能力的内涵出发，学术英语课程应侧重培养研究生的通用学术英语能力，既要开设旨在培养学生学术英语语言技能的课程，也要开设培养学生的学术素养和跨文化学术交流能力方面的课程，课程设置应多样化。参照目前国内众多高校的课程设置情况，非英语专业研究生的学术英语课程体系可大致分为三类：一是技能型课程，即训练学生学术英语听、读、写能力的课程，如《学术讲座听力》《学术英语文献阅读》《学术论文写作》等；二是跨文化学术交流型课程，即培养学生学术交流能力的课程，如《国际学术会议交流英语》《跨文化交际》《学术交流与沟通》等；三是学术素养型课程，主要开设提高学生从事科研和开展国际学术交流活动的学术道德和规范的课程，如《国际学术道德概论》等。各高校需结合学生的专业特点、学术英语学习需求和英语基础考虑开设具体不同的课程。

### 5. 建立分层次、以学术英语为导向的课程体系和科学的测试评价体系

（1）分层。依据每年全国统一研究生入学考试英语成绩和学校组织的研究生分级考试的成绩将学生分为 A 级和 B 级，英语基础较扎实的学生定位 A 级，约为总学生人数的 10%。A 级课程安排水平较高、经验丰富的骨干中国教师和外籍专家共同授课，这一点也是湖北大学研究生教学的创新尝试，中国教师与外籍专家共同参与到 A 级教学与管理中。中国教师每周每班 1 学时，教授《学术英语听说》；外籍专家每周 2 学时，教授《学术英语读写》与《国际学术交流》。无论是听说课程还是读写课程，A 级教材都是选自原汁原味的国外课堂授课讲座以及英文原版学术论文资料，在课堂材料选择上遵循以学科内容为依托，教材真实性和任务真实性的原则。B 级教学由中国教师单独承担，教材选择来自国内复旦大学优秀学术英语团队主编的《学术英语综合》，在教材难度和课堂形式方面与 A 级拉开了层次。实行分级教学是对英语水平有差异的研究生进行因材施教，有助于个性化培养学生的英语实际应用能力，有利于满足不同层次学生对英语学习的具体要求，最终达

到整体水平的提高。

（2）考核。考试方式不能与教学目标匹配就会失去其监控作用或影响学生学习积极性。采用书面测评与语言测评相结合、形成性评估和终结性评估相结合的评估方式，可以全面、科学地分析学生学习状态，检查教学效果，从而调动学生的学习积极性。

A级考核中课堂发言作为平时成绩，占总成绩的30%；学生每堂一测的小测试占30%，这两项作为形成性评估指标，鼓励学生重视课堂参与并重视每堂教学所得。其中需要说明的是，中国教师师与外籍专家合作授课，在形成性考核指标上比例一致。中国教师教授的是《学术英语听说》，其终结性评价为口语测评，以小组为单位，以话题为任务，对课堂上听过的国外专题讲座进行点评，而外籍专家的终结性考核则是学生在课堂上学习到的用英语撰写科研论文的最后修订稿和模拟国际会议交流（作为科研论文的口头汇报成果），每位学生的最后总评成绩将取中国教师和外籍专家成绩的加权平均。B级教学的与A级在考核形式、考核标准以及分数比例上都有一定区别。B级学生课堂表现占20%，随堂作业占20%，而终结考核为期末闭卷考试占总成绩的60%。两个级别的不同考核都把形成性评估和终结性评估进行了创造性结合，同时又根据学生层次不同，教学形式不同，开展不同考核方式，适应了具体的教学需求。

### 6. 为学生提供学术英语实践的机会

学术英语能力的提高必然离不开大量的实践，鉴于非英语专业公共研究生英语课时少和班级规模的现状，教师要不断思考如何为学生创造和提供更多学术英语实践的机会：一方面可以寻求学校上级部门的支持，如增加学术英语实践类课程的课时，选派教师接受学术英语知识和技能的再培训；另一方面开设学术英语第二课堂活动，举办模拟国际学术交流研讨会或班级国际学术沙龙活动，鼓励学生参与仿真学术英语交流活动，如：阅读本专业的学术英语文献、撰写本专业的学术论文摘要、用英语就本专业的学术问题做主题发言与研讨，让学生学会在一定的学术情景中运用所学知识，切实提高自身学术英语能力。并且，教师应鼓励学生利用一切可能的机会参与各类国际学术会议或学术交流活动，培养他们使用英语进行学术交流的意识和提高他们参与各类英语学术活动的积极性。

## 四、教学模式

研究生学术英语教学模式是以学生需求为导向、以教学资源利用为主轴的过程模式，是针对特定的教学需求或任务，从信息认知到信息查询、获取、使用、整合与评估的系统过程，支持情境创设、启发思考、信息获取、资源共享、多重交流、自主探究、协作学习等多方面要求的教学方式与学习方式。从学生教学需求出发，通过对物质、人力教学资源进行不同形式、不同程度的利用，发挥教学资源学习内容载体、教学活动管理工具、学生活动支持工具等作用，嵌入学生公共英语学习的课内、课外全过程，包括需求分析、目标设定、计划制定、过程监控及结果评估等各个环节。以学生需求为导向、以教学资源利用为主轴的嵌入式研究生学术英语教学模式如图8-1所示。

学术英语教学嵌入英语学习的每一个环节，根据学生个体差异与群体特点对教学资源进行筛选、建设、利用并提供相应的教学，同时根据反馈及时进行调整。需求分析是教学活动的开始，在此阶段，教师对学生的学习现状及学习目标进行调查并开展个性化的咨询

# 第九章 国际化背景下以学术为导向研究生英语教学人才培养模式的构建

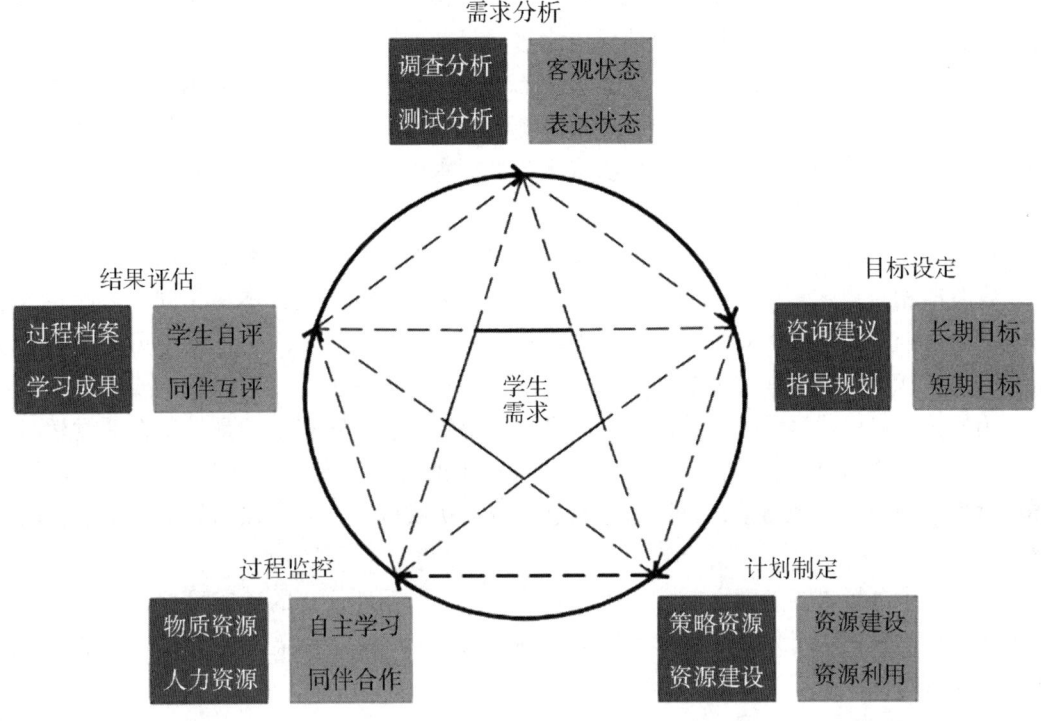

图 8-1 嵌入式研究生学术英语教学模式示意图

服务；在目标设定阶段，教师根据需求分析的结果指导学生根据学习的长期目标和短期目标给出建议与指导；在计划制定阶段，教师进行策略培训与教学资源建设，指导学生对策略进行个性化选择与应用，并鼓励、指导学生根据自身专业学科、兴趣爱好等特点对教学资源进行共同建设；在过程监控阶段，教师设计不同的课堂教学环境、方法并据此进行教学资源发布，鼓励学生在充分利用教学资源的基础上进行个体的自主探究与群体的同伴合作；在结果评估阶段，教师针对学生的学习过程与学习成果进行形成性评估与终结性评估相结合的结果评估，并据此开展新的教学活动过程。下文将对教学过程五大环节中教师与学生的不同角色与责任展开详细论述：

1. **需求分析**

需求分析是开展嵌入式研究生学术英语教学的首要环节。综合运用调查问卷、访谈、英语水平测试等手段，针对学生教学需求的客观状态与表达状态进行调查分析，明确学生目前语言水平及其期望水平之间的差距，是教学的核心动力来源之一（马文静，2014），也是教学的起点与依据。

英语学习的需求根据不同标准可以由多种分类方式。根据语言学习过程与结果，英语学习需求可分为目标需求与学习需求两类。目标需求指的是使用目标语的需求，也就是学生未来必须参加的现实交际活动中使用目标语的客观需要，换言之，就是为了在目标场合有效使用语言而应掌握的语言知识和技能；学习需求指的是学习目标的需求，也就是学生当前英语水平与期望水平之间的差距，以及逐步提高、接近目标所需要的条件与过程（Richter-ich，1972）。根据语言学习的主客观因素，英语学习需求可分为客观需求与主观需求。其中客观需求指的是学生的人口统计特征，包括年龄、性别、籍贯、国籍、婚姻状态、教育背景、已学语言课程、目前外语水平、目前或期望从事的职业等；主观需求指的是学生语言学习中涉及的认知、情感、态度等因素，如动机、期望、自我效能等（BRrindley，1989）。根据英语学习的环境因素，语言学习需求可分为个人需求与社会需求两类，其中前者指的是学生已有的外语水平与期望水平之间的差距，后者指的是社会及用人单位对学生的外语水平需求。

综合考虑以上三种主要分类方式，英语学习需求的目标需求、客观需求以及社会需求在一定时期相对稳定，而学生个人色彩浓厚的个人需求千变万化，不尽相同，因此在教学过程开始之前，需要着重对学生的个人需求加以调查分析。学生的个人需求可以分为客观状态与表达状态两个方面。客观状态指的是学生的真实英语水平，不以学生或教师的主观意志为转移，可以通过科学有效的英语水平测试得知；表达状态指的是学生在课堂学习及自主学习过程中通过反思、交流而认识到、表达出的对教学资源、教学形式的主观需求，是以过程为导向的主观需求，可以通过问卷调查与访谈得知。需要强调的是教学过程的历时性、动态性

要求需求分析贯穿教学之前、之中及之后，是一个循环往复的动态过程，可以最大程度地摆脱以往教学中对划一的教学大纲的依赖，而忽视学生个体需求的弊端，提高教学的针对性与有效性。

### 2. 目标设定

在目标设定阶段，教师主要发挥指导、建议、提供咨询的作用。在明确整体教学目标的基础上，充分考虑学生的个体差异，允许学习目标的多样性与差异性，对学生开展咨询服务，指导学生根据个体特点制定设定切实可行的个人目标。

学生的个体目标设定需要综合考虑短期目标与中长期目标，不局限于通过学业考试、获得学位、通过大规模标准化测试等传统的应试性目标，而是更多地关注当前科研、生活及未来社会发展、工作对研究生提出的要求，关注口语交流、科技英语沟通等方面的能力提升。教师应指导研究生分解总体目标，制定相对应的具体目标，遵照 SMART 原则进行，即 specific，measurable，achievable，relevant and timebond（具体、量化、可行、相关与时限），增强学习目标的可操作性。

### 3. 计划制定

计划制定环节中，教师的主要任务是对学生进行策略培训并且根据前两个环节的情况开展教学资源建设与整合，学生的主要任务是根据个人情况与所处环境对语言学习策略加以辨别运用，并对教学资源进行共同建设与利用。

外语学习策略是学生用于提高语言学习与语言使用能力的各种活动与意识的集合，兼备外显性和内隐性的特征，主要包括元认知策略、认知策略与社会情感策略三大项。元认知策略是核心，涵盖外语学习的整个过程，是对策略运用及整个学习过程进行的宏观的、提纲挈领的认知策略，具体包括计划制定策略、过程监控策略、与计划调节策略等三类，帮助学生有效进行自我负责、自我计划、自我监控、自我评估、自我反馈的学习。认知策略是个性化的活动，在学习活动中实践和迁移，训练收集、整理、分类、存储信息的能力，具体包括内容复述策略、精细加工策略与内容组织策略，例如对教学资源内容绘制关

系网络、树形结构等，主要是用于针对具体学习任务时采用的方法策略。社交情感策略关注学习过程中社会交往和情感过程的影响，具体指在学生的社会交往或语言使用过程中，为了降低焦虑、增进交流而有意识使用的例如同义转述、合作学习、情感监控等策略，有效帮助学生增进同伴合作，顺畅师生交流，包括同伴互动、提问、自我反省、个人对完成任务的负面焦虑情感等。经过策略培训后，学生根据自身情况以及所处学习环境对学习策略进行选择性应用，因此策略培训需要贯穿教学始终。通过采用随堂策略培训的方式，即通过教师讲解、学生实际操练以提高对教学资源、学习方法策略、教师角色、同伴角色的理解以及对设定目标、制定计划、监控过程、评估结果整个学习过程的掌握，有效减少学习过程中的困惑与焦虑（MacIntyre & Noels，1996）。

显性的策略培训分为三步操作，具体如下：

（1）展示（Present）：交代、演示所要训练的策略及其具体操作方式；

（2）训练（Practice）：教师提供材料对所展示的策略进行控制的专项训练；

（3）扩展（Produce）：对学生掌握情况进行评估，并创造恰当的环境与任务综合训练所培训的策略。

**4. 建立以学术英语为导向的课堂教学模块**

以学术英语为导向的课程教学包括学术英语听说、学术英语读写和学术英语交流三大模块：

（1）学术英语听说模块针对学生在消化国际课堂资源或参加国际学术会议时需要记录前沿专业信息笔记而设置，教学中以说带听，以 mind-map 的思维导图为工具帮助学生如何分辨长篇听力中观点信息，训练学生快速记录关键点，从而理解长篇学术讲座内容。

（2）学术读写模块针对学术环境中特定群体用英文完成研究成果的科学总结或科学记录的需要而设置，该模块涉及文献阅读、文献综述、实验报告、分析讨论等环节。

（3）学术交流模块重点教授学生用如何用英语进行学术成果的口头汇报，以及对国际会议流程的熟练掌握。

研究生的专业培养计划对英语学术写作和交流能力有较高的要求，因此，我们的学术型英语课程必须将写作和口语有机融合在学术交流这一大框架中，同时还必须考虑到英语课程的开设时间是在硕士研究生入学后的第一学年，学生此时尚未确定自己的研究选题，缺乏学术研究经验。因此，学术型英语课程不仅担负着培养学生用英语进行学术写作和交流的任务，还必须通过科学的教学规划和任务设计引导学生体验学术活动的整个过程，了解如何检索和查阅文献、如何确定选题和方法，如何遵循写作规范及语言表达规范，如何进行学术会议交流和讨论以及如何与小组成员合作完成上述任务，在排课时尽可能将同系同专业或相近专业的学生放在同一班级中，以便学生间的交流更为顺畅。要求刚入学的 40 人左右的大班硕士生在一个学期内每人完成一篇合乎要求的学术论文，对教师来说是巨大的压力和挑战，因此，我们要求每个小组以 4~5 人为单位自主结合、明确分工、共同讨论、确定选题，在学期结束前完成 1 篇研究论文并在最终的模拟国际会议上以小组为单位宣读。学术写作和交流的训练按照其结构分解成不同的模块，具体化为每周要完成的任务，这样，学生对课程的终极目标、阶段目标和周目标都有明确的认识，每周小小的模块任务完成后，最后形成完整的论文和会议发言。下面用一个图例来总结以学术英语为导向的课程教学内容，同时也是研究生阶段学术型英语课程对所学生所培养的学术研究技能（图8-2）：

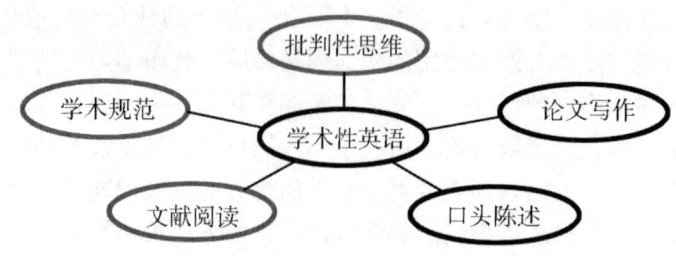

图8-2 学术英语为导向的课程教学内容

5. 过程监控

过程监控是教学的中心环节，具体包括对物质教学资源与人力教学资源的利用，形成有利于经过培训，学生应能够根据自己的特点、水平、时间选择合适的学习内容，并通过与学习同伴的交流互动、协同创新不断提高英语综合应用能力，达到最佳学习效果。在学习过程中需要发挥主动性，体现自身的首创精神，根据信息及反馈信息来形成并修正对客观事物的认识，形成问题的解决方案；提高信息意识与信息能力，即基于海量信息的甄别能力、批判能力、质疑能力、创新能力，在海量数据中遴选出适合学习的信息，做到无论何时何地、何种环境下都可有选择地进行自主学习，实现从传统的维持性学习向创新性学习的转变。

在计划制定环节中，教师与学生的另一个重要职责就是对教学资源进行共同建设。建设过程中，教师的主要负责对教学资源建设的整体框架、原则、标准等宏观方面进行把控，学生则在内容遴选、评价、利用等方面发挥更重要作用。首先确定教学资源范围与来源，教学资源筛选与排序应该遵循精确性、完整性、权威性、可行性、经济性、有趣性等；教学资源的范围除了常规的教材、书籍、参考资源、期刊、杂志之外，也需要考虑语料库、电子资源、社区资源、专家、同伴、网站等各种录音、录像的数字化资源。学生根据所在学科领域、个人兴趣等，通过向教师咨询、进行讨论之后，通过头脑风暴等方式确定资源范围，选择完成教学任务所需要的最佳来源。

创造学生知识构建、语言技能内化的自主学习与同伴合作的情境。英语学习具有持续时间长、互动频率高、教学资源应用集中等特点，最能体现教学中教师—学生—教学资源之间的多维互动关系。教师主要对整个学习过程负责，在宏观上设计和掌控，具体表现为：根据研究生实际情况设计相应难度的任务，控制学习任务的多元性，在学习小组完成任务过程中提供相应的监督、引导和咨询，对各组的任务完成情况进行总结和评估、为研究生创造良好的课内外学习环境。教学过程中充分考虑社会需求与研究生的个人需求和专业需求，最大可能地将分析、讨论、口语交流融入到每一门语言技能课程当中，如将听力课发展为听说课，将写作课发展为科技论文写作与交流，将阅读课发展为阅读与讨论等，增加学习内容的农业相关性，增加课中、课后小组讨论、同伴交流的机会，实现小组协作学习，增加语言学习的反馈，达到协同知识建构，促进高阶认知能力的培养，同时在心理上、精神上创设融洽和谐亲近的师生关系。利用课外时间，分别找每位学生沟通谈话，更好地了解学生动态，对教材、教法、教师的看法态度以及意见和建议，根据学生指出的问题，及时进行调整；了解学生课下自主学习情况，自主学习中存在的困难，帮助学生克服学习障碍、畏难情绪,探讨、推荐适合学生的数字资源、网站等,提供资源支持,促进学生的知识内化与技能输出。

根据学生现有语言水平的差异选择相对应的教学方式与教学资源类型(详见图8-3),之间的相互对应关系用不同的线型标注,其中加粗的实线表示强对应关系,非加粗的实线表示一般对应关系,虚线表示较弱的对应关系。

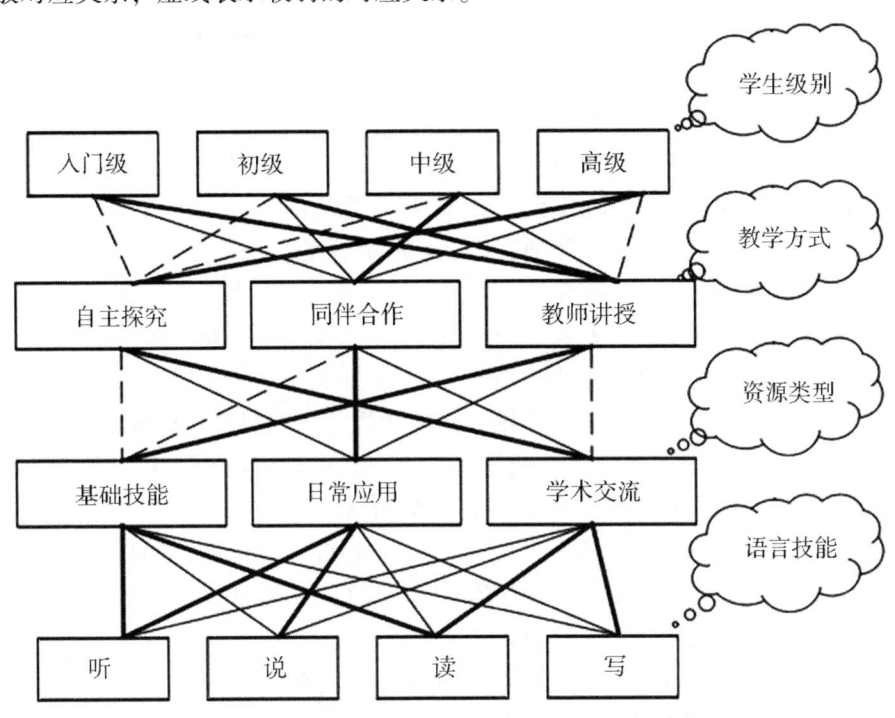

图8-3 分级别、分技能、分类型的教学方式框架示意图

具体而言,对于不同水平级别的学生,应选择提供不同形式的教学方式。入门级和初级学生由于缺乏必要的语言知识技能储备,尚不具备自主探究的意识与能力,因此,对其教学主要采取教师讲授为主、同伴合作为辅、伴以少量的自主探究的方式。中级水平的学生主要采用同伴合作的方式进行协作创新,通过与学习同伴之间的互动交流,获得大量的可理解性输入,同时创造安全的情景进行可理解性输出,提高语言应用技能。对于高级别的学生,由于已经掌握了大量的语言知识技能与良好的语言学习策略方法,具备自主学习的意识与能力,因此应该以自主探究为主,同伴合作为辅,伴以少量的教师讲授。这个群体的教师讲授的方式可以突破传统的课堂教学,采用一对一咨询的方式进行,针对具体学生的具体问题,教师提供个性化的建议意见。

不同的教学方式所利用的教学资源类型也有所区别,具体而言,教师讲授利用的资源多为基础技能类资源,辅以日常应用类资源以及少量的学术交流类资源。这是因为语言教师的工作性质和专业背景决定了他们具有较强的语言学及应用语言学知识,但是对于学生个体的专业背景知识知之甚少,同伴合作应用的教学资源以日常应用为主,以学术交流为辅,伴以少量的基础技能,这样的教学资源利用是因为同伴之间往往具有相仿的年龄、背景、认知能力与兴趣,对生活中的事件、话题较为感兴趣,可以激发同伴之间最大化的互动交流，同时，专业背景相近的同伴之间可以利用一定的学术交流教学资源进行互动交流，有利于学术环境下的语言技能培育。自主探究应用的教学资源以学术交流为主，日常应用为辅，伴以少量的基础技能，这是因为自主探究应该更多地根据学生个体的专业背景、研究领域、学术兴趣等方向加大在学术交流领域的口语、笔语的语言输入，向个性化、专业化方向发展，同时提升在日常应用方面的输出的流利度与准确度。

不同的教学资源类型与语言技能之间的对应关系如下：基础技能的教学资源应以听、读为主，以说、写为辅，使教学与语言学习建立在大量的语言输入，尤其是可理解性输入的基础上。日常应用类教学资源以听、说为主，以读、写为辅，考虑到的是日常应用资源的使用时空范围。学术交流类教学资源应以读、写为主，以听说为辅，是因为学术交流的需求多为阅读专业文献、撰写科技论文等，同时也要具备一定的学术环境下口头交流能力，参加学术报告、学术讲座、汇报研究进展、展示研究成果等。

人力教学资源利用方面，在课堂外学生通过学习小组的协作学习收集必要信息、掌握背景知识、锻炼语言技能、展开积极充分的讨论，在此过程中提问、交流有利于学生批判性思维、思辨能力的培养（保罗 & 埃尔德，2014），使教学资源超越材料本身，成为思辨的工具，成为学生进行分析、归纳、总结、高阶思维能力的材料，锻炼学生归类、交流、比较、联系、对照、精细加工、评价的能力，大力促进学生的理性思维的培养（Campbell，2003），符合高等教育发展和高等人才培养的目标与走向。

在此基础上，学生在课上进行小组讨论或头脑风暴时更加具有针对性、深度和广度。首先就课题的内容进行讨论，组员分头搜集材料，进行小组集中，综合评价搜集到的信息和数据，专人撰写报告或制作 PowerPoint 交全组讨论修改，最后由专人在全班范围内进行交流，这样可以使同伴合作常态化，获得最大量的可理解性输入，成为语言习得的源头（王初明，2009），同时激发学生们的相互竞争的心理，促进学习。

这样课堂教学创设了促进学生知识协同构建、协同创新的氛围、话题与机会，使课堂教学不仅为研究生获取语言输入的场所，更是提高研究生综合素质的主渠道（陶继芬，2007），为课堂教学培养增添活力和自觉意识，提升教育目标的层次，即并非应用性学习而是自身需求的学习。学生在课内、课外进行协作学习的过程与结果可以纳入学习的形成性评估之中，旨在提高学生对同伴合作的重视，避免期末突击学习，既培养独立探究能力，又提倡协作学习，既鼓励独立思考，又促进团队合作。

### 6. 结果评估

对教学过程与成果的评估采取学生自评、同伴互评与教师评估相结合的方式进行。充分发挥结果评估对于教学过程与效果的评价、反馈及促进作用（黄大勇、杨炳钧，2002）。倡导教学中利用形成性评估促进教学、满足学生需求（Wilson，etal，2011）。形成性评估（Formative Assessment）指的是通过课堂表现产生反馈信息，以改进、加速学习的评估形式，或者说就是评估用于调整教学以更好满足学习需求的评估方式（Lawton，etal，2012）。进行自我评估能使研究生清楚地看到现有水平与理想水平之间的差距，鼓励学生及时对学习情况进行监控、评估，采用内省法及追溯法等方法记录自己的学习情况，并对所使用的学习材料从内容难易程度、趣味性、专业性等方面进行评价，及时有效的了解自己的学习进度及学习效果，及时对计划进行合理的调整，更好地能促使研究生其学习进步负责,增加学习动力(Bailey,1996);同伴互评可以促进研究生之间相互交流,互通有无,形成比追赶超的学习动力;教师评价采取形成性评估和终结性评估相结合的评估体系,可以对学习过程中每一环节研究生的参与程度、进步程度、学习效果做出评价,同时在终结性评价时对研究生语言综合运用能力进行检测,对于学生长期的自主学习有着积极的监督和促进作用。图 8-4 标明了结果评估的主要构成。

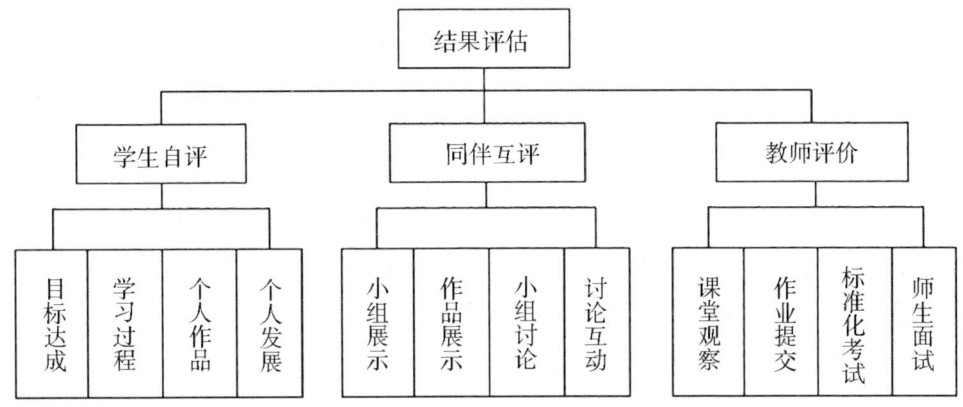

图 8-4　结果评估结构构成

在教学过程中形成性评估不是一次性的,而是贯穿整个学习过程当中,可以反映学习、交流、成长进步的各个侧面,涵盖学习过程与学习结果两方面。其中学生自评是对学习过程及阶段性成果的收集、整理与集合,包括学习目标的达成情况、学习过程的制定与执行、个人发展成长、对课堂教学与自主学习的反思与反馈以及阶段性任务的作品展示;同伴互评考量的是学生所在小组内部及外部交流合作时学生的表现情况,包括小组讨论、互动中的积极参与、贡献、小组最终的成果展示等;教师评价包括课堂进行当中对学生表现的记录、学生提交的阶段性作品完成情况的评价、标准化考试(如期末考试、学位统考等)之中学生的表现情况以及师生面谈时反映出的问题或建议的记录。这种评价充分重视融合多方面、多维度的评价理念,以自我为参照标准,重视评价标准的多维度,重视学生进行意义构建的过程,并且重视评价的实时性与可持续性。

同时,建立线上线下相结合的教学模式。教学模式改革成功的一个重要标志就是学生个性化学习方法的形成和自主学习能力的发展。研究生自主学习能力较强,需要有弹性的学习时间和自主学习空间。湖北大学研究生教学体系中已经开发了自主学习平台,其中的 EBSCO 检索平台(学术英语论文查阅)不仅能供师生查找不同等级的原版英文资源,其中的 ELLRC 提供音频播放功能,增强读者的英语听说模仿能力,其主题涉及自然科学、人文历史、生活技能等各个方面,包括目前学校比较匮乏的比如数学、物理、化学、天文和地理等专业的英语阅读材料,都涵盖在内,可以很好地满足研究生线上英独立完成英语学习和研究的需求,并提供了必要的科研资源。网络平台另一个亮点 IWrite 学术英语写作教学系统(学术写作评阅)是针对学术英语写作教学需求而开发的系统,它不仅能提供作文自动评阅服务,而且还要能支持学生进行自评、互评以及教师复评;配合教师开展教学活动、进行教学管理;还为教学科研提供相关语料和数据,为写作教、学、研各个环节提供了支持。教学模式的发展更新不是对已有模式的粗暴否定，而是根据具体的历史情况、特定的技术手段、理论发展对教育教学理解的不断深化与拓展，在对原有教学模式扬弃的基础上，探索适合某一时期、某一对象、某一技术的新型教学模式。

## 五、教学方法

学方法应该灵活多样，不能总以教授法为主，比如，让学生变被动学习为主动学习，让他们成为课堂的主导；可以把教学内容分为若干个专题，将学生分为几个小组，每个小组选择一个专题进行准备，所有的小组成员都要参与其中，查阅与所选专题相关的资料，然后选择一位组长对整个小组的专题成果进行展示汇报。此外，英语课堂上还可以开展小组讨论，同学们针对专题展开小组讨论，这样做既可以丰富学生们的专业知识，同时可以提供给学生们更多的口语交流机会，提高他们的英语口语表达能力。目前，随着研究生教育发展，高校研究生英语教育可以采用多种教学方法，诸如：项目教学法、引导文教学法、案例教学法、角色扮演教学法、任务驱动教学法等。

### （一）引导文教学法

引导文教学法是一种使用由教师精心设计的引导文字来引导学生独立学习的教学方法，是行动导向教学法的一种。根据这种方法，学生成为教学活动的中心，教师在教学过程中主要担当顾问的角色，为学生通过独立学习而达到预定的教学目标创造条件。引导文教学法的目标是培养学生的关键能力和职业行动能力。

#### 1. 教学过程

在应用过程中，引导文教学法分为六个步骤，每一个步骤既是一个独立的行为或活动，又是一个互为连接的完整的行为单元，任何一个中间环节都不能缺少。图8-5为引导文教学法的实施过程。

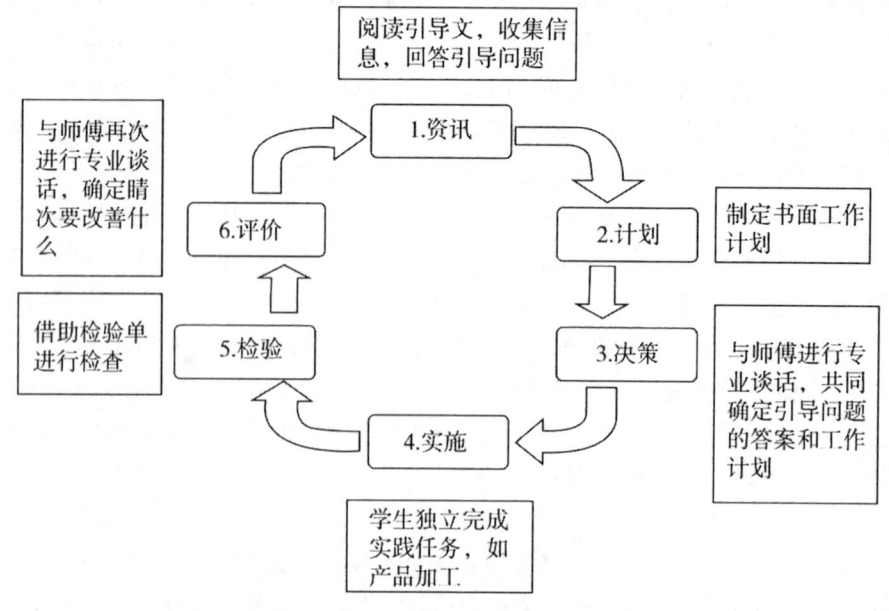

图8-5　引导文教学法的实施过程

（1）资讯：学生阅读引导文并根据教师给出的引导问题，收集与任务有关的信息，并在教师的组织下积极地进行讨论，有目的地探索并决定应该做什么。

（2）计划：学生根据学习要求安排计划，确定应该采取什么样的行动，并写出书面工作计划。

（3）决策：学生上交工作计划，师生进行专业谈话，找出设计方案的缺陷，最终确定工作步骤、方法和工具。

（4）实施：学生按预定计划独立开展工作活动，教师只是在发现错误时才提供适当的指导和帮助。

（5）检验：学生依据拟定的评价标准，自行检查工作成果是否合格并逐项填写检查单。

（6）评价：教师评估学生工作成果，师生进行专业谈话，讨论评价结果并提出不足及改进建议。

**2. 引导文类型及主要内容**

引导文教学法以引导文为基础和中心，学生通过阅读引导文，可以明确学习目标，清楚地了解应该完成哪些工作，掌握哪些知识和技能，因此，引导文的编写是该教学法实施的关键，也是该教学法实施所必须的教学文件，教师的工作重点集中在引导文的开发和教学的准备上。

（1）引导文主要类型。一是专题研讨型引导文。专题是指具体的、专门的、相对独立的实践性课题，进行专题研讨是研究解决专门问题的一种基本策略。二是序列式引导文。序列式引导文围绕一个总的教学目标，在教学安排上由总而分地分解实施，最终达到由分而总的结构体系的建立和完成。三是岗位描述型引导文。岗位描述型引导文帮助学生学习某个特定岗位所需的知识、技能以及有关劳动作业组织方面的知识，比如与该岗位有关的工作环境状况、工作任务来源、前后工序情况、安全规章、质量规范和质量检验等。四是项目工作式引导文。项目工作式引导文与前几类引导文的差别在于，这里的"项目"技术含量更大，涉及的问题更多，牵扯的方面更广，"项目"一般来自工程实践的真实课题，富有实践性、综合性和创新性。

（2）引导文主要内容。无论是哪种类型的引导文，其主要内容包括：一是学习目标。通过该教学项目，学生应完成什么工作，应掌握哪些知识和技能。二是引导问题。学生在引导问题的指引下主动、独立地学习，制定出可行的工作计划，并对工作计划进行实施和评估，即怎么做。三是信息来源。为学生指出获取有关信息的渠道，培养学生获取、加工、处理信息的能力。四是必要的资料。根据具体教学内容，引导文可以附带技术说明书、工作计划表、材料明细表、工具需求单、考核评价表、技术图纸等必要的资料。

在引导文教学法中，教师的角色很重要。这种方法能否产生良好的效果，主要取决于引导文的质量、工作任务难度的大小以及在项目进行期间能否有行之有效的指导建议等。由于教师具有选择与指导的功能，他们对此种教学法的实施起着重要的作用，否则，这种方法只是一种自学法，而非一种教学法。

**（二）角色扮演法**

角色扮演法是行动导向教学模式的另一种常用方法，特别适合于对行动过程的体验，此法广泛应用在服务类专业的教学中,其最大优点是可以帮助学生在限定的时间内,在扮演角色的同时,感悟职业角色内涵、体验职业岗位的模拟情境,讨论和解决某一个问题,从而建立一定的职业认同感。在角色扮演教学中,学生作为演员或观察者,一起投身到一个真实的问题情境之中,通过行动学习和体会处理实际问题的方式方法及其造成的不同后果,教师在此承担"导演"的任务。

角色扮演法一般的实施过程为:

第一,明确任务。教师介绍学习任务,学生明确解决问题的目标。

第二,制定计划。进行角色分析,说明角色,挑选演员,确定演员的行动过程。行动小组以外的学生则扮演监督者的角色,指定监督任务,决定要注意观察哪些方面,做好分工,制定监督记录表。监督者应在之后的评判过程中持有"客观"的态度。

第三,角色扮演。学生演员开始真正的角色扮演,在行动和交流中,挖掘各种可能的方案,并找出最佳解决方案。观察者做好记录。

第四,反思评价。共同回顾表演过程,针对角色扮演开展小组讨论和评价,讨论为什么 x 是这样表演的,针对焦点问题,展开讨论,并最终达成共识。师生也可以根据效果调整角色,或者引入其他的情境,再次扮演,并进行反思评价。

最后,经验总结。把问题情境和当前的问题与现实以及演练的经验联系起来,探索解决问题的一般原则,总结出该类问题的解决方案,这个总结旨在让所有学生对所经历的行动有个全面的了解。

在角色扮演中,角色扮演教学法促成学习过程中知识向能力的转化,把"用"作为根本的立足点。这种教学法比较容易掌握,不需要特别的安排和设备,也不需要大量的财力、物力的投入,一般只需要简单的道具即可,因而具有易于推广、便于操作、灵活掌控、效果较好的优点。

## (三) 任务驱动法

任务驱动教学法是指教师将教学内容设计成一个或多个具体的任务,力求以任务驱动,进而提出问题引导学生思考,让学生通过"学"和"做"掌握教学内容,实现教学目标,培养学生分析问题和解决问题的能力。它可以让学生在完成"任务"的过程中,形成分析问题、解决问题的能力以及独立探索的学习精神和与人合作的精神。

任务驱动教学法一般可按照图 8-6 所示的五个教学阶段进行:

第一阶段,提出任务。教师首先给学生讲述清楚要完成的工作任务,并通过工作任务的提示,激发学生的学习动机。

第二阶段,实施任务。学生分析完成任务的方法和步骤,并尝试协作学习,分组完成任务。

第三阶段,成果展示。各小组派代表汇报、展示、交流本组任务完成情况。

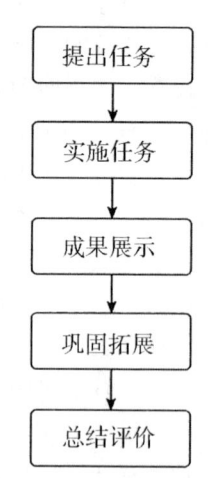

图 8-6 驱动教学法的五个教学阶段

第四阶段，巩固拓展。教师点拨，巩固拓展知识与技能。

第五阶段，总结评价。学生反思问题解决的过程，进行自我点评和小组相互点评，最后教师点评完成的工作任务成果以及完成工作任务的整个过程。

任务驱动教学法中的"任务"，可以是来源于实际工作任务，也可以是教师根据教学内容自行设计的教学任务。一般来说，任务的工作量和技术难度相对较小，以便学生能在课堂教学中完成。

同时，应结合使用多媒体教学和板书教学，教师可以充分地利用各种先进的教学设备和资源。多媒体教学能提供形象直观的交互式学习环境，通过多媒体画面可以使整个教学过程变得更加的生动形象，并能将那些理解起来有难度的内容以图、文、声、像的形式帮助学生集中注意力，调动学生们的学习主动性，进而提高全英语教学效果。由于电子设备拷贝方便，学生们不用花费过多的时间做笔记，上课可以集中精力于听课和思考，但是多媒体教学是把双刃剑，使用得当会提高教学的效果，反之则影响教学效果，如果过度地依赖于多媒体教学而忽视传统的板书教学，如果教师把课堂的重心放在课件上，从而忽视了学生的反应和接受能力，就会导致翻页过快，学生跟不上教师教学思路的情况。此外，电子课件内容过多时容易造成学生视觉疲劳和听觉疲劳，使学生觉得教学内容枯燥乏味，影响学生的学习效果，因此，英语教师不要过度地依赖于多媒体教学，忽视了传统板书教学的积极作用，而要将这两种教学手段充分地结合起来使用，教师在准备多媒体课时要考虑使学生更好地理解消化和吸收课堂内容。

## 六、师资队伍

苏霍姆林斯基（Vaasuhomlinski）认为："一个无任何特色的教师，他教育的学生不会有任何特色。"因此，教师是一个特殊的职业，其劳动成果不通过教师个体起反应，而是从对学生的评价中体现出来。所以，教师教学时应在满足于书本知识的同时，形成自己的教学特色，这也就是说立足于书本，又不局限于书本。这是一项艰巨的挑战，也是教师教学生涯中的一项重要使命，能否满足研究生英语教学质量的要求，能否保证研究生学术英语教学的顺利改革，师资力量是关键因素。

### 1. 教师发展

提供嵌入学生学习、科研过程的教学需要教师具有较强的自我发展、自我更新的意识与能力。反思、合作与科研培训是教师发展的三大途径，教师反思不仅指在教学结束后对于教学过程的回顾、分析、讨论与经验总结，更多的是一种前摄性意识行为，也就是对即将开展的教学从实践、认知、情感与批判等维度进行积极的前瞻性预测，可以有效提升教育机会的敏感与自觉。

基于教师个体反思的教师合作是自20世纪80年代以来国际教师教育研究领域中一大热点问题（饶从满，张贵新，2007），具体指在平等、自愿的基础上，教师针对共同感兴趣的话题、内容进行讨论、合作与知识共享，共同探索合适的解决方法，并形成一定的批判互动关系，结合成相对稳定的终身发展的教师合作共同体，具有明确的目的性、知识的共享性、参与的自愿性等特点（张意忠，2011），可以有效激发教师学习意愿、促进教师职业发展。

科研与培训是促进教师发展的又一重要路径，其要义是坚持以教师个体发展为根本，以自主的、自发的、探究的科学探索为途径，结合教学实践与理论自觉，促进教师终身发展。有研究指出，在学生进行基于内容的语言学习时，能够及时获得教师反馈与帮助是提升学习动机的主要因素（MacDonald，2000），这对英语教师提出了更高的要求，需要有较强的持续学习能力与应变能力，不断更新课程材料，把握当前国内外形势、方针政策、最新农业动态等，不断调整适应，逐步完善，达到自我实现。因此蔡基刚（2004）呼吁有潜力、有能力的英语教师，在获得语言学、文学等相关硕士学位之后，攻读其他专业的博士学位，促进英语教师的学科专业发展，切身了解、涉足其他领域研究，加速英语教师与专业教师的交流合作，这是现阶段解决英语教师学科知识匮乏，无力开展以学科内容为依托的语言教学的捷径。长远来看，应设计教师专业化发展的保障措施，使科研、培训、合作成为师资建设、教师发展的一项长效机制。

### 2. 语言教师与专业教师合作

英国 BALEAP（British Association of Lecturers in English for Academic Purposes）是一个专业机构，有直接从事学术英语教学活动的教师会员、专业的学术期刊，每年定期召开学术交流会议并未学术英语课程提供评估，其在提高英国高校学术英语的教学质量、促进任课教师能力提升和职业发展以及促进传播与学术英语有关的研究成果方面具有突出的贡献。我国目前的学术英语还没有办法形成如此完备的体系，但我国高校首先可以借鉴英国 BALEAP 的做法，定期组织学术交流会议、对学术英语教师进行定期培训，或者可以选派教师到国内外学术英语课程开展得较好的院校进行学习与交流。其次，专业教师和英语教师之间的合作亟需加强，研究生院要发挥领导、组织和协调的作用，主动沟通不同院校，支持教师根据专业、研究方向和教学兴趣可以组成不同的教学小组。语言教师和专业教师的合作教学是多方面的，兼顾整体性和针对性，既可以在教学过程的每个环节都开展合作，也可以就教学的某一特定环节进行分工协作。例如，在学术论文写作的教学过程中，专业课教师可以指导学生的选题、论文框架、研究方法、文献检索和阅读等，语言教师则可以检查学生的学术语言是否规范。

### 3. 研究生导师的间接配合

用于课堂教学的典型语篇呈现共性与常规性，学科差异方面的空白只能在研究生导师的配合下填补，以下几点建议不会给导师增加过多的工作负担，但可能会起到意想不到的效果。

（1）对研究生英文文献阅读与写作提出明确要求。目前，研究生的文献综述报告虽然要求有一定数量的英文文献，但不一定都得到落实，因此，在研究生入学时，导师可以马上提出具体的英文文献阅读要求，推荐自己研究领域内有影响的英文期刊，或与自己的研究课题有关的必读文献，让学生带着文献阅读的任务步入英语课堂，明确学习目的。同时，英语课程的课后作业也可以明确规定研究生必须阅读本学科领域的学术文献，并撰写概要或综述，这样，课程教学与专业文献阅读和写作自然衔接。

（2）检查研究生的话语是否符合本学科的学术话语传统。不同的学科、甚至同一学科的不同期刊都有长期约定俗成的传统。还以文献综述为例，研究生在英语课程学习中会发现文献综述的宏观模式一般是描写加评价，但描写具有共时性和历时性之分，评价具有正面评价和负面评价之分。英语课堂教学会解决语篇层面和语言层面的问题，如区分表示描写与评价的语言特征和表达方式、正面评价与负面评价的表达方式、直接的和委婉的评价方式等。但是，英语教师不了解哪些学科领域在何种语境下习惯于负面评价，在何种语境下很可能避免负面评价，不同的评价会对写作者或学界造成何种影响等，这些问题属于学科的话语传统问题，只能依靠研究生导师或专业课教师来解决。

（3）帮助研究生掌握专业文献中的特殊表达方式。特殊表达方式不仅仅指专业词语、术语或概念，而且还指公式、图表的特殊要求以及文章的特殊语言特征等。例如，人文社科专业的论文比理工科专业论文所使用的互动性语言手段多出75%。即使专业方向非常接近的语篇之间也会存在差异。例如，萨姆拉奇（Sam-raj）对《保护生物学》和《野生动物行为学》中的论文摘要进行比较分析发现，前者大多呈现"问题—解决方法"宏观结构模式，后者极少有这种模式，两组摘要在时态选择、模糊语使用等微观语言特征方面也存在很大区别。导师可以帮助研究生了解本学科领域学术语篇宏观层面和微观语言层面的差异，有的学者甚至强调学生应该了解目标期刊的特征，迎合目标期刊审稿人的兴趣，提高论文录用的成功率。

学术用途英语课程会始终训练研究生观察语言各层面特征的能力。对于专业特殊性，研究生理应主动向导师请教和咨询，但对主动性不太强的研究生，英语教师和研究生导师都可以提出强制的和明确的要求，并通过监督检查实现研究生将学术用途英语课程学习与专业学术论文写作的结合。从语类理论的视角可以发现并解释各学科学术语篇的共性和常规性，但是，同语类跨学科学术语篇的研究发现，学科之间具有明显的差异性，每个语篇都是某学科的知识论、学术传统、话语风格和语境因素共同作用的产物，研究生的学术英语能力和学术话语能力是一个社会化过程，要想完成这一过程，英语课程的教学质量、研究生导师的要求与指导、研究生的主观能动性与内驱动力都是缺一不可的因素。研究生应该有意识地将这些因素结合，与英语教师和导师形成互动关系，使自己在学术英语能力发展中获得均衡的营养，避免论文"吃亏在英语"的问题，将自己的学术成果采用本领域话语共同体普遍接受的形式发表和传播。

**4. 师生关系**

信息时代，由于教学资源与教学方式发生了本质的变化，传统的指令性和专断的师生关系将难以维持（Rassekh & Vaideanu, 1996），需要研究生及教师及时转变自身的角色认知，构建民主互动的新型师生关系，强调教师的主导与促进作用，突出学生的主体性与主动性。师生地位、角色作用的改变标志着课堂教学结构发生根本性变革，可以使学生的创新精神与实践能力的培养真正落到实处。

通过师生之间平等、民主、真实的对话互动，回归学生的话语权，促进意义生成、知识构建与心理发展，有助于摆脱"教师、教材中心论"的问题，即教师是教学资源的主要提供者，负责对教学资源进行搜集、存储、加工、整理，在进行英语课堂设计时，单方面决定教学目标、内容和方式，以教材为中心，而学生在学习内容和学习方式的选择上缺少发言权，处于被动状态。新型师生关系要求教师与研究生共同进行教学资源选择、反馈、传递的双向交流，通过教学资源利用的最大化，对课内、课外时间运用进行重新安排，把学习主动权从教师转移到学生，在教学过程中淡化教而突出学（程前光，2009）。

改变教师的传统角色,要求教师从讲授者、知识传递者的单一角色向多样化的角色转变,更多地成为一名有创造性的、了解学生需求的向导与顾问(Rassekh & Vaideanu,1996),成为学生主动建构意义的帮助者、促进者、教学过程的设计者、组织者、引导者、信息提供者、监督者与评估者。教师的角色更多地转化到组织、引导、管理与建议方面,当课堂活动出现问题时进行协调、沟通,并且对于课堂活动进行评估、总结并提出改进意见,具体表现为在课前是学生需求的调查者、学习目标设定的指导者;在课中是学习计划制定的协助者、学习策略的培训者、教学资源的共同建设者以及学习情境的创设者;在课后是自主学习的促进者与学习成果的评估者。教师角色的转变要求学生身份与作用的变革,由单纯的信息接收者、资源利用者转变为信息的主动加工者、知识意义的建构者与教学资源的共同建设者,在自主学习、教学资源评价、筛选、利用以及同伴协作等方面发挥更加积极的重要作用,成为主动的、建构的、协作的、自觉的、情境的和反思的学习者。

# 参考文献

[1] 许爱梅.研究生英语[M].南京:南京师范大学出版社,2020.01.

[2] 林易,曲婧华,张娅丽.研究生英语读写教程[M].上海:上海交通大学出版社,2020.

[3] 柯建华,但海剑;段琳琳,姚婧,彭媛副主编.多视角研究生英语[M].武汉:武汉大学出版社,2016.08.

[4] 钱杨.专业学位研究生英语[M].上海:同济大学出版社,2016.07.

[5] 毛艳姣.英语分级教学的有效性研究[M].长春:吉林文史出版社,2018.11.

[6] 孙云梅.大学英语教学中多媒体课件的有效性研究[M].北京:中国纺织出版社,2018.11.

[7] 王磊.互联网+背景下高校英语有效教学研究[M].长春:吉林人民出版社,2019.07.

[8] 吴雨宁.英语教学与评价[M].北京:九州出版社,2018.08.

[9] 黄远振.英语阅读教学与思维发展[M].南宁:广西教育出版社,2019.11.

[10] 张娇媛.高校英语混合式教学与信息技术应用[M].天津:天津科学技术出版社,2019.05.

[11] 于明波.当代高校英语教学与混合式学习模式探究[M].北京:中国纺织出版社,2019.12.

[12] 吴娟娟.大学英语混合式教学研究[M].北京工业大学出版社,2019.10.

[13] 康洁平.信息化背景下高校英语混合式教学模式探索与应用[M].北京:中国书籍出版社,2021.10.

[14] 王萍,陈文华.大学英语深度阅读教程[M].上海:东华大学出版社,2018.09.

[15] (瑞士)让·皮亚杰作.孔谧译.外国名家谈教育瑞士教育家让·皮亚杰谈教育[M].沈阳:辽宁人民出版社,2021.07.

[16] 严文庆,卫华.教育硕士英语应用教程[M].上海:上海交通大学出版社,2016.08.

[17] 谢文婷.英语教育硕士生研究能力建构的实证研究[M].厦门:厦门大学出版社,2020.07.

[18] (英)A.P.R.豪厄特,H.G.威多森著;刘振前,庄会彬,宋青译.英语教学史[M].北京:商务印书馆,2016.10.

[19] (澳)阿拉斯泰尔·彭尼库克著.英语教学的批评性研究[M].上海:上海外语教育出版社,2017.02.

[20] Michael Mc Carthy, Jeanne Mc Carten, Helen Sandiford 著.剑桥标准英语教程3学

生用书[M].北京：北京语言大学出版社,2010.03.

[21] 余渭深,刘浡波,王秀珍.研究生公共英语课程与教学改革理论与实务[M].重庆：重庆大学出版社,2005.02.

[22] 杨艳.高职院校公共英语课程建设的研究[M].武汉：武汉大学出版社,2014.07.

[23] 何锋.深度探究英语课程教学践与反思[M].长春：东北师范大学出版社,2011.04.

[24] （英）Anthea Bazin,（英）Neil Radford,（英）Vincent Smidowicz.CEL剑桥英语技能证书教程系列丛书听力与口语[M].北京：经济科学出版社,2005.04.

[25] （美）莱斯利·P.斯特弗(Leslie P. Steffe),（美）杰里·盖尔(Jerry Gale)主编；高文等译.教育中的建构主义[M].上海：华东师范大学出版社,2002.09.

[26] （英）林奇(Tony Lynch),（英）安德森(Kenneth Anderson)著；王红,稽纬武编译.剑桥科技英语丛书会话[M].北京：中国水利水电出版社,2001.

[27] 许丽云,刘枫,尚利明著.大学英语教学的跨文化交际视角研究与创新发展[M].北京：中国商务出版社,2020.03.

[28] 杨玲梅著.多元背景下的大学公共英语教学与跨文化交际研究[M].北京：北京工业大学出版社,2019.03.

[29] 节娟娟著.中国传统文化与大学英语教学的融合与渗透研究[M].北京：中国大地出版社,2019.05.

[30] 王琳琳,穆海博,李晓婧著.文化自信背景下大学英语教学中的中国传统文化渗透研究[M].北京：中国纺织出版社,2019.12.